不读《道德经》一书，不知中国文化，不知人生真谛。

——鲁迅

中国智慧第一书

◎彩色图解◎

道德经

（春秋）老子 著

任犀然 主编

中国華僑出版社

北京

图书在版编目（CIP）数据

彩色图解道德经 /（春秋）老子著；任犀然主编. —北京：中国华侨出版社，2015.11（2021.2重印）

ISBN 978-7-5113-5778-6

I.①彩… Ⅱ.①老… ②任… Ⅲ.①道家 ②《道德经》—图解 Ⅳ.①B223.1-64

中国版本图书馆CIP数据核字（2015）第274718号

彩色图解道德经

著　　者：（春秋）老子
主　　编：任犀然
责任编辑：茂　素
封面设计：冬　凡
文字编辑：任思源　黎　娜
美术编辑：张　诚
插画绘制：陆铭蓓
经　　销：新华书店
开　　本：720mm × 1020mm　1/16　印张：22　字数：618千字
印　　刷：三河市兴博印务有限公司
版　　次：2016年1月第1版　2021年2月第4次印刷
书　　号：ISBN 978-7-5113-5778-6
定　　价：55.00元

中国华侨出版社　北京市朝阳区西坝河东里 77 号楼底商 5 号　邮编：100028
法律顾问：陈鹰律师事务所　　　　发 行 部：（010）88893001

前言

《道德经》的作者是老子。老子又称老聃，名李耳，春秋时期楚国人，曾担任东周王室的柱下史。相传，东周末年，老子归隐，在途经函谷关时，遇到了守关的长官尹喜。尹喜向老子问道。老子遂留下这五千余字的《道德经》。该书原分为上下两篇，上篇为《德经》、下篇《道经》，后改为上篇《道经》，下篇《德经》。

虽然只有短短五千多字，却不妨碍《道德经》成为中国历史上最重要的著作之一。它是中国第一部完整的哲学著作，是道家思想的重要来源，开创了中国古代哲学本体论的学说。在《道德经》中，老子用“道”来解释宇宙万物，将道看作万物的本源。道先天地而生，至虚至无，却是万物之源，“道生一，一生二，二生三，三生万物”。世间所有事物都要遵循于道，天地万物在道的作用下生生不息，运动不止，垂示给人很多迹象，“人法地，地法天，天法道，道法自然”，德就是道发生作用的方式和成果。人们要通过德理解道：道是独立不改的客观规律，无所不包，周行不殆，对任何事物而言，都是绝对的，不可能被超越的。而任何事物对道而言，都是相对的，有限的，都有正反两面，且正、反皆可相互转化。一如“祸兮福之所倚，福兮祸之所伏”“重为轻根，静为躁君”。老子的思想具有朴素的辩证法色彩，对中国哲学影响匪浅。

作品的伟大与否不在于字数的多少，甚至也不在于其是否为读者指出了明确的生活方向，而在于它能让读者挖掘出多少宝藏。《道德经》为读者留下了一个巨大的思考空间，数千年来，人们不断从中得到新的体悟。无论是修身养性，还是写诗作文、为人处世，甚至是治国理政，个中智慧都被包容在这篇幅甚小的《道德经》中。

在修身养性方面，老子的“致虚极，守静笃”，要求人尽其所能地放宽心胸，如大道一般包罗万象，注而不满，酌而不竭。同时，老子又提醒人们不要沉溺感官享受，“五色令人目盲，五音令人耳聋，五味令人口爽，驰骋畋猎，令人心发狂”，过度的欢娱会极大地危害人的身心。而老子本人就是一个极好的养生例子，传说他活了一百六十多岁，即便有些夸张，在那个战乱迭起、民不聊生的春秋年代，他能安然地度过晚年也极为不易。通过阅读《道德经》人们可以树立起更有利于健康的生活态度：温和不争，虚怀若谷，浑朴纯正。

老子的理论不只能养一己之身，还能养一国之民。在政治上，每每朝代初定，统治者便会提倡无为而治，休养生息，或直接或间接地将老子的学说当作安邦定国的重要手段。

老子的“天之道，损有余而补不足，人之道则不然，损不足以奉有余”以及“民不畏死，奈何以死惧之”等民本思想，又不知给了多少治世者以警示，要他们体恤民生，取法天道，宽待百姓，无私无欲。

至于为人处世方面，《道德经》予人的启发就更多了，其每一句都可以看作一个蕴含深意的处世金句，而正可谓一千个读者有一千个《道德经》，人人都可以用《道德经》检视自身。譬如“物极必反”，有人会从中悟出做人做事要留有余地，也有人反应到待人接物其实还可以从反面入手。看到“将欲废之，必故兴之；将欲夺之，必故与之”，有人会提醒自己不要为一时的好成绩得意忘形，也有人告诫自己，做事需考虑周详，提防隐藏的风险，还有人会恍然大悟，原来还可以用这种办法削弱自己的敌人。

此外，《道德经》还是一部闪烁着“美”的智慧的古代经典。在文艺美学上，老子的“大音希声，大象无形”，影响了一代又一代的中国人把自然大美当作艺术的极致。他的“有之以为利，物之以为用”则让人意识到，欣赏一部作品除了要看它有形有声的部分，也要看它无形无声的部分，聆听它的“言外之意”。

不管是通读全书，还是随机拣选几个句子细细体味，只要有心，每位读者都能从《道德经》中找到自己需要的东西。与此同时，作为一部哲学经典，《道德经》的语言非但不枯燥艰涩，还凝练简洁，充满诗意。因为采用了大量的韵语、排比和对偶，所以参差错落，极富音乐感和美感，读起来琅琅上口。人们大可以不抱任何功利目的来阅读它，只单纯地享受其文字的美感。由于其中不少内容都是从实践中总结出的经验，其文字虽抽象，意思却并不难懂。

《道德经》对中国文化的影响已深入中国文化的血脉之中，甚至成为东方智慧的代表。德国哲学家尼采将《道德经》形容成一个“永不枯竭且满载宝藏的井泉”，认为只要“放下水桶，便唾手可得”。道看似高深莫测，实际无处不在，认真体悟《道德经》，便会拥有发现道之精妙的眼睛。

本书除了完整地收录了老子的《道德经》，还对其进行了精心注释并翻译成白话，以帮助人们更好地把握文章的深意。另一方面，本书还引用大量历史、现实故事，针对《道德经》中的每一个具体句子进行说明，让人们切身体会道的伟大。道无形无迹，人们虽看不到它，却无时无刻不在受它的影响。知晓道的运行规律，顺乎大道，无疑会让人的心性更加通达，生活更加顺畅，从古至今都是如此。考虑到在商业高度发达的今天，《道德经》已经是很多精明商人的智慧宝典，所以本书特辟了一个栏目“经商之道”，专讲道在商业中的体现。

阅读既是获取知识的过程，也是愉悦身心的过程。本书随文配图500余张，用色彩明丽的工笔彩绘插图形象地展示了故事中的场景，将抽象的道理具象化，帮助人们体悟“道”的精髓。而和一般的图书插图不同，这些配图都经过悉心考据，从人物的服装到器物的形貌，都力求再现当时的真实模样，人们读文观图，不知不觉就会进入到故事当中。

原文和译文相互呼应，故事与插图完美结合，希望在读完本书后，人人都能心有所悟，思有所得，从道中得到收获。

目录

道经

德经

道 经

第一章　众妙之门

【原文】

道可道①，非常道②；名可名，非常名③。无，名天地之始④；有，名万物之母⑤。故常无，欲以观其妙；常有，欲以观其徼⑥。此两者，同出而异名，同谓之玄⑦。玄之又玄，众妙之门。

【注释】

①道：构成宇宙的实体与动力。②道：用语言表达出来。③常：恒久不变。④名：这里指道的名称，文化思想。⑤名：用语言表达出来。⑥徼（jiào）：通“窍”，踪迹的意思。⑦玄：幽昧深远。

【译文】

可以用语言表达出来的道，就不是永恒不变的“道”；可以用语言表达出来的名，就不是永恒不变的“名”。无，是天地的开端，有，是万物的根源。所以，常从“无”中观察天地的奥妙；常从“有”中寻找万物的踪迹。有和无，只不过是同一来源的不同名称罢了。有和无都是幽昧深远的，它们是一切变化的总门。

【解析】

这是《道德经》的第一章。本章开篇名义：“道可道，非常道。”初步揭示了“道”的真正内涵。

道是中国古代哲学的重要范畴。老子是第一个把道作为一种哲学范畴提出和加以阐释、论证的思想家。道作为老子哲学的核心，贯穿其思想体系始终。关于对老子道的认识和诠释，历来众说纷纭。有的认为，道是精神性的本体，是脱离物质实体而独自存在的最高原理，主张老子的道论是客观唯心主义。有的则认为，道是宇宙处在原始状态中的混沌未分的统一体，主张老子的道论是唯物主义。一般认为道是宇宙的本原及万物运行的规律。陈鼓应在其《老子译注及评

道可道，非常道；名可名，非常名。

介》一书中引用杨兴顺的观点，将道的基本特点归结为：一、道是物的自然法则，它排斥一切神和“天志”。二、道永远存在，它是永存的物质世界的自然性。道在时间与空间上都是无限的。三、道是万物的本质，它通过自己的属性（德）而显现。没有万物，道就不存在。四、作为本质来说，道是世界的物质基础“气”及其变化的自然法则的统一。五、道是物质世界中不可破灭的必然性，万物都从属于道的法则。道摧毁一切妨害自己的事物。六、道的基本法则是：万物与一切现象，处于经常的运动与变化中，在变化的过程中，万物与一切现象都转化为自身的对立物。七、万物与一切现象，都处于相互联系的状态中，这种联系通过统一的道而完成。八、道是我们的感官所不能感知的，但在逻辑思维中，它是可以认识的。由是观之，道在天地未生成以前就存在于浩瀚的宇宙中，当天地生成以后，道就在万事万物中发挥着自身的作用，贯穿万物生成、生长、发展、消亡的始终，作为一种自然规律客观地存在着。

故常无，欲以观其妙；常有，欲以观其徼。

一提起道，我们不免会在头脑中想象它的模样，然而我们的想象往往带有很大的局限性和主观性，真正的道是不以人的主观意志为转移的，它是客观存在，但又是看不见摸不着的，正所谓“大道无形”。我们凭主观想象臆造出的道的样子，不是真正的道，只能称得上名。“名”这个概念也是不能用语言和文字来描述形容的，语言文字的局限性比想象的局限性更大。如果用语言文字来描述道，只能与道背道而驰。既不能用语言又不能用文字来描述道，那如何才能认识道呢？鉴于语言文字的局限性及道的只可意会、不可言传，只有通过抽象的概念，即“无”和“有”这两个名来一窥道的真正面目。所谓无，是指天地还没有生成以前的混沌状态，说明天地是从无中生出来的。所谓有，就是存在的意思，它代表一种正在孕育万物的状态，是万物的生母，即万物是从有中孕育生产出来的。

所以我们可以将道理解为一种无的状态，一种有的能力，它的本原是无，却可以生出天地万物。正因如此，我们可以采取无的态度去体认道的玄妙。道的原始是空无，我们要想体认大道，就必须抛却所有的杂念，将自己回复到毫无思想意识的婴儿时期，达到一种完全虚无的境界，只有这样，我们才能真正体悟到道的奥妙和玄机。无和有是我们必须把握的两个概念，它们是打开“众妙之门”的钥匙，只有通过它们，我们才能领悟道的实质。

所谓“常无”，就是一种永恒的无，或叫“大无”；与此相对应，“常有”就是一种永恒的有，也叫“大有”。我们可以通过这种忘却自我一切的常无，体悟到天地初生时的“妙”；通过这种包容万物的常有，观察到万物未生前的“徼”。妙，按汉字的组字法，可以拆分为“少”和“女”，少女不但处于妙龄，而且是纯真、纯洁的象征，这里用在道中，可以理解为天地的本始。徼的本义为边界，这里引申为开端、端倪的意思。在这里，不论是常无还是常有，都只是对宇宙大道中的某一状态的描述，还停留在概念这一层面上，都是名。常无在前而常有在后，所以概念的“相名”也就不同了，但它们都是由大道生出来的，都是对大道的发展和变化，统称为“玄”。玄意为深奥而不可理解、不可测知。“大道无形”，变化多端，变化来变化去，就构成了天地万物的“众妙”，即老子所谓“玄之又玄，众妙之门”。

回过头来看原文，我们不难发现，文中着重讲了这样几个概念：道的概念、名的概念、无和有的概念、妙和徼的概念、玄的概念。这些概念统称为“名”，借用老子的一句话“名可名，非常名”来说，这些概念并没有真正地揭示出道的真正内涵，这是因为“道可道，非常道”，任何言语和文字都无法揭示出道的真义。我们学习和研究这些概念就是为了更好地理解道，它们可以作为理解道的桥梁。

处世之道

◎有无玄妙——诸子各家的“名实之辩”◎

老子说：“名可名，非常名。”认为可以讲得出自己的具体特征的，就不是永恒不变的“名”，这揭示了本体与现象、语言（名）和世界（实）之间的差别。先秦时代的诸子曾对名与实的关系展开了一场著名的“名实之辩”。

荀子像。

先秦时代的名实之辩，指的是当时对于语言和世界的关系之争。在这场争论中颇有论述的有：儒家、道家、墨家和名家。

儒家的观点认为，所谓的语言符号系统就是“名分”，所谓的“世界”就是上下有别、贵贱有差的社会秩序。所谓“正名”，就是通过语言来调和现实世界的矛盾，为社会提供规范，使之纳入到“唯上智与下愚不移”的等级秩序中。孔子是这方面观点的代表人物，曾明确提出过“正名”的主张。儒家的另一代表人物荀子提出了“制名以指实”的主张，将名区分为大共名、大别名和小别名，分析了“名实乱”的表现，对名实问题进行了较为详尽的论述。

墨子像。

儒家关心的是社会，看重的是父子、君臣之间的天经地义的关系。“实”无论发生了多么翻天覆地的变化，“名”的秩序也不能乱了章法，否则就会导致天下大乱。

道家的观点是：“世界”既不是现实的社会秩序，也不是可以用肉眼看到的客观实际，而是超越经验的“道”和“无限”。世界本是混沌的，而语言使其变得清晰；世界本是黑暗的，而语言使其变得光明。语言让世界变得可以言说，可以把握。可是，在让世界变得清晰和光明的同时，语言还无法表现出世界的无限和丰富。老子在《道德经》开篇就提出了“名可名，非常名”的论述，可以说是道家的代表观点。庄子进而主张“大道不称”，但又认为“名者，实之宾也”，肯定实对名的决定作用。

墨家则主张坚持经验主义，强调“闻之见之”“取实与名”。用现在的话来说，就是从实际出发，与时俱进。现实的世界是基础，语言符号不过是现实世界的反映。现实的情况发生了变化，语言符号自然要发生变化。墨家的代表人物墨子主张“非以其名也，以其取也”，着眼于对事物本身的把握。后期墨家将概念区分为达名、类名、私名，认为它们所反映的实有不同范围。

名家是先秦百家中颇有影响力的一个学派。他们不探究名、实关系，而是把注意力集中在语言的本身上，从而注重语言的概念，不再关注语言所寓含的内容，而是看重语言本身的逻辑技巧。从而形成了中国古代历史上著名的诡辩论。

这场对名实关系有着不同理解而展开的长期争论，形成了中国古代哲学的名辩思潮，由此推动了中国哲学的认识论、辩证法和逻辑学的发展。

第二章　功成弗居

【原文】

天下皆知美之为美，斯恶已①；皆知善之为善，斯不善已。有无相生，难易相成，长短相形，高下相盈，音声相和②，前后相随，恒也。是以圣人处无为之事③，行不言之教；万物作而弗始④，生而弗有，为而弗恃⑤，功成而弗居。夫唯弗居，是以不去。

【注释】

①已：语气词，可译为“了”。②音声：古代音和声是有区别的。单调的、无节奏的叫“声”，复杂的、有节奏的叫“音”。③是以：疑为后人所加。本章的前八句是老子的相对论，后八句是老子的政治论，文意不相连。圣人：老子理想中的“与道同体”的人物，他与儒家圣人有很大不同，是“有道的人”。④始：管理、干涉的意思。⑤恃（shì）：依赖，依靠。

天下皆知美之为美。

【译文】

天下的人都知道美之所以为美，丑的观念也就出来了；都知道善之所以为善，恶的观念也就产生了。“有”和“无”互相对立而产生，困难和容易互相矛盾而促成，长和短互相比较才形成，高和下互相对照才有分别，音和声由于对立才显得和谐动听，前和后彼此排列才有顺序，这是永远如此的。因此，有道的人用“无为”的法则来对待世事，用“不言”的方式施行教化；让万物兴起而不加倡导，生养万物而不据为己有；抚育万物但不自恃己能，立下了功勋而不自我夸耀。正因为他不居功，所以他的功绩就不会失去。

【解析】

本章主旨讲的是“道”的内涵。

天下万物，在表象上都可以分为真善美和假恶丑两个对立的方面。美的可以造成恶的

圣人处无为之事。

结果，善的可以造成不善的影响，任何美善的事物，本身都包含着不美不善的一面。一切事物也都处于运动变化之中，美转化为不美，善转化为不善，乃是大道运行之必然，亦是事物发展之规律。若把美的事物当成永恒的美，把善的事物视为绝对的善，那必然会事与愿违，终究会导致不善的结果的出现。

老子说明事物相互依存及变化发展的规律，并提出了一些基本的行为准则，即“无为”“不言”“弗辞”“弗有”“弗恃”“不居”等。这些准则在老子道论中是深得于“玄德”的体现，也是老子道论的基本行为主张。

当然，人类作为宇宙中的一个小分子，和宇宙中的其他事物一样，都是由肉眼看不到的分子、原子、中子、中微子等基本元素转化或组合而来的，所以人和其他事物是同源的，没有本质上的不同，都是由大道衍生出来的，所以也都处于永不停息的运动和变化之中，

万物作而弗始，生而弗有。

而且和其他物体同样可以相互依赖，互相转化。

人类从生命一开始，到最终走向坟墓，从来没有终止过变化。在此过程中生过病，犯过错，当然也享受过成功的乐趣，体验过失败的沮丧，也因而知道了什么叫对错，什么叫荣辱。可在这布满荆棘和矛盾的人生道路上，无论是享受幸福和喜悦，还是体验迷惘和无奈，最终的结局都是一样的，既然这样，那又何必给自己制造那么多的苦恼？所以，面对荣辱、得失、成败、哀乐、爱怨，为何不能泰然处之？其实，矛盾的产生是因为人们的头脑中有了知识的概念。矛盾导致两个方面的结果，一是好的结果，一是坏的结果，可人们总是喜欢接受好的结果而难以接受坏的结果，缺少应有的从容和淡定，因而滋生痛苦迷惘，或是悲痛欲绝。

功成弗居。

大道无言，大道无际，它孕育了天地万物，并使天地万物感受到了它的存在和巨大威力，但人们始终无法对其进行准确的描述，任何概念和范畴都是牵强的，都没有恰当地概括出大道的真义，正是因为这种不准确、不完全、不真实的概念直接影响了人们对大道的领悟，所以也就无法真正融入大道无忧无虑、自由自在的境界中去。而圣人明白大道的绝对性和它的真实内涵，他们能抛弃和超越人类的自私和贪婪，采取顺其自然的态度来对待人和事，这种无所作为的处世哲学看似消极，其实是一种真正的、积极的人生态度，是对人类自身精神境界的提升。他们能真正理解大道并和大道融为一体，顺应自然和各种变化，也就无所谓"得到"和"失去"，因而也就没有忧愁和烦恼了，这也是智者和凡人的区别。

从政之道

◎功成不居——明武宗在荒诞中结束一生◎

在这一章里，老子首次提出了"无为"的思想。老子认为，圣人要"处无为之事，行不言之教"，顺其自然，不居功，不自恃。只有做到无为、淡泊、不居功自傲，才是真正的圣人；如果自恃有功，肆意妄为，绝不会有好下场。

明武宗朱厚照是明孝宗的嫡长子，生母是孝康张皇后。他十五岁即位，生性贪玩好动，坐稳龙椅后便废除了尚寝官和文书房等侍奉皇帝的内官，以减少他们对自己行动的限制。

按照明朝的祖制，皇帝每天都要听经筵（帝王为讲论经史而特设的御前讲席），但是明武宗总是以各种借口逃脱，根本就没有听过几次。后来，他干脆连早朝也不上了。诸位大臣见这位少年皇帝如此怠政，便轮番上奏，但是他始终听不进去。

明武宗不但不听朝臣的谏言，反而宠信一批阿谀奉承的奸佞小人，如以刘瑾为首的“八虎”及江彬、钱宁等人。刘瑾是武宗朝的太监，他善于察言观色，随机应变，深受武宗的信任，后来爬上了司礼监掌印太监的宝座。刘瑾阴险狡诈，排除异己，朝中很多正直大臣都遭到他的迫害。此外，他还以各种名义威胁别人向他进贡，没有向他进献钱财礼品的，就会立刻被他逼死。朝廷中没有人不痛恨他，也没有人不惧怕他，所以大家称他为“立皇帝”，而称武宗为“坐皇帝”。

后来，刘瑾失势，明武宗开始专宠钱宁、江彬二人，江彬等人为哄武宗开心，不但为其建造“豹房”，供其淫乐，还迎合武宗好大喜功的特点，多次鼓动武宗到边关带兵打仗。

江彬是武宗后期最得宠的佞臣，他曾向武宗吹嘘边军如何骁勇善战，引诱武宗将边军与京军互调，借以巩固自己的势力。明朝祖制规定，边军、京军不许相互调换。这是因为，如果边军虚弱，蒙古就会趁机入侵；如果京军虚弱，边军就会成为朝廷的祸患，这是为加强皇权而制定的制度。武宗不顾朝臣的反对，打破祖制，宣布征调边军入京，设东、西官厅，由江彬、许泰统率。此外，江彬还鼓动武宗到西北地区游幸。这对于一向以雄武自居的武宗来说，的确有很大的吸引力，因为他一直梦想着能够像太祖、成祖那样立下万世不拔之功。

正德十二年（1517）十月，武宗终于迎来了一显身手的机会。这一天，武宗得知蒙古小王子率领所部袭扰明朝边境，武宗心里暗自高兴，他亲自布置军马，准备与小王子

明武宗贪图玩乐。

明武宗在镇国府处理军政要事。

一决雌雄，这就是历史上有名的“应州之战”。应州之战进行得十分激烈，明军一度被蒙古军分割包围。武宗赶到后，亲自率领大军组织援救，这才解了明军之围。武宗与蒙古军在边境地区进行了一百多次战斗，期间武宗与普通士兵同吃同住，甚至还亲手斩杀一名敌人，这极大地鼓舞了明军的士气。最后，小王子认为此战难以取胜，便率领蒙古军西去，明军取得了一场难得的胜利，史称“应州大捷”。应州之役，武宗亲自指挥布置，战术得当，体现了较高的军事才能，这也成为武宗一生中最为光辉的时刻。

武宗在应州取得胜利后，开始大肆炫耀一番。他此前出征的时候，是以“朱寿“的化名出现在军中的。回到京城后，武宗宣布封朱寿为“总督军务威武大将军总兵官”。不久，他又亲自率领文武官员、内廷侍卫浩浩荡荡地来到宣府，为朱寿营建“镇国府”。后来，他又加封自己为“镇国公”，令兵部存档，户部发饷。自古以来，还没有哪个皇帝自降身份向自己称臣的，武宗真是视国事和朝政为儿戏了。

武宗非常喜欢宣府的镇国府，并称那里才是自己真正的家。在江彬的蛊惑下，武宗又下令大肆修缮镇国府，还将豹房里的珍宝、女子运到府中，大有常驻宣府的意思。武宗之所以喜欢住在镇国府，这与他尚武、想立边功的心理是密不可分的。因为宣府是北边重要的军镇，也是抵御蒙古军队入侵的第一道防线。他十分渴望能够在自己的一生中立下赫赫战功。而且，在宣府还有一个好处，那就是再也不用听大臣们喋喋不休的劝谏。他下令禁止大臣来宣府，只有豹房的亲随可以随便出入。在豹房和镇国府这两个地方，武宗为所欲为，过着骄奢淫逸的生活。

正德十五年（1520），武宗于南巡途中在清江浦（今江苏省淮安市）垂钓，不小心跌入水中。虽然他被身边的侍卫救起，但是身体每况愈下。次年，武宗病死于豹房之中，年仅三十一岁。

第三章　圣人之治

【原文】

不尚贤①，使民不争。不贵难得之货，使民不为盗；不见可欲，使民心不乱。是以圣人之治，虚其心，实其腹，弱其志，强其骨。常使民无知无欲，使夫智者不敢为也。为无为，则无不治。

【注释】

①尚：推崇。

不尚贤，使民不争。

虚其心，实其腹。

【译文】

不推崇贤能之才，使人民不争名夺位；不以奇珍异宝为贵重之物，使人民不做偷盗的坏事；不炫耀可贪的事物，使人民不产生邪恶、动乱的念头。因此，有道的人治理天下的方法，是要净化人民的心灵，满足人民的温饱，减损人民争名夺利的心志，强健人民的体魄。要常使人民没有伪诈的心志，没有争名夺利的欲念。使那些智巧之人也不敢肆意妄为。以无为的态度去处理政事，就没有治理不好的。

【解析】

本章是老子对无为之治的具体论述与见解。

圣人之治在于无为。只要心里没有贪念，就不会有不满及争夺之心，从而使自己到达一种纯朴自然的状态。要使社会物质条件丰富，民众就不会为温饱而起纷争，生活安逸自在，达到一种最理想的境界。民众为了能使这种美好生活永远延续，就会自觉地维护这种和谐共处的状态。即便有一些自认为是的人想改变这种生活，民众也不会同意，从而使有智的人也不敢有所作为。

老子还说，不要使民众产生志向，但是要使民众的体格强健起来，有了强健的身体，就不会有痛苦产生；不崇尚贤者，就不会产生志向，志向是人心滋生贪欲的前因，如果内心存有志向，人们就会为了实现自己的志向而不择手段，这是恶行发生的一个前提。不以难得的货物为尊贵，那么民众就不会为了得到这些难以得到的东西而产生偷盗之心。老子还特别提到，作为最高统治者，首先不要存有欲望，而应与民众一样达到无知无欲的境界，因为民众是以圣人为榜样的，圣人如果有欲望表现出来，民众就会觉得不知所措而出现混乱。最后老子说，能做到这些，就是无为之治，就没有不能治理好的地方了。

从政之道

◎清静无为——宋仁宗开创治世◎

“为无为，则无不治。”在这一章里，老子阐述的是“无为而治”的思想。无为治国，即国君不妄加干涉百姓的生活，使百姓安居乐业。政治清明，政策宽松，没有苛捐杂税，没有战争兵役。只有采取这样的措施，国家才能长治久安。在中国历史上，有很多统治者都认识到了无为而治的真正含义，因此出现了国家政治昌盛、人民安居乐业的治世局面。北宋中期的皇帝宋仁宗，正是实行了无为而治的政策，解决了内忧外患，巩固了自己的统治。

宋仁宗（1023 年至 1063 年在位），初名受益，后改名为赵祯，宋真宗的第六子。仁宗即位之前，宋朝官僚体制膨胀，冗官冗兵的问题突出，而对外战争又屡战屡败，尽管西北面的党项（即后来的西夏）已向宋称臣，但边患危机始终没有消除。

宋仁宗即位后，他一面鼓励百官上书言事，一面实行与民休息的政策，力图实现政治清明，使百姓安居乐业。

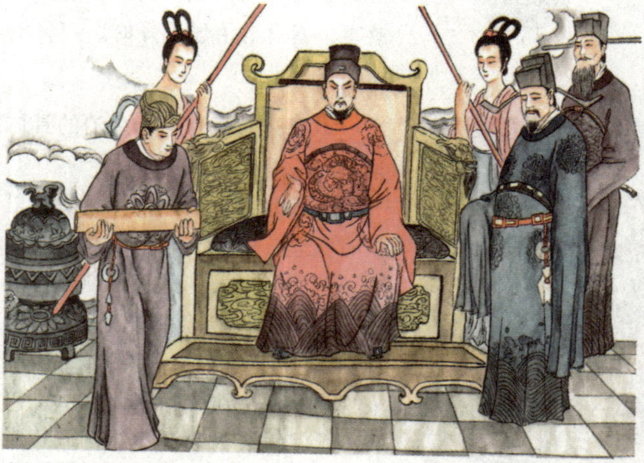
宋仁宗颁布诏令与民休息。

终仁宗一朝，宋仁宗赵祯在对待文武百官的态度上，一直持谦和、宽容的态度。仁宗在位的四十多年时间里，朝臣可以自由发表言论，即便在言论上忤逆皇帝，最大的处分也不过是降职，或是贬谪到其他的地方做个小点儿的官罢了；而过了一段时间，风头过去了，皇帝说不定还会把被贬谪的官员再召回来。仁宗一朝，贬了升，升了再贬，贬了再升的官员不在少数。那时的大臣，上书的内容敏感，什么话都敢说。有一次，仁宗皇帝的宠妃张贵妃想求仁宗封自己叔叔张尧佐为三司使，仁宗答应了她的请求。但是，御使包拯坚决不赞成，他认为三司使是主管朝廷财政工作的重要官员，而张尧佐才能平庸，不堪此任，仁宗难以给张贵妃交差，只好让步说道："实在不行的话，就封他个粗官做吧，你看让他当节度使如何呢？"北宋时的节度使不同于唐代的节度使，是个虚职，仅仅是个表示地位的名号而已。包拯见皇帝让了步，便答应下来，但对仁宗"粗官"的说法不能认同，于是对仁宗说道："节度使怎么是粗官呢？太祖、太宗不都做过节度使吗？"在争论过程中，包拯情绪激动，唾沫星子都溅到了仁宗的脸上，仁宗也没有怪罪他。回宫后，张妃不甘心，撒娇使性，想让仁宗收回成命。仁宗只好训斥她道："你就知道给你叔叔要高的官位，难道你不知道包拯是御使吗？"正是由于仁宗对百官的态度很宽容，所以他那一朝出了不少名臣，宋朝在历史上声名显赫的大臣，大多出在仁宗朝，如晏殊、包拯、欧阳修、范仲淹、韩琦、富弼、苏轼、黄庭坚、沈括、司马光、王安石等，可谓名臣辈出。

仁宗朝的言论比较自由，群臣什么话都敢说，这使得仁宗能够比较全面地了解各方面的情况，不至于被谗言蒙蔽了头脑。皇帝的宽容仁厚，也确实感动了一批正人君子，这些人"先天下之忧而忧"，以报答皇帝的知遇之恩。所以，仁宗一朝奸佞小人很少，朝中多数是些品德高尚的官员。正是因为这样，才使得仁宗维持住了四十年的承平气象。

宋仁宗对待老百姓也相当仁慈。《宋史·仁宗本纪》中，几乎每隔两行，就有一处对仁宗善待百姓的记录：或是下令减少某一地方的赋税，或是下诏赈济某地灾民，或是因为某地的自然灾害、边境战争失利而下诏自责，停止宴饮歌舞。每当遇上水旱灾害的时候，仁宗都要在宫廷内诚心祈祷上天赐福，希望能够早日结束灾害；或者会光着脚站在庭院里，

宋仁宗对朝臣态度宽容，允许他们自由发表言论。

让自己罚站，向上天谢罪。此外，仁宗几乎每隔几年，就释放数百名宫女出宫，让她们回到民间，过正常人的生活。仁宗一生所做的善事很多，在中国的历代皇帝中，也是比较少见的。

宋仁宗还很珍惜每个人的生命，对于判处死刑的案子，仁宗都要亲自复审，以避免冤假错案的出现。据史料记载，仁宗在位期间，罪犯中每年由死刑改为其它刑罚的人数，大概都在千人以上。仁宗曾对大臣说过："你们知道，我平时生气骂人的时候，从来都没有说过刻毒的言语，因此就更不敢在断狱的时候滥用死刑了。"对于滥用死刑的官员，仁宗也十分憎恨，他给吏部的规定是：如果一个官员在断案的时候冤杀了好人，那么这人一辈子便不能再提拔了。

宋仁宗对臣民态度宽容仁慈，但是在对待自己的问题上，却要求很严格。仁宗生活俭朴，他在位的四十多年时间里，没有像以前的帝王那样大修宫室。史书中记录了很多关于仁宗严于奉己的故事。比如，有一次，仁宗在宫苑内散步的时候，屡屡回头张望，随从的侍卫都不明白仁宗是什么意思。等回到宫里后，仁宗对妃嫔说道："今天我渴坏了，快快给我倒些热水来。"妃嫔觉得很奇怪，于是问道："皇上在外面为何不喝水，而让自己受渴这么久呢？"仁宗回答说："朕屡屡回头，却没有看见随从们准备水壶，如果问的话，就有人要被处罚了，所以我就忍着口渴回来了。"

在对外关系上，宋仁宗也营造了一个相对宽松的环境。在北宋一百六十多年的时间里，其所处的外部环境不能让人乐观。北面是幅员广阔，强悍跋扈的辽国。宋朝建立后，曾多次与辽国交战，但结果是胜少败多，辽国一直都是宋朝北部边境的巨大威胁。西北面是保持着半独立状态的党项人的部落，仁宗即位时，党项已经接受了宋朝的册封，被封为西平王、定难军节度使。但是，党项人一直骚扰宋境，每次入侵，总能掠夺大批牛羊牲畜。与此同时，西南方向是吐蕃诸部的活动区域，与宋接壤的边境自青海西宁直到今天的四川雅安一线。吐蕃部落较多，这些部落经常袭扰宋朝边境。面对严重的边患问题，宋仁宗一面任用贤将守边，一面对异族采取安抚政策。宋仁宗在对外政策方面的"仁"也有很多具体事例。比如，辽国发生了旱灾，饥民大批涌入了宋朝境内，仁宗命令地方官员对他们进行救济。当时，向宋称臣的高句丽国因受辽国的挑拨，朝贡的物品越来越少，有大臣建议出兵惩戒，宋仁宗却回答说："那只是国君的罪过，现在出兵的话，也不一定能杀得了高句丽的国王，还会殃及两国的黎民百姓，我看还是算了吧，贡物少就少点吧！"后来，南宋的皇帝高宗赵构在评价宋仁宗的外交政策时，说道："先帝兼爱南北，不轻启战端。"这是很有道理的。

朝臣常聚在一起议论时政。

为人之道

◎少私寡欲——崇尚节俭的汉文帝◎

老子说："不贵难得之货，使民不为盗。不见可欲，使民心不乱。"统治者只有勤俭节约，与民休息，才能赢得民心，治理好天下。汉文帝清心寡欲，厉行节约，后继者汉景帝效法他的政策，终于开创了"文景之治"的盛世局面。

汉高祖时期，天下刚刚经历完战乱，到处都是一片衰败残破的景象。据《史记·平准书》记载："天下既定，民亡盖藏，自天子不能具钧驷，而将相或乘牛车。"说的是高祖统一天下建立汉王朝以后，民穷财尽，毫无积蓄。当时天子竟不能用同一种毛色的驷马（马车），而将相有的只能乘牛车。

汉文帝即位后，实行无为之治，以"慈""俭"为治政原则。首先确立宽厚的法治精神，废除"连坐"等严刑；接着"诏定振穷、养老之令"，保障百姓生活无忧。当然最重要的是多次下诏减轻赋税，轻徭薄役，施行节俭治国的政策。

汉文帝的节俭是出了名的。他继承帝位的第二年，有人献上一匹千里马。他下诏连同送马的路费一并退还，同时又下了一道诏书宣布说：朕不接受任何名贵稀奇的奉献，要地方官们通知四方，以后不要打主意奉献什么东西上来。

古代皇帝住的宫殿，大都要修建又大又漂亮的露台，以供欣赏山水风光。汉文帝本来也想造一个露台，他找到了工匠，让他们算算该花多少钱。工匠们说："不算多，一百斤金子就够了。"汉文帝听了，吃了一惊，忙问："这一百斤金子合多少户中等人家的财产？"工匠们粗粗地算了一下，说："十户。"汉文帝听了，说道："不要造露台了，现在朝廷的钱很少，还是把这些钱省下吧。"

司马迁在《史记》中记载，文帝"即位二十三年，宫室苑囿狗马服御无所增益"。"宫室"就是宫殿建筑，"苑囿"就是皇家园林以及供皇室打猎游玩的场所，"狗马"即供皇帝娱乐使用的动物、设施等，"服御"即为皇帝服务的服饰车辆仪仗等。这些都是皇帝们讲排场、显威严、享乐游玩必不可少的，皇帝们大都十分重视。然而文帝当皇帝二十三年，居然没有盖宫殿，没有修园林，甚至连车辆仪仗也没有增添。

汉文帝与民休养生息。

此外，汉文帝还能关心百姓的疾苦，刚当皇帝不久，就下令：由国家供养八十岁以上的老人，每月都要发给

汉文帝拒受别人献上的千里马。

他们米、肉和酒；对九十岁以上的老人，还要再发一些麻布、绸缎和丝棉，给他们做衣服。

春耕时，汉文帝亲自带着大臣们下地耕种，皇后也率宫女采桑、养蚕。汉文帝去世前，曾颁下遗诏，痛斥了厚葬的陋俗，要求自己的丧事要一切从简。对待自己的归宿“霸陵”，他明确要求：“皆以瓦器，不得以金银铜锡为饰，不治坟，欲为省，毋烦民。霸陵山川因其故，勿有所改。”即按照山川原来的样子因地制宜，建一座简陋的坟地，不要因为给自己建墓而大兴土木，改变了山川原来的模样。据说后来赤眉军攻进长安，所有皇帝的陵墓都被挖了，唯独没动汉文帝的陵墓，因为他们知道，汉文帝的陵墓里面没什么贵重的东西。

北宋文学家吴坰在《五总志》里有这样的记载：汉文帝刘恒“履不藉以视朝”。草鞋最早的名字叫“履”。由于草鞋材料以草和麻为主，非常经济，且取之无尽，用之不竭，平民百姓都能自备，汉代称之为“不藉”。在汉文帝时，已经有了布鞋，草鞋主要是贫民穿，而汉文帝刘恒“履不藉以视朝”，就是说他穿着草鞋上殿办公，做出了节俭的表率。不仅是草鞋，就连他的龙袍，也只能称为“绨衣”。“绨”在当时就是一种很粗糙的色彩暗淡的丝绸。就是这样的龙袍，也穿了很多年。龙袍破了，就让皇后给他补一补，接着再穿。汉文帝自己穿粗布衣服不说，后宫也是只穿朴素的服饰。当时，贵族女子长衣拖地是一种时尚，而汉文帝为了节约布料，即使对自己最宠幸的妃子，也不准她们衣服的下摆拖到地上。宫里的帐幕、帷子全没刺绣，也不带花边。

正是由于汉文帝勤俭节约和爱民如子，他才与其后继者景帝共同创造出了“文景之治”的盛世。史家评论汉文帝时说“世功莫大于高皇帝，德莫盛于孝文皇帝”，这是丝毫不过分的。

第四章　和光同尘

【原文】

道冲，而用之或不盈[①]。渊兮，似万物之宗[②]；挫其锐，解其纷，和其光，同其尘，湛兮似或存[③]。吾不知谁之子，象帝之先[④]。

【注释】

①冲：虚而不满的意思。盈：满的意思，引申为尽。②兮：语气词，可译为“啊”。③湛（zhàn）：没有、虚无的意思。④帝之先：天帝的祖先，形容其出现之早。

【译文】

大道是空虚无形的，但它发生作用时却永无止境。它如深渊一样广大，像是世间万物的宗主。它不显露锋芒，解除世间的纷乱，收敛它的光耀，混同它于尘世。它看起来幽隐虚无却又实际存在。我不知道它是从哪里产生出来的，好像在天帝之前就已经有了。

【解析】

在本章里，老子仍然在论述“道”的内涵。他认为，道是抽象的，无形无象，人们视而不见，触而不着，只能依赖于意识去感知它。虽然道是抽象的，但它并非一无所有，而是蕴含着物质世界的创造性因素。这种因素极为丰富，存在于天帝产生之先。因此，创造宇宙、天地、万物及自然界的是道，而不是天帝。这样，老子从物质方面再次解释了道的属性。

道冲，而用之或不盈。

“道冲，而用之或不盈。渊兮，似万物之宗。”冲，通“盅”，虚的意思。把道喻为一只肚内空虚的容器，是对其神秘性、不可触摸性和无限作用的最直观和最形象的譬喻。道的境界是心灵的世界，它的空虚，是相对于自我世界而言，是不为人的外观所感觉到的。渊，形容道境深远，找不到边际。道的境界是虚幻的，但它虚而有物，它的无穷妙用对于得道之士来说，是永远不会感到满足的。因为心灵在

和其光，同其尘。

道的世界里自由翱翔是最快乐的，也最能满足人的天性。在浩瀚无际的道境之中，蕴藏着天地万物的本原。

“挫其锐，解其纷，和其光，同其尘。”锐，锐气、锋芒，指各种自以为是的行为和轻薄浮躁的情绪。纷，纷繁杂乱、支离破碎的事物及意识。尘，指现象世界，相对于本质世界而言。畅游于道的美妙境界里，彻悟了人生真谛，获取了大智大慧，原先那种不可一世的锐气及浮躁情绪被挫销了，一切与我无益的纷乱都得以解除；摒弃那种张扬外显、积极进取的心态，代之以不露锋芒、与世无争的人生态度。以合乎道的观点来看待世间的美丑、善恶、荣辱、贵贱，这时的人才是清醒的、有觉悟的。“不言之教”的功用即体现于此。

“湛兮似或存。吾不知谁之子，象帝之先。”湛，深沉、幽隐，指道隐而不显。“似或存”指似幻而实真，似无而实存。老子认为，道幽隐深沉，不可捉摸，看上去虚无却又是真实存在的。在这里，老子自问：道是从哪里产生出来的呢？他没有从正面作出回答，而是说它存在于天帝现相之前。既然在天帝产生以前，那么天帝也就无疑是由道产生出来的。

本章旨在说明不言之教的巨大功用。只有亲历道境，不为现象世界所羁绊，才能获得正确的世界观和人生观。道是虚幻的，又是客观存在的；正是它的虚幻，才可充实人们的内心。有了充实的内心，就可以挫锐解纷，和光同尘。把握了世界的本质规律，就能把握自己的命运。

在前四章里，老子集中提出了以下观点：道是宇宙的本原，而且先于天帝而存在；事物都是互相矛盾而存在的，并且处于变化发展之中；等等。此外，老子还提出了自己对社会政治和人生处世的某些基本观点，这些学说无不充满智慧。

从政之道

◎不露锋芒——曾国藩的处世哲学◎

在这一章里，老子主要描述了“道”的具体形象，道是不可名状的，是渊深的、精湛的；它不露锋芒，神光内敛，纯朴如尘。老子通过对道的描述，体现了他为人处世的基本观点，即不露锋芒，纯朴如尘。这也就是我们通常所说的“藏锋”。

藏锋是一种自我保护的方式，也是道的精髓的一种体现。谁掌握了它的精髓，谁就获得了安身立命的法宝。藏锋的关键不是藏身而是藏心。曾国藩就是如此，尽管他一直站在第一线，但是始终能把一颗饱经风霜的心置于“安全袋”中，做到藏心即藏身。

曾国藩是清朝后期著名政治家，他一生在官场中沉浮，时时能够感受到来自各个方面的威胁。尤其是当宫廷内有什么变动的时候，他便会产生“草木皆兵”的感觉。不过，曾国藩凭着自己精明和敏锐的特点，总能渡过险滩，这在很大程度上与他善于藏锋的特点有着很大关系。

曾国藩在镇压太平天国的斗争中开始崭露头角，从此一发不可收拾，逐渐成为清朝统治者的股肱之臣。同治三年（1864），曾国藩率领湘军攻破天京，红旗报捷，他让官文列于捷疏之首，其中就暗含着谦让之意，尤其是在裁撤湘军的问题上，曾国藩的藏锋表现得更为明显。倘若不裁湘军，恐怕功高震主，最终引火上身。如果裁撤湘军，自己手里没有军队，那么就会任人宰割。就在这时，曾国藩想到了李鸿章的淮军，他认为李鸿章与自己有师徒的情谊，假如能保存淮军，那么自己也就有了靠山。于是，曾国藩叫李鸿章的淮军按兵不动，然后奏请朝廷裁撤湘军。

曾国藩攻克天京以后，七月初四“定议裁撤湘勇”。七月初七，他又上了一本奏折，里面说道：“臣统军太多，即拨裁撤三四万人，以节縻费。”从当时的材料来看，曾国藩裁撤湘军的理由是湘军已成“强弩之末，锐气全消”，而这完全是个借口，实则为了明哲保身。时人王定安听说这件事后，说道：“曾国藩向来谦和恭谨，他说湘军战斗力衰弱，只不过是为了保全自己。后来左宗棠、刘锦棠平定关外回寇，威震西域，席宝田平定黔中，王德榜与法朗西（法兰西）转战越南，皆用湘军。他说湘军‘战斗力衰弱’，这怎么可能呢？依我看来，曾国藩的话，不过是自谦罢了。”

占领天京后，曾国藩统领的湘军大概有十二万人。不过，左宗棠的湘军进入浙江以后，已呈独立状态，早在攻陷天京之前，江忠义、席保田所属一万人已调至江西，归沈葆桢指挥；鲍超、周宽世所属两万余人到达江西以后，随即也被编入沈葆桢的麾下；余下的只有曾国荃统率的五万湘军，而这些人也正是朝廷最为担心的。于是，曾国藩从自己身边的这五万湘军开始进行裁撤。

曾国藩先是留湘军将领张诗日麾下的一万余人驻守江宁，让刘连捷、朱洪章、朱南桂率领一万五千余人抵达皖南地区，裁撤了助攻天京的萧庆衍部（李续宾旧部）近万人和韦俊的两千余人。但从实际情况来看，曾国荃的嫡系部队基本被保留了下来。同治四年（1865）正月，曾国藩又裁撤了八营。五月，曾国藩奉命北上山东围剿捻军，当时江宁还没撤走的湘军还有十六营八千余人，但只有张诗日一营愿随曾国藩北上，其余都不愿跟随前往，于是曾国藩又裁撤了其余的七千五百人。之后，又陆续裁撤了刘连捷、朱洪章、朱南桂三军。此时，曾国藩能够调动的军队，只剩下张诗日一营和刘松山老湘营六千人了。

曾国荃在攻陷天京的时候立下大功，因此在湘军中有极大威望。清政府对他也十分忌惮，害怕他趁机扩充自己的势力，所以既想让他早离军营而又不想让他到浙江担任巡抚。曾国藩无奈之下，在裁撤湘军的同时，奏请曾国荃因病开缺，回籍调养。清政府很快便批准了曾国藩所奏，并赏赐曾国荃人参六两，以示慰藉。而曾国荃却大惑不解，愤愤不平之情，溢于言表，他甚至还在众人面前大放厥词，这导致曾国藩十分难堪，曾国藩只得对他好言相劝。

曾国藩率领湘军攻破天京。

早在裁撤湘军之前，曾国藩就曾写信给李鸿章说："惟湘勇强弩之末，锐气全消，力不足以制捻，将来戡定两淮，必须贵部淮勇任之。国藩早持此议，幸阁下为证成此言。兵端未息，自须培养朝气，涤除暮气。淮勇气方强盛，必不宜裁，而湘勇则宜多裁速裁。"

曾国藩书中的意思很隐晦，只有李鸿章才能明白他的苦衷：朝廷对手握兵权的湘、淮将领怀有猜忌之心，舆论又推波助澜，朝廷欲杀之而后快，如果湘、淮二军一并裁撤，那么日后曾国藩一定任人宰割，如果保留淮军而裁撤湘军，则对清廷可起到极大的牵制作用。李鸿章既窥见了清廷的真正意图，又明白了曾国藩的良苦用心，于是决定投双方之所好，坐收渔人之利。李鸿章深知此时军队关乎天下之大计，而淮军的兴衰更是关乎个人的宦海浮沉。因此，李鸿章致函给曾国藩，表示支持其裁撤湘军而保留淮军的决策。

曾国藩在官场中不露锋芒还表现在他的激流勇退上。

曾国藩晚年的时候，心情十分矛盾，他不想做官，但是又不能不做；他想上疏请辞，但是语气又不能过硬，可是倘若语气不硬，又怎么能够获得恩准呢？即使获得恩准，一旦遇有战事的时候，自己岂不是还要被征召吗？进退不能，一时令曾国藩陷入两难境地，不知道该如何是好。

曾国藩之所以不愿做官，用他的话来说，就是"凡做大官，处安荣之境，即时时有可危可辱之道，古人所谓富贵常蹈危机也。……平世辞荣避位，即为安身良策。乱世辞荣避位，尚非良策也。"不久，他上疏告病请求退休，李鸿章听说曾国藩打算辞官，立即写信说："奏章的语气不可太坚决，这样除了让人觉得痕迹太重之外，没别的用处，而且未必马上就能退休，即使退休一两年，其他地方如果发生战争，仍然免不了被朝廷征召，到那时就更加进退两难了。"曾国藩觉得李鸿章的这些话都切中事理，这使他陷入思考之中。他想到了一个办法，那就是今后不再做官，也不打算回老家享清福，只求在军营中照料杂事，维系军心。不居高位，不享大名，这样一来，他就可以避免大祸大谤了。

曾国藩只求能把自己闲置起来，不进不退，这样既可以消除心腹们的后顾之忧，也可以避免其他同僚说自己的闲言碎语；既不至于让皇帝为难，也不至于让自己处于被动的处境之中；既可以保持自己晚节和清誉，又可给自己带来体恤皇上的名声，可谓一箭三雕了。

◎第五章　多言数穷◎

【原文】

天地不仁①，以万物为刍狗②。圣人不仁，以百姓为刍狗。天地之间，其犹橐籥乎③？虚而不屈，动而愈出。多言数穷④，不如守中⑤。

【注解】

①仁：仁爱、仁慈。②刍（chú）狗：用野草扎成的狗，古人祭祀时用，用后即扔。刍，野草。③橐（tuó）籥（yuè）：古代的风箱。④数：通"速"。⑤中：适中的意思。

【译文】

天地无所谓仁爱，对待万物像对待祭祀时草扎的小狗一样，任凭万物自然生长；有道的人无所谓仁爱，对待百姓也如同对待刍狗一样，任凭百姓自己发展。天和地之间，不就像一个风箱吗？虽然中空但永无穷尽，越鼓动风量便愈多，生生不息。政令名目繁多反而会加速国家的败亡，不如保持虚静。

【解析】

这一章里，老子由天地的"不仁"，讲到圣人的"不仁"，进而提出了"守中"的思想。和前文不执于一端、"不尚贤""无为而治"的思想是一贯的。其内容主要包括两方面：一是老子再次表述了自己无神论的思想倾向，否定当时思想界存在的把天地人格化的观点。他认为天地是自然的存在，没有理性和感情，它的存在对自然界万事万物不会产生任何作用，因为万物在天地之间依照自身的自然规律变化发展，不受天、神、人的左右。二是老子又谈到"无为"的社会政治思想，是对前四章内容的进一步发挥。他认为，作为圣人——理想的统治者，应当是遵循自然规律，采取无为之治，任凭老百姓自作自息、繁衍生存，而不会采取干预的态度和措施。

天地不仁，以万物为刍狗。

"天地不仁，以万物为刍狗。"

王弼说："天地任自然，无为无造，万物自相治理，故不仁也。"天地无所偏爱，表明天地是一个物理的、自然的存在，并不具有人类的理性和感情；万物在天地之间依照自然法则运行，并不像有神论者所想象的那样，以为天地自然法则对某物有所偏爱，或对某物有所嫌弃，其实这只是人类感情的投射作用。这一见解，表现了老子反对鬼神术数的无神论思想。从无为推论下去，无神论是符合逻辑的必然结果。他认为天地是无为的，自然界的一切事物，只须依照自然界的发展规律生长变化，不需任何主宰者驾临于自然之上来加以命令和安排。

天地之间，其犹橐籥。

"圣人不仁，以百姓为刍狗。"同样，圣人无所偏爱，取法于天地的纯任自然。即圣明的统治者对百姓也不应有厚有薄，而要平等相待，让他们根据自己的需要安排作息。对此，老子作了个形象的比喻：圣人不仁，对待老百姓也要像对待刍狗一样。

"天地之间，其犹橐籥乎！虚而不屈，动而愈出。"橐籥，是指用手操作的鼓风工具，即风箱。老子将天地比作一个可以来回鼓动的风箱，只要拉动就可以鼓出风来，而且生生不息，不会竭尽。天地之间，风霜雨雪，电闪雷鸣，皆为天地二气激发涤荡所致，万物生生不息，无不依赖此气。天地之间好像一个风箱，空虚而不会枯竭，越鼓动风越多。而人体就像一个小风箱，风箱的作用在于使炉火更旺。如果用风箱的原理来修身，则生命会更富有激情，生命力会更强。

"多言数穷，不如守中。"老子通过上述比喻想要说明的问题是："政令繁苛，只会加速其败亡，不如保持虚静状态。"即用很多言辞法令来强制人民执行，很快就会遭到失败，不如按照自然规律办事，虚静无为，这样万物反而能生生不息，永不枯竭。这里所说的"中"，不是"中正"之道，而是虚静。

本章用具体比喻说明如何认识自然和对待自然，论述天地本属自然，社会要顺乎自然，保持虚静，比喻鲜明生动。本章也是承上章对"道冲"作进一步论述。此处由"天道"推论"人道"，由"自然"推论"社会"，核心思想是阐述清静无为的好处。

经商之道

◎归一大道——寓言故事两则◎

老子本章所阐述的道理是无为，告诫人们遵循自然规律行事。在人生的道路上，在追求财富的过程中，我们也应贯彻这一思想，遵循客观规律，信守大道，保持虚静，不做有违大道的事情。

春秋时期，有两户人家，一家住在齐国，姓国，十分富有，远近闻名；一家住在宋国，姓向，非常贫穷，无人知晓。一天，姓向的穷人听说齐国有这么一家姓国的人家很有钱，便专程从宋国跑到齐国，向姓国的请教致富的方法。

姓国的富人告诉他说："我之所以能够积累起这么多财富，其实是因为我很善于'偷'。我只花了一年的工夫就不愁吃穿；两年下来就已经相当富足；而三年之后，我就土地成片、粮食满仓，成了方圆百里之内的大户。而在我富有之后，便向周围的穷人施舍财物，大家也都得到了我的好处。"

姓向的人听了便觉得自己已经知道致富方法了，还没来得及听姓国的进一步解释，便匆匆离开了。他以为姓国的致富靠的就是偷盗，他将姓国的所说的"偷"理解为翻越人家的院墙，撬开人家的房间，然后将自己能看到的，并且手又能拿到的东西，统统拿到自己家里，归自己所有。如此，便会快速致富了。他回家以后，到处偷窃。如此，过了段时间，他便被官府逮住了，人赃并获，他也因此被判了罪。这个可怜的人不但清退了全部赃物，而且还被判罚没收他以前积累的所有家产。这下，本来就穷的他这下彻底成了一个穷鬼。

姓向的想来想去，觉得是姓国的人欺骗了自己，最终导致了自己这个结局。于是他又千里迢迢地到齐国去，找到姓国的并责备他说："你骗我，说偷可以致富，我按照你说的办法去做了，却犯了法，害得我连以前的家产也没有了！"

姓国的一听便哈哈大笑，问他道："那你是怎么去偷的呀？"姓向的于是便将自己翻墙撬门偷盗人家财产的经过讲给姓国的听了，姓国的一听，又好气又好笑地对他说："哎呀，你怎么这么糊涂啊！你那天根本没弄懂我所说的'善于偷盗'是什么意思，便急着走了。现在你仔细听着，我给你解释清楚。我们知道，天有四季变化，地也随着四季而产生丰富的物产，我所偷的就是这天时和地利呀。雨水霜露，有助于我庄稼的生长，山林提供我建造房屋的材料，湖泽的养殖供给我特产。我能够在陆地上'偷'飞禽走兽，在有水的地方则'偷'鱼虾龟鳖。而无论是庄稼和林木还是禽兽和鱼虾龟鳖，这些东西都是大自然的产物，原本并不属于我。我正是依靠自己的辛勤劳动，在自然界里获取财富，自然不会触犯法律，也不会有灾祸了。而那些金银宝石、珍珠宝贝、粮食布匹，却是别人积累起来的财富，你用不劳而获的手段去占有别人的劳动成果，这当然便是犯罪啦。所以，你因偷盗罪而受到了处罚，只能怪你自己呀？"姓向的听了这番话，非常惭愧地离开了。

再看另一则故事。

从前，在南美洲地区有一个年轻人，一心想要发财。在他的脑海中，最快的发财手段莫过于学会点金术了。于是他便投入自己仅有的金钱到炼金实验中。这样折腾了几年，也没有什么成果，而他则变得一贫如洗，连饭都吃不起，靠邻居们的施舍度日。一次，他听一个过路的人说住在某山里的一个智者会炼金术，于是他又燃起希望，生磨硬泡地跟人借来一些盘缠便出发了，去向那个智者学习炼金术。

几个月后，他来到了智者面前，诚恳地向其请教炼金术。智者听他讲述完自己的经历之后，便认真地说："的确如人们所传言的那样，我已经学会了炼金术，但是，我一直并未能炼出金子。"年轻人迷惑地问道："那是为何？"

"因为炼金的材料还不齐。"智者答道。

"那么还差什么呢？"

"现在唯一缺的就是三公斤香蕉叶下的白色绒毛。而这些绒毛必须得是你自己种的香蕉上的。如果你能够收集到这个东西，到时我们便一块来炼金。"

这个年轻人一听，便高兴地回家了。他一回家，便立刻在自家已经荒废多年的田地上种上了香蕉。另外，为了尽快收集齐香蕉绒毛，他还开垦了许多新的荒地来种植。每当香蕉成熟后，他便小心地将白色绒毛刮下来保存好。同时，为了能生活，他也顺便将这些香蕉都弄到市场上卖掉了。结果，几年之后，由于卖香蕉，他的日子也逐渐阔绰起来了。一次，当他又一次从市场上带着卖香蕉得来的金币回家的时候，突然间领悟了智者的意思正是点化他通过劳动来获得金子。明白这个道理后，他更加勤奋地劳动，最终成为当地有名的富翁。

这两则寓言故事，一个是中国，一个国外，其所要告诫人们的道理却是相同的，那便是要想获得财富，便只能凭借自己的劳动，这才是老子所说的大道。而偷盗、炼金术则是代表了邪径，其结果不仅不能达到目的，反而会使人遭遇到危险。进一步讲，无论做任何事情，都有一个大道可走，舍弃大道，而走邪径，都是表面聪明其实愚蠢的行为。

第六章　谷神不死

【原文】

谷神不死①，是谓玄牝②。玄牝之门，是谓天地根③。绵绵若存④，用之不勤⑤。

【注释】

①谷：形容虚空。神：形容不测的变化。②玄牝（pìn）：象征深远而看不见的生育万物的总根源，这里用以形容“道”的不可思议的生殖力。牝，生殖。③是谓：这叫作。④绵绵：冥冥无形象，连续不断的样子。⑤不勤：不劳倦，不穷竭。勤，尽。

【译文】

虚空不定的变化是永不停竭的，这就是生育万物的神秘莫测的总根源。微妙的生母之门，就是天地生成的根源。它绵绵不绝地存在着，作用无穷无尽。

【解析】

老子在这一章里继续阐明“道”的特征。他所运用的方法仍是比喻、借代：用“谷”象征道，说明道既是空虚的又是实在的；用“神”比喻道，说明道变幻莫测；用“玄牝之门”比喻道是产生万事万物根源；等等。老子想说明道的作用是无穷无尽的，从时间上而言，道历久不衰，天长地久。从空间上而言，道无处不在，无穷无尽。道孕育着宇宙万物，生生不息。

谷神不死，是谓玄牝。

“谷神不死，是谓玄牝。”这里的“谷神不死”是就道而言的，说明道是博大无边、变幻莫测、永恒不灭的。“玄”作为一个概念，在《道德经》中经常出现。它原义是深黑色，有深远、神秘、微妙难测的意思。牝，本义是雌性的兽类动物，这里借喻具有无限造物能力的道。“玄牝”指玄妙的母性，这里指孕育和生养出天地万物的母体。把神秘莫名的“道”喻为雌性动物的生殖器官，形象地表现了无所不能、孕育着万物的道的特性。这种粗拙而简明的表述方法，在《道德经》中多次出现。

绵绵若存，用之不勤。

“玄牝之门，是谓天地根。”玄牝的门户，是孕育天地、化生万物的根源。它的作用非常大。“玄牝之门”“天地根”，都用来说明道为产生天地万物的始源。古代也有人把本章的要旨解释为胎息养生之术，认为“天地之门，以吐纳阴阳生死之所气。每至旦，面向午，展两手于膝之上，徐徐按捺百节，口吐浊气，鼻引清气，所以吐故纳新。是蹙气良久，徐徐吐之，仍以左右手上下前后拓。承气之时，意想太平元气，下入毛际，流于五脏，四肢绵受其润，如山纳云，如地受泽，面色光涣，耳目聪明，饮食有味，气力倍加，诸疾去矣。”（《御览方术部》引《修养杂诀》）这是把老子的思想与传统养生术联系起来的解释。这种思考的角度，也不失为对老子学说的一种发挥。

“绵绵若存，用之不勤。”它（指道）好像绵绵不绝地存在着，它的功能也永远使用不尽。道无迹可寻，可又无所不在地发挥作用。它先天地而生，亘古长存，像一只看不见的手，化育着自然万物；又像是天地万物的仲裁者，决定着物事、人世的沉浮兴衰。

道博大无边、无所不能，又永恒不灭、无迹可寻。它是万物之母、一切之源，取之不尽、用之不竭；万物皆循道而自为自作，生生不息。

为人之道

◎玄妙母体——女娲造人◎

盘古开天辟地后，天上便有了太阳、月亮和星星；而地上则有了山川草木，甚至有了鸟兽虫鱼了。

后来，天地间出现了一个神通广大的女神，名叫女娲。据说，女娲一天能够变化七十次。有一次，女娲行走在莽莽榛榛的原野上，看看周围壮美的山川湖泊和可爱的飞鸟鱼虫，总觉得这天地之间还缺少点什么，以使这个世界更加富有生气。

究竟该增添什么东西进去才好呢？这个问题一直困扰着女娲。女娲不停地往前走，一直走了很远，最后她走得实在有些疲倦，就在一个池子旁边蹲下来。澄清的池水照见了她的面容和身影：她笑，池子里的影子也朝着她笑；她假装生气，池子里的影子也跟着生气。眼前的景象，让女娲突发奇想：世间各种各样的生物都有了，却唯独没有像自己一样的生物，那么为什么不创造一种像自己一样的生物，使其加入到世间之中呢？

想着想着，她就顺手从池边掘起一团黄泥，掺和了水，在手里揉着，捏着，捏成了一个娃娃模样的小东西。

女娲把这个小东西放到地面上。说也奇怪，这个泥捏的小家伙，刚一接触地面，就活了起来。女娲见了，相当兴奋，给这个小家伙取了一个名字，叫作“人”。

人的身体虽然小，但因为是女神女娲创造的，相貌和举动也有些像神，和飞的鸟、爬的兽都明显不同。而且，看起来还似乎有一种管理宇宙的非凡气概。

女娲对她的作品感到非常满意。于是，她就非常努力地继续工作，用黄泥做了许多能说会走的可爱的小人儿。从此，女娲再也不感到孤独、寂寞了。

女娲造人。

就这样，女娲不停地工作，一直工作到晚霞布满天空，星星和月亮射出幽光。夜深了，她只把头枕在山崖上，稍微睡一睡，第二天，天刚微明，她又赶紧起来继续工作。

女娲一心要让这些灵敏的小生物布满大地。但是，大地毕竟太广阔了，要想实现这一愿望，的确很难。苦思冥想后，她终于得到了灵感：从崖壁上拉下一条枯藤，伸到一个泥潭里，搅成了浑黄的泥浆，然后提起枯藤，向四处挥洒。只见泥点溅落的地方，出现了许多小人儿，和先前用黄泥捏成的小人儿一模一样。不久，大地上布满了人类。

尽管大地上布满了人类，可女娲的工作并没有因此而终止。她又想：人是要死的，难道死了一批再创造一批吗？这未免太麻烦了。怎样才能使他们绵延不绝呢？后来，她终于想出了一个办法，就是把那些小人儿分为男女，叫他们自己去创造后代。并让他们参照其他动物那样，让人类也男女婚配，这样，人类就世世代代延续下来了，并且人数一天比一天增多。

女娲造人的传说，充分印证了老子对于“绵绵若存，用之不勤”的宇宙之源的认识。

第七章　天长地久

【原文】

天长地久。天地所以能长且久者，以其不自生①，故能长生。是以圣人后其身而身先，外其身而身存。非以其无私邪②！故能成其私③。

【注释】

①以：因为。②邪：同“耶”，疑问语气词。③私：在这里指个人利益。

【译文】

天地永远都存在。天地所以能长久，是因为它不是为了自己而生存，所以才永远都存在。因此，有道的人凡事都让别人占先，反而能赢得爱戴；凡事把自身的安危置之度外，生命反而能得以保全。这不正是因为他不自私，反而能够成就自身吗？

【解析】

在本章里，老子认为，天地是永恒存在的。而天地之所以能永恒存在，是因为它们的一切运作、变化都不是为了自己的生存而作为，正因为“不自生”，“故能长生”。天地生养万物而独不生自己，反而得到了长生。因此，老子希望圣人能从中悟出这个道理。如果圣人也效法天地的这种德行，不计个人得失，一心为公，也会像天地一样“长生”。

圣人后其身而身先，外其身而身存。

所谓“圣人后其身而身先，外其身而身存”，意即有道之人凡事都让别人占先，反而能赢得爱戴；凡事都把自身置之度外，生命反而能得以保全。结合老子其他章节来看，老子对人之生命的见解是很透彻的，并不仅限于肉体的生命，而是把生命推广到灵魂的范畴。如果一个圣人，能谦居人后，以天下为先，那么他就会得到百姓的爱戴，也会永远留在百姓心中，从而得到与道一样不灭的长生。

“非以其无私邪！故能成其私。”老子认为，圣人这样做，并不是因为没有私心，而是为了成就他最大的私心，那就是得以长生。故此老子说“非以其无私邪！故能成其私”。人最大的私心莫过于实现长生，所谓长生，就是能让自己的灵魂永远活在百姓的心中，百姓感觉到圣人的好，就希望他能够永远存在，他的生命与灵魂在百姓心中就永远都不会消失。

老子根据宇宙法则揭示了人生法则，而人生法则里又贯穿着社会法则。他的“后其身而身先”“外其身而身存”的思想，正是“先天下之忧而忧，后天下之乐而乐”的原形。治理国家，只要时时把人民的利益放在前面，自然能够得到人民的拥护和爱戴，从而体现人生价值，获得人生幸福；为了肉体而活着的人，生命不会长久；为了人民的利益而活着的人，只要社会存在，他的英灵就会存在，因为他永远活在人民心中。

这一章里老子以天人合一的境界，把宇宙、人生和社会看成是一个统一的整体，从而要求人与人之间爱而忘私，和谐相处。无私是合乎道的美德，只有坚持这一美德，人类才能实现“长生”。

从政之道

◎无为修身——孙叔敖廉洁爱民◎

老子的思想，均由对自然的认识而推及人事。本章所论，最为典型。天地之所以能够长久，在于它不自生。圣人以自然为师，无我乃能有我，无私乃能成其私。在老子看来，圣人应当作到谦恭、无私，鞠躬尽瘁，死而后已。这和“先天下之忧而忧，后天下之乐而乐”有着异曲同工之妙。历史验证了老子的处事原则的合理性，历朝历代的仁人志士，先人后己，舍己忘私，最终赢得了人民的尊敬与爱戴。春秋时期楚相孙叔敖的事迹，就充分体现了老子的这一处事原则。

孙叔敖（约前630—前593），芀氏，名敖，字孙叔，春秋时期楚国名臣。孙叔敖少年时因义杀两头蛇为民除害而享誉乡里。楚国令尹（楚相）虞丘喜欢有才能的贤士，他年老的时候，看到孙叔敖品德高尚、学问渊博，因此请求楚王让孙叔敖替代自己的令尹之职。楚庄王采纳了虞丘的建议，并用国王乘坐的专车去迎接孙叔敖。后来，孙叔敖出任楚国令尹，他辅佐楚庄王施教导民，宽刑缓政，发展经济，做出了很大的政绩。另外，孙叔敖还主持兴修了芍陂（今安丰塘），不但改善了农业生产条件，也增强了楚国的国力。

孙叔敖立公废私，廉洁爱民。

据史书记载，孙叔敖刚当上令尹的时候，许多人都来向他道贺。这时，来了一位名叫狐丘丈人的老者，他不但不向孙叔敖祝贺，还做出慰问的样

孙叔敖根据春夏河水上涨的规律，引导百姓运送竹木和捕捞鱼虾。

子。孙叔敖觉得很奇怪，便把他引入内屋，并向他询问为什么这么做，狐丘丈人说道："身处尊贵而对人骄傲，百姓就不再与你亲近；位高责重而滥用职权，君主就会讨厌你；俸禄优厚而不知足，祸患就会降临到你的头上了。"临别时，狐丘丈人反复告诫，孙叔敖连连称是。

孙叔敖出身贫苦，对民众的疾苦和愿望有着切身体会。他依照狐丘丈人的叮嘱，制定了"施教导民"的治国策略，即不依靠政令强行施政，而是根据农时，顺应民意，由官府带头倡导，让百姓仿效。

孙叔敖在任令尹期间，曾做过很多施教导民的好事，并传为佳话。孙叔敖根据秋冬农闲的规律，积极引导百姓进山砍伐竹木，猎取禽兽；根据春夏河水上涨的规律，引导百姓用河水运出山里的竹木和捕捞鱼虾。还有一次，楚庄王曾下诏将钱币造大，楚国的百姓感到携带大的钱币行走不便，而铸造钱币的手工业者也嫌成本高而纷纷转行，这就导致市场秩序的混乱。孙叔敖了解到这一情况，便建议楚庄王恢复原有的币制，以顺应民意。楚国当时有一个习俗，那就是喜欢坐矮车，这种矮车马高车矮，车子行驶的时候速度很慢，楚庄王想下诏改造这种车子。孙叔敖表示赞同，但是他不赞成以政令的形式通告全国，而建议将乡间的门槛提高，让矮车不能通行，并将官府的车辆变成高大的车子，自由通行。不到半年，楚国原先的矮小的马车不见了，都变成了高大的车子。通过实施这些措施，楚国的经济获得了迅猛发展，百姓安居乐业。孙叔敖的施教导民的策略，是富国强邦之举，被司马迁赞为"不教而民从其化"。后来，孙叔敖的这个方略也在其他六国推广开来。

孙叔敖在楚国任令尹的时候，还在淮河流域修建了一个著名的水利工程——芍陂。芍陂又称安丰塘，实际是一座大型水库。楚国处在江淮流域，常年多水患。孙叔敖修建这座水库之后，不但有效地治理了淮河水患，而且灌溉了大片良田，促进了楚国经济的发展，也为楚国后来称霸奠定了经济基础。

孙叔敖辅佐楚庄王治国安邦，做出了很大的政绩，楚庄王几次要赐其封地。但是孙叔敖时时记着“俸优禄厚而不知足，祸患就会降临”这句话，因此坚持不受。孙叔敖临死的时侯，告诫儿子说：“我活着时，没有接受楚王的封地，死后楚王必定封你城邑，到时，你一定不要接受别人都争着要的城邑，在楚越边界有个叫寝丘的地方，那里低洼脊薄，城名也不吉利，历来没有人争夺，你可以请求楚王把那个地方赏赐给你，这样，你的衣食饱暖就无忧了。

孙叔敖为相清正廉洁，没有留下一点积蓄。死后几年，孙叔敖的儿子穷愁潦倒，只好跑到山里，以砍柴为生。孙叔敖的好友优孟听说后，上朝时打扮成孙叔敖的模样，以便引起楚王的注意。楚王一看，吃了一惊，还以为是孙叔敖显灵了，细看之下，才知道是优孟，便想任命优孟担任令尹。优孟说：“孙叔敖为楚国立下了很大功劳，死后儿子以砍柴为生，我的才能远远比不上孙叔敖。要我去当令尹，将来儿子恐怕连衣食都不能保障了。”优孟的一席话点醒了楚王，楚王立即下令给孙叔敖儿子重赏和封地。孙叔敖的儿子根据父亲的遗嘱，没有申请大的城邑，只向楚王要了寝丘。庄王没有强求，于是封寝丘四百户给孙叔敖之子，还夸奖贤者之后有贤风。依照楚国法令规定，功臣的封地经过两代之后，要封别人的时侯就得收回。由于寝丘是个人人嫌弃的地方，所以孙叔敖的封地一直传了十几代。孙叔敖不争肥缺而得长利，后人称之为“短智佐君王，长智利子孙”。

历朝历代的很多官吏，他们的两只眼睛总是盯着名和利。如果是为官正派、清正廉洁的，他就会位堪重任，严于律己，一切以国家和百姓为先，后来被称为贤臣、清官、廉吏，从而留名青史；如果是为了追求私利，他必然利用职权为非作歹，一切以自己为先，给国家和人民带来祸害，后来被称为奸臣、贪官、污吏，被钉在历史的耻辱柱上。正派之人不求私利，所以人民得福，个人也得福；奸恶小人追求利益，人民得祸，个人也得祸。

第八章　不争无尤

【原文】

上善若水①。水善利万物而不争，处众人之所恶②，故几于道③。居善地④，心善渊⑤，与善仁，言善信，正善治⑥，事善能，动善时。夫唯不争，故无尤⑦。

上善若水。

水利万物。

【注释】

①上善：最高等的善。若：像。②处：停留、居住之意。③几（jī）：作“接近”解。④地：低下、卑下的意思。⑤渊：深的意思。⑥正：行政的意思。⑦尤：怨咎。

【译文】

最高的善就像水一样，水善于滋润万物却不与其争短长。它总是停留在众人不愿去的低洼之地，这种品德，最接近于“道”。上善的人总是甘居卑下的环境，心胸善于保持沉静而深远博大，待人善于相助、真诚可亲，说话善于信守诺言，为政善于治理，办事善于发挥所长，行动善于把握时机。正因为有不争的美德，所以才不会出现过失，招来怨咎。

【解析】

在上一章里，老子以天地之道推及人道之后，这一章又以自然界的水来喻人、教人。

老子首先用水性来比喻有德之人的人格，认为他们的品格像水一样：一是柔，二是居于卑下的地方，三是滋润万物而不与之争。具备理想人格的人也应该具有这种心态，不但做有利于众人的事情而不与之争，而且还愿意去众人不愿去的地方，愿意做别人不愿做的事情。他可以忍辱负重，任劳任怨，能尽其所能贡献自己的力量去帮助他人，而不会与他人争功、争名、争利，这就是老子“善利万物而不争”的著名思想。

居善地。

“上善若水”，上为至高，只有至高的东西才叫上；水的德行最高，虽然它的构成简单，但它是自然界里的生命之源。上善若水，从字面上解释就是：具有善性的人就像水一样，老子这是要人们学习水“柔弱处下”的德行。

那么，水的德行究竟是什么呢？它是最柔弱最具善性的东西，它具有宽广包容的胸怀和毫无所求、甘居人下的德操，无论到什么地方都是无声无息的。

众所周知，水有形却无状，谁也不能说清水的形状，把它放在什么样的容器里，它就呈现什么样的形状。它生性温柔，就像一个柔弱的少女，羞涩柔韧而又随遇而安。用坝拦它，它就静止不动；抽刀断水，于水毫发无损。在天则为雨雪云雾，在地则成江河湖海。遇热成汽，逢冷结冰，见风起浪，居高成湍，千变万化。最重要的是，无论它身处多么显贵的高位，都会谦卑地向下流淌。这一点，和人类恰恰相反，人是钟情于高处的，仿佛只有不停地高攀才能实现自身的价值，人人都往高处走，所以难免会有竞争，有竞争就有博弈，有博弈就会有得失、成败。水比人明智，它甘居下位，滋润万物而不居功自傲，清静无为而又无所不为。

水和“大道”十分相像。水性善柔，大道无形；水善利万物而不争，大道化育一切而不言功劳。而这正应该是圣人必备的德行。老子认为，拥有最高德行的人就如水一样，具有宽广的胸怀、谦逊的品格、与世无争的情操、宽厚诚实的作风，这些最接近于大道的本质，是人类最应效仿的德行。因此，人的心胸就应该像水一样宽

心善渊。

与善仁交友就像流水一样绵长。

广无边、清湛悠然；像水的流势一样，谦虚卑下。不可处处与人争高低，要择地而居。对人要亲切自然，以诚相待，老实厚道，宁愿居下位也决不欺他人。为人处世重诺守信，就如同潮汐一般，起落守时。

在自然界万事万物中，老子最钟爱的是水，认为水德是近于道的。而理想中的“圣人”是道的体现者，因为他的言行与水的德行相似。为什么说水德近于道呢？王夫之解释说：“五行之体，水为最微。善居道者，为其微，不为其著；处众之后，而常德众之先。”以不争为争，以无私为私，这就是水的最显著特性。水滋润万物而无取于万物，而且甘心停留在最低洼、最潮湿的地方。老子并列举出七个“善”字，都是受到水的启发。最后的结论是：为人处世的要旨，即“不争”。也就是说，宁处别人之所恶也不去与人争利，所以别人也没有什么怨尤。人类一旦拥有了像水一样的品格，就能助人而自乐，与世无争，日子过得恬淡自然，就能避免与他人发生矛盾和冲突，就能免去患得患失的精神折磨。如果能够使自己的品格如水一般，就能与大道协调，就会免去纷争、痛苦和烦恼，就能过得逍遥自在、轻松愉悦。

夫唯不争，故无尤。

为人之道

◎示人以卑——只拣五美分硬币的孩子◎

威廉是一个特别害羞的孩子，在众人面前说话很少，反应似乎也比较慢，这令人们觉得他有些傻气。一次，有人为了验证一下威廉是不是真地很傻，就拿出了两枚硬币给他看，说要送给他，但是他只能选择其中的一枚，那两枚硬币中，一枚是五美分的，另一枚是十美分的，很显然，十美分硬币的面值是更大的。小威廉抬头看了看这个人，然后很胆怯地伸出小手，选择了那枚五分的硬币。这个人没有食言，真地将那枚硬币送给了威廉，然而，他却四处对人宣扬这个有趣的发现，说那个威廉真地就是个小傻瓜，连哪种硬币更值钱都分不出来。于是，很多人带着好奇的心理，见到小威廉的时候都会亲自试验一下，看看是否真地就如那个人所说的，在五美分和十美分的硬币之间，威廉只拣五美分的拿。试验的结果是，小威廉真地就是每一次都会挑那枚面额最小的硬币。每当这样的情景出现的时候，围观的人们就会一阵哄笑，而小威廉在这时似乎变得更害羞了，戏弄他的人们看到他这个样子更加开心了。

这天，小威廉又被人们戏弄了一回。也许大家会觉得，这些家伙真地是一点儿同情心都没有，竟拿别人的缺点寻开心，就像鲁迅小说中的酒客们拿孔乙己脸上的伤疤取笑一样，但是，也并非所有的人都是这样的，总还是有着一些心肠较好的人。这一次，就恰好有一位善良的老妇人撞见了大家取笑小威廉的场景，她感到很不忍，就在事后带着充分的怜悯之情悄悄地对小威廉说道：“可怜的孩子，难道你真地不知道十美分的硬币要比五美分的更值钱吗？”威廉见这个老妇人是个好心人，就诚恳地回答道：“老奶奶，我当然知道十比五大，十美分的硬币更值钱。”老妇人听了，感到不解，带着一副怀疑的神情问道：“既然你知道，为什么还拣不值钱的硬币拿呢？”小威廉解释道：“是这样的，他们经常会给我硬币，就是因为他们觉得我很傻，以为我分不出硬币的大小，如果我表现得很傻，他们就会觉得很开心，以后也就还会再来取乐，再拿硬币给我；可是如果我挑了大的硬币，他们就会发觉，其实我并不傻，如果那样的话，他们就会觉得很没趣，也就不会再打主意送硬币给我了，这样一来，我就连五美分的硬币都得不到了。我拣五美分的硬币，看起来很傻，是被人耍弄了，但是实际上我却能因此而经常得到零花钱，这对我来说是一件好事啊，而人们笑了也就笑了，反正我又不是真的傻，让大家笑一笑又有什么关系呢？”

小威廉的解说，不禁会让我们生出这样的疑问，在小威廉和那群自以为聪明的人之间，究竟谁才是真正被耍弄的对象，谁才是真正的傻瓜呢？

这不是一个虚构的故事，历史上确有其人，这个名叫威廉的孩子就是日后的美国第九任总统——威廉·亨利·哈里逊。

哈里逊总统童年的故事很容易让人联想起这样一则寓言——在动物园的一座笼子里有一大一小的两只猴子，它们是一对母子。每当有游客向笼子里投掷食物的时候，成年的母猴都会表演出一些滑稽的动作，惹得游客们哈哈大笑。因为感到很开心，游客们也就更加乐意往笼子里给猴子抛食物。这只母猴为了吃到可口的食物，往往会走到游客面前，用前爪指点着想吃的食物，然后就又蹦又跳的，俨然就是一个出色的喜剧演员。游客们看到母猴的这副样子，都开心得不得了，从而也就会按照母猴的意思，将它所喜欢的食物扔到笼子里去。有时候，扔进来的食物很多，猴子吃不了，就会挑选一番，将自己最喜欢的留下，而将不喜欢的食物再扔出笼子，这样，母猴就可以将最好吃的东西与小猴子一起分享了。游客们见到这只猴子既滑稽、又聪明，就相互转告，于是，来观看猴子的人们络绎不绝，而猴子也就一直都能得到喜欢的食物。

大猴子乐此不疲，可是这只小猴子心中却感到很懊恼，为什么呢？原来，这只小猴子很有自尊心，它看着自己的妈妈为了一些食物就一直给人们充当笑料，就觉得自尊心受到了打击，有一天，它终于忍无可忍了，于是，这只小猴子向母猴恳求道："妈妈，你以后再别这样了，瞧你被人耍弄的样子，不知道我有多伤心呢！"

母猴听了，很和气地对小猴子说："孩子啊，你是没有看清其中的奥妙啊。如果我不这样表演，人们怎么会给那么多好吃的给我们呢？我这样让他们乐一下，咱们就会得到宝贵的食物，而人们在开心的时候却不知道是他们给咱们支付了食品费呢。算起来，损失的是他们，而收获的是咱们啊。其实，表面上看是他们耍弄了我们，而实际上则是我们耍弄了他们啊。孩子，你说是不是这个道理呢？"

由此可知，自作聪明的人其实恰恰是很愚蠢的。老子在称赞水的至善之时说道这样一句话，即"处众人之所恶"，而在具体描述水的智慧时首先提到的一点就是"居善地"，也就是说居处善于卑下，而童年哈里逊的聪明以及猴子的算计就是与此相若的。示人以卑下，表面上是吃了亏，可实际上却得到了大实惠。这就是老子的智慧。

第九章 持而盈之

【原文】

持而盈之①，不如其已②；揣而锐之③，不可长保。金玉满堂，莫之能守④；富贵而骄⑤，自遗其咎⑥。功遂身退，天之道也。

【注释】

① 盈：满的意思。② 已：动词，停止的意思。③ 揣：捶打，敲打的意思。④ 莫：代词，“没有谁”的意思。⑤ 而：这一章三个“而”，均为连词“而且”“并且”的意思。⑥ 咎（jiù）：灾祸的意思。

【译文】

保持着盈满的状态，不如适可而止。捶打得既尖又利的铁器，就不能长久保持锋利。纵然金玉堆满房屋，谁也不能长久守住。富贵而又骄纵，定会给自己带来祸害。功成名就之时，要含藏收敛，急流勇退，这才符合自然运行的规律。

持而盈之，不如其已。

【解析】

本章主要是讲功成身退之道。

大千世界，芸芸众生，谁不追逐名利、倾慕荣华？而能做到心如止水、超然物外者恐怕是寥若辰星。既然我们都无一例外地生活在现实的世界里，就不可能不食人间烟火，因为吃、穿、住、用、行是人类最基本的生存需求。可是，当这些需求在得到满足之后，人们还会积极地思考如何实现自身的价值，去幻想更多不同层次的需求，当低级的需求得到满足之后，就会更加迫切追求那些更高层级的事物，这是个既简单又复杂的道理：说它简单是因为提到需求，每个人都深有体会，不难理解；说它复杂是因为每个人的需求是千差万别的，这是针对个体而言的。但从整体上来说，人类的贪欲永远都无法得到满足。人类的这一弱点就决定了其会一直追名逐利。

可一旦名利双收，又该如何留住它们，而不致使它们如云烟一般随风飘零？其实，老子在本章中，就给出了答案：手持杯子，往里加水，当水满的时候，还不停地往里加，当

功遂身退，天之道也。

然会溢出来。换一个说法：当弓被拉满后仍继续用力猛拉，结果毫无疑问，弦会最终被拉断。这两个小问题系出同源，都是“满招损”的个案。虽个中道理妇孺皆知，但真要我们与现实生活的欲望挂起钩来，恐怕就很少有人能够真正明白了，因为“人心不足蛇吞象”最直接的后果就是“当局者迷，旁观者清”。所以说，人的欲望是无止境的，这是人的本性使然。因此，人类如何克服自身的弱点，是个非常重要而又相当棘手的问题。

还是让我们来看一看锋利的剑吧，它又尖又锐，锋芒毕露，然而锋刃易卷，再磨再损，不久就会被人放弃，因而老子说，越尖锐的东西，越不会长久保存。

“人生一世，草木一秋。”若用此来比喻人生，乍听起来不免有些消极，却不违背常理。其实，人生的短暂和草木的转眼枯亡没有本质上的区别，所以人们在提到年龄时心里往往就会发憷，不禁哀怨日子过得太匆忙。因此，有人在短暂的一生里拼命地捞取金钱，其目的就是试图通过对财富的占有来证明自身存在的价值；而有的人则一心想出名，想通过名声来证明自己没有虚度光阴。于是，人们开始争名夺利，为了实现自己的愿望，有的人不择手段，不惜出卖灵魂，结果事与愿违，得到的却没有付出的代价昂贵，这又何苦呢？当然，我们并不反对采用正当的手段和途径来获取金钱和名利，但必须明白一个很简单的道理：人是赤条条地来，又必将赤条条地去，富贵和名利都是过眼云烟，是一丝一毫也无法带走的。

因此，老子认为“持而盈之”“揣而锐之”“富贵而骄”是“生而不有，为而不恃，功成而不居”的“玄德”的反例。在老子看来，一切具体的存在都是“刍狗”，这也就意味着，要把拥有一定名位、名职的自身也要看成是刍狗。刍狗的结局就是在祭祀过后很自然地变成了杂草，这是刍狗之命运使然。如果一朝为“狗”就自认为永远是狗而跳梁跋扈，那绝对是不知天高地厚的狂妄之举。所以，老子认为“功成身退”是无为的最高境界，是应当奉行的基本行为准则。

事实上，古往今来，没有人能永久地保持自己的名位或财富，不要说富可敌国、权倾朝野的王公贵族，就是一手遮天的帝王也无法长久地保留自己的地位和财富，尽管他们让后人将珠宝和自己的尸体葬在一起，并安装上各种防盗机关，以求保全自己生前拥有的财富。可在事实上，自从安葬之时起，危险就已悄悄逼近，盗贼不但会潜入他们的坟墓，将陪葬的金银财宝洗劫一空，甚至还会把他们的尸首抛弃到荒野，这是多么悲惨的结局！当然，更有甚者，有的帝王连自己的尸体也被偷走，因为他们身上穿的是金缕玉衣，他们不但失去了珠宝，也失去了尸身，其结果惨不忍睹。

因此，老子在本章郑重告诉人们：物极必反。太满会溢，太尖利会断，这就启发人们不管办什么事，都要适可而止，进退有度。太露锋芒就会遭人嫉妒和陷害，不如到一定的时候退而隐之，即“功遂身退”，不可最大限度地满足自己的欲望。退而隐之不是形式上的退居深山，而是要有功不倨傲，有名不恃名，有财不扬财。这就是老子倡导的“大道”理念。

富贵而骄，自遗其咎。

大道就是如此，它滋养万物而不居功，没有恩义，也就无所谓报答；万物接受大道的恩典，不去报答，大道和万物仿佛毫无关联，所以也就没有怨恨和嫉妒，一切都是自然而然的。人类只有和大道同步，才能达到收放自如、进退有度的美妙境界。

经商之道

◎为而不恃——福特汽车的教训◎

“持而盈之，不如其已”，它告诉我们，成就到达极至时，不如适可而止。这一原则在商业领域非常适用。

20 纪初，汽车刚刚发明，当时只有少数富人才买得起。1903 年，美国人亨利·福特建立福特汽车公司。当时的汽车市场被通用为首的几个汽车品牌所把持，作为一个初入汽车市场的小企业，福特公司显得微不足道。在这种强弱对比明显的情况下，福特经过精心考察后，认为大幅度降低汽车成本，推出工薪阶层也买得起的低价汽车才是汽车行业的主流趋势。于是他组织研发人员花几年时间研制了一种售价大大低于当时其他品牌的 T 型汽车，于 1908 年推向市场。果然市场反响强烈，当年便卖出一万多辆。后来福特又采用流水线生产法等手段降低生产成本，将汽车售价首次降到人们一年平均收入以下。结果，1914 年，福特一下子由原来的汽车行业的小弟跃居行业老大的位置。到 1921 年，其市场份额占到了整个市场的 55%，而当年的行业老大——通用汽车则被挤到了只有 11% 的份额。

但是，在短时间内取得一连串巨大的成功之后，福特便开始产生了一种骄傲情绪，固执地抱着原来的成功不放，他坚信自己以后唯一需要做的便是不停地生产这一款给它带来成功的T型车，便可永远居于行业老大的位置上。但是，福特没有想到的是，随着经济的发展和人们观念的变化，人们对于汽车的要求已经不仅仅是满足于汽车的实用性，而是对于汽车的多样化、个性化有了更多的要求。接下来，通用汽车抓住了人们的这一心理，到1940年，其市场份额又上升到了45%，重新夺回了自己行业老大的宝座，而福特则下跌到16%，回到自己的起点。

当然，福特汽车的故事至此并未结束，后来又实现了重新崛起。但福特汽车的这段故事可以说是生动地演绎了“柏林定律”，其在取得成功之后，便放不下原来的成功，想要永远地依靠在原来的成功上，这便是不懂得“为而不恃”的智慧。事实上，许多辉煌一时的企业最终衰败都是因为缺乏“为而不恃”的智慧，最终没能逃脱“柏林定律”的“魔咒”。人们凭借一种理念或方法取得成功后，尤其是连续取得成功后，便容易产生惯性的依赖心理，殊不知事易时易，昨天的成功很容易便成为继续前进的包袱。对于此，欧洲管理学大师莱恩哈德·斯普伦格也明确指出：不要落入成功的陷阱。他指出，即使是一些刚开始做事非常灵活、以顾客为导向的知名企业，都很难批评或挑战自己过去的成功经验。于是它们逐渐丧失了灵敏度和适应能力，然后就有可能成为成功的牺牲品。

第十章　明白四达

【原文】

载营魄抱一①，能无离乎？专气致柔②，能如婴儿乎？涤除玄览③，能无疵乎？爱民治国，能无为乎？天门开阖④，能无雌乎？明白四达，能无知乎⑤？生之畜之⑥。生而不有，为而不恃，长而不宰，是谓玄德⑦。

【注释】

①营魄：即魂魄。魂属灵，魄属血，在此连用，指灵肉相连。抱一：合抱为一。②专气：志气专一。致柔：调合到柔和的境地。③涤除：清除。玄览：形容心地如宽广的明镜。玄，形容人心的深邃灵妙。览，镜子。④天门：这里指耳目口鼻等感官。阖（hé）：关闭。⑤无知：即不用智谋。知，作“智”讲。⑥生之畜之：使它生，使它繁殖。⑦玄德：极大极深远的德。

【译文】

灵魂与肉体融为一体，能永不分离吗？聚集精气达到柔和，能像初生的婴儿一样吗？洗尽思想上的尘垢，能让心地宽广得如一尘不染的明镜吗？热爱百姓，按照道的法则来治国，能保持“无为”的境地吗？口鼻自然地开闭，呼吸吐纳，能绵绵细静地雌守吗？通达四方，能不玩弄权术和心智吗？生养抚育了万物却并不据为己有，为世间立下了卓越功勋但并不自恃有功，滋养了万物但并不居于主宰地位，这就是最高深的“德”。

载营魄抱一，能无离乎？

【解析】

本章是讲修道育朴的方法和过程，从“载营魄抱一”到“明白四达”，境界是逐步提高的。“道”的境界和自我之德是同步的，“玄德”表明自我之德与道合一，是德的最高境界，并透过六个问句，把道在修身治国方面的作用作了几条总结，对一般人和统治者提出了要求。从字面上看，每句的后半句，似乎都是疑问，其实疑问本身就是最好的答案。老子认为，人们无论是形体还是精神，无论是主观努力还是客观实际，都不可能是完全一致的。但是人们在现实生活中，应该将精神和形体合一而不偏离，即使肉体生活与精神生活保持

爱民治国，能无为乎？

和谐，这样就必须做到心境淡定，洗清杂念，摒除妄见，懂得自然规律，提高自身修养，也只有这样，才能够真正做到“爱民治国”。

人类之所以被称为“大自然的精品”“造物主的杰作”“万物之灵长”，主要就是因为人类拥有精神和意志，能够进行独立思考和判断。这样一来，人类对周围的事物便有了自己的评判标准，人的主观意识便会在潜移默化中发挥能动作用，并通过这种主观对客观的思索，以自己的喜好标注，来改造周围的世界。然而，人的灵魂和意识所能发挥的作用，毕竟有很大的局限性，所以难免会犯错，甚至会造成无法挽回的损失，人们也常常因此而懊悔和痛苦。

应当说，拥有情感体验是人类区别于其他生物的最显著标志之一。人和其他生物为什么会有这种区别呢？原因在哪里？其他生物为什么没有痛苦和烦恼呢？这主要是因为我们人类的灵魂和肉体经常处于分离的状态，无法从根本上达到合二为一的境界。灵魂是长翅膀的，它总能飞跃到梦想中的高度，与之相比，人们的肉体则显得比较笨重，它无法和灵魂一起飞翔，于是出现了灵魂在一处、肉体在一处的情况；人们也可以把灵魂比喻成理想，将肉体比喻成现实，事实上，理想和现实之间总是有很远的距离，而且美丽的理想在残酷的现实面前往往会变得不堪一击。理想和现实常常处于相互分离的状态，因而会令人们痛苦、无奈和彷徨。

其实，人之所以有痛苦、懊悔的情感体验，是因为人类有七情六欲，当我们的情感需求和自身欲望得不到满足时，就会感到迷茫和失落，困惑和伤怀，这种情感获得的根源还在于人的肉体和灵魂的不统一。而其他生物则不同，它们的身体和心理是合一的，它们不具备完整的心理精神体系，也不会独立思考，也无法进行意识判断，他们对任何事物都不会敏感，因而也不会感到失落或痛苦。

可我们人类，经常用“庸人自扰”来形容无端的痛苦和烦恼。因为平庸，所以会无端地感到痛苦，无端其实是有端，只是这个端微乎其微、不值得去计较罢了。在现实生活中，又有多少人能不被琐事所困扰呢？说白了，能不被平凡琐事所困扰者，世上只有两种人，一是圣人，一是婴孩。婴孩不谙世事，万事皆清，头脑混沌，不知何物为何物，也不知何事为何事，只知饿了吃，困就睡，不去思考，一切顺应人的自然本性，当然不会有烦恼和痛苦，因为他的灵魂和肉体是合二为一的。而圣人也不是天生的，他也必然经过了庸人的阶段，也感受过痛苦和烦恼的滋味，但他不想让自己再受煎熬，就明智地选择了和“大道”同步：做到了灵魂和肉体的高度和谐统一，做到了“专气致柔”如婴孩，做到了心境明净无瑕疵，做到了不受知识的局限而透悟真理的品性。

“专气致柔”就是把自己的精神和元气凝聚起来。如果我们能够聚集自己体内精气而长久保持婴儿般的柔软体态，就能长盛不衰。我们必须经过心灵的活动才能达到精神和元气相合，心灵就像一面镜子，宇宙万象通过镜面尽览无余，镜面必须经常擦洗，去其污垢才能明察世间百态。作为统治者，治理国家也是如此，要像婴儿一样无欲无为，顺应自然本性，而不加任何人为的因素，只有无为而治，才是真治。采取强硬措施不但不利于安定民心，反而会导致天下大乱。所以，要顺应百姓自身的自然规律，才能收到较好的效果。当一个人心性豁达，彻底觉悟的时候，一切顺应自然，顺应规律，这就是“玄德”。就像宇宙一样有深邃的内涵，包容一切，而且自己不去主宰别人，这才是老子专气致柔的精髓所在。

专气致柔，能如婴儿乎？

为人之道

◎致虚守静——“大树将军”冯异◎

老子说：“生而不有，为而不恃，长而不宰，是为玄德。”生养抚育了万物却并不据为己有，为世间立下了卓越功勋但并不自恃有功，滋养了万物但并不居于主宰地位，这就是最高深的“德”。“大树将军”冯异的故事就很好地说明了这个道理。

冯异受封为“云台二十八将”之一。

冯异是东汉初年“云台二十八将”之一。他为人谦虚退让，遇事隐忍，虽然功勋卓著却从不居功自傲。他每在路中遇到诸将，不论官职高低、战功大小，皆驱车让路。刘秀带领众将军行军打仗时，每次战斗结束后，将领们总是坐在一起，高谈阔论，论功谈赏。而冯异则常常独自避坐于大树之下，静静地思考着战斗的经验得失，久而久之，将士们知道他淡泊名利的特点，便戏称他为“大树将军”了。

据史料记载，冯异素好读书，精通《左氏春秋》《孙子兵法》。王莽新朝末年，天下大乱，群雄并起。反莽武装共同拥戴西汉皇族刘玄为帝，建元更始，即更始帝。冯异此时正以郡掾的身份替王莽监管五县，与父城县的长官苗萌共守县城。

刘秀奉更始帝之命率兵攻打父城，遭遇冯异与苗萌的顽强抵抗，只得退守巾车。冯异乘

冯异向刘秀表示愿意归附，并请求用立功来报答恩德。

着间隙到所管辖的属县巡察，被刘秀军队抓获。当时冯异的堂兄冯孝以及同乡人丁綝、吕晏都跟随着刘秀，于是一起举荐冯异，刘秀就召见了冯异。

冯异见到刘秀，说道："以我冯异一人的微薄之力，不足以影响您的强弱。我的老母尚在父城之中，请允许我回去据守五个城邑，立功来报答您的恩德。"刘秀同意了。冯异回去后，对苗萌说："当今众将领都是行伍出身，大多暴虐专横，只有刘将军所到之处不抢掠。我看他的言谈举止，并非庸俗之人，可以归附他。"苗萌说："我与您生死与共，一切都听从您的安排。"

当时，更始帝麾下众将中，刘秀并不特别突出，但冯异一见刘秀，便认定刘秀"非庸人也，可以归身"，目光独具，看人极准。冯异归顺刘秀后，刘秀任命冯异为主簿，于是拉开了君臣际会共创大业的帷幕。

冯异和刘秀之间还有过共患难的故事。更始元年（23）十二月，王郎聚众起事，在邯郸称帝。蓟中各地，纷纷响应。刘秀率部向南疾进。当时形势危急，刘秀昼夜不敢入城邑，吃住都在道旁。到达河北饶阳无蒌亭时，天气寒冷，北风凛冽，大家舟车劳顿，非常疲倦。冯异从附近村子里讨来了豆粥，送给刘秀。第二天一早，刘秀对将领们说："昨天得到冯异送来的豆粥，饥饿寒冷就都解除了。"

刘秀对冯异深信不疑。冯异在关中三年，威望日著，于是有人上书刘秀，说冯异在关中权势过重，号称"咸阳王"，将不利于朝廷。而冯异本人也颇为不安，提出要留妻子于洛阳，但刘秀对这些流言毫不在心，还特意派人将奏疏送给冯异看，并下诏安慰冯异说："将军之于国家，义为君臣，恩犹父子。何嫌何疑，而有惧意？"表示出对冯异的极大信任。建武六年（30）正月，冯异入京朝见刘秀。刘秀数次宴请冯异，并指着他向满朝公卿大臣说："这便是我起兵时的主簿，曾为我在创业的道路上披荆斩棘，扫除重重障碍，又为我平定了关中之地！"

冯异治军严明，谋定后动，赏罚有度，政治眼光与战术素养均高出"云台二十八将"中的其余诸将一筹。他为人谦逊，从不居功自傲。军中很多下级军官都愿意为"大树将军"效劳。

建武十年（34）夏，冯异病逝在军营中，谥节侯。冯异英年早逝，使刘秀失去了一位独当一面、智勇双全的大将，令人惋惜。五百年后，著名文学家庾信还叹息道："将军一去，大树飘零。"

冯异出身儒生，而通晓《孙子兵法》，既有文才，也长于武略，不仅战功卓著，治理郡政也很有成绩。他作战勇敢，常为先驱，善用谋略，料敌决胜。同时，他为人谦退，不居功自傲，实在难能可贵，诚为一代良将。

第十一章　无之为用

【原文】

三十辐，共一毂[①]，当其无，有车之用。埏埴以为器[②]，当其无，有器之用。凿户牖以为室[③]，当其无[④]，有室之用。故有之以为利，无之以为用。

【注释】

①辐：车轮上的直棍，有如自行车的钢丝。三十辐，是一个车轮直棍的数目。毂（gǔ）：即车轮中心穿车轴的圆木，北方叫它“车头”。②埏（yán）埴（zhí）：即和陶土做成饮食的器皿。埏，借为“挻”，即挻土；埴，陶土。③牖（yǒu）：窗户。④无：这一章三个“无”，均作“空虚”解。

【译文】

三十根辐穿在车头，中间必须留出空处，才能装上车轴，使车轮有转动的作用。踩打泥土做陶器，器皿中间必须留出空处，器皿才能发挥盛放物品的作用。建造房屋，有了门窗四壁中空的地方，房屋才能有居住的作用。所以，“有”给人便利，“无”发挥了它的作用。

三十辐，共一毂。

【解析】

本章的核心问题是“有之以为利，无之以为用”，即“无”和“有”的辩证关系。无和有既相互矛盾，又相互依存。没有无也就无所谓有，本章旨在阐明有和无的对立统一关系。我们是处在有的层面，所以，解决矛盾时要以无为本。但需要指出的是，这里的无和有与第一章讲的无和有是两种完全不同的概念和范畴。

老子通过车子、陶器、房子这三个例子来说明问题，指出这几样事物都是有形的，也就是“有”，而体现它们自身价值的却是无形的空间，也就是“无”。有和无的关系，就是“利”和“用”的关系。利是使用价值的前提条件，用是使用价值的决定性因素。所谓“有无相生”，是就利和用关系而言，利和用的关系是相辅相成、不可分割的，有有就有无，有“实”就有“虚”，在时间上没有先后，在主次上也没有本末。老子把无作为主要对立面来考察，这具有很大的片面性，如果没有车轮、瓷器、房子这些有形物体的存在，中空的无在哪存在呢？又如何发挥作用呢？所以片面强调“无”的作用也是不合理的。但是，我们看待问题

器皿中间留有空处，方能发挥盛放物品的作用。

的时候，必须以无为本，以有为末，崇本而举末。这是因为，我们是处在有的层面的，只有守住其对立面的无，才能利于有。倘若以有为本，以有治有，就会加速有向“没有”的方面转化，这是不符合辩证法的。

老子对无和有的辩证关系的论述，具有很大的借鉴意义。就治身而言，要想健康长寿，就不能只是强调用有形的佳肴来厚待有形的身体，而根本在于关注无形之法身，只要守住法身，健康长寿就会成为必然。人体就像房子，法身是房子的主人，只要主人不去，房子就不会倒塌。

就治国而言，其根本在于神圣的法律，而不是有为的统治者；只要具有了高度发达的政治文明和精神文明，国家自然就会保持持久的繁荣和稳定。

可是，在现实生活中人们往往把虚无缥缈的无当成有，为根本不存在的东西徒生烦恼、忧愁，比如有人幻想天上掉下了金元宝，原本一贫如洗的人，却在为如何利用这笔巨额意外之财而躺在床上苦思冥想。当别人都去辛苦打拼的时候，他却躺在床上，沉浸在自己美丽的幻想里，但日子一天天溜走之后，他依然躺在床上做着美梦，直到最后他饿成皮包骨，在临死之前还在幻想山珍海味正在桌上。

在现实生活中，究竟该怎样正确对待有和无呢？只有始终保持虚无的态度，做到“有功”而不自居，“有才”而不自傲，“有力”而不乱用，这样才能达到“以无为有”的境界。因为有和无是互相转化的，我们拥有的东西也会瞬间化为乌有，只有保持虚无的心态和境界对待自己拥有的东西，才能真正地拥有它们。所以，我们是处在有的层面的，解决矛盾时要以无为本。

处世之道

◎示之以无——陈平赤身脱险◎

陈平（？ ~前 178），阳武（今河南原阳东南）人，是西汉的开国重臣之一，曾在汉惠帝和汉文帝时受封丞相，在建立汉朝和保卫汉朝的过程中立下了汗马功劳。

秦朝末年，农民起义进行得如火如荼，陈平也投身到改朝换代的潮流之中。他最早投奔的是魏王咎，后来因为遭受谗害而转投于项羽的帐下。陈平是一个颇富才华的人，少年时代也是饱读经籍，但在项羽的手下却长期没有受到重视，很不得志。

公元前 206 年，刘邦率军攻入秦朝的都城咸阳，但是当时权势最大的仍是项羽，刘邦虽然攻破了咸阳，却不敢自居为王，为了表示卑下而掩藏自己的野心，他亲自到项羽的营中谢罪。刘邦与项羽的这次会见在历史上被称作“鸿门宴”，就是在这场宴会上，陈平第一次见到了刘邦，他敏感地发觉到刘邦是一个可成就大事的人物，而项羽之徒则不足与谋，于是心中暗暗生起了叛楚归汉之意。

不久之后，刘邦被项羽困在咸阳，难以脱身，当此一筹莫展之际，张良决定铤而走险，去找陈平进行秘密会晤，以寻求帮助。令张良未曾想到的是，陈平与他一见如故，大有惺惺相惜之感，十分爽快地答应帮助刘邦脱难。于是，陈平去求见项羽，向项羽进言道："现在天下刚刚安定下来，社会生产还没有恢复，必须节约用度才是，而现在各路诸侯齐聚咸阳，每日军饷耗费巨大，莫如遣散各路诸侯赶紧回国，各守一方，如此，就不必再为此担忧了。"项羽觉得陈平言之有理，于是立即下令：天下诸侯，路远者给十天的期限，路近者给五天的期限，在限期内速速作好回国的准备。但是在命令中项羽又附加了一条，唯独刘邦要留在咸阳，以陪王伴驾。

项羽不放刘邦回汉中，这在陈平的意料之中，于是陈平授意张良，采取了一个声东击西的策略，令刘邦上书项羽，请求回老家沛县省亲。项羽对此犹疑不决之时，张良献言，说刘邦若回沛县，恐怕就在那里落足生根了，莫不如放他回汉中，然后再去沛县取他的家眷做人质，这样，刘邦就不敢乱来了。陈平又说："刘邦既已受封汉王，如果不放他回汉中，恐怕不能服天下人之心，以为大王言而无信，不如就依张良所说，放刘邦归汉中，再扣留他的家眷作为人质。这样既可以保全信用，又可以约束刘邦，岂非两全其美？"项羽遂同意放刘邦回汉中，刘邦乃得脱身。

再说陈平，虽然已生起了归汉之心，但毕竟还欠缺一个得宜的时机，并且那时楚汉之争还没有正式展开，项羽和刘邦还并非彼此敌对。然而不久之后，刘邦和项羽之间的对立就公开化了，此时，又发生了一个意外事件，就是项羽手下的司马卯归降了刘邦。项羽因此迁怒于陈平，陈平也心生惶恐，如若继续留在项羽帐下，不仅难以见用，反而容易招惹杀身之祸。更为重要的是，他已完全看清了项羽乃一介莽夫的真面目，遂决心去找在刘邦营中谋事的好友魏无知。

傍晚时分，陈平偷偷来到了黄河岸边，请船夫送他过河。船行驶到河当中的时候，从船舱里又出来一个船夫，两个船夫对陈平打量了一番，然后又彼此交换了一下眼色。看见这一情形，陈平觉察到这两个船夫并非善类，而且有意加害于他。陈平知道，他们之所以生出歹心，乃是怀疑自己身上带了贵重的财物，从而欲谋财害命，可是自己身上恰恰没有带什么钱财。想到这里，陈平就将衣服脱了下来，并且动作很明显地将衣服摔到船上，将腰间也清理得很干净，以表示衣服里并没有藏着什么值钱的东西。那两个船夫亲眼见到陈平身上并没有带什么财物，也就收起了谋害他的念头，只管将陈平送过河便了。在一般的情况下，钱财总是对人有益处的，可以给人带来很多方便，然而在某些特殊时候，过多的钱财反而会给自己带来害处，陈平在遭遇歹徒之时，正是机智地示之以"无"，才化解了一场凶险。这就是"无"的利处。

渡过黄河之后，陈平顺利地抵达了汉营，经魏无知的引介，拜见了刘邦，两人相谈甚为投机，陈平很快成为刘邦集团中的一个重要谋臣，英雄终于寻得了用武之地。

第十二章　去彼取此

【原文】

五色令人目盲，五音令人耳聋，五味令人口爽①，驰骋畋猎②，令人心发狂，难得之货，令人行妨③。是以圣人为腹不为目④，故去彼取此⑤。

【注释】

①爽：指口腔味觉发生毛病。②畋：打猎。③妨：本指妨碍、损害的意思，这里特指盗窃、掠夺之类行为。④腹：是指内在自我。目：指外在自我或感觉世界。⑤彼：指外。此：指内。

【译文】

五光十色绚丽多彩的颜色，容易使人眼花缭乱；纷繁嘈杂的音调，容易使人耳朵受到伤害；香馥芬芳、浓郁可口的食物，容易败坏人的口味；放马飞驰醉心狩猎，容易使人心情放荡发狂；稀奇珍贵的货物，容易使人失去操守，犯下偷窃的行为。因此，圣人只求三餐温饱，不追逐声色犬马的外在诱惑。所以应该抛去外物的引诱来确保安足纯朴的生活。

【解析】

本章揭示了“为腹”与“为目”的辩证关系，指出了物欲文明对人的伤害，并通过色彩、声音、味道、狩猎、稀有之物对于人身心的种种伤害，进而导出自己的观点：沉迷于感官上的享乐会导致人们感触功能减退，会使人的品行偏离正道。老子坚决排斥这种生活方式，而是提倡“为腹不为目”的生活态度，实际上就是把前一章的“利”和“用”关系归结到人体科学上来。表明了老子以“道”为本的微观认识论。只不过是老子在本章继续列举防碍心法达到“无”的事例。

五色令人目盲。

在佛教中，人类的感觉器官被具体分成了六类：眼、耳、鼻、舌、身、意。这六个器官分别感知着色、声、香、味、触、法六种尘世境界，正因为感知了这六种境界，所以人类产生了喜、怒、哀、乐、忧、思六种意识，也正是这六种意识的存在，才使我们原本平静的内心充满了无限的欲望，当欲望得到满足时我们就会欣喜若狂，当欲望得不到满足时我们的情绪就会消沉低落，内心就会备受煎熬，使得我们的灵魂有一种想要出窍的痛苦，甚至仿佛跳入了火海般难以解脱，而不能自拔。因此，我们原本明净的心境就被蒙上了一层厚厚的尘垢，连我们一向敏锐的感觉也因此而变得麻木而迟钝了。

眼睛失去辨别事物的能力，就会迷惘。

“五色令人目盲”，这里的“五”并不是一个确切的数字，“五色”并不是就指黑白黄绿青五种颜色，它是一个不确定的概念，泛指五颜六色、五彩缤纷。“目盲”也不是指瞎眼，而是指令人眼花缭乱的事物，使我们的眼睛丧失了辨别事物本原的能力。眼睛的功用就是观察事物，一旦我们所观察到的事物真假难辨，就常常会陷入迷惘的境地。

在懂得了“五色令人目盲”的道理后，“五音令人耳聋”也就不难理解了。单一的声乐会令人心旷神怡，会让人精神放松，从而得到一种无法描述的美的享受，然而再动听的声音，一旦和别的声音混杂起来，旋律就会走调，其美的享受就会立刻在瞬间变成痛苦的煎熬，这是生活在喧嚣的闹市区的人们渴望回归田园生活的最好注脚。

我们在理解“五味令人口爽”时可以参照以上两句话的解释。人的口舌是具有感知各种食物味道能力的，它能敏锐地品尝出酸甜苦辣等各种滋味，然而过多地品尝各种风味的佳肴，也会使人的口舌麻木、嗅觉失灵，无法辨别各种美味了。人的口舌是专门用来享受美味的，可一旦丧失了鉴赏美味的能力，就会给我们自身造成损失。

五音令人耳聋。

“驰骋田畋令人心发狂”，畋猎即狩猎，狩猎曾是人类早期谋生的重要手段，也是人类最早开展起来的生产活动，人类的动物本性最早在狩猎中得到了最鲜明的印证。综观人类狩猎活动的发展历程，就不难看出，狩猎始终

五味令人口爽。

人们不要过分追求安逸，要适可而止。

是带着血腥和暴力性质的杀戮和掠夺行为，它是充满野性的不文明行为，这种行为使人们的精神变得疯狂和残忍，而疯狂和残忍的心理状态则是滋生社会动乱的根源。

那么，何谓“难得之货”呢？为什么说“难得之货”会使人的行动受到损害呢？我们按老子所说的稀有珍贵之物，比如金银珠宝、华衣美食、玉璧、铜器、羽饰、武器等物品，正是由于“难得之货”珍贵稀有，才强烈地撩拨起了人们占有它的贪婪欲望，在这种欲望的驱使下，人们的行为就会突然变得怪异反常，如盗贼爬房越脊、穿窬走户，甚至不惜草菅人命；权臣互相倾轧、钩心斗角、尔虞我诈；等等。

从上面的阐释中，我们可以清楚地看出“五色”“五味”“五音”之所以会伤害我们，就是因为其可以刺激我们的欲望，使我们的欲望无限膨胀。

最后，老子提出“是以圣人为腹不为目”一句极其通晓明白的话，点明了圣人的生活方式：只满足吃饱肚子这一低级需求，而不满足眼睛欣赏外物的欲求。老子的这一观点并不是反对人们去享受生活，而是警醒人们追求享受要适可而止，不可无限制地满足自己的贪欲。他希望人们能够丰衣足食，实现内在恬淡宁静，而不是追求外在私欲的满足。一个贪婪满足自己外在私欲的人，就会产生自我疏离感，心灵难免会愈发变得空虚。因此，老子提醒我们，要彻底摒弃各种外在欲望的诱惑，始终保持内心清净满足，才能生活得自在快乐。可是在生活中，面对物欲横流的外在世界，很多人无法抵挡物欲的诱惑，从而不惜代价地来满足自己的声色欲望，眼睁睁地看着自己堕落消沉，甚至走上灭亡的道路，显然，这些人的价值观和道德观已经严重扭曲变形。所以，在文明高度发达的时代，更要静心聆听老子的教诲。

为人之道

◎摒除物欲——齐庄公因贪色而被杀◎

被物欲控制的人不只得不到心灵的自由，还很容易深陷祸患。春秋时期，齐庄公及其大臣崔杼因贪恋美色误入歧途，最后一个死于非命，一个背上了弑君骂名。

崔杼本为齐庄公的重臣，颇得庄公信任。他有一个美丽的妻子，名叫棠姜，原是齐国棠邑（今山东省平度市东南）大夫棠公的妻子。棠公病死后，崔杼在吊唁棠公时，见到了棠姜，为她的美貌所折服，打算将她娶回家。崔杼的家臣东郭偃很反对这样做，理由是崔杼和棠姜都是桓公的后代，都姓姜，自古男女同姓不宜通婚。但崔杼并没有听东郭偃的话，还是将棠姜娶回了家。

齐庄公贪恋棠姜美色，终于与她私通。

崔杼不知道贪恋棠姜美貌的并非只有他一人。一次，崔杼请齐庄公到家里饮酒，不想庄公竟为棠姜深深着迷，还出重金贿赂东郭偃让其帮自己和棠姜通奸。

齐庄公就这样和棠姜私通了，但是事情很快被崔杼发现了。崔杼非常愤怒。当初是他帮庄公登上了王位，而现在庄公却占有了他的妻子。崔杼顿时萌生了杀死齐庄公的念头。

一天，崔杼听说齐庄公的侍者贾举因一点小错遭到齐庄公的毒打，遂对齐庄公怀恨在心，便想方设法接近贾举，并通过贾举掌握了齐庄公在宫中的情况。公元前550年五月，莒国国君朝见齐庄公，齐庄公在都城临淄设宴款待他，并让齐国的大夫在旁坐陪。崔杼推说有病，没有出席。宴会结束后，齐庄公又想到崔杼家里和棠姜幽会，便派人打探崔杼的病情。崔杼料到齐庄公会这样，就假装病得很重。齐庄公果然中计，只带了少量随从前往崔杼家。

棠姜如往常一样将齐庄公引入内室，然后借口出门，将齐庄公反锁到了房间里。庄公在内室中等待棠姜，等了很久都不见她回来，这才反应过来自己中了圈套，懊悔不已。就在这时，崔杼的家丁冲了进来，将齐庄公围住。齐庄公赶忙求饶，家丁们却说："你的臣子崔杼得了重病，不能出面亲自听你的命令。我们只知道奉命捉拿淫贼，不知道还有其它的命令！"

齐庄公见大事不好，跳窗逃跑，他登上花台，打算翻墙而出。崔杼的家丁拿起弓箭，瞄准他就射，齐庄公的大腿上中了一箭，从墙上跌落下来。家丁们一拥而上，将齐庄公活活砍死。而崔杼虽然杀死了齐庄公，泄掉了心头之愤，却也不免被说成是乱臣贼子。尽管他一再向史官施压，禁止他们将自己弑君的事情写到史书里，史官就是不听。崔杼最终只能无奈地长叹一声，说道："我是为了保全国家社稷，没办法才担起了这份罪名，后人是会理解我的啊。"

若齐庄公和崔杼能够做到"去彼取此"，抵住美色的诱惑，也不会落得如此结局。

第十三章　宠辱不惊

【原文】

宠辱若惊①，贵大患若身。何谓宠辱若惊？宠为下，得之若惊，失之若惊，是谓宠辱若惊。何谓贵大患若身？吾所以有大患者②，为吾有身，及吾无身，吾有何患。故贵以身为天下，若可寄天下。爱以身为天下，若可托天下。

【注释】

①若：作“乃”字或“则”字讲。②所以：可译为“……的原因”。

【译文】

得到宠爱或遭受耻辱，都像是受到惊吓一样。重视大患，就好像重视自己的身体一样。什么叫作“宠辱若惊”？宠爱是卑下的，得到它会感到心惊不安，失去它也会惊恐万分。这就叫宠辱若惊。什么叫作“贵大患若身”？我之所以会有祸患，是因为我有这个身体；倘若没有了我的躯体，我还有什么祸患呢？所以，把天下看得和自己的生命一样宝贵的人，才可以把天下的重担交付于他；爱天下和爱自己的生命一样的人，才可以把天下的责任托付于他。

【解析】

本章主要讨论两个问题：一是“宠辱若惊”，一是“贵大患若身”。这两句是《道德经》里经典的语录，老子对宠辱、进退均有独到的见解。

宠辱若惊，贵大患若身。

“宠”指非常道，“辱”指常道。“宠”字的构成是宇宙中有“龙”的样子。在古代的易道八卦学说中，龙是一个极重要的概念，因为宇宙八方是靠六个龙头的不断延伸才得以形成的。因而中国人便有“龙的传人”之说。而“辱”字的构成则是用手掌握拿捏好时辰分寸的样子。“惊”字为“敬马”之合。庄子说：“万物一马也。”所谓“一马”也就是“道”。如此说来，“惊”字也就可以看作是“敬道”。所以，宠辱若惊是指宠和辱都要以道为其归依。

人作为情感动物，对荣辱的情感体验十分敏感，因为芸芸众生奔走于各种名利场，

贵以身为天下，若可寄天下。

不可能完全摆脱荣辱的影响。面对荣辱，人们总会有所反应。比如，受到别人恭维和赞许时，心里会感到喜悦；但这种喜悦是短暂的，因为人有患得患失的特点，得到宠爱并不会令我们永远快乐；同样，当我们受到别人的冷眼、辱骂、轻视的时候，我们也会表现出不安、惊恐；其实，这一切都是由人类自身的弱点决定的，因而人无论得到宠爱还是得到屈辱都会忧心忡忡，惶惶不可终日。所谓“贵大患若身”，贵，以之为荣，看重；大患，极强的忧虑；若，如。得宠就惊喜，受辱就惊惧；把心中的忧虑看得与自身的生死存亡同等重要，“宠辱若惊，贵大患若身”是世间一般人的普遍心态。

在老子看来，人在荣辱面前的这种表现，虽是常态，但都是不正常的。因为荣辱都是一时虚名，事过境迁之后便成过眼云烟。人不能远离荣辱，但也不能成为荣辱的奴隶。只有看淡荣辱，超然自守的人，才能把握自己的人生方向，成为自己的主人。

为了便于人们理解，老子还对上述观点作了解释：“何谓宠辱若惊？宠为下，得之若惊，失之若惊，是谓宠辱若惊。何谓贵大患若身？吾所以有大患者，为吾有身，及吾无身，吾有何患。”也就是说得宠和受辱同样惊恐，重视大的祸患如同重视生命。什么叫得宠和受辱同样惊恐？得宠是卑下的，获得它时好像受到惊吓，失去它时也好像受到惊吓，失宠也令人不安。这就叫作得宠和受辱同样惊恐。有身，就是心里还存有自身的利益；为，因为；及，如果；无身，无自身利益之念。为什么世间常人会存在这些普遍的弱点呢？老子又对产生这种心态的原因作了分析，他认为，世间常人之所以总是念念不忘其自身利益，并且为自身利益而患得患失；就是因为常人身上缺少精神追求，老子没有直接告诉人们他所提倡的人生精神追求是什么，而是用可当大任者和不能当大任者来进行对比，以此来说明人们应该有什么样的人生精神追求：“贵以身为天下，若可寄天下；爱以身为天下；若可托天下。”如果以自身的患得患失去治理天下，那么你只配寄身于天下而做个普通之人，绝不配去治理天下；如果你像爱惜自身那样去爱惜天下，那么就可以把天下事托付给你，让你去治理天下。老子所提倡的人生精神追求观，就是把自身融于天下之中，没有自己的利益，只有天下的利益。自第九章至此，老子讲的都是修德而非修道，其实，修道要比修德更高一个层次。修德讲求“生而畜之，生而不有，为而不恃，长而不宰”，讲求“无之以为用”及“爱以身为天下”，而修道讲求的是纯粹的自然和无为。

在现实生活中，一般人对于身外的荣辱得失十分看重，甚至许多人重视身外的宠辱远远超过自身的生命。人生在世，难免要与功名利禄、荣辱得失打交道，许多人是以荣宠和功名利禄为人生最高理想，目的就是为享荣华富贵，福佑子孙。总之，人活着就是为了寿、名位、货等身外之物，对于功名利禄，可说是人人都需要。但是，把它摆在什么位置上才好呢？如果你把它摆在比生命还要宝贵的位置上，那就大错特错了。老子从贵身的角度出发，认为生命远远贵于名利荣宠，要清静寡欲，一切声色货利之事，皆无动于衷，然后可以受天下之重寄。因此，老子认为，没有必要视荣宠为宝贝，也没有必要视耻辱为洪水猛兽，两者没有必然的界限，并非势同水火，关键在于如何看待。如果善于正确对待，耻辱就会变成荣宠的垫脚石；如果不善于对待，荣宠就会变成耻辱的前奏。正确对待荣辱，就能豁达处世，不至于为荣辱所羁绊。

从政之道

◎不争之德——不贪恋权位的华盛顿◎

乔治·华盛顿是美国的开国总统，也是公认的美国最伟大的总统，迄今为止，在美国历史上的四十几任总统中，只有在南北战争中维护了美国统一的第十六任总统亚伯拉罕·林肯所获得的尊誉堪与华盛顿相比拟。

1732 年 2 月 22 日，华盛顿出生于北美弗吉尼亚地区一个种植园主的家庭，家境并不窘困，但是华盛顿的童年也并不幸福，因为在他还很小的时候，父亲就去世了。华盛顿 17 岁时开始独自谋生，并没有上过大学，但是通过刻苦的自学，培养了自己出众的才干。

华盛顿最早的职业是土地测量员，在 20 岁的时候成为了维农山庄园的主人。1756 年，也就是华盛顿 24 岁那一年，英法之间为争夺殖民地而在北美地区爆发了战争，华盛顿在这场战争中参加了军队。尽管这次参军的时间并不很久，但这为华盛顿积累了最初的军事指挥经验。

27 岁的时候，华盛顿与带有两个孩子的寡妇——玛莎·丹德利居·卡斯蒂斯结了婚。卡斯蒂斯很富有，华盛顿由此获得了大量的奴隶和一块幅员达 60.75 平方公里的土地，成为了弗吉尼亚最大的种植园主之一，不久，华盛顿又当选为弗吉尼亚下议院的议员。

当时的弗吉尼亚，属于大英帝国的海外领地，然而英国当局对待这块海外领地的态度可以说是极为偏颇的，殖民地的居民享受着二等公民的待遇，这招致了普遍的反感。到 18 世纪中叶，英国已经在北美东海岸建立了 13 块殖民地，经过一百多年的开发，当地的工农业生产初具规模，呈现出一派繁荣景象。然而，英国政府为了增加财政收入，不断提升北美殖民地的税收，进行着蛮横的压榨和残酷的剥削，并且对反对者施行严酷的高压政策。英国当局变本加厉的恶劣作为，激起了殖民地人民的极大愤怒，各地反英事件此起彼伏。

1775 年 4 月 18 日的夜晚，莱克星顿上空的枪声揭开了北美独立战争的序幕。同年 7 月，华盛顿当选为领导独立战争的大陆军总司令，这成为华盛顿在自己的人生中标志性的转折点。

1776 年 7 月 4 日，北美 13 个英属殖民地的代表联合签署了《独立宣言》，这份宣言中声称："这些联合一致的殖民地从此是自由和独立的国家，并且按其权利也必须是自由和独立的国家，它们取消一切对英国王室效忠的义务，它们和大不列颠国家之间的一切政治关系从此全部断绝，而且必须断绝；作为自由独立的国家，它们完全有权宣战、媾和、结盟、通商和采取独立国家有权采取的一切行动。”这就宣告了一个全新国家的诞生，这个国家就是日后的美利坚合众国。《独立宣言》虽然已经发表，但是与原宗主国英国之间的战争却刚刚开始，美国走向独立的道路还很崎岖和漫长。华盛顿以极大的勇气和坚忍不拔的精神，率领装备落后、缺乏训练的北美民兵与强大的英军展开了长期的武装斗争。在华盛顿的带领下，北美独立武装克服了难以计数的各种各样的困难，使得战争局面朝着越来越有利于美国的方向发展。

1783 年春季，立时八年的北美独立战争宣告结束，英美两国签署了和平协议。此时，华盛顿的荣耀可谓是无以复加，他的威望之崇高无人能比。而对于这个尊名赫赫的伟大的英雄，人们产生了不同的期待。一部分军人担心和平时期到来之后，自己的利益会得不到保障，因而希望华盛顿能够建立一个强有力的独裁式的军政府，甚至有人提出让华盛顿来做皇帝；而更多的人则希望华盛顿能够在新的时期继续领导大家来建设这个初生的国家。可在于华盛顿本人，则明确表示，一旦战争结束，自己将立即解甲归田，决不会因为谋求个人的权力和地位而影响到国家的安定和团结。

华盛顿是这样说的，也的确是这样做的。在交出权力的退职仪式上，国会议长作为代表，向华盛顿致予了这样真诚的赞美和祝愿：“您在这块土地上捍卫了自由的理念，为受伤害和被压迫的人树立了典范。您将带着全体同胞的祝福退出这个伟大的舞台，但是您的道德力量并不会随着您的军职一起消失，它将永远激励着我们的子孙后代。”

辞职后的华盛顿回到自己的农场过起了平静的田园生活，这样的选择，看似轻易，而实则极为难得。只要随便翻一翻世界历史我们就会很平常地发现，有多少人为了取得至高无上的权力，为了获得那尊光芒四射的耀眼皇冠，而争得头破血流，得到的人为了维护它而不惜采取一切办法，还没有得到的人则在觊觎之中可以不择手段地去谋取它。然而华盛顿却在自己的威望无可比及、取得最高权位易如反掌的情形之下，面对着绝大多数的人都难以抵御的巨大诱惑，轻轻地说了“不”。

四年之后，美国制宪会议在费城召开，这其中，华盛顿是不可或缺的人物，他不仅受邀参加会议，而且被公推为会议的主席。在华盛顿崇高的人格魅力的感召下和杰出的政治才能的领导下，这次制宪会议取得了圆满的成功，而其中尤为重要的一项成果就是，选出了美利坚合众国的第一届总统，而担任这一职位的不二人选正是华盛顿。华盛顿不仅当选，而且是无异议地全票当选，这在美国历史上是唯一的，此后，再也不会有任何一个总统会获此殊荣。由华盛顿来担任美国的第一任总统，是对这个国家顺利走过初生期而迅速地成长和茁壮起来的最好的保证。华盛顿当然没有令美国人民失望，一个未来的超级大国正是在华盛顿的手中蹒跚着站立起来，并且在不久的将来很快地显现出那巨人般的身影。

1792 年，华盛顿再次无异议地当选为美国第二届总统，而在第三届任期即将到来的时候，华盛顿坚定地谢绝了人们善意的挽留，毅然归隐田园。由此，华盛顿为美国定下了一个不成文的惯例，就是总统连任不得超过两届，唯一的特例是第 32 任总统富兰克林·罗斯福，连任了四届，但是在罗斯福病逝于第四个任期上之后，美国宪法修正案就做了这样正式的规定，即总统连任不得超过两届，华盛顿对第三届总统任期的辞让可以说是这一规则的最早由来。

华盛顿身居高位，却对权力和地位无一丝的贪恋，两次从国家的最高权力宝座上平静而淡然地主动退下来，在这一方面，他是毫无私心的，然而他的光辉形象在美国人民的眼里却无人能及。华盛顿去世后，他曾经的伙伴、国会议员哈瑞·李曾这样异常凝重而又满怀深情地述说道：“他是一个公民，他是战争中的第一人，也是和平时代的第一人，也是他的同胞们心目中的第一人。”如果反观一下世界上其他具有类似情形的国家的建立情况我们会发现，由于领导者对于权力的野心，一个民主的政权很容易就演变为一个独裁专制的政府，而这会给日后的国家政局带来极为恶劣的影响，使得国家政治长期地处于动荡不安之中，可是在美国，没有发生这样的情况，因为他们的开国领袖是华盛顿，拥有这样一位伟大而无私的人物来做他们的开国领袖，是美国人民莫大的幸运。不为夸张地说，如果没有华盛顿，也就没有今日的美国。华盛顿为美国作出了无与伦比的巨大贡献，可他自己又是那样的恬淡谦退，他可以选择从历史舞台的中心悄悄地隐去，但是他不能够将自己那崇高的声名和那无比的感召力也一同隐去，华盛顿的英名将永远地镌刻在美国人民的心中，而他所具备的那种伟岸的精神也将在历史的星空中永远闪耀着璀璨的光辉。

老子说：“故贵以身为天下，若可寄天下。爱以身为天下，若可托天下。”华盛顿身居高位而毫无私心，把国家利益放到自己利益之前，这正是做到了宠若不惊。

第十四章 执古之道

【原文】

视之不见，名曰夷①；听之不闻，名曰希②；搏之不得，名曰微③。此三者不可致诘④，故混而为一⑤。其上不皦⑥？其下不昧⑦，绳绳兮不可名⑧，复归于无物。是谓无状之状，无物之象，是谓惚恍⑨。迎之不见其首，随之不见其后。执古之道⑩，以御今之有⑪。能知古始⑫，是谓道纪⑬。

【注释】

①夷：看不见。②希：听不到。③微：摸不着。“夷”“希”“微”三字均形容感官所不能把捉的“道”。④诘（jié）：追。⑤一：即“道”。⑥皦（jiǎo）：光亮，光明。⑦昧（mèi）：昏暗，阴暗。⑧绳绳（mǐn mǐn）：渺茫、不清楚。⑨惚恍：闪烁不定的样子。⑩古之道：就是太初的大道。⑪有：指世上万事万物。⑫古始：就是宇宙的原始或“道”的端始。⑬道纪：“道”的纲纪。纪，准则，法度。

【译文】

怎么看也看不见，我们把它叫作“夷”；怎么听也听不到，我们把它叫作“希”；怎么摸也摸不着，我们把它叫作“微”。这三者的形象难以区分开来，它原本就是混沌一体的。它的上面并不显得明亮，它的下面也不显得昏暗，它绵延不绝而又不可名状，又总要回到看不见物体的虚无状态。这是没有形状的形状，没有具体物象的形象，这就叫作“惚恍”。从前方去接近它，看不见它的头；从后面去追赶它，看不见它的尾。根据早已存在的“道”的运行规律，来考察现在的具体事物，我们就能了解宇宙的原始，这就叫作道的规律。

视之不见，名曰夷。

【解析】

本章着重描述“道”体。在前面的第六章和第八章里，老子分别以具体的形象——山谷和水，来比喻道的虚空和柔弱。本章则抽象地描述道的性质，并讲了运用道的规律。在这里，老子所谓的道超越任何事物，是无形无状，因此是看不见、听不见、摸不着的。对于这种没有形体的抽象之物，我们根本无法进行感官上的体验，所以就无法用语言描述它的属性。可在前面几章中，老子所说过的道有两种内涵，一是指物质世界的实体，即宇宙本体；一是指物质世界或现实事物运动变化的普遍规律。这两者之间实际是相互联系的。本章所讲的“一”（即道）包含有以上所讲道的两方面内涵。老子描述了道的虚无缥缈，然而它又是确实存在的，是所谓“无状之状，无物不象”。道有其自身的变化运动规律，掌握这种规律，便是了解具体事物的根本。

听之不闻，名曰希。

因此，在本章中，为了让人们对超脱于具体事物之上的道有一个更加清楚的认识，老子就用具象世界的一些概念，来对它加以解释，然后再一一否定，反衬出道的深微奥秘。但是道的普遍规律自古以来就支配着现实世界的具体事物，要认识和把握现实存在的个别事物，就必须把握道的运动规律，认识道的普遍原理。理想中的“圣人”能够掌握自古以固存的支配物质世界运动变化的规律，可以驾驭现实存在，这就是因为他悟出了道性。

什么是夷？肉眼无法看到的东西，我们称之为“夷”，看不见并不代表它不存在，只是它无法被我们用眼睛所认知罢了。比如，我们站在平地上极目远眺，目击到的东西极其有限，而地平线那一端我们是根本看不到的；而一些微生物，我们必须借助仪器才能看到，肉眼根本达不到这样的境界。但我们却不能因此就下没有看到就不存在的断言，而是必须以充分肯定的态度，承认在地平线的那一边是存在的，微生物也是存在的，它们都是不以人的意志为转移的客观存在，这正像“大道”不以人的意志为转移一样，它是客观存在的，并时时刻刻对人发生着影响，我们也只有认识到了这一点，才能更好地遵循大道的规律，而不是与大道相背离。

什么是希呢？“希”就是我们用耳朵无法听到的声音，它的特点是细小、缥缈、轻微，这些特点就决定了它不可能被我们听得真切，除此之外，还有距离因素，我们所能听到的声音，都是有一定范围的，所以距离也会令我们无法听到一些声音，大道即使有声，也不会被我们听见，因此我们常说“大道无声”。

那么，什么是微呢？微就是小的意思，小是相对而言的，当一个东西小到无法被我们摸着时，我们就称它为“微”。

大道就是那个看不见、听不见、摸不着的东西，它无法用我们常规的视觉、听觉、触觉来感知。希、夷、微这三个概念，也

无物之象，是谓惚恍。

无法穷究道的本源和真正内涵，它们是不可分割的一个整体，我们称之为“一”。

什么是惚恍？我们说大道是一个东西，东西应该是有形象的，但它看不到摸不着，它是一个超乎物质世界的东西，它若有若无、若隐若现，无法用概念来解释，只能用心灵去通达；无法用感官去体验，只能用身心去感知。对于这种模糊而又深奥、亦真亦幻的状态，我们称之为“惚恍”。

为了便于表述，我们就必须给道加以定名，所以就称道为没有形状的形状、没有具体物象的物象。恍惚虽然有些牵强，但它已是所有词语中最能表现这一特点的词汇了。为什么这么说？因为大道是支配万物的，但它又存在于冥冥世界之中，无迹可循；同时它又是多变的，是不易被人所把握的。它没有前进和后退，没有运动和静止，没有光明和黑暗，所以它是永恒的，是生生不息、绵延不绝的。当我们感觉到它的存在时，它又回复到无迹可寻的状态中了，它恍惚缥缈，若有若无，若明若暗，令人捉摸不定。

何谓“道纪”？简单地说，就是大道的纲纪和规律。认识和理解道纪比认识大道本身更有意义，大道的规律和纲纪能有效地指导我们的日常生活：一旦我们的行为顺道而行，就能一帆风顺，事事遂心；相反，如果逆道而行，我们的行为就会处处受阻，甚至遭受祸患。

综上所述，道虽然是玄妙精深、恍惚不定的，但它的虚无不是绝对的“无”，它是由万物混成之物，无中含万有，无中出妙有，它是宇宙万物的本源，因此，道的纲纪与宇宙同寿，运用极广，看不到“首”，也看不到“后”，自古以来就支配着世间的具体事物，统率着一切“有”。因此，要认识和把握世间的万物，就必须把握道。掌握万物运动变化的规律，就能知阴阳之消长，明五行之变化，知过去，探未来，识破天机，洞察秋毫。

处世之道

◎顺其自然——郭橐驼的种树之道◎

道是虚无缥缈的，“无形不状，无物不象”。但是，道都有其自身变化的规律，掌握了其规律，便掌握了事物的根本。我们从老子的阐述中可以扩展为：任何事只要掌握其规律，认识其本质，问题就会迎刃而解。

唐朝时，有一个人名叫郭橐驼。为什么会叫“橐驼”这么奇怪的名字呢？原来，这个人患有伛偻病，整天驼着背，脸朝着地行走，就像骆驼一样，而人们也不知道他原本叫什么名字，所以乡里人便直呼他作“橐驼”。郭橐驼听到人们这样喊他，并没有觉得人们在嘲笑他，而且心里还很坦然，他说道：“这个名字很不错啊，就用他称呼我吧，我觉得很恰当。”因此，他竟然放弃了原来的名字，也自称起“橐驼”来。

郭橐驼的家乡叫丰乐乡，在长安城的西边。郭橐驼没有其他的技能，只以种树为生，而且还很出名。凡是长安城里那些栽种树木以供玩赏的豪富人家，以及那些种植果树靠卖水果为生的人，都争着把他接到家里去供养。平日里看那橐驼所种的树，即使是移植的，也没有不成活的，而且长得高大茂盛，果实往往结得又早又多。长安城里还有其他的种树人，这些种树人虽然暗中观察模仿，也没有谁能比得上郭橐驼的。

有人见郭橐驼的树种得很好，便去问他其中的奥秘。

郭橐驼只淡淡地笑了一下，然后回答说："橐驼并不能使树木活得长久和旺盛繁殖，只是能顺应树木的天性，让它按照自己的本性生长罢了。"

来人听后，颇觉奇怪，便问道："树木的本性是什么呢？"

种树之道，在于顺其自然。

郭橐驼说道："树木的本性，需要根得以舒展，它需要培土均匀，它喜欢已经习惯了的土壤，四周的土要捣结实。这样做了之后，就不要再去动它，也不必去为它操心，种好后可以连头也不回地离开。栽种时要像抚育子女一样细心，种完后要像把它丢弃了一样不再照看。这样它的天性才能得以保全，它也会按照自己的本性健康成长。所以我只不过是不妨害它生长罢了，并不是能使它长得高大茂盛；只不过是不抑制延缓它果实的生长罢了，并不是能使它的果实结得又早又多。"

听到这里，来人频频点头，认为郭橐驼的话很有道理。

不偏离本性，树木才能茁壮成长。

郭橐驼又接着说道："别的种树人就不是这样，他们种树时没有让树根得以伸展，又让它离开了已经习惯了的土壤。他们培土，不是土多了就是土不够。如果有能不同于这样种植的，则又爱护得过分，总是想着它，早晨去看看，晚上去摸摸，离开之后又跑来看一下。更有甚者竟然抓破树皮来验查它是死是活，摇动根株来观察栽得是松是紧；这样的话，树木就会一天天地偏离它生长的本性了。这些人虽说是爱它，其实是害它；虽说是担心它，其实是与它为敌。所以他们种树都比不上我，其实我又有什么特殊能耐呢？"

治国犹如植树，不可过多颁布法令，要无为而治。

来的人又说道：“如果把你种树的道理，转用到做官治理百姓上，可以吗？”

橐驼听后，谦虚地说道：“我只知道种树而已，做官治理百姓不是我的职业。”

来的人知道他有意不说，便也不答话。郭橐驼见他没有走的意思，便继续说道：“但是我住在乡里的时候，看见那些当官的喜好颁布繁多琐碎的命令，好像很怜惜老百姓，结果却给百姓们带来灾祸。早晚都有差役跑来大喊：‘长官命令，催促你们耕地，鼓励你们种植，督促你们收割，早些缫你们的丝，早些织你们的布，抚养好你们的小孩，喂大你们的鸡和猪。’时不时地敲起鼓将大家聚到一起，打着梆子将大家招来。我们这些小老百姓，就算晚饭和早饭都不吃而去招待那些差役都忙不过来，又怎能使我们人丁兴旺，生活安定呢？所以我们是如此贫困而且疲惫。这些与我所从事的职业有一些相似之处吧？”

来的人听完大喜，于是说道：“这不是很好吗！我问种树，却得到了治理百姓的方法。”于是，他把这件事记载下来，作为官吏们的鉴戒。

这位与郭橐驼对话的人，正是唐朝著名的诗人和政治家柳宗元。柳宗元听郭橐驼讲树木的天性，很自然地联系到治国之道，便故意引导郭橐驼说出了治国的道理。从郭橐驼的话里，我们可以知道，无为而治，不对百姓实行严苛的政令，这才能使百姓生活安定，社会长治久安。

第十五章　微妙玄通

【原文】

古之善为士者①，微妙玄通，深不可识。夫唯不可识，故强为之容②；豫兮若冬涉川③；犹兮若畏四邻④；俨兮其若客；涣兮其若凌释；敦兮其若朴；旷兮其若谷；混兮其若浊；澹兮其若海；飂兮若无止。孰能浊以静之徐清。孰能安以动之徐生。保此道者，不欲盈。夫唯不盈，故能蔽而新成⑤。

【注释】

①士：懂得"道"，行为符合道之法则的人。②容：形容，描述之意。③豫：兽名，性多疑，每有行动，踟蹰不敢行，这里用以形容行为之瞻前顾后。④犹：兽名，其特点与"豫"相似。⑤敝：通"蔽"。

【译文】

古时那些善于行"道"的人，见解微妙而且深刻玄远，不是一般人所能了解的。正因为他深藏不露无法了解，所以只好勉强用下面一些比喻来将他描述：他的小心谨慎啊，就像冬天赤脚涉水过河时那样逡巡不前；他的警觉戒备啊，就好像居于强邻的包围之中，不得不时时警惕万分；他的拘谨严肃啊，就像在做客一样；他的融合可亲啊，就好像正在消融的冰；他的淳厚质朴啊，就像没有雕琢过的原木；他的旷远豁达啊，就像空旷的山谷一样；他的浑厚宽容啊，就像混浊的江河大流一样。谁能在动荡中静止下来，在安静中慢慢变得澄清？谁能在安定中变动起来，使其慢慢显出生机？保持上述道的要义的人，不肯自满。正因为他从不自满，所以能够去故更新。

【解析】

本章紧接前章，对体道之士作了具体描写。老子称赞得道之人的"微妙玄通，深不可识"，是因为他们掌握了事物发展的普遍规律，懂得运用普遍规律来处理现实存在的具体事物。因得道之人具有良好的人格修养和心理素质，有很强的静定功夫。他们表面上清静无为，而实质上蕴藏着极大的潜能，他们极富创造性，只是不愿显山露水。他们静谧幽

古之善为士者，微妙玄通，深不可识。

澹兮其若海。

深，难以测识。因而得道之士的精神境界，要远远超出一般人所能理解的水平。

在中国古代，为官者通常被称为士。如果说在中国古代社会，世袭的贵族阶层以及作为社会基石的贫民阶层构成了固定的整体框架，那么，士人就构成了这个固定框架中最为复杂、活跃，并产生了深远文化影响的阶层。老子所描述“善为道者”，能够“浊以澄”而“不盈”，因“不盈”而“能敝而新成”，因此其也成了老子实现政治理想的主要依托者。

为了使人们能深刻领悟“道纪”之人的情貌特征，老子就得道之人的特征作了概括，我们归结为以下九点，并逐一进行解析。

一是“豫兮若冬涉川”。豫，原是野兽的名称，性好疑虑。豫兮，引申为迟疑慎重的意思。涉川，战战兢兢，如临深渊。全句的意思是：得道之人的每一步行动都是无比警惕、小心的，就如同冬天赤脚过河一样小心谨慎。众所周知，在冬天沿着冰面过河是十分危险的行为，稍有不慎就会滑倒，甚至掉进冰窟里丢掉性命。得道之人，无论遇到什么样的情况都会表现出谨慎的态度，就如同冬天涉河一般。

二是“犹兮若畏四邻”。犹，小心、犹豫的样子。全句的意思是：得道之人好像畏惧自己的邻居一样，在日常生活中处处严格要求自己，约束自己的言行使之不逾越常规；制止自己的行动使之不嚣张放肆，干扰邻居的生活。人是群居动物，得道之人也是人，他们不可能脱离社会生活而存在，他们要生存就必须与周围的人建立密切的联系，离群索居不是真正的得道之人，当他们和周围的人进行交流的时候，就不可避免地产生矛盾，处理矛盾的过程最能反映一个人的道德观和处世哲学，因而周围的邻居对其评价的高低是至关重要的，它最能反映一个人的道德水平。

三是“俨兮其若客”。俨，庄严肃穆的样子。全句的意思是：得道之人无论在什么场合，什么情形之下，都会把自己摆在客人的位置上，小心谨慎、严肃认真地对待人和事，而不会随随便便地对待日常生活问题。从生命的本质意义上来讲，每个人都是人生路途上的匆匆过客，都是大自然的普通客人，和其他的生物一样，不能超越生和死，这是“大道”的必然规律，得道之人和大道同步，他们以谦逊的心态做客人，严肃认真地对待日常生活琐事，这和世间的庸人有着本质区别，庸人总是以大自然的主人自居，势必以尊贵的态度来对待自己，而以骄纵的态度对待自然。庸俗之人以损害自然为代价来满足自己的私欲，最后也必将以毁灭自己而结束。老子主张以客人般的身份，来度过自己的一生，而不是以主宰者的身份肆意妄为。

四是“涣兮其若凌释”。涣，涣散；释，消解，形容冰解冻的情形，比喻得道之人从自己的欲望、梦想、抱负、追求、知识等重负中解脱出来，回复为本我，就会有难以言表

旷兮其若谷。

的轻松愉悦、悠然自得。这种感觉就像是冰封了一个冬季的河水，在春风的吹拂下慢慢消融，是一种轻松惬意的感觉。得道者之所以会有这种感觉，就是因为他们懂得如何释放自己，老子把得道者的觉悟恰当地比喻为冰消雪融，从而焕发出自然的勃勃生机；从得道者自身而言，他们能冲破束缚完成自我解脱，不执着于一事一物，了无牵挂，自然也就逍遥自在。

五是“敦兮其若朴”。敦，内在端庄、厚重；外在朴素、自然。整句话的意思是：得道之人能以其端庄厚实的本质，轻易地抵御外界的干扰和诱惑，因而表现出返璞归真的外在形象。敦厚实在的品格是人类社会一直所提倡和赞颂的，简单朴素的生活方式也是人类社会所提倡的。人们常常用浑金璞玉来形容那些不炫耀、敦厚朴实的人，因而得道之人就如同浑金璞玉，既具有真材实料，又默默无闻。

六是“旷兮其若谷”。旷，开阔、宽广；谷，比喻像山谷一样虚空。全句话的意思是：得道之人心胸辽阔，就如同山谷一般空虚高深。他们能够藏污纳垢、包容万物，无所谓仇恨，也无所谓感恩，因为没有亲戚和仇敌的概念，心中就自然充满了友善，这一点和没能体悟“大道”的人有着本质的不同，没领悟大道的人喜欢洁净而厌恶污秽，有分别就有烦恼和祸患。得道之人处污秽无所谓污秽，处清洁无所谓清洁，与外在世界浑然一体，他也就无所谓痛苦、烦恼、祸患和灾难了。没有了这些分别，他因而也就显得自在无为、随心所欲了。

七是“混兮其若浊”。混，混同；浊，混浊。得道之人是清醒的——清醒的最高境界，是使内心明净，与污浊的世界同为一体。

八是“澹兮其若海”。澹，淡泊，宁静。得道之人心境淡泊，如江海一样浑厚。

九是“飂兮若无止”。飂，高风，形容形迹飘逸。老子在这里希望人能在动荡中静止下来，这就是清静无为的思想。

为人之道

◎善为道者——我的朋友胡适之◎

在近代中国，有一个特别了不起的人物，名叫胡适（字适之）。在 20 世纪三四十年代的中国社会，有一句极为出名的流行语。就是“我的朋友胡适之”。当时，“上至总统、主席，下至企台、司厨、贩夫、走卒、担菜、卖浆……行列之中都有胡适之的朋友”。作为一个学者，他身处“文人相轻”的环境，但他却能以自己巨大的人格魅力凝聚起了一大批知识分子，做出了许多开创性的工作，建立了巨大的历史功绩。

胡适的胸襟阔大，具有伟大的包容精神。他以自己无上的智慧洞悉了人间的光明和黑暗，悟透了人生道路的平坦和困顿，修炼出用自己的胸襟去包容世人，包容宇宙的宗教般的度人济世情怀，获得了社会各方面的高度赞誉。

正是靠着这种博大心胸和乐观豁达的精神，胡适得以从容地周转于当时严酷的政治与社会环境，并以自己的地位和努力为众多文化界人士的生存创造了有利的条件。也就是说，在那个动荡的年代，胡适曾向很多朋友或学子提供过无私的帮助。胡适自己也说：“我一半属父母，一半属朋友。”

1919年，林语堂到美国留学，生活相当拮据。当他在哈佛大学专心求学时，政府突然停发了他的半公费奖学金，使他几乎陷于走投无路的境地。万般无奈之中，他想起了一位并不太熟悉的朋友胡适。于是他向胡适拍了通电报，请他代向北大校方申请预支1000美元。没多久，钱果然寄来了。林语堂才得以完成哈佛大学学业。后来，他又转入德国莱比锡大学攻读博士学位，又请胡适代借1000美元。学成回国后，林语堂回到北大任教，去向校长蒋梦麟归还2000美元的借款。蒋校长查询财务，才知道两笔钱都是胡适个人所汇。林语堂闻知，深为感动。

胡适帮助过的人不计其数，现代中国许多伟大的人物都曾受惠于他，如国学大师王国维、刘文典、季羡林；历史学家邓广铭、周一良、钱穆、何炳棣；文学家徐志摩、张爱玲；红学家周汝昌，等等。胡适是益友，更是良师，顾颉刚、傅斯年名满天下自不必说，其他如吴晗、罗尔纲、罗家伦、吴健雄、千家驹、饶毓泰、唐德刚等数不胜数。

台湾著名的作家李敖，恨不得骂尽天下所有有名望的人，独对胡适心存崇敬。李敖曾陷入穷困潦倒之中，向不少朋友和名人写信求助。大学者胡适向这个当时无名之辈欣然寄去1000元。因此，每每提起胡适，李敖总是感佩不已。

他的朋友不仅仅是有地位有名望的大人物，而是三教九流无所不包。在北平（北京）时，拉黄包车的人也会说“我的朋友胡适之”，而且他不是在说瞎话，他真的与胡适交情不错。

1962年，胡适去世之后，人们敬致挽联：“新文化中旧道德的楷模，旧伦理中新思想的师表。”广大民众更是有数十万人为其送葬，葬礼规模之大极为罕见。在胡适墓的墓碑上，刻着这样的话：这个为学术和文化的进步，为思想和言论自由，为民族的尊荣，为人类的幸福而苦心焦思、敝精劳神以致身死的人，现在在这里安息了！我们相信，形骸终于要化灭，陵谷也会变易，但现在墓中的这位哲人所给予世界的光明，将永远存在！

胡适的为人，暗合老子的大道，真正做到“混兮其若浊”。如果你站在某一特定的立场，观察胡适结交的人物，你都会发现，里面有你喜欢的人，也有你不喜欢的人。由此，许多人得出结论，与胡适交往的人太杂了。殊不知，浑浊的河水一样鱼龙混杂的人际圈子，正是他善为“道”的高明之处。

第十六章　致虚守静

【原文】

致虚极，守静笃[1]。万物并作，吾以观复。夫物芸芸[2]各复归其根。归根曰静[3]，静曰复命。复命曰常[4]，知常曰明。不知常，妄作凶。知常容[5]，容乃公，公乃全，全乃天[6]，天乃道，道乃久，没身不殆[7]。

【注释】

①笃（dǔ）：极度、顶点。②芸芸：纷杂茂盛，常用来形容草木的繁盛。③根：即事物的根本。④常：万物运动与变化中的不变的律则。⑤容：包容、宽容。⑥天：自然界的天。⑦没身：终身。

致虚极，守静笃。

【译文】

使心灵空明虚寂到极点，使生活的清静达到极致。在万物都蓬勃生长的时候，我从中仔细观察它们生死循环的道理。天下万物虽然纷纷芸芸，但最终都将回复到它们的本根。返回本根就叫“静”，静叫作复归本性。复归本性是万物运动与变化中不变的律则，认识和了解万物运动与变化都依循着循环往复的律则，叫作“明”。不了解这个不变的律则，轻举妄动就会有凶险。了解了这个不变的律则的人，就能做到宽容，做到了宽容就能坦然大公，坦然大公才能无不周遍，无不周遍才符合自然，符合自然才能符合于“道”，体道而行才能长久，终身可免于危殆。

【解析】

本章阐述的是“道”的本质，揭示了修行的最高境界。“大道”虚是其常，有是其变；静是其常，动是其变。有、动最终必归于不有、不动。所以，守定常道，万物虽纷纷扰扰，只须以虚含有，以静待动，并且不见其有，不见其动，就不会随着事物的变化而变化，使自己处于永远安乐的境地。

老子认为，道的本质和修行的最高境界，就是达到“虚”的极致和虔诚地守住一个“静”字，因此他提出了“虚极”“静笃”“静”“常”“明”“容”等概念。

“致虚极，守静笃。”致，春秋古义有“委身”之义，即将身置于静寂无极的虚空中。这是修行中的一种自我醒觉状态，非修行者是很难理解这句话的真谛的。修道者在修行中，身心融于太虚之中，达到了物我两忘的状态。

“复命曰常，知常曰明。不知常，妄作凶。”因静是根本，是生命的本质，回归了这个根本就是常。常是虚、静。知道这个道理就是明。明，就是智慧、通达、得道。而不知道虚、静，就会大胆妄为，逞凶害己。老子告诫说：“万物生生灭灭是大道法则，知而不干涉是睿智，如果凭借自己的神通妄加干涉，那样必遭凶险。”

体道而行才能长久。

“知常容，容乃公，公乃全，全乃天，天乃道，道乃久，没身不殆。”行道时要知道正常合理是什么样子，它的样子就是公正合理，公正合理才能够保全，保全是至上的信条。知道了天道的规律法则，才可以涵容一切，不倚仗神通妄加干涉。做到涵容一切才会无私无欲；做到了无私无欲才可能神机博大；神机博大才可能神融太虚；神融太虚才可能回归生命的本源，只有回归那生命本源，才会永存不息。

处世之道

◎以静制动——张辽智除叛军◎

“夫物芸芸，各复归其根。”天地万物都是由道产生的，经过运动变化，最终又回归到它的本原。事物有着循环往复的变化，但是这种运动变化也必须遵循一定的规律，它的变化永远脱离不了自己的本原，也就是万变不离其宗。无论事物如何变化，只要我们掌握其本质，所有的问题都能顺利解决。

张辽，字文远，三国时期魏国大将。当初，曹操爱惜关羽的才能，曾经强留关羽在其帐下效命，在此期间，张辽与关羽结交下生死之交。在曹操进行兼并战争的时期，张辽一直为曹操镇守东南方，率领魏军对抗东吴，并上演过“八百破十万”的传奇故事。

有一次，曹操命令张辽在长社屯兵。张辽立刻准备率领军队前往长社驻扎。这时，魏军中有人谋反，半夜里在军营中放火作乱，全军的将士无不惶恐失措，一时军心大乱，眼看士兵就要四处溃散了。

这时，身为主帅的张辽并没有慌乱，他在细心听取了军士的汇报后，对身旁的文臣武将分析道：“大家不要惊惶，也不要轻举妄动，以免中了敌人的阴谋诡计。现在军营里的混乱，并不是全军的叛乱，就目前的情况来看，一定是有个别人肆意制造混乱，想趁机扰乱我军的军心。如果我们沉不住气，兵士们也一定会跟着慌乱。那样的话，整个军营就会陷入混乱不堪的局面，敌人必定乘虚而入，到时我们就没有葬身之地了！如果我们能够查明到底是谁在故意散布谣言或者指挥军士作乱，那么我们便可以找到真正主谋，敌人的阴谋诡计也会被我们识破了。到那个时候，纵然他想逃走，难道还有机会吗？”

张辽以静制动，终于稳定了军心。

大家听了，纷纷点头称赞，并把自己手下的士兵召集到张辽的中军帐下。等全体将士都到齐之后，张辽才不慌不忙地走到众人的面前，然后十分镇定地说道：“我知道大家是受到了敌人的蒙蔽，没有人想要作乱，临行之前，曹丞相为我们提供了足够的粮食和酒肉，我们的粮草充足，兵器也十分完好，一定可以定完成使命，不负丞相所托。现在有人想趁机制造混乱，他的阴谋是不会得逞的！不想造反的人，就安安静静地坐在军营中，千万不要乱动，否则就以叛乱罪论处！谁要是敢违抗我的命令，谁就是叛乱者或是与叛乱者有关系，被抓住后一律杀无赦！大家都回到自己的营帐中去吧！”随后，张辽率领手下的心腹将领和几十名亲兵卫士站在军阵中。士兵们一看局面稳定下来了，就都回到自己的营帐中，安心地坐下来准备待命。

这时，制造混乱的首领则显得心慌意乱，他手下的兵士也吓得乱了神，有几个甚至还主动走出来承认错误，并揭发了谁是叛乱的首领。此时，张辽命令士兵将叛乱者带上来，然后重新召集全体将士，当着众人的面，把叛乱的首领杀掉了，这样一来，再也没有人敢煽动魏军的士卒叛乱了。这场叛乱过后，不但没有造成严重后果，反而军心越来越稳定，极大地提升了军队的战斗力。

尽管张辽是一介武将，但是深谙“以静制动”的道理，有人想借着混乱的时机进行叛乱，结果反而被张辽利用，不但没能叛乱成功，还丢掉了自己的性命。我们在处理问题的时候，也应该以静制动，冷眼旁观，等时机成熟了，再果断地采取行动，最后必然能取得成功。

第十七章 功成事遂

【原文】

太上①，下知有之；其次，亲而誉之。其次，畏之。其次，侮之。信不足焉，有不信焉。悠兮其贵言②。功成事遂③，百姓皆谓：我自然。

【注释】

①太上：最上等的。②贵言：珍惜言辞，即很少发号施令。③事遂：把事情做好了。

【译文】

最好的统治者，人民根本感觉不到他的存在；较次一等的，百姓亲近而称誉他；再次一等的，百姓畏惧疏远他；更差一等的，百姓辱骂进而打倒他。统治者的信用不足，人民自然不会相信他。最好的统治者悠闲自在而不随意发号施令。等到事情办成功了，百姓都会感到“我们本来就是这样的”。

【解析】

在本章里，老子主要论述统治者治理国家的问题，他主张无为而治，无为的真正内涵是无不为，只有达到了这一境界，才能实现国泰民安。那么统治者怎样才能达到无为而治的最高境界呢?

老子说大道无言而长存，大道无为而长能，真正的治国之道是无为而无不为。人们也常说“强扭的瓜不甜”，这是有道理的，因为人之所以“强扭”，是因为还没等到瓜熟蒂落，而没长熟的瓜又怎会甜呢? 这是因为人们没有顺应自然规律，而是凭着自己的感觉主观臆断，这样必然会自食苦果。这里的自然规律也可称为“道”。在现实生活中，一旦人们违背“大道”就必然会受到惩罚，为了不受大道的惩罚，毫无疑问，人们就必须合乎大道的规律，一旦人们的行为与大道吻合，就会自由自在，事半功倍。退一步讲，统治者要想不受大道的惩罚，就必须顺应大道，做到无为而治。

太上，下知有之。

老子在本章里将统治者分为四个等级，他们分别是：太上、其次、其次、其次。为了便于理解，我们不妨将以上四个等级看作：太上、其次、再其次、最次。即最高级的是无为而治的合道之王；其次是立圣言、重信诺以召引天下之士的王道之王；再次是以强力征服天下并以威严震慑人民的霸道之王；最次的则是群起而侮之的末路之王。

“太上”有两个意思：一是最高明的统治者；二是遥远的上古时代。这里指的是最高明的统治者。老子对“太上”的肯定，说明老子对像道那样的“看不见的手”的统治非常推崇，标示着老子对有为政治的反对。在老子看来，最高明的统治者应当实行无为之治，治理国家和人民时采取一种自然而然、不横加干预的政策，这种政策的特点是尽量减少自己对国家和人民施加强有力的影响，不增加人民的经济负担，不对外进行大规模的战争，因而民众感觉不到他的存在。最高明的统治者采用的是顺应自然规律的方法，不对人民生活进行干涉，所以人民生活得自在安乐，没有怨尤的对象，也就感觉不到统治者的存在了。

其次，亲而誉之。

“其次，亲而誉之。”这是稍逊一等的统治者，这种统治者的特点是给人民施以恩惠，人民亲近他赞誉他，他施惠于民，但不高高在上，不让人民感觉到他的特殊性，他可亲可敬，和人民相处融洽。

“其次，畏之。”这种统治者声色俱厉，经常摆出盛气凌人、不可一世的神态，并用强制手段来确保国家机器的运转，统治者和百姓的关系视同水火。统治者制定出苛刻的规章制度，这些规章制度的制定则直接威胁到了人民的生命安全，老百姓对其心怀畏惧，常常处在暗无天日的悲惨境地，在忍气吞声中不断积累仇恨。

“其次，侮之。”这是最下等的统治者，这种统治者专横跋扈，不把老百姓的生死放在眼里，甚至不把他们当作自己的子民，而是把他们当作奴隶来对待，对他们进行奴役、辱骂。老百姓对这种非人的待遇忍气吞声，等到忍无可忍的时候，他们也会被逼上梁山，揭竿而起，反抗暴政。

因此，老子推崇的是实行无为之治的统治者，因为他们不会轻易向人民发号施令，他们慎言谨行，决不破坏老百姓的生活规律，老百姓遵循大道，统治者不必劳神苦思，国

悠兮其贵言。

家就得到了治理，百姓也过上安宁的生活。生活富足安定，百姓就感觉不到统治者的存在，觉得这一切都是自然而然的。百姓有了这种感觉，自然心中没有感激之情，没有感激之情也就无所谓仇恨，没有仇恨，国家自然太平。这样的场景，正是老子对“百姓皆为我自然”的最好描绘，这也就达到了老子所谓的道的境界。所以，统治者要想成为“太上”，就要取信于天下，顺应自然，这就实现了“王道”。

经商之道

◎诚信为本——经商贵在坚守信誉◎

老子在本章阐明为政者要讲诚信的道理，这一原则同样适用于经商。

郑炳基是云南普洱茶集团的董事长，诚实是他做人的准则，也是经商的原则。在收购云南普洱茶厂之初，生意并不景气。当时市场上都在炒作老茶饼，而他的茶都是新茶。专家告诉他一级普洱茶的产量每年只有 8 万到 11 万吨，然而有些茶叶销售点一年能卖出 20 多万吨，那是因为很多茶商在造假。普通的茶饼一块只能卖到 15 到 20 元，如果换上破旧的包装变成几十年、甚至上百年的老茶饼，就能卖到几百、几千、几万不等。在暴利的驱使下，很多茶商铤而走险，以次充好，欺骗消费者。更有甚者，有些茶商把加工好的新茶用高温蒸过，然后放在破砖窑里让蚂蚁咬，把茶叶咬烂再晒干，然后骗消费者说是老茶，价格卖得非常高。经过几个月的学习，郑炳基摸清了造假的门道，但是他不想趟这浑水。他觉得做生意要对得起消费者，更要对得起自己，宁愿亏损也不卖假茶。

然而正当他为茶叶卖不出去而发愁的时候，来了一位西装革履的香港客人。他要买 15 吨的茶叶，价格按出厂价，不用包装，马上开车拉走。天上真的掉馅饼了吗？郑炳基一边指挥员工搬货，一边请大主顾到茶艺室，泡上最好的茶叶。郑炳基问客户，您这是准备做什么啊？要不要我们帮着加工啊？客户连说不要，只要买散茶。郑炳基渐渐明白过来，他要拿去做假。这笔大买卖对郑炳基来说是雪中送炭，但是他知道这样做的后果是蒙骗消费者，他对客户说："对不起，茶叶不卖了！如果假茶叶是从我这里出去的，我问心有愧！蒙骗消费者去赚昧心钱，我绝对不干！"他坚持自己的原则，把送上门的生意赶出去了。

郑炳基的茶叶生意依旧冷清，仓库里积压的茶叶越来越多。直到2006年，店里的生意变得出奇的好，一直卖不出去的茶叶变得火爆热销。原来两年的销售不畅，使他的仓库里积压了大量货真价实的老茶。这些老茶让郑炳基时来运转，很多人慕名而来，一时间宾客盈门。郑炳基举行了一个春茶的订货会，8天内订出了价值3000多万元的茶叶。如今，郑炳基不但实现了扭亏为盈，资产评估上了3个亿，还把皇家普洱产地——版山开发成了普洱观光园。

不仅中国人重诚信，外国人也是一样，我们来看这样一个故事。美国的多米诺皮公司是一家经营粮食加工的企业，该公司有一项规定：必须保证在30分钟之内，将客户的订货送到任何预定的地点。为了严格地执行这一规定，多米诺皮公司采取了各种有力的措施予以支持和保证。虽然公司对这一方面做得极为小心，但是，意外的事情总会出现。有一次，一辆长途送货车半路发生故障，这将导致一家商店不能够及时得到生面团的供应。公司总裁唐·弗尔塞克先生得知这一消息后，立时决定包下一架飞机，然后将生面团按时送到那家商店。

然而，即便如此尽力，多米诺皮公司也未能完全地避免破例事件的发生，还是有一家商店因为供货的中断而导致暂停营业一天。事故发生后，弗尔塞克立即派助手杰夫·史密斯跑到街上买回了1000多个悼念死者时才佩戴的黑袖纱，命令全体员工佩戴了好长一段时间。这次"戴孝"事件令多米诺皮公司的每一个成员都对此留下了永久难忘的印象，他们更加深切地感知到，坚守诚信的原则对公司的生存与发展具有多么重大的意义。

和多米诺皮公司的做法相仿，德国的联邦快递公司自成立以来，一直将恪守诚信作为公司服务中的最高原则。有一次，服务人员发现还有一个小包裹没有装上飞机，可是这时飞机已经起飞了。对于这一疏忽，执行经理想编造某种理由把顾客搪塞过去，再进行一定的赔偿，然而公司的创始人之一史密斯先生则认为，那样做是对顾客的欺骗，显然违背了联邦公司所极力倡导的诚信原则。他断然决定，即使为此而花上几千美元也在所不惜，遂立即雇用私人飞机将这个小包裹专程送到了顾客的手中，并且向那位顾客真诚地表达了歉意。联邦公司虽然在这一事件中付出了一定的代价，但是它坚持了公司一直都遵守的诚信原则，没有因为一时之利而造成永久之弊，而且，这一诚恳的举动为联邦公司赢得了极佳的社会声誉，对其迅速地发展成为全球最大的包裹运输公司起到了极大的推进作用。

第十八章 大仁大义

【原文】

大道废，有仁义；智慧出，有大伪；六亲不和，有孝慈；国家昏乱，有忠臣。

【译文】

大道被抛弃了，才彰显出仁义。智巧出现了，才会产生虚伪狡诈。父子、兄弟、夫妻不和的时候，才会显出孝慈；国家昏乱的时候，才会出现忠臣。

【解析】

在本章中，老子再次阐述了自己的辩证思想，"大道"盛行之时，像"仁义"这些东西自然地存在于人们的行为当中，人们不缺乏仁义，所以感觉不到它的存在，也就没有了倡导的必要。只有当社会秩序大乱、大道缺失、仁义泯灭的时候，人们才会由于缺乏这些东西而大加倡导。

从古至今，仁义、智慧、孝慈等都是为人们所推崇的。而孔子的最高理想是"仁义"，"仁"已经成为儒家文化的核心思想和价值取向。然而，老子却创造性地指出，人世间的大道被人为地废弃了，人们才会制定礼仪，并以此来规范人们的行为，区别贵贱，结果原本没有的虚伪和奸诈也随之而来。

大道废，有仁义。

老子是一个善于洞察世事的高人，他总能从事物的表象看出问题的实质，从结果看出原因，这个本质和原因往往就隐藏在表象和结果的反面。

老子为什么总能从事物的表象和结果的反面找到答案呢？原因就在于我们人类是最复杂的情感动物，拥有自己的思想和意志，能够进行思考，在处理问题时，更有自己独特的想法和行为准则。人类虽然由大道生成，而且在大道中发展壮大，但随着智慧的开启，愈发变得狂妄自大、唯我独尊起来。人类忘记了自己的由来，不再遵循自然大道，这种对大道的漠视态度，使得人类离大道越来越远。

智慧出，有大伪。

偏离大道越来越远，带来的直接后果就是人类自取灭亡，为了避免这种惨剧的发生，人类就人为地制定了一些行为规范来加以约束，于是一些政令条文、奖惩制度、政策法规也随之出现。这些政策法规虽然在一定程度上缓解了社会的压力，但它并不能从本质上解决问题。

废止大道的结果必然是有所作为，一旦有了作为也就有了好和坏的区分，对于好的、正确的我们要加以褒扬、赞颂；而对于坏的、错误的我们则要大加鞭挞、惩治，只有这样才能保证社会的正常运转。

针对这种情况，老子提出了仁义的概念。何谓仁义？仁，从古人的组字结构上来考察，"二人"为"仁"。为什么需要两个人呢？因为没有比较就没有鉴别的标准，有参照物才能进行区别对待。假如人与人之间不用交往，那么我们人类也就不能称为"人"了。孔子曾这样定义"仁"，他说："仁者爱人。"如果连自己的同类都不爱，还配称人吗？这种行为还配叫仁吗？义，正义、道义、义气。"仁"和"义"合起来就是"仁义"，仁义在本章中是指那些合情合理、合乎道义并热爱同类的行为。仁义能带来和睦安定，不仁义必将招致祸患。人们在明白了这个道理之后，就纷纷行仁义，这是人们有智慧的表现。

那么为什么要提倡仁义？就是因为存在不仁不义，大道作为社会自然的公平准则被抛弃了。为什么会出现这一情况呢？这是因为人是有欲望的动物，由于欲望的驱动，人们难免会利用各种手段来满足自己的私欲，有些人为了职位的攀升，对上级溜须拍马、阿谀奉承；有些人为了给自己开脱罪责，不惜蒙骗别人，颠倒黑白；也有些人成天摆出一副忠实的面孔，其实心里早已打好了坑害别人的小算盘，他们使用种种伎俩，只为一己私利。他们心中没有半点仁义，却要装出十分仁义的样子，其虚伪本质掩藏在华丽的外表和花言巧语里，他们越是装得仁义，就越能得到大的好处。

这种处处蒙骗别人的行为就叫大虚伪，为什么会有假冒伪劣、坑蒙拐骗的行为？就是因为人们运用机巧智慧的缘故。"伪"字该如何解释呢？"人为"即伪。人为就是人有意去做而不是顺应自然的行为，是违背了大道的行为，所以我们称人为的东西都是虚伪的，都不是朴素自然的；人在有作为的时候往往会自觉不自觉地掺杂进自己的智慧，所以就有了尔虞我诈、钩心斗角等行为，虽然这些行为是在暗中进行的，掩盖在虚伪的外衣之下，但还是能被人感知，甚至被人揭露和批判。

为什么要提倡子孝父慈、夫妻和睦？就是因为六亲（父子、兄弟、夫妻）不和睦了。为什么会有忠臣出现？就是因为奸臣当道，国家太昏乱了。

只有六亲不和睦了，才会提倡孝和慈，为什么这么说呢？六亲不和睦是人有智慧的结果，有智慧就会有私欲，私欲得不到满足时必然会发生矛盾和争斗，这种争斗由小及大会危及国家的安宁，于是不得不制定一些行为准则：做儿女的应该孝顺自己的父母；做父母的应该疼爱自己的孩子，也就是孝和慈。可当人们的心中没有这些概念的时候，就无所谓孝和慈，大家其乐融融，无老无少，无长无幼，一派祥和的景象。而一旦头脑中有了这样的标准，人们就要时时考虑自己的行为是否合乎孝和慈的标准，别人以他们的标准来看我们的行为，只要我们稍有不慎，就会被别人横加指责，其乐融融的祥和景象就会遭到破坏。“国家昏乱，有忠臣。”这句话不能单纯地理解为国家混乱了，才有忠臣，而应当理解为：在国家安定的情况下，人民富足、自由，有忠臣又有何用武之地呢？这就如同高明的统治者不被人所知道一样，仲裁者和平安定的时期是不会显山露水的，只有在国家出现混乱的危机关头他才会挺身而出，拯救国家于危难之中。

从表面上看，老子批判仁义、孝慈，是对儒家仁义忠孝的抗争，但实际上老子和孔子的思想并不矛盾，他们的目的都是实现社会的公平、公正，只是孔子强调要建立社会的道德体系，要人们遵循公平、公正的行为准则，是从正面说的；而老子则主张直接回到人类的本始状态，是从反面说的。

处世之道

◎坚守仁义——季札让国追求大道◎

老子说：“大道废，有仁义。”天道被废弃了，才显示出仁义。春秋时期吴公子季札的故事可以很好地说明这个道理。

季札是春秋时吴国王室成员，因受封于延陵一代，又称“延陵季子”。他的祖先泰伯，曾经被孔子赞美为“至德”之人。泰伯本是周朝王位继承人，但父亲太王，有意传位给幼子季历以及孙子昌。于是泰伯就主动把王位让了出来，自己则以采药为名，逃到荒芜的荆蛮之地，建立了吴国。

数代之后，寿梦继承了吴国王位。他的四个儿子当中，以四子季札最有德行，所以寿梦一直有意要传位给他。季札的兄长也都特别疼爱他，认为季札的德行才干，最适合继承王位，所以都争相拥戴他继承王位。但是季札持守本心，坚辞不受。

哥哥诸樊觉得自己的德行远在季札之下，一心想把王位让给他，但被季札婉言谢绝了。后来，诸樊当了吴王，但是他一直念念不忘弟弟季札。他留下遗言，让后人将王位依次传给几位弟弟，这样最终就能传到幼弟季札的手里，以实现先

吴王寿梦临终前传位于季札，但季札坚持不肯答应。

季札奉命出使各国，与各国大臣高谈时势。

王寿梦生前的遗愿。就这样，诸樊死后，余祭即位；余祭死后，夷眛即位。夷眛临终前，要把王位传给季札，季札却在这时离开了吴国，退隐于山水之间，每日躬耕劳作，以表明自己坚定的志节，这才彻底打消了吴人的念头，最后由夷眛之子僚即位。

季札对吴王僚就像对待原来的吴王一样尊敬。诸樊的儿子光说："根据我父亲的意见，王位应当传给季札；如果按照嫡长子的继承法，我是嫡长子，也应当由我来继承，僚凭什么自立呢！"于是指使勇士专诸刺杀了僚，然后把王位让给季札。季札说："你杀了我的君主，我如果接受你的让位，就是我和你共同篡位了。你杀死我兄长的儿子，如果我又杀死你，就是兄弟父子相杀，没完没了。"

所以季札不但不接受王位，而且离开吴国到延陵去隐居，终生不再回吴国。有道德学问的君子们都因为他不好杀而称他仁，因为他不愿为王而称他义。

季札不仅是一位盛德之人，还是一位出色的外交家。公元前485年冬，楚国名将子期进攻陈国，吴王派季札救援陈国。季札传言给子期，明确表达自己的反战态度。经季札调停，平息了一场战乱。公元前544年，季札奉命出使鲁、齐、郑、卫、晋五国，在这次外交活动中，他同齐国的晏婴、郑国的子产及鲁、卫、晋等国的重要政治家会晤，高谈政事，评论时势，使中原与吴国通好。

季札还是一位才华出众的文艺评论家。公元前544年，他来到鲁国，欣赏了周代的经典音乐、诗歌、舞蹈，他当场结合当时社会的政治背景，对所见所闻一一作了精辟的分析和评价。如在欣赏《秦风》后就说："这是华夏的声音呀，能够吸收华夏文化必能强大，强大到一定程度就能到达周王朝鼎盛时那样了吧！"他能从乐声中预言秦国的未来，的确难能可贵。

季札重信义。一次途经徐国时，徐国的国君非常羡慕季札佩带的宝剑，但难于启齿相求，季札因自己还要遍访列国，当时未便相赠。待他出使归来，再经徐国时，徐君已死，季札慨然解下佩剑，挂在徐君墓旁的松树上。侍从不解，他说："我内心早已答应把宝剑送给徐君，难道能因徐君死了就可以违背我的心愿吗？"此事传为千古美谈。

季札之仁义，是其天性使然，本不需要借助"大道废"而彰显，但在春秋"礼崩乐坏""大道既废"的背景下，其仁心义行才更彰明显著，更反衬出其所处时代的人心不古。

第十九章　少私寡欲

【原文】

绝圣弃智①，民利百倍；绝仁弃义，民复孝慈；绝巧弃利，盗贼无有；此三者以为文不足②。故令有所属，见素抱朴，少私寡欲，绝学无忧。

【注释】

①圣：此处是指一种智能而言，不同于“圣人”的圣。②文：文饰，浮文。

【译文】

抛却聪明和智巧，人民可以得到百倍的好处；杜绝仁慈，抛弃道义，人民才会回复到孝慈的本性；抛弃伎巧和获利，就不会有盗贼产生。“圣智、仁义、巧利”这三者全是巧饰，不足以治理天下。所以要让人民的思想认识有所归属。保持纯洁质朴的本性，减少私欲杂念，抛弃“圣智礼法”的学问，就没有忧患了。

【解析】

在本章中，老子对前一章提到的社会弊病又作了进一步阐述，并针对社会病态，提出具体的治理方案。

在前一章中，老子说“智慧出，有大伪”，因此他在本章的开篇就点明“绝圣弃智”，这使人不免产生疑惑：“聪明睿智和巧言善辩乃人心所向，为何要杜绝和抛弃呢？”智慧是好东西，这一点谁也不能否认，但好的东西不一定有好的用途。也就是说，如果将聪明才智用于为百姓服务，用于积善养德，那无疑是好的，是应该大力提倡的；可一旦用到损人利己的事情上去，那将是十分可怕的，还不如没有智慧，因而老子主张抛弃这种聪明智巧。

绝圣弃智，民利百倍。

老子认为“圣”“智”容易滋生巧诈，用法制巧诈治国，便成为扰民的“有为”之政。抛弃这种扰民的做法，人民就可以得到切实的利益。由此可见，老子并非真正倡导愚民政策。“下德”的圣人借助法制，提出各种虚伪的道德概念，只有“朝甚除”的人才能享用这种文化造出的物质财富。而且这种文化还腐蚀了淳朴的人民，诱使他们对“奇物”产生欲望。这种文化乃是“乱之首”。由上可以明显地看出，老子斥责统治者的文化，在他看来，这种文化和大道是相矛盾的，必须抛弃这种文化，因为它对人民毫无益处。所以，老子提出一种乌托邦思想——使人民同这种文化隔绝。老子的这一政治主张虽有些理想化成分，但他提出的“见素抱朴，少私寡欲”，对恢复人的自然本性，具有一定的意义。

许多本子以“少私寡欲”句结束本篇，而把“绝学无忧”作为下一章的开端，“绝学无忧”也正可以与前句“见素抱朴，少私寡欲”并列。对于“绝学无忧”一句，学术界也颇有争议。一种看法说“绝学无忧”指弃绝学习就没有忧虑了。也就是认为老子要毁灭一切文化，当然也就不要学习了，因而导出结论：老子是愚民政策的创始人，是倡导愚民思想和政策的鼓吹者。而另一种观点则认为，“绝学”指抛弃那些讲圣智、仁义、巧利的学问，将其置于身外，免去权欲的诱惑，做到无忧无患。还有一种观点认为，老子所说的“绝”，其实就是绝招的“绝”，也就是独门绝技，是指至深、独到的学问，老子认为只有取得不同于世俗的独到学问，才能无欲无求，真正做到无为。

在远古时期，人类和自然是和谐相处的，人类吃的、用的无不直接取于自然。当时人类的认识有限，并不比别的动物高明多少。可随着认知的增多，人们渐渐具备了改造自然的能力，认为自己是万物的主宰，并且不断打乱自然的平衡，因而遭到了大自然的惩罚。其实，这是人类为拥有智慧而付出的代价。后来，人类还出现了欺诈、猜疑和互相残杀的行为，这也是巧智滋生出的不良后果。有一故事，颇受启发：客机在沙漠失事，留下了十一名幸存者，在幸存者中，有教授、官员、经理、军官、主妇……，还有一个傻子。沙漠白天的气温高达五六十度，要想生存就必须及时找到水源，求生的本能支撑着每个人都去寻找水源，然而，大沙漠总给人开玩笑，当他们看到一片绿洲，狂奔而去时，绿洲却瞬间消失了，一连几次都是这样。他们开始意识到，自己发现的绿洲，只不过是海市蜃楼。他们为此黯然神伤，心灰意冷。而唯有傻子不知道什么是海市蜃楼，他只知道口渴需要喝水，在其他人彻底放弃之后，他还在拼命地寻找水源，最后他爬上一个沙丘，看到了水，就呼喊着让其他人过去，可没有人理会傻子的话。三天后，当救援人员赶到时，发现除了傻子还活着，其他十个人都死了。

绝仁弃义，民复孝慈。

傻子不懂什么叫海市蜃楼，也不懂什么叫欺骗，当然也就不会猜疑，不会等死；而那些人恰恰相反，是他们的聪明才智将他们推向绝路，傻子因“傻”得福，是“傻”救了他的命。当然，本章并不是倡导我们都去做傻子，而是启发我们不要用自己的智慧去猜疑人、伤害人，要做到质朴淳厚，少私寡欲，这样才能与大道相通。

从政之道

◎绝圣弃智——汉文帝行宽厚之政◎

抛却聪明与智巧，以无为的思想来治国，才能治理好天下。汉文帝减轻刑罚宽厚待人的事迹，就充分体现了这一点。

秦朝因暴政而亡国，其暴政的一个重要内容就是严刑峻法。汉朝建立后，吸取秦亡教训，逐渐减轻刑罚。汉文帝更是对“秦律”中的弊端进行了改革。秦律规定，被判为隶臣妾的人，都没有刑期，必须终生服劳役。文帝下令重新制定法律，根据犯罪情节轻重，规定服刑期限；罪人服刑期满，免为庶人。秦律中还规定，罪人的父母、兄弟、姊妹、妻子和子女都要连坐，重的处死，轻的收入官府做奴婢。文帝则完全废除了这条刑律。此外，秦代有黥、劓、刖、宫四种肉刑，汉文帝下诏废除黥、劓、刖三刑，改用笞刑代替。关于文帝废除肉刑，需要讲一个故事——缇萦救父。

齐国太仓令淳于公犯了罪，朝廷下令把他抓了起来，关押在长安的监狱中。淳于公没有儿子，只有五个女儿。他被逮捕的时候，心中不满地说道：“生孩子不生儿子，遇到紧急情况，没有一点用处！”这时，小女儿缇萦听到了刚才的话，感到非常伤心，就随着父亲来到长安。为了能救父亲，她向朝廷上书说：“我的父亲在齐国做官，那里的人都称赞他廉洁奉公，现在触犯了法律，理应接受惩罚。我所哀伤的是，受了死刑的人，就再也不能活过来了；受了肉刑的人，肢体断了就再也不能接起来了，他即使想改过自新，也没有办法了。我情愿做官府的奴婢，来抵父亲应该接受的刑罚，使他改过自新。”文帝看到缇萦所上之书，十分怜悯她的孝心，就下诏说：“听说以前有虞氏只给罪犯穿上有特定标志的衣服，以此来羞辱他们。这样，就能起到警戒百姓的作用了。为什么能这样呢？因为当时政治清明到了极点。现在法令中有刺面、割鼻、断足三种肉刑，可是犯法之事仍不能断绝，这是什么缘故呢？不就是因为我的道德教化不明吗？我自己感到很惭愧。现在有人犯了过错，我不给他接受教育的机会，而是轻率地予以惩罚，这样一来，就算有人想改过自新也没有机会了。”结果，文帝不但答应了缇萦的请求，释放

汉文帝令朝臣减轻刑罚。

了她的父亲，而且还下令废除了肉刑。

文帝宽厚仁慈，许多官吏在断狱的时候也从轻处理，这样一来，狱事就简省了许多，人民所受的压迫比秦朝的时候显著减轻。

缇萦救父。

汉文帝不但减轻刑罚，而且对于反对过自己的人也表现出极大的宽容。

有一次，济北王刘兴居听说文帝到了代地，于是趁机起兵造反，打算袭击荥阳。文帝得知后，立即从太原返回到长安，下令军队平叛，同时，他还下诏说：“济北王谋逆作乱，连累了济北的臣民，这真是大逆不道。济北的臣民，凡是在朝廷大军到来之前就自己停止反叛活动的，以及率部投降或献出城邑投降的，一律赦免，官爵与原来相同。”诏令一出，叛军内部开始不团结了，汉朝的军队很快就打败了济北叛军，俘虏了济北王。事后，文帝又宣布郝免参与造反的济北臣民。

汉文帝为人宽容，即使大臣犯了错，他也常用恩德来感化。

公元前 174 年，有人告发淮南王刘长擅自制定法令，把宫室建造得跟天子的规格相同，并与棘蒲侯之子陈奇蓄意造反。文帝得知后，与群臣议论此事，大臣们都主张处死刘长。刘恒不忍心，免了刘长的死罪，只是废了他的王位。

南越王尉佗曾自立为武帝，刘恒并没有派兵前去镇压，而是把尉佗的兄弟召来，给予丰厚的赏赐。尉佗听说后，十分感动，于是取消了帝号，向汉朝称臣。

大臣中有人直言敢谏，而且丝毫不留情面，但是文帝总能宽容采纳。还有一次，有大臣收受了别人的贿赂，文帝知道后，没有将他交给执法官吏处理，而是从皇宫仓库中取出金钱赐给他们，用这种办法让他内心羞愧，反省自己。刘恒一心致力于用恩德感化臣民，因此天下富足，礼义兴盛。

◎第二十章　独异于人◎

【原文】

唯之与阿①，相去几何②？善之与恶，相去若何？人之所畏，不可不畏。荒兮③，其未央哉④！众人熙熙⑤，如享太牢⑥，如春登台。我独泊兮⑦，其未兆⑧；沌沌兮⑨，如婴儿之未孩⑩；儽儽兮⑪，若无所归。众人皆有余，而我独若遗。我愚人之心也哉！俗人昭昭，我独昏昏。俗人察察⑫，我独闷闷⑬。澹兮其若海⑭，飂兮若无止⑮。众人皆有以⑯，而我独顽且鄙。我独异于人，而贵食母。

【注释】

①唯：诚恳的应诺声。阿：逢迎的应对声音。②几何：多少。③荒兮：无边无际，形容其大。④央：完结的意思。⑤熙熙：快乐的样子。⑥太牢：古代帝王祭祀时丰盛的筵席（有牛、羊、猪）。⑦泊兮：浑朴、淡泊的意思。⑧兆：征兆，迹象的意思。⑨沌沌（dùn）：不清楚。⑩孩：婴儿的笑声。⑪儽儽：疲倦的样子。儽，通“累”。⑫察察：苛刻之意。⑬闷闷：昏浊，不清楚的意思。⑭澹（dàn）：辽阔、辽远的意思。⑮飂（liáo）：狂暴的风。⑯以：在这里作“用”字解。也有“能耐”意。

【译文】

应诺和呵斥，相差有多远？美好和丑恶，相差有多远？别人所畏惧的，自己也不可不畏惧。精神领域开阔啊，好像没有尽头的样子。众人欣喜若狂，就像参加盛大的宴会享受丰盛的筵席，又像春和日丽之时登上高台观赏仲春的美景。而我却独自淡泊宁静，无动于衷。混混沌沌啊，有如初生的婴儿连笑也不会笑。疲倦闲散啊，或像长途跋涉的游子还没有归宿。众人的东西多得用不完，我却什么也没有。我真是愚人心肠啊，混沌无知。当别人都光耀自炫的时候，只有我昏昏昧昧；当别人都精明灵巧的时候，只有我无所识别。茫茫无边啊，像辽阔的大海没有止境；汹涌澎湃啊，如肆虐的狂风横扫万里。众人好像都很有作为，只有我显得愚昧笨拙。我和众人如此与众不同，因为我以守“道”为贵。

唯之与阿，相去几何？

【解析】

荒兮，其未央哉！

本章是老子的思想独白，也是老子思想的精华所在，堪称本书的灵魂。同时，本章在文字风格上也与其他章节有所不同，老子以诗一般的语言对甘守无为的道理进行了深刻剖析。

老子在开篇就提出疑问："唯之与阿，相去几何？""唯"是唯诺顺从的意思；"阿"是呵斥，引申为反对的意思。整句话的意思是：顺从和反对有多大的距离呢？"善之与恶，相去若何？"意思是：善良和邪恶能有多大的距离呢？仅在一念之间罢了。

在常人看来，美和丑是对立的概念，人们普遍偏爱美好的事物，而讨厌丑恶的事物。受这种想法的驱使，人们往往会不惜一切代价去追求美好的事物，当追求得到满足时就欣喜若狂，而一旦无法实现自己的愿望就沮丧郁闷。得道之人则不同，他们心目中无美和丑的区别，一切顺应自然，决不刻意追求什么，也就无所谓得和失，也就不会有痛苦和烦恼了。如果一个人整日闷闷不乐，这不但是一种最残酷的自我折磨，而且会影响别人的心情。带着忧愁和烦恼生活的人，其人生的幸福感也必将大打折扣。试想一下，这样的人，还有什么乐趣可言呢？

在老子看来，贵与贱、善与恶、是与非、美与丑之间的种种差别都是人们按照世俗的眼光来制定的，其实并不符合"大道"。而人们以自己的主观态度为标准来看待世间的万物，必然会导致整个社会价值的混乱。老子不但揭露了社会上层追逐物欲的贪婪之态，还以相反的形象描绘出了自己的形象。文中的"我"显然是指老子本人，但又不仅仅局限于他个人，而是推及到有抱负、有理想的人。"众人""俗人"是指社会上层。这些人对是非、善恶、美丑的判断，并无严格标准。他说"我"是"愚人之心"，这当然是正话反说。世俗之人纵情于声色，"我"却淡泊无为，以求精神的升华，而不愿随波逐流。老子将"众人""俗人"和自己作了鲜明对比，当众人都沉浸在春天般的美景、享用着丰盛的美餐时，他却独自甘守寂寞，保持淡泊宁静的心境，就如同刚出生的婴孩一般无欲无求。众人借助外在的事物而享乐，一旦外在的事物消失了，他们的快乐也就不存在了。而得道之人明白外在境界转瞬即逝，所以他们要保持淡泊恬静的心境，这也正是他与"众人"的最大不同。

"众人"都有强烈的占有欲望，所以他们利用自己的聪明才智你争我夺，在混乱的世道里大有收获。而"我"却好像丢失了什么东西一般。"我"在"众人"的眼里是多么愚笨的人啊！"众人"在收获到财富、地位、名利后必然会不甘寂寞，大肆炫耀。而"我"却抱着昏昏沉沉、迷迷糊糊的态度去享受生活。正因为“我”愚笨，所以心灵空虚，了无牵挂，无为而自在，烦恼和忧愁自然会远离“我”而去。聪明人凡事都要争出个所以然来，以不知强为知，不聪明强装聪明。他们凡事都要斤斤计较；而“我”却哑口无言，闷闷不语。“众人”都要有所作为，而“我”却清净寡为，这在“众人”看来，“我”是多么冥顽不化、卑鄙下贱啊！老子对众人的思想没有作出任何批判，他只是通过众人的贪婪来反衬自己的淡泊名利。老子追求“沌沌”“昏昏”“闷闷”的思想境界，他认为自己之所以和众人思想不同，就是因为自己注重以洞察万物的根源来充实自己。万物之根源就是“大道”。老子整日处于大道之中，无言无为、无欲无求，自然也就无忧无虑、无伤无痛、逍遥自在，这就是真正的至乐境界。

从政之道

◎淳厚质朴——“糊涂”宰相吕端◎

老子说：“众人昭昭，我独昏昏；众人察察，我独闷闷……我独异于人，而贵食母。”这段话，实际是一种大智若愚的处事哲学。北宋名相吕端“糊涂”的人生态度，就很好地体现了老子这一思想。

吕端是北宋名相，却被认为非常“糊涂”，这是怎么回事呢？

公元995年，吕端被宋太宗提升为宰相。对于这个一人之下、万人之上的位置，吕端并不觉得如何了不起，他考虑的是如何调动全体臣僚的积极性，为此自己不惜放权和让位。当时和他有同样声望的还有名臣寇准。寇准办事干练，很有才能，但是性子有些刚烈。吕端担心自己当了宰相后寇准心中会不平衡，如果寇准要起脾气来，朝政会受到影响，于是请太宗另下了一道命令，让担任参知政事（副宰相）的寇准和他轮流掌宰相印，领班奏事，并一同到政事堂中议事，得到了太宗的批准，也平息了寇准的不满情绪。后来，太宗又下诏说：朝中大事要先交给吕端处理，然后再上报给皇帝。但吕端遇事总是与寇准一起商量，从不专断。过了一段时间，吕端又主动把相位让给了寇准，自己去当参知政事。这种主动让权的行为，在世人眼中自然是“糊涂”的举动。

吕端尽职尽责，对于政事一丝不苟。

吕端的“糊涂”，还体现在他不置产业上。吕端为官清廉，贪污受贿之事从来没有做过，即便是自己应得的那份俸禄，他也常常分出一些来周济别人。以至于后来吕端去世后，他的两个儿子竟因生活困难，没钱结婚，只好把房产抵押给别人。真宗皇帝知道这个事情后，很受感动，从宫廷开支中支出了五百万钱把房产赎了回来，另外又赏了不少金银和丝绸，替吕家还清了旧账。

在处理国家大事上，吕端明于决断，敢于负责。

吕端经历了北宋太祖、太宗、真宗三朝。他具有很好的政治才能，在内政、外交等方面都有独到的见解。北宋的开国宰相赵普曾这样评价他："得到褒奖不曾高兴，遇到挫折不曾害怕，具有宰相的气度。"但真正使他名传千古的，还是他的"大事不糊涂"。

吕端遇大事不糊涂，指的是他在关乎国家安危、社稷稳定的大事上，明于决断，敢于负责。当宋太宗已经和寇准商量，要斩党项族羌人首领李继迁之母时，吕端认为，这并非边疆之常事，而是军国之大事，自己作为宰相，不能不过问。于是，他亲见太宗，力陈利弊，予以制止，并建议将李继迁之母安置在延州，好好供养起来，以此来牵制并感动李继迁。太宗采用了吕端的建议。后来继迁之母病死在延州，此时李继迁已死，这件事感动了李继迁的后代，其子归顺宋朝，北宋的西北边患渐渐好转起来。

宋太宗身体不适，立三子为皇太子。在他病危时，宫廷里酝酿着争夺皇位继承权的斗争。宠宦王继恩担心太子继位对自己不利，就先串通好了皇后，再暗中勾结了参知政事李昌龄、殿前都指挥使李继勋、知制诰胡旦等人，图谋拥立楚王赵元佐（太宗的长子）继位。太宗去世后，皇后马上就派王继恩召见吕端，计划逼着吕端同意立楚王为君。其实在他们刚开始谋划的时候，吕端已经有所耳闻了，现在听到皇后召他人宫，知道局势可能有变，就果断地把王继恩锁在了自己家的书房中，派人严加看守，然后人宫晋见。果然，皇后对他提出了立楚王的问题，吕端毫不客气地顶了回去，说："先帝在的时候已经明确了太子人选，我们怎能不听他的话呢？"由于谋变的关键人物王继恩已经被控制了起来，皇后一时也没了主意。吕端趁热打铁，率领大臣共同保太子继位。真宗登基后，坐在大殿上垂帘接受群臣的朝拜，吕端站在下面不肯下跪，要求卷起帘子来，然后登上台阶察看坐在上面的是不是真宗本人，等确认之后，才走下台阶，率领群臣磕头跪拜。接着，又把那几个犯上作乱者发配到外地，彻底平息了这场争端，确保了北宋朝廷的稳固。这是吕端"大事不糊涂"的一个证明。

吕端一生经历了三代帝王，在四十年的宦海生涯中几乎没有受到什么冲击，成为政坛的"不倒翁"，这种经历在历史上实在是不多见的。这与他在大局、大节问题上毫不糊涂，但在事关个人利益的问题上却"难得糊涂"的品质是有很大关系的。对于我们今天的人来说，不管是当官还是为人处事，都应该学学这种"糊涂"的精神。

第二十一章　孔德之容

【原文】

孔德之容，惟道是从①。道之为物，惟恍惟惚②。惚兮恍兮，其中有象；恍兮惚兮，其中有物。窈兮冥兮③，其中有精；其精甚真④。其中有信。自今及古，其名不去，以阅众甫⑤。吾何以知众甫之状哉！以此。

【注释】

①孔：是"大"的意思。②恍：不清楚。惚：不清楚。③窈：深远。冥（míng）：暗昧不清楚。④精：是极细微的物质性实体。⑤阅：认识。甫：同"父"。

【译文】

大德的形态，是随着"道"转移的。道这个东西，是恍恍惚惚的。那样的惚惚恍恍，其中却有形象。那样的惚惚恍恍，其中却有实物。它是那样的深远暗昧，其中却有精质。这精质是非常实在的，其中有信验可凭。从现在上溯到远古，它的名字永远不会消失，依据它才能观察认识万物的起始。我怎么知道万物起始的情形呢？是从道开始认识的。

【解析】

这一章里，老子阐述了"道"和"德"的关系，认为德是博大和无所不包的，也是由道衍生而成的，受道的支配，即"惟道是从"。老子所说的道，既有虚无的一面，也有现实的一面。道虚无缥缈，却可以隐隐约约地感觉到，这是因为"其中有象""其中有物""其中有精""其中有信"。因此，道无所不在。

老子以"孔德之容，惟道是从"统领全篇。"孔"字的常意，归纳起来就是广大、非常、通达、博大的意思。"容"指的是包容，这个字的上面是个宝盖头，象征一个房屋，下面是个"谷"字，也就是空虚的山坳。心胸包容天地，就连坏人也能容得下，那么这个人就是有德性的人。另外这个容还有一层意思，就是形容人的容貌。当我们的内心充满德性时，就会表现出神采奕奕的表情，而不是愤怒或消极的神色。

孔德之容，惟道是从。

在本章里，老子再次对"大道"作了形容：它是恍恍惚惚、似有若无的。然而在恍惚之中还存在着一种形象，那就是宇宙；在恍惚之中还有一种物质在流转，那就是大气。宇宙和大气在恍惚之中存在着，尽管是幽暗

大道恍恍惚惚，似有若无。

深远的，我们无法用肉眼看到，但是其中至微至妙的东西真实地存在着，可那正是事物的本质所在，这一本质已超出了我们人类所能认识的范围。不过，虽然玄妙深不可测，但有具体情状，这一情状是非常真切的，即“其情甚真”。不仅如此，其情状是信实且可以信验的。老子对此进行不断的修饰和描述，无非是为了增加德的具体性，并在讨论道的时候引进“精”。精是为了说明“大道”是一种真实的存在，而且可以信验。虽然我们还不能真正地认识大道，但能真切地感知到它们的存在，这是因为它们有信期，这就如同潮水，到时候会如期而至。一旦在生活中摸索到了这一规律，我们就会从中感知到了大道的存在以及它所带给我们的影响。

大道是恍惚的，“大德”唯大道之命是从。大德与大道是相融相通的，它像大道一样恍恍惚惚、幽暗深远。道是德的根本，德是道的显现；“无道”就“无德”，“有道”就“有德”，合乎道者有德，不合于道者无德。根据上述观点，老子所建构的道德体系也就基本完善了。道体现在宇宙万物上，所以它代表的是宇宙观和世界观。德对于人类而言，是品格，是德行，是成功者所具备的内在素质的标准。只有真正领悟大道的人才能拥有大德，才能将德行发挥到极致。这就是大道和大德的关系，我们只有对大道和大德的关系有了深刻的认识，并将它们在实践中加以验证，才能领悟大德的真正内涵和意境，从而建立正确的价值观和人生观。而正确的价值观和人生观的确立，对于人类本身来讲，具有十分重要的意义。

处世之道

◎得道至深——坚守信念的孔子◎

老子说：“孔德之容，大道是从。”但凡有大德之人，其一言一行都是以“道”为依归的。孔子困厄于陈蔡之间，断粮多日，弟子怀怨，还被役徒攻击，处境非常艰难。但他不为所动，终日抚琴唱歌而不停止，从容而不失君子风度，可谓得道至深。君子只要坚守本心，固持信念，就不会为困厄的处境所累，相反，真正的君子会因为处境艰厄而更加坚持理想，固守信念，这就叫“君子固穷”。

孔子迁居到蔡国的第三年，吴国军队攻伐陈国。楚国出兵援救陈国，驻扎在城父。听说孔子在陈国、蔡国之间，楚昭王就派人去聘请孔子。

孔子准备前往拜见作为回礼，陈国、蔡国的大夫相互谋划说：“孔子是个贤人，他所讥刺抨击的都切中诸侯的弊病。如今他长久滞留在陈、蔡之间，众大夫所作所为都违反他的心意。如今楚国是大国，派人前来聘请孔子，倘若孔子在楚国做了官，我们这些在陈国、蔡国主事的大夫就危险了。”于是共同调发服役之徒将孔子围困在野外。

在陈蔡路上流亡时，颜回安慰孔子。

孔子没法行路，又断绝了粮食，随从的弟子疲惫不堪，都饿得站不起来了。但孔子仍讲习诵读，抚琴而歌，传授学问毫不间断。子路见状很生气，来见孔子说：“君子也有困窘的时候吗？”孔子说：“君子能固守困窘而不动摇，小人困窘时就胡作非为了。”

子贡正饿得头脑发晕，一听孔子这么说，顿时怒气发作。孔子说：“赐啊，你以为我是个博学强记的人吗？”子贡说：“难道不是吗？”孔子说：“不是啊。我是用一个思想贯穿于全部学说的人啊。”

孔子知道弟子们有怨恨之心，就召见子路，向他询问道：“《诗》中说：‘不是犀牛也不是老虎，却疲于奔命在空旷的原野。’我们的学说难道有不对的地方吗？为什么会沦落到这个地步？”

子路说：“我想是我们还没有达到仁吧！所以别人不信任我们；我们还没有达到通达的境界吧！所以别人不实行我们的学说。”

孔子说：“是这些缘故吗？仲由，让我给你打个比方吧，假如是仁者就必定会受到信任，那怎么还会有伯夷、叔齐？假如是通达者就必定能行得通，那怎么还会有王子比干？”

子路出去，子贡入见。孔子向他问了相同的问题，子贡回答说：“老师的学说极其弘大，所以天下没有国家能容得下您。老师是否可以稍微降低一点标准呢？”

孔子说道：“赐，优秀的农夫善于播种耕耘却不能保证获得好收成，优秀的工匠擅长工艺技巧却不能迎合所有人的要求。君子能够修明自己的学说，用法度来规范国家，用道统来治理臣民，但不能保证被世道所容，如今你不修明你奉行的学说，却去追求被世人收容。赐，你的志向太不远大了！”

子贡出去，颜回入门拜见老师。孔子又以同样的问题询问颜回。颜回说：“老师的学说极其弘大，所以天下没有国家能够容纳。即便如此，老师推广而实行它，不被容纳怕什么？正是因为不被容纳，然后才现出君子本色！老师的学说不修明，这是我们的耻辱。老师的学说已经努力修明而不被采用，这是当权者的耻辱。不被容纳怕什么？不被容纳然后才现出君子本色。”

孔子高兴地说道：“有道理啊，颜家的孩子！假使你拥有许多财产，我给你当管家。”后来孔子派子贡出使楚国。楚昭王兴师动众迎接孔子，孔子才得以脱身。

第二十二章　圣人抱一

【原文】

曲则全，枉则直，洼则盈，敝则新，少则得，多则惑。是以圣人抱一为天下式[①]。不自见，故明；不自是，故彰；不自伐[②]，故有功；不自矜[③]，故长。夫唯不争，故天下莫能与之争[④]。古之所谓“曲则全”者，岂虚言哉！诚全而归之。

【注释】

①式：这里可以理解为法则。②伐：夸耀。③矜（jīn）：自高自大的意思。④莫：没有谁。

【译文】

委曲反而能得到保全，屈就反而能得到伸展，低洼反而能得到充盈，破旧反而能生新，少取反而能多得，贪多反而会产生迷惑。因此有道的人坚守这一原则作为治理天下的范式。不自我表扬，反而能显明；不自以为是，反而能是非彰明；不自吹自擂，反而能功勋卓著；不自高自大，反而能长久。正因为善于谦让不与世人相争，所以天下反而没有谁能与之争高低。古人所说的“曲则全”等话，怎么会是空话呢？它是实实在在能够达到的。

【解析】

在本章中，老子论述的重点在于“不争”。在老子看来，不争符合“道”的本质，炫耀、贪婪、争强好胜之人违反了道，所以注定会落得不幸的下场。

老子在开篇说道：“曲则全，枉则直，洼则盈，敝则新，少则得，多则惑。”尽管这六个短语分别指代六种完全不同的事物，但它们反映了一个共同道理，那就是“委曲求全”。这对于人类而言，是一种谦逊的生活态度。对于除人以外的诸多生物而言，委曲求全实能保全性命，以免受外来的伤害，这在一定程度上可以将其界定为一种寻求自保的大智慧。

少则得。

“木秀于林，风必摧之”和“塞翁失马，焉知非福”，反映了任何事物都存在对立统一的两个方面，本章则再次反映了

曲则全。

老子的辩证思想，老子用“曲与全，枉与直，洼与盈，敝与新，少与得，多与惑”来阐述道顺其自然的理论。如“洼与盈”，“洼”就如同一只空杯，“盈”就如盛满水的杯子，也只有空杯子才能容纳更多的水。可普通人看问题，却很片面，要么看不到深层内容，要么看不到相反的一面。可是圣人却能遵循和运用道，全面而深刻地认识事物的本质。

即便是在人类之外的生物圈中，仍存在着环环相扣的食物链，各种生物为了生存，不得不施展自己的生存技巧。比如变色龙，它是一种“善变”的树栖爬行类动物，它的皮肤会随着背景、温度的变化而改变，这主要是为了保护自己免遭袭击，使自己生存下来。为了逃避天敌的侵犯和接近自己的猎物，有些爬行动物常在人们不经意间改变身体颜色，然后使自己与周围的环境融为一体。这种生理变化，既有利于隐藏自己，又有利于捕捉猎物。因此，在自然界中，其是当之无愧的“伪装高手”。又如蛇，蛇是一种最柔软的动物，正因为它柔软，所以它才可以任意改变自己的形状，可以躲避敌人的进攻，并自由前行而不受外界环境的阻挠。假如蛇像木棒一样坚硬，它还能自由前行吗？这听起来觉得可笑，但问题的根源在于它违背常理，即我们所说的“大道”。大道虽然看不见摸不着，但能为人类所感知，“德”是“道”的体现，它体现了道的无行无为。

我们经常用腊梅的孤傲和柳树的温顺来形容完全不同的处世风格，腊梅不畏惧严寒，傲然挺立，任凭外界冰霜的狂虐而悄然争艳。而柳树不同，它随风舞动，姿态妩媚。迥异的“个性”就必然造就了两种完全不同的命运：正因为腊梅坚挺，所以稍微碰到它，它的花瓣就会脱落；而柳树左右摇摆，即使碰到它，也不会受损，反而得到了“杨柳依依”的美名。

老子的委曲求全之道，在为人处世上能释放出巨大能量。他告诉我们：做人过于清高，必然招人嫉妒打击；为人过于强势霸道，必然树敌过多而不能长久；待人过于严苛必然被人孤立。而保持低调，委曲求全，不但能够避害，还能趋利。这才是高明者的选择。而得道之人最明白这个道理，他们永远都会处在曲和枉的境界里。没有了概念和分别，也就没有了矛盾，没有了矛盾也就没有了痛苦，没有了痛苦也就自在无为，和大道同步了。得道之人的眼里没有自己，自然也就没有别人或他物，所以没有任何东西遮蔽，自然会清澈明亮，也就什么都能看得见了；圣人没有等级观念，自然也没有善恶是非的标准，自己没有对错，别人也无所谓善恶了，他们不自夸，也不损人，自然会得到别人的赞扬、拥护和爱戴。他们对于自己的成绩从不夸耀，心中没有功过的概念，自然也就不会骄傲。可是常人则不同，有点成绩就沾沾自喜，恨不得让天下人都知道；也许刚开始别人还能容忍，可是炫耀的次数多了，就会导致别人的厌倦，不但无法得到别人的认同和称赞，反而会招来讽刺和挖苦，这就得不偿失了。

圣人没有分别心，对待所有的事物都持一样的态度，不会另眼相看，也无所谓名利，一切都是顺应自然，淡然而宁静。他们不会与人争夺，而是始终和大道一体、万物皆源于大道，和大道同体的人岂不是拥有了宇宙万物，还有什么可争夺呢？得道之人不与人争，也就没有得；没有得，也就没有失。没有得失也就无所谓患得患失，没有患得患失也就没有痛苦的折磨。没有痛苦是美好的人生境界，这是不与人争的美好体验。因此，委曲求全是聪明的处事方略，这是解悟大道之人的不俗行为，也可以说是真正的“大德”，也只有这样的人，心境不但平静，而且人生还会释放出更大的光华，因为他把所有的付出都看作是一种自然现象，因而不会有“亏”的概念，一旦达到这样的境界，就真的是和大道融为了一体。

不自伐，故有功。

为人之道

◎不争为大——谦卑处下的大将曹彬◎

“夫唯不争，故天下莫能与之争。”在这里，老子说明了曲乃能全，柔乃克刚的道理。老子一向主张外柔守静，以退为进的处世原则。在某种意义上说，失去反而能够永久拥有；牺牲局部，往往能够赢得全局的胜利。“退一步，为了前进两步”的行为并不是懦弱，而是一种曲线式的生存方式。这种外柔守静、以退为进的策略，就像弹簧一样，压缩在一起却蕴藏着巨大的力量。北宋初期的大将曹彬，无论是治军打仗，还是处世为人，都一直遵行外柔守静的原则，这便是一个典型的例子。

北宋的开国皇帝宋太祖赵匡胤，依靠军事力量而黄袍加身，后来他在统一全国的战争中，提出了一种“和平兼并”的战略，也就是尽量不采用武力而统一天下。即使不得已而动用了武力，也尽量留有余地，只要敌人放弃抵抗，那么宋太祖不但保障对方的人身安全，并且常给对方相当程度的优遇。对于这种“和平兼并”的策略，尽管有不少将领持反对态度，宋太祖却一直坚持这个原则。

宋太祖为什么如此坚持这一策略呢？这是因为，他所考虑的是日后的治国问题。既然要统一，便不能制造仇恨，所以纵然是自己吃亏，也得忍让，这一原则也是治国者最富智慧的谋略。

不过，一旦处于战争状态，宋太祖的这种谋略往往很难顺利得到贯彻执行。面对顽强的敌人，行军打仗的人常会因为报复心理而产生将之毁灭的冲动。如果控制不住这股冲动，必然会导致不必要的屠杀及掠夺，然后又引发更多激烈的反抗。这种征服、反抗的恶性循环，正是宋太祖最为担忧的事情。攻打后蜀的时候，大将王全斌便因“屠城杀降，以逞威暴”，使太祖非常恼怒，宋太祖曾想对他严加惩处，但是由于大将曹彬巧妙的劝谏，才平息了这场风波。

曹彬，北宋初年大将。字国华，真定灵寿（今属河北）人，以败契丹、北汉功，任枢密承旨，灭后蜀任都监。曹彬是个有谋略的将军，他颇能体会太祖“不求胜利”的道理，所以在征蜀之后，曹彬不逞兵威的做法，深得宋太祖的称赞，而曹彬也逐渐成为太祖在统一天下的征战中最受信任的大将。

曹彬原本与赵匡胤在周世宗的朝廷上同殿为臣，当时的曹彬只是个管理酒肆的小官吏而已。有一天，当时身为殿前都点检的赵匡胤，由于家里举办宴席，便向曹彬要些酒，但是曹彬却说道：“此官酒，不敢相与。”不过，曹彬并没有就此拒绝赵匡胤，而是自己出钱去买酒，然后送到了赵匡胤的家中。这只是一件很小的事情，但曹彬公私分明的态度，却让赵匡胤极为感动。当上皇帝后不久，宋太祖便在一个公开场合对群臣说道：“世宗旧吏，不欺其主者，独曹彬耳。”赵匡胤本人个性豪迈，做事积极，但在治国的问题上，他却非常欣赏这位谨慎小心、个性和自己几乎完全相反的曹彬。

征蜀的时候，曹彬原为监军，但是由于征蜀的各路兵马从不同方向攻入，所以会师成都之前，曹彬根本无法真正监督大将王全斌的行为，因此也就不能执行监军的职责了。况且，按照宋太祖的旨令，曹彬的监军之权仅限于事后报告，并没有反对的权力。曾经有好几次，曹彬感到宋军的行为过于残暴，而在开军事会议的时候，他也主张即刻回师，却因诸将的反对而作罢，最后，终于引起了蜀人大举抗暴的风波。

虽然无法劝动其他的将领，曹彬仍严格约束自己的军队不可胡作非为。刚刚攻克成都的时候，军士掠夺了一些民间的妇女，曹彬则下令把这些妇女置于一个安全的地方，对她们供应食物，并向手下的将士说道：“这些女子是准备献给朝廷的，不可侵犯，你们应当好好地保护她们。”等局势较为稳定后，曹彬立即把这些女子送还给她们的父母；没有亲属的，则由曹彬安排她们的婚事，许配给适当的对象。当抗暴事端扩大之时，曹彬又出面斡旋，这样一来，叛乱事件很快就平息下来了。这次事件之所以很快得以平息，主要就是因为蜀国军民对曹彬心怀感激之情。

为安定民心，宋太祖坚决主张严惩王全斌等人。

征蜀战役的总指挥王仁赡，把这场风波的责任全部归罪于王全斌。但是，等宋太祖调查完毕后，却得知连王仁赡的直属军队也做出了很多暴行，只有曹彬的军队不但没有扰民，甚至还尽到了守土安民之责。特别是“王全

宋太祖追究官军滥杀的责任时，曹彬主动请求治罪。

斌杀降兵三千人”的事件，宋太祖极力主张严惩王全斌，有不少朝廷大员反对，认为天下还没有平定，正当用人之际，怎可为此处罚自己的大将。但宋太祖却认为，河东江南都还没有归顺宋朝，如果不对此严惩，随意杀人的事件还将会出现，这将严重影响统一天下的进程。

因此，在调查工作完成后，太祖召集所有征蜀的将领，责问他们随意杀人的罪行，并让曹彬先行退下，说这里没有你的事。但是，曹彬不但没有退下，反而叩首谢罪，说道：“臣同商议，罪合诛戮。”在宋太祖的心目之中，将来可以委以大任的，只有曹彬一人，因此决定卖个人情给曹彬，只在口头上严厉地警告一番，便暂时不再追究这件事了。

不久，宋太祖派曹彬和潘美率领宋军征伐江南。在出征之前，太祖特意召见曹彬，要求这次出征绝不可以再有征蜀时的残杀事件的发生。这时，曹彬在衣袖之中取出了当时曾激烈反对杀戮行为的文件，太祖感到很惊讶。于是问道：“既然你没有做杀戮的事情，那么当时为什么坚持伏罪呢？”曹彬说道：“臣最初的时候与全斌等同被委任，如果全斌等获罪，而唯独臣没有罪，那是不合适的，所以一同伏罪。”曹彬说这段话，不但表示自己重视团体责任，另一方面也劝谏太祖在委派任务时应当权责分明，只有这样才可以阻止屠杀事件的再次出现。

太祖又接着追问说：“卿既欲自当罪，又安用留此文字？”曹彬表示：“臣初请陛下必行诛戮，故留此文书，令老母进呈，乞全老母之命。”从这里也可以看出，曹彬到最后关头仍不愿为个人脱罪，只是担心母亲受到株连，所以才不得不把文件拿了出来。曹彬的孝心及义气，使宋太祖更加敬佩了。

曹彬深得太祖欣赏，不久被任命为征伐江南的统帅。

第二天，宋太祖在朝廷上正式任命曹彬及潘美为征伐江南的正副统帅。曹彬表示自己能力不足，难以承当主帅的大任。而身为副帅的潘美，觉得这是个千载难逢的好机会，便极力表示自己对征江南的信心。宋太祖看在眼里，便正色地对曹彬说道：“所谓大将者，在于能斩出位犯分（越级擅作主张）之副将而已。”只这一句话，把旁边的潘美吓得直冒冷汗，不敢抬头观望太祖了。在这个简单的任命仪式上，宋太祖已对统帅的职责作了明确的授权。

在曹彬出征的前一天，太祖邀请曹彬喝酒，君臣二人喝到微醉的时候，太祖诚恳地向曹彬说道：“南唐国主李煜，实在没有什么罪过。我之所以征讨他，只是因为我没有能力使他归服罢了。”

曹彬率军南下之后，他为了避免敌我双方做出无谓牺牲，于是采用了长期包围的策略。宋军很快兵临金陵城下，曹彬的包围战从春天开始，一直延续到冬季。时间一长，宋军的军纪松懈，城破之日，屠杀和掠夺的行为可能无法避免，这令身为主帅的曹彬心里非常忧虑。因此，在攻城前夕，曹彬突然称病不主持召开军事会议。宋军所属的各支部队将领立即前往曹彬的军营问候，曹彬说道：“我的病不是药石所能医治的。只要大家能共同立誓，表示城破之日不妄杀一人，我便可以立刻痊愈了。”于是诸将焚香为誓，约束自己的军队，金陵城破当日，宋军之中并没有出现掠夺及屠戮的暴行。

在回师的时候，曹彬的行李特别多，有人诬告说曹彬的行李当中都是珍宝奇货，太祖便派人秘密调查，结果发现行李之中全都是书籍。回到京城后，曹彬在奏折上也谨称“奉江南干当公事回”，一点都没有刚打赢胜仗的狂傲之气。

曹彬在完成征南战役的任务之后，宋太祖封其为枢密使，但他仍旧保持原有的谦虚作风。《宋史》上说他“接小吏亦以礼，未尝以名呼”。回到家里，曹彬也不宴请宾客，生活非常俭朴，每天五更鼓一响，便已到达禁门，等候上早朝了。曹彬对己要求严格，性格却宽厚仁慈，他曾经多次向部属表示自己为将的原则和风格：“自吾为将，杀人多矣，然未尝以私喜怒辄戮一人。”

曹彬不止在行军打仗时外柔守静，即使在治理国家的时候，也是如此。《涑水记闻》中记载了曹彬的一则故事，说的是曹彬做侍中的时候，待人谦恭，从不因自己身居高位而盛气凌人，对于到自己家里的客人，不论官职大小，都以恭敬的态度对待之。

而对犯了错误的人，曹彬也会给予人格上的尊重。曹彬在徐州当知府的时候，有个小官犯了罪，案子已经作了判决，但是过了一年才对那名官吏执行杖刑。大家都不明白曹彬为什么这么做，他解释说：“我听说这个小吏当时刚刚娶了媳妇，如果在新婚不久就对他执行杖刑，根据当地的说法，新娘子一定是“上门丧”“扫帚星”，公婆一定会认为这个媳妇不吉利而厌恶她，一天到晚打骂折磨她，使她无法生存下去。而依照法律，我不能免除他的罪刑，因此只好延缓处罚的时间。”大家听后，无不对曹彬产生敬意，均感到心悦诚服。

第二十三章　希言自然

【原文】

希言自然。故飘风不终朝，骤雨不终日。孰为此者？天地。天地尚不能久，而况于人乎？故从事于道者，同于道；德者，同于德；失者，同于失。同于道者，道亦乐得之；同于德者，德亦乐得之；同于失者，失亦乐得之。信不足焉，有不信焉。

【译文】

不言政令少扰民是合乎自然的，所以再大的狂风也刮不过一个早上，再大的暴雨也下不了一整天。谁制造的狂风暴雨呢？是天地。兴风起雨尚且不能持久，何况人呢？所以从事于道的，就同于道；从事于德的，就同于德；失道失德的，行为就是暴戾恣肆。凡是同于道的人，道也会乐于得到他；凡是同于德的人，德也乐于得到他；凡是同于失道失德的，就会得到失道失德的后果。统治者的诚信不足，人民自然不会相信他。

【解析】

本章从“少说话合乎自然”这一论点出发，提出了一个重要思想，即一个人的内心修养、行为方式与他的外在境遇是相应的，他对自然之道领悟到什么程度，自然之道就会给他什么程度的回报。这是因为，只有道是唯一的自然者，整个世界都是道的自然。所以，合于道的人，就会得到道的回报，不合于道的人，则不会得到道的回报。

飘风不终朝，骤雨不终日。

“希言自然。”“希言”即平常较少用的名言。再进一步说，便是不施加政令。什么是“自然”呢？“自然”一词，不是指自然科学的“自然”，而是哲学的名词，可以解释为“原来如此”。因此，“希言自然”的意思也不是“很少说到自然科学的理论”，它所说的是治理事物，制定法律法规，要顺其自然。对于治国者而言，少发号施令是合乎自然之道的。在这一章里，老子论述治国者少发号施令的重大意义，并通过自然界的变化来说明问题。

同于德者，德亦乐得之。

同于失者，失亦乐得之。

“故飘风不终朝，暴雨不终日。”“飘风”即飓风，又称台风。飘风虽然可怕，但它不会整日不停地吹。不管飘风强大到什么程度，到了中午，都会减弱缓慢一点。所以说，任何飘风都不是终朝不变的。骤雨，指的是夏热季节的大雷雨，大概一两个小时就过去了。所以说，夏天的大雷雨，只会下一阵，不会下一整天的。在这里，老子把自然现象的因果律，用比喻来反复说明，告诉我们世间一切事物都处在无常变化之中，我们不能把握住它，也无须去把握它。只有一样东西是超越现实的，那就是自然。

“孰为此者？天地。天地尚不能久，而况于人乎？”“天地”指的是整个世界。“不能久”与前面的“不终朝”“不终日”相联系，意指不能漫无边际、持续不断。在我们眼里，天地是神秘莫测的，而且还蕴含着巨大的力量。即便如此，天地也还要遵循自然的道德规律。天地的巨大都无力对抗自然，更何况在天地面前显得更加渺小的人类呢？在中国传统文化中，不管是道家还是儒家，他们都认为，整个世界是有始有终的，既有开天辟地的时候，也有天翻地覆，终归结束的时候。天地尚且不能长久，人生更不能希求长久的永存了。

“故从事于道者，同于道；德者，同于德；失者，同于失。”“同”意为契合一致，融为一体。这几句话从字面上来看，好像是自说自话，实则不然，这里老子阐明了人事物理的同类相从的道理。一个喜欢讲道的人，自然喜欢与讲道的人结合在一起，这就是“道者同于道”。换句话说，如果为了道德而努力修养自己，那么，我们就会发现自己在道德上日日都有进步了。

“同于道者，道亦乐得之；同于德者，德亦乐得之；同于失者，失亦乐得之。”得，获得，接纳，这里可以理解为“同在”。不管是修道还是行道，人的思想意识必须要与大道相一致，你得到了应该得到的东西，也一定会失去应该失去的东西。合于道的成果要乐于得到，不合于道的成果要乐于抛弃。乐于得必乐于失，有失才能有得。得与失的关系是对立统一的关系。所以，人类一定要正视自己的力量，一定要使自己的实践活动符合自然规律，不要做出过激行为，否则绝对不会取得预期的效果。求道决不是一朝一夕就能够实现的，一切形式的激进行为都是背道而驰的。人们要想求证大道，不但要有诚心，还要有坚持不懈的恒心。行道亦是如此。自然现象容易发生改变，人的活动更容易发生改变。在这个世界上，任何现象都很难长时间持续不变，只有事物的本质才是永恒不变的。然而，人要想透过现象去抓住事物的本质，也绝非易事。如果一个人透过现象看到了事物的本质，那么这个人就是得到了道。如果一个人观察现象时不能抓住本质，但他的认识水平已接近于事物本质的道了，那么这个人就是得到了德。如果一个人既无法看到道，又无法看到德，那么这种情况就称作“失”，而这个人就不得不与失处在同一个层次了。要想达到道或是德的境界，人们就得坚持不懈地去追求道。也就是说，求道是实现道和德的先决条件。如果人们不去追求道，不去追求事物的本质，那么就只能一直处在事物本质以外的范畴“失”之中了。

因此，我们只有不违背自然规律，使自己的行为合乎道和德，才能从中获得无限的益处；否则，我们不但得不到任何益处，而且还会为大道大德所抛弃，不遵循大道和大德，必然会遭受惩罚。人不同于动物，具有主观能动性。当主观能动性支配下的人的行为合乎自然规律时，人们就会从自然中得到益处；当主观能动性支配下的人的行为不合乎自然规律时，人们就会遭受自然的惩罚。很多事例都证明了这一点，比如人们贪图小惠小利，对森林乱砍滥伐，最后导致泥石流滑坡，轻则毁坏庄稼，重则造成人员的死伤。这样的例子还有很多，这里不再一一列举。总之，违背大道大德就等于自我毁灭。

处世之道

◎失道寡助——韩侂胄恋位而不得善终◎

在这章中，老子以狂风暴雨不能持久说明事物太过都不能长久的道理。如果过于追求财富，最终会一无所有；如果过于贪图享乐，最终或许会惨淡终了一生；如果过于迷恋权力，最终会为权力所害，不得善终。

韩侂胄把书生请入府中，希望其能为己献计献策。

过于迷恋权力的人，往往集大权于一身，不肯轻易松手，这实际上是非常愚蠢的。这类人看不到迷恋权力的害处，或是明明知道害处，却仍旧疯狂地占有权势，惹祸上身也在所不惜。南宋时的韩侂胄就是这样的人。

韩侂胄，相州安阳人，北宋名臣韩琦的曾孙。父亲名诚，娶了宋高宗皇后的妹妹，韩侂胄以恩荫入仕。光宗绍熙五年（1194），他与宗室赵汝愚等人拥立赵扩即皇帝位，赵扩就是宋宁宗。宁宗即位不久，韩侂胄就逐赵汝愚出朝廷。从此，掌握军政大权长达十三年。韩侂胄执政期间，制造了“庆元党禁”，凡与党人有牵连的，不得任官职，也不得参加科举考试。开禧元年（1205），升为平章军国事，权倾朝野。

刚步入仕途的时候，韩侂胄曾在南海县担任过县尉。在这期间，他曾聘用过一个书生。这名书生十分贤明，韩侂胄很信任他。后来，韩侂胄升迁，两人从此就断了联系。宁宗时，韩侂胄以外戚身份主持朝政，每当他遇到棘手的事情时，就会常常想起那位书生。

一天，那位书生突然来到韩府，请求拜见韩侂胄。原来，书生早已中了进士，做过一任官后，便赋闲在家了。韩侂胄见到书生，自然十分高兴，要他留下做自己的幕僚，还答应给他丰厚的待遇。这位书生本来无心出仕，但是韩侂胄执意不肯放他离去，所以只好答应留下来待上一段时间。

韩侂胄本就器重这位书生，此时更视他为心腹，与他几乎无话不谈。然而，书生很快就厌倦了相府的生活，于是请求韩侂胄允许他离开，韩侂胄见他去意已决，只好答应了，并设宴为他饯行。在饯别宴上，两人一边饮酒，一边畅谈在南海共事的情景。直至半夜，韩侂胄摒退左右，把座位移到这位书生的面前，向他问道：“我现在执掌朝政，谋求国家中兴，外面的舆论如何？”

听到韩侂胄的问题，这位书生紧皱眉头，端起酒来一饮而尽，叹息着说：“平章的家族，面临着覆亡的危险，还有什么好说的呢？”

韩侂胄知道他从不说假话，于是心里开始担心起来。他忧虑地问道：“果真有这么严重吗？这是什么缘故呢？”

这位书生疑惑地看了一下韩侂胄，不禁连连摇头，似乎为韩侂胄至今仍执迷不悟而感到诧异，说道：“危险就在眼前，平章为何视而不见呢？册立皇后，您没有出力，皇后肯定在怨恨您；确立皇太子，您也没有出力，皇太子也必定怨恨您；朱熹、彭龟年、赵汝愚等人被称为‘贤人君子’，而您想把他们撤职流放，士大夫们肯定会怨恨您；您积极主张北伐，这并无不妥，但在对金战争中，我军伤亡惨重，三军将士的白骨遗弃在前线战场上，全国各地都能听到阵亡将士亲人的哀哭声，军中将士也一定对您心存怨恨；在筹划北伐的过程中，您向百姓征收军费，贫苦人几乎无法生存，所以普天下的老百姓也都怨恨您。平章，您以一己之身怎能担当起这么多的怨气仇恨呢？”

韩侂胄听了书生的一番话，不禁大惊失色，汗流浃背。他沉默了一会儿，又猛灌了几杯酒，这才说道：“你我虽是上下级的关系，实际上我待你亲如手足，难道你能见死不救吗？你一定要为我想一个万全之策啊！”

这位书生再三推辞，韩侂胄仗着几分酒意，坚持要他献出良策。书生推脱不过，只好对他说道：“有一个办法，但我恐怕说了也没有什么用处。”

韩侂胄一听有办法，心中不觉一阵狂喜，忙向书生说：“愿听您的一席高论。”

书生诚恳地说：“我也衷心地希望平章您这次能采纳我的建议！当今的皇上不贪恋君位，倒还洒脱，如果您马上为太子设立东宫建制，然后再以尧、舜、禹禅让的事迹劝说皇上传位给太子，那么太子就会感激您而不再怨恨您了。太子一旦即位，皇后就被尊为皇太后，到那个时候，纵然太后还在怨恨您，也无力再报复您了。然后，您趁着辅佐新君的机会，革新朝政。您要追封在流放中死去的贤人君子，抚恤他们的亲族，并把活着的人召回来，让他们在朝中为官，并加以重用，那么您和士大夫们就能和睦相处了。您要安靖边疆，不要轻易发动战争，并重重犒赏全军将士，厚恤死者，这样一来，您与军队间的隔阂就能消除了。此外，您还要削减政府开支，减轻赋税，尤其要取消加在百姓头上的各种苛捐杂税，让百姓能够安居乐业，时常感受到生活的欢乐，那么老百姓就会称颂您了。最后，您再挑选出一位当代的大儒，把平章的职位托付给他，自己告老还乡，功成身退。如果您能做到这些，或许可以转危为安，变祸为福了。”

然而，韩侂胄向来贪恋权位，不肯退位让贤；况且他恢复中原的雄心尚未消除，所以，他明知自己处境险恶，仍不肯急流勇退，他只是想把这个书生强行留在自己身边，以便在遇到困难的时候及时作出应变。不过，这位书生有先见之名，他看到韩侂胄对权位迷恋到不可救药的地步，岂肯受池鱼之殃，所以没过多久就离去了。

后来，韩侂胄对金用兵，史称“开禧北伐”，但很快就全线崩溃，遭到惨败。战事尚未结束，南宋朝廷就向金国求和，金国则把追究首谋北伐的“罪责”作为议和的条件之一。开禧三年（1207），众叛亲离的韩侂胄被杀，他的首级被装在匣子里，送给了金国。那位书生的话果然应验了。

第二十四章　物或恶之

【原文】

企者不立[①]；跨者不行[②]；自见者不明；自是者不彰[③]；自伐者无功；自矜者不长[④]。其在道也，曰：余食赘形[⑤]。物或恶之，故有道者不处。

【注释】

①企：就是翘起足，用脚尖站立。②跨：加大步伐，想要快速行走。③彰：明显，显著。④长：长久。⑤赘（zhuì）：多余的。

【译文】

踮起脚跟用脚尖站立，是站不牢的。脚步跨得太大，是走不了太远的。自逞己见的，反而得不到彰明。自以为是的，反而得不到显昭。自我夸耀的，反而建立不了功勋。自高自大的，反而不可能长久。从“道”的角度衡量，以上这些急躁炫耀的行为，可以说都是剩饭赘瘤，惹人厌恶。所以懂得道的规律的人是不会这样做的。

【解析】

这一章主要讲“自然”的道理。自然是顺道而行，不自己妄为。自己妄为不仅多余，而且会起反效果。这里所具体阐述的问题，仍然是有关社会政治及其得失的内容，同时还包含着辩证法的观点，即“企者不立”“跨者不行”“自见者不明”“自是者不彰”“自伐者无功”“自矜者不长”等。篇中所揭示的表现及其结果往往是对立的，这正是老子思想的精华所在。

企者不立。

在本章中，老子列举出了几种不懂道的突出表现。实际上，这种列举还可以无限延伸，因为不站在道的立场来看待和处理事物都是不懂道的表现。这里，老子用了拟人的手法，他说，对于不懂道的行为，“物”是不会喜欢的。这是因为物一直都是遵循着道的规律运行，因此根本不会出现不依循道的规律运行的物。如果要让物违反道的规律运行，这是无论如何也做不到的，这就是篇中“物或恶之”的意思。凡是明白、理解道的，绝对不会去做违反道的事情。

老子还以极其精练的语言向我们阐释了人的主观意志和客观规律之间存在的矛盾，进而举出自己的看法：人们只有遵循自然大道，依照客观规律行事，才能取得好的收益，才能避免自己的行为和结果过于对立。

“企者不立，跨者不行。”用脚尖是难以站立起来的，这是由人的身体结构决定的。人类直立时，身体的全部重力都落到了两只脚上，所以脚长得厚实、宽阔，以支撑沉重的身躯。这种平衡一旦被打破了，那么全身的重力都会落到脚尖上，而脚尖窄小、瘦弱，无力承担全身的重力。如果人们用脚尖直立身躯，必然会违背自然规律，这就属于不合“道德”的行为。在“企”的行为中，包含着一种凭着个人努力以抗拒自身本来限制的意图。这里的“企”和“跨”，都是指那些违背自然、自高自大、拼命炫耀显示自己的人的举止行为，其结果却适得其反。

自伐者无功。

同理，“跨”是三步并作两步走的意思，也就是一条腿抬起来还没等落下就要走第二步，这种走法也是违背自然规律的，怎么可能实现呢？跨是为了加快速度，但是，跨的结果往往适得其反，因为这么一跨就走不了路了。

人为什么要跨着行走呢？这是情绪焦躁的表现。从这里可以知道，急于求成、焦急烦躁办不成事情。跨这一动作本身并没有错，关键在于人们的动作和行为是否能达到目的，如果不能达到目的就是违背自然规律，就属于不合道德的行为，所以也就不能达到预期的目标了。

“自见者不明；自是者不彰；自伐者无功；自矜者不长。”这几句在前面的章节曾经出现过，老子为什么重复出现这几句话呢？正是为了强调不合道德的害处。这里面也隐含着老子以退为进、委曲求全的处世哲学。“曲则全”，也就是不故意去表现、张扬自己是比较明智的行为，自以为是的人是无法彰显自己的能力和优势的，自我炫耀是没有什么功劳可言的，自高自大是不能长久的。

“自伐”一般包含四层含义：一种是只把自我看作是生活的主宰，而不把整个世界看作是生活的主宰；一个是只按自己的意志行事，而不按整个世界的意志行事；一个是只看到自己所成就的一切，而看不到整个世界为自己所成就的一切；一个是在以上错误认识的基础上，人们只看到自我活动之于自己生活的意义与价值，而看不到整个世界的活动之于自己生活的意义与价值，这样一来，自我生存的意义与价值也就变得非常渺小和微不足道了。

“自见”“自是”“自伐”“自矜”，这些都是人类的通病。老子在这里再三说明，一个人有了“自见”“自是”“自伐”“自矜”的心病，一定要及时反省，反省后要自我改正。但是，从道理法则上讲，这些心理支配下的行为，却是“余食赘行”。“余食”指的是多余的。“赘”就是瘤子。我们的身体在任何部位长出一个瘤子，那都是多余的。“物或恶之”，任何一样东西，都有自然的定形，变体都是不正常的，即使是植物，长出来一个多余的附件，不但给自己增加负担，而且还令人讨厌。植物尚且如此，何况我们人类呢？所以，有道之士自处的时候绝不会“自见”“自是”“自伐”“自矜”，这样才算合乎道行。

由上可知，做人不可过于虚荣、张扬和妄自尊大。在现实社会中，人们怎样才能做到身处闹市而抛却浮华，做一个合于道德的人呢？这就要求我们不仅看到自我存在和自我活动的意义和价值，还要看到整个世界的意义和价值，只有做到这点，人们才可以避免产生自高自大和自我炫耀的心理。一个能够认清整个世界的意义和价值的人，一定能够在自己的心中激发起一种对整个世界的感激和敬畏之情。

为人之道

◎自夸无功——祢衡炫耀自己终被杀◎

在本章中，老子阐述了自己的处世思想——谦虚退让、柔弱无为。篇中提到了几类主观而自满的人，如“自见者”“自是者”“自伐者”“自矜者”。这几类人不仅得不到人们的赏识和尊敬，反而还会落得悲惨的下场。所以，无论在什么情况下，我们都应该谦虚谨慎，放低姿态，勤勉做事，低调做人。骄傲自满的人，一般都难得善终，甚至还会给自己带来杀身之祸。三国时候的祢衡，才学甚高，但是他恃才傲物，导致被杀，这个事例就很好说明了人要谦虚退让，柔弱无为的道理。

汉献帝建安初年，曹操想派使者去荆州劝说荆州牧刘表归顺自己。这时，谋士贾诩向他建议道：“刘表喜欢与当代的名士交往，希望您能派一位名士前往荆州，这样就能达到目的了。”曹操认为贾诩的建议很有道理，就向另一个谋士荀攸询问说：“先生觉得可以派谁去呢？”荀攸回答说：“如果能让孔融前往，那是再好不过了！”

孔融是孔子的第二十代孙，担任过北海侯国的相，不但长于文章，而且还慷慨好客，是当时著名的“建安七子”之一。孔融闻名于当世，当然是理想的人选。曹操对荀攸的建议表示赞同，并嘱咐他去请孔融前往荆州做说客。

荀攸到了孔融家中，将事情说明白，孔融听了之后，立刻接口说：“我有一位好友，名叫祢衡，他字正平，才学比我高十倍，足以辅佐天子，更不用说做使者了。”后来，孔融并没有把祢

荀攸去请孔融，孔融却向他推荐了祢衡。

祢衡袒胸击鼓，怒斥曹操不爱贤。

衡直接推荐给曹操，而是向汉献帝上了一个表，把祢衡的才能大大夸耀了一番。献帝把表章交给曹操，曹操看到表章，心里很不高兴，就随便派人把祢衡征召过来。祢衡来到曹操府中，按例向曹操行礼，然而曹操不但没有还礼，还故意不给祢衡安排座位。祢衡向来自负，他一看到这个场面，不觉仰头朝天，长叹一声，说道："天地虽然这样宽阔，为什么眼前连一个像样的人都找不到呢？"

曹操一听，非但没有生气，反而自傲地说道："我身旁有几十位能人，都是当代英雄，你为什么说眼前没有像样的人呢？"

祢衡听罢，笑了一声，说道："那就请您说给我听听吧！"

曹操捋着胡须，十分得意地说道："荀攸、郭嘉、程昱见识高远，前朝的萧何、陈平，都比不上他们。张远、许褚、李典、乐进英勇强壮，以前的岑彭、马武，比起他们来也略有不及。吕虔和满宠替我主管文书，于禁和徐晃担任我的先锋官，夏侯惇是天下的奇才，曹子奇是当世的福将。你怎么能说我手底下没有人才呢？"

听完曹操的一番话，祢衡不禁哈哈大笑起来："阁下的话一点都不对，您刚才说的这些人，我都认识。荀攸只能看管坟墓；程昱至多能看守大门；郭嘉倒还能读几句辞赋；张辽只配在战场上打打鼓、敲敲锣；许褚大概只能放牛牧马；乐进和李典适合做传令兵；吕虔不过能给人家磨磨刀，铸几支剑；满宠仅能在饮酒方面称得上是个好手；于禁是打砖的泥水匠；徐晃只能杀猪、扒狗；夏侯惇是一个仅能保全性命的将军；曹子奇被人称为"只知道要钱的太守"。其余都是饭袋、酒桶而已！"

祢衡上面这番话，极力讽刺和挖苦曹操，曹操不禁勃然大怒，他对祢衡呵叱道："你又有什么能耐呢？"

祢衡毫不客气地回答说："我，天文地理门门精通；三教九流样样都知道：辅助天子，可以使他们成为尧、舜一样的圣人；个人道德，可以与孔子、颜渊相比，怎能与这些凡夫俗子相提并论呢？"

这时，张辽就坐在曹操身旁，他听到祢衡的狂妄之语，气得要抽出宝剑来杀掉祢衡，曹操制止住他，讥讽地说道："我现下正缺少一个敲鼓的人，早晚朝贺和宴会，都要有人敲鼓，就让祢衡去做这件事情吧！"

曹操说这席话，本来是想狠狠地把祢衡羞辱一番，没成想祢衡一点也不生气，满口答应了曹操，告辞去了。祢衡退出之后，张辽满腔的愤怒尚未平息，他向曹操问道："祢衡这个人说话如此放肆，为什么不让我杀他？"

曹操笑笑说："这个人在外面有点虚名，我今天杀了他，人家就会议论我容不得人。他不是觉得自己很了不起吗，我就让他敲鼓，好好羞辱他一番吧！"

第二天中午，曹操在丞相府设宴，大厅上坐满了客人。这时，曹操下令让祢衡打鼓为众人助兴。事先，打鼓的人叮嘱祢衡务必要换上新衣，但祢衡却穿着旧衣服走进大厅。祢衡精于音乐，打了一通"渔阳三挝"，格调深沉，音节响亮，发出金石般的声音。听了祢衡的演奏，在座的客人都情绪高涨，感动得流下泪来。这时，曹操的侍从们突然喊道："打鼓的为何不换新衣服？"谁知祢衡竟当着众人的面脱下身上的破旧衣服，赤裸上身站在大厅之上，客人们很吃惊，连忙一齐拂袖遮面。祢衡又慢慢地脱下裤子，一直不动声色。曹操看到这种情形，怒斥祢衡说："在朝廷的厅堂上，为何这样不懂礼仪？"

祢衡回答说："眼里没有君主，那才是不懂礼仪。我不过是暴露一下父母恩赐给我的身体，以显示我的清白罢了！"

曹操接过祢衡的话，向他逼问道："你说你清白，那么谁又是污浊的呢？"

祢衡直指曹操，说道："你不识人才，是眼浊；不读诗书，是口浊；不听忠言，是耳浊；不通晓古今的知识，是头脑污浊；不能容纳诸侯，是胸襟污浊；挟天子以令诸侯，是心地污浊。我是当世的名士，你下令让我打鼓，这就像当年奸臣阳虎蔑视孔子、小人臧仓诋毁孟子一样。你想成就王霸之业，却这般侮辱人才，难道这样也可以吗？"

祢衡这样犀利地当面辱骂曹操，众人听罢都非常吃惊。曹操此时已经被气得火冒三丈，他本想斩了祢衡，但是又怕背上杀害名士的恶名，所以思量着借他人之手除掉祢衡。只见他装出大度的样子，用手指着祢衡说："我现在派你出使荆州。如果你能劝降刘表，我就委任你做大官。"祢衡心里明白，刘表是不会归降曹操的，出使荆州多半会凶多吉少，这分明是曹操借刀杀人的伎俩，所以坚决不肯答应。曹操立即传令侍从，要他们备下三匹马，另派两个人挟持祢衡前往荆州。

刘表见曹操派祢衡前来，已经猜到了曹操的用意，他担心曹操把杀害贤人的罪责推到自己头上，就使出一个与曹操同样的计谋，把祢衡送到生性残暴的江夏太守黄祖那里。果然，祢衡在宴席上讥讽黄祖，说黄祖就像是庙里的菩萨，只受香火，可惜并不灵验。黄祖听了之后，立刻把祢衡杀掉了。

第二十五章　道法自然

【原文】

有物混成，先天地生。寂兮寥兮①，独立而不改，周行而不殆②，可以为天地母③。吾不知其名，强字之曰道，强为之名曰大。大曰逝，逝曰远，远曰反。故道大，天大，地大，人亦大。域中有四大，而人居其一焉。人法地，地法天，天法道，道法自然。

【注释】

①寂：没有声音。寥：没有形体。②殆：通“怠”。③母：根本。

【译文】

有一种浑然而成的东西，在有天地之前就已经产生了。它寂寂无声而又广阔无形，它独立长存而永不衰竭，周而复始地循环运行而永不停息，可以作为天地万物的根本。我不知道究竟叫它什么名字才好，只好叫它为“道”，我再勉强给它取个名字叫“大”。它广大无边而运行不息，运行不息而伸展遥远，伸展遥远而回归本原。所以道是伟大的，天是伟大的，地是伟大的，人也是伟大的。天地间有这四大，而人只不过是其中的一个。在这四大之中，人是效法于地的，地是效法于天的，天是效法于道的，而道则纯任自然。

【解析】

这一章讲道是天下万物的母亲。世界上有四种东西最大，即王、地、天、道。王是人的代表。人、地、天三者都受到上一级法则的制约，而道本身就是自然的。“道法自然”并不是说道之外还有个“自然”，而是说道的活动以自我满足、独立自在为法则。

“有物混成，先天地生。”这里的“物”，是“道”的同义字，这个道的内涵，包括了物质与非物质，是“心物一元”混合而成的。这种“心物一元”的思想观念，源自《易经》。《易经》中讲了“阴”“阳”两个符号，这两个符号相互变化、相生相克。如果我们以阳为精神的代号，那么阴则为物质的代号，阴阳配合，心物互融，便衍生了应有尽有、无穷无尽的世界。

有物混成，先天地生。

道可以为天地母。

那么，“有物混成，先天地生”，究竟是怎样一种情况呢？老子形容说：“寂兮寥兮！独立而不改，周行而不殆，可以为天地母。”“寂”是绝对的清虚，清静到极点，毫无一点声色形象。“寥”是形容广大。“独立而不改”意为超脱于一切万有之外，悄然自立，不动声色，不因现象界的物理变化而变化，不因物理世界的生灭而生灭。“周行而不殆”指的是它无所不在，处处都有道。不论物也好，心也好，都有它的存在，永远无穷无尽。“可以为天下母”，这个东西是一切宇宙万有的根本，所以才说道是“天下母”。

在上面这段话中，老子又一次论述了道的性质和规律：道是物质性的，是最先存在的实体，但这个实体看不见摸不着，既寂静又空虚，不以人的意志为转移，无所不在地运行而又永不止息。大道无形，没有可供我们辨认的具体形状。但是，道又确实是存在的，只不过它不与我们所认识的事物相同，它是一个混沌的整体，早在天地生成之前就已经存在了，所以它是超越时空概念的事物。对于大道，人们既不能通过肉眼看到它的样子，也无法通过耳朵听到它的声音。尽管我们看不到、听不到，但这并不代表大道不存在。大道就在我们的身边，它不但影响着我们的行动，还制约着我们的行动。当人们的行为不顺应大道时，它就会给我们降下严厉的惩罚。道时时刻刻都存在着，它没有等级，没有分别，是完全独立的。正是由于道没有等级，没有矛盾的方面，所以它永远不会走向自己的反面，不会发生改变，时时刻刻保持恒久不变。道是一个整体，它遍及整个宇宙，从这个意义上说，道是天地万物的本源。

“不知其名，强字之曰道，强为之名曰大。”“强”有笼统的、大概的意思。世界的本原是极其微小的，应当用“小”来为它命名。但是，老子在本篇不用“小”而用“道”字命名，这是赋予“道”字深刻的哲理内涵。又因为它实在无量无边，所以也可叫作“大”。道的本义为“道路”，后引申指行为、规则、方法等。在这里，老子以“道”字为世界的本原命名，旨在为人们指明认识世界的正确道路，即先认识世界的本体，让人们了解道的运动、发展、变化所体现出来的对立统一规律，这也是人们应当遵循的人生法则和社会法则。认识的最终目的在于识道，也就是“见小”，见小才能“明”。何为明呢？明指的是明白道所体现出来的对立统一规律。道为宇宙的本原，其本质为“小”，本质是永恒的；其表象为“大”，表象是变幻的。小与大是相对的，可以相互转化、相互统一而存在。

“大曰逝，逝曰远，远曰反。”“大”也就是“逝”，逝是永远向内外四面八方延伸发展，等于说宇宙是无限的扩张。这句话说明世间的一切事物都是由小到大，由大到小，循环往复，变化发展的，这就是对立统一规律。这里的“反”的意思，既是道的创造活动，又是道的创造活动的成果——现实世界。现实世界就是道所创造并捧在它手中的一件伟大作品，而

域中有四大，而人居其一焉。

天、地、人就是这件伟大作品中的最重要、最基本的结构和组成部分。至此，道也就不再是无声与之相应、无形与之相伴的孤寂的存在物了，它转化为一个丰富多彩、千姿百态的现实世界。

“故道大，天大，地大，人亦大。域中有四大，而人居其一焉。”道的本质是小，然而，世间所有的事物皆由道生成，因此道就是宇宙。道与天地相比，道为大；天与地相比，天为大；地生万物，地与万物相比，地为大；王与百姓相比，王为大。道大，天大，地大，都是相对的，王大也是相对的。在这里，老子把四大之一的“王”作为突出的重点，这是为了阐释百姓与王的关系。尽管人贵为万物之灵，但是还要接受王的治理，倘若不能理顺人与王的关系，那么人和人之间就不能平等了。篇中老子用了一个“亦”字，目的是为了告诫身为一国之君的王，应当心存大道，明白百姓与君王之间的辨证关系。如果君王狂妄自大，就会远离民众，与民众为敌，这样的话，新的王也就在民众的反抗中诞生了。

大道要运行，其运行速度十分迅速，等大道运行到一定极限的时候，它就会自动返回，所以大道永远不会枯竭。大道与水不同，如果我们洒到地上一杯水，水会顺势而流，当它流到一定极限时便不会再流了，而是停止下来，然后蒸发得无影无踪。而大道则永远也不会枯竭，这主要是因为大道可以回到原始状态，并能够周而复始地运行。

“人法地，地法天，天法道，道法自然。”法，即以……为法则。对于人、地、天、道、自然之间的关系，老子得出一个结论：人取法于地，地取法于天，天取法于道，道取法于自然。道，大而玄奥，生成了天地万物。然而，道又是从何处而来的呢？通过“道法自然”一词，我们知道：道是自然而然生成的。道向自然学习，效法并顺应自然。道是至高无上的，就连它都要顺应并效法自然，更何况人类呢？所以，人类不应该自恃头脑聪明，有独立的思想，就可以主宰世间的万事万物，而是应该顺应自然，敬畏自然。如果破坏自然的和谐，大肆屠杀牲畜，任意砍伐森林，那么大道和天地就会随时惩罚人类。因此，人类要与天地合二为一，要学习大道包容万物的胸襟，和大自然和谐相处。只有这样，人类才会生活得快活逍遥，无所为而又无所不为。

总起来说，本章突出强调了由道所体现出来的道性。道是奥妙的，它蕴含着真理。人类只有认识道，才能把握真理。因此，道既是认识的对象，又是认识的方法和实践的方法。道的概念，是直觉思维和理性思维相结合的产物，而不是肆意虚构的。道作为世界的本原，是宇宙万物之母；道作为最一般规律，贯穿于宇宙、社会和人生之中。老子道的哲学理念的伟大之处，就在于其为人类治身和治国提供了可循的规律。

从政之道

◎得道多助——“内圣外王”的周文王◎

老子说：“人法地，地法天，天法道，道法自然。”“道法自然”才能成就大事，周文王顺天随化、道法自然而使西周民风淳朴的故事，尤能说明这个道理。

周文王，姓姬名昌，西伯侯季历之子，在位五十年。商纣时为西伯侯，积善行仁，广施恩义，因崇侯虎向纣王进谗言，被囚于羑里，后得释归。

在治岐期间，对内奉行德治，提倡“怀保小民”。对外招贤纳士，许多从其他部落以及从商朝逃来的贤士，他都以礼相待，予以任用。如伯夷、叔齐、太颠、闳夭、散宜生、鬻熊、辛甲等人，都先后归附姬昌，为后来的伐纣大业积累了重要的人才资源。

姬昌在位期间，西岐实现大治。

姬昌自己生活勤俭，穿平民衣服，还亲自到田间劳动，兢兢业业治理自己的国家。岐周在他的治理下，国力日渐强大。

后来，姬昌在渭水河边出猎，巧遇年已花甲、怀才不遇的姜尚。文王与他谈话，彼此聊得很投机，因而了解到姜尚确有治国之才，便让姜尚与他同车而归，并任命其为军师，共同筹划灭商策略。

姬昌得到姜尚的辅佐，先是调解虞、芮两国的纠纷。第二年出兵伐犬戎，打败西戎诸夷，灭了几个小国。第三年攻打密须（在今甘肃省灵台县），解除了北边和西边的威胁。第四年“西伯戡黎（在今山西省黎城县）”。第五年伐邘（在今河南省沁阳市）。戡黎、伐邘实际上是构成了对商都朝歌的直接威胁。第六年灭崇国（在今陕西省户县）。将周的都城由岐山周原东迁至渭水平原，建立沣京（在今陕西省长安县沣河西岸）。接着又向南扩展势力至长江、汉江、汝水流域，完成了对商都的钳形包围，周人对商朝已经形成围攻之势。

就在大功即将告成之际，姬昌因操劳过度，不幸死去。死后葬于毕（在今陕西省长安县与咸阳之间渭水北岸，境域较广）。但文王已为伐纣作了充分的准备，其子姬发因其前功而出兵伐纣，牧野一战终于打败纣王，灭了商朝，建立了中国历史上著名的西周王朝，文王可谓西周的实际开创者。

中国古人普遍有崇古心理，尊崇上古圣贤之君、效法“三代”之法，是古人津津乐道的话题。周文王姬昌就是人们心目中的完美形象。孔子称姬昌为“三代之英”，还感慨道：“郁郁乎文哉，吾从周！”孟子称姬昌这样的圣人，五百年才出一个。

姬昌继承后稷、公刘开创的事业，仿效祖父古公和父亲季历制定的法度，实行仁政，敬老爱幼，礼贤下士，勤于政事。在其治下，国泰民安，物阜人丰，道不拾移，夜不闭户，父子相亲，人皆礼让。其顺天随化、道法自然而使治下民风淳朴，可谓至德之人，至善之治。

◎第二十六章　宜戒轻躁◎

【原文】

重为轻根，静为躁君①。是以君子终日行不离辎重②。虽有荣观③，燕处超然④。奈何万乘之主⑤，而以身轻天下？轻则失根⑥，躁则失君。

【注释】

①躁（zào）：这里有动的意思。②辎重：军用器械、粮草、营帐、服装等的统称。③荣观：贵族游玩享乐的地方。④燕处：安居的意思。超然：超脱外物，不陷在里面。⑤奈何：用反问的方式表示“如何”。万乘之主：一部车子叫一乘，万乘之主即指大国的君主。⑥根：本。

【译文】

稳重是轻率的根本，静定是躁动的主宰。所以有道的人终日行事仍保持慎重，就像军队行军离不开辎重一样。即使有奢华的享受，他也漠然处之，从不沉溺其中。为什么有万乘之车的大国君主，还轻率躁动以治天下呢？轻率就会失去根本，躁动就会丧失主宰。

【解析】

本章讲了道家的一个重要观点，即修身是一切的根本，它比优越的物质条件乃至天下国家都重要。帝王以身轻天下，恣情纵欲，不爱惜自己的生命，这就是失去了根本。老子从治身之道过渡到治国之道，谨慎地分析了重与轻、静与躁的关系，阐明了治国者应该以民为国家之根，以德为治国之本的道理。这一思想与第十三章“贵以身为天下，若可托天下”的观点十分相似。

重为轻根。

“重为轻根，静为躁君。”“君”与“根”相对，意为主宰者。本篇的开头部分，老子举出了两对矛盾的现象，即轻与重、动与静。在《道德经》的第二章和第十三章里，老子曾经提出过美与丑、善与恶、有与无、难与易、长与短、宠与辱等对立统一的概念。这些概念的提出，对于阐述朴素的辩证法思想，起到了关键的作用。于是，老子得出了一个重要结论：矛盾是普遍存在的，任何事物都不是孤立存在的，而是相互依存、相互制约的。

静为躁君。

在分析重与轻的关系时，老子认为，重是轻的根本，轻是由重决定的，如果只注重轻而忽视重，就会失去根本。正是因为有了重，轻才得以存在和维系。我们可以设想一下：假如地球上没有重力，将会是怎样的一种场景呢？我们将不能站稳脚跟，不能饮食，生命也无法延续下去，那是十分可怕的事情。在分析动和静这一对矛盾时，老子认为，静是根本，动是由静决定的。老子所说的轻可以解释为轻浮，而动可以解释为躁动不安。心理的浮躁，这里指心灵中的全部感情、理性和意志处于一种变动不居的、激烈动荡的矛盾与冲突的状态。同样，这里的“躁”是相对于“天下”（即世界整体）而言的。轻浮和躁动不安均是人格缺陷所映射出来的不良行为举止，这种举止是人们成功的大敌，是上天因人们不顺应自然大道而降下的祸患，必然会受到上天的惩罚。

对此，圣人（得道之人）是如何合道而行的呢？老子说：“是以君子终日行不离辎重。虽有荣观，燕处超然。”“辎”指的是长途旅行时必须携带的衣物，或是军士出征时必须携带的军用器械、粮草和营帐等。老子在这里显然用了隐喻的手法，“辎”在这里指的是那些与人的生活和活动紧密相关的事物。老子的这句话说的是什么意思呢？圣人虽然天天都在行事，却从来不轻举妄动，而是谨慎考虑后再行动，绝不会表现出轻率、焦躁的样子。为什么圣人能够做到不轻率、不浮躁呢？这是因为他们顺应了天道，并没有随心所欲，胡作非为。尽管他们也有可供享受的亭台楼阁，但是他们身居其中，却怡然自得。也就是说，他们能够超然地面对安逸的环境，而不是沉溺于其中。

如何才能像圣人那样合于道呢？其实，道的精神体现在日常生活之中，贯穿于人生的每一个环节里。人们只有始终以道为标准，摒弃外在的贪欲，努力修养自己的身心，才能使自己的思想和言行不偏离大道。具体来说，就是要以静制动，保持内心平静，无私无欲，心中不可留有一丝一毫的私心杂念，这样才能进入道境。俗话说：“心里无闲事，不怕鬼叫门。”只要平时行得正、坐得直，自然能够泰然处之，各种杂念也就随之消失。如果平

虽有荣观，燕处超然。

日心术不正，一旦遇上惊险场面，必定会胆战心惊，魂不守舍；或者见景生情，经不住诱惑，这些都不利于人们修道。历来修道之人强调行善积德，道理就在这里。修德是为了得道，得道是为了行道。因此，精神世界虽有不尽的荣华美景，却也不能一直沉溺其中，不能自拔，就好比振翼而飞的大雁，不可能永远在蓝天中翱翔，终究还是要飞回巢穴内栖息的。所以，人既要有美妙的精神世界，又不能脱离现实生活。只有把精神世界和现实生活结合起来，才有完美的人生。

“奈何万乘之主，而以身轻天下？轻则失根，躁则失君。”最后，老子将矛头指向了“万乘之主”，也就是大国的君主。老子所处的时代，诸侯君主大都奢侈轻浮、狂妄自大、焦躁轻率。老子认为，身为一国之君，只有做到持重守静，才能克制轻浮焦躁的弱点。如果治国者耽于享乐，或是轻率地处理国家大事，这都是有违“重为轻根，静为躁君”的天道的，那么就会落得“轻则失根，躁则失君”的下场。历史上行为不合于大道的昏庸无道之君，如夏桀、商纣、周幽王、周厉王等，没有一个不遭到后人唾骂和鄙弃的。

在当今社会，人们的物质生活比较丰富，我们应当怎样看待物质财富呢？是坦然地享受，还是依旧过节俭的生活？其实，老子的观点，就清清楚楚地告诉了我们答案。老子主张顺应自然，由于物质是人创造的，它生不带来死不带去，如果人们过分节俭，一味拒绝富足充裕的生活，日子未免过得单调乏味，所以，适当地追求物质是理所应当的；但是，有一点需要特别注意，那就是人活在世界上，就要锻炼自己创造价值的能力，如果只追求享受而不去劳动，就不合乎大道，这些行为一定要摒弃，否则就会埋下祸根。

经商之道

◎轻则失根——秦池酒厂的兴衰◎

老子强调“宜戒轻躁”，要求人们行事要谨慎稳重，否则就会失去“根本”。秦池酒厂由盛而衰的例子，就让我们看清了清静稳重的重要性。

秦池酒厂地处沂蒙山区，其前身是成立于1940年的山东临朐县酒厂，长期以来，秦池酒厂一直是一个年产量在万吨左右的县一级的小型国有企业。而到了90年代初，秦池酒厂发生亏损，一度面临着倒闭的危险。1992年年底，王卓胜临危受命，成为秦池酒厂的掌舵人。王卓胜敏锐地意识到在东北地区，白酒品牌的竞争尚存有一定的空隙，于是，他运用成功的广告战略顺利地打开了沈阳市场，从而为秦池酒厂赢得了新的生存空间。1994年，秦池酒打入了整个东北市场。1995年，秦池酒又走向西安、兰州、长沙等重点市场，接连三年保持了销售额翻番的辉煌业绩。这一年年底，酒厂扩张改制，成立了以秦池酒厂为核心的秦池集团，注册资金为1.4亿元，拥有员工5600多人。经过短短三年的快速发展，秦池酒厂的面貌可谓焕然一新。

尽管秦池酒厂已经走出了困境，但当时中国白酒市场的竞争是异常激烈的，酿酒企业共有三万七千多家，白酒年产量大约为700万吨，这形成了典型的买方市场。在这场白热化的市场争夺战中，名牌大厂无疑占有特别明显的优势，很容易将众多的小品牌和小厂家远远地甩开，成为市场竞赛中的领军者。此时，相对于一些知名的白酒品牌来讲，秦池还仅仅是一个无名小辈；而相对于那些早就将产品推至全国市场的大厂家来说，秦池也不过还是一个小型的地方酒厂。因此，欲在风起云涌的市场浪潮中站稳脚跟，乃至更进一步，令企业向着更大更强的方向继续大踏步地前进，就必须迅速扩大品牌的知名度和壮大企业的生产规模。当然，想要实现这一目标并不容易，在这样一个关键的时刻，王卓胜做出了一个大胆的决定，那就是争夺中央电视台的广告标王。

之所以说这一决定是很大胆的，是因为选择走这条道路要承受很大的凶险。据估算，1996年度中央电视台广告标王的价码会在6500万元左右，而在1995年，秦池酒产量9600吨，实际销售9140吨，当年销售收人1.8亿元，利税为3000万元，这也就意味着，如果要争夺广告标王，秦池酒厂所付出的代价就相当于其当时年利税总额的两倍还多。

1995年11月8日，秦池酒厂终于以6666万元的天价击败了众多的竞争对手，夺得了1996年中央电视台的广告标王。这意味着秦池酒厂从此走上了一条不归之途。

如果要获得盈利，秦池酒厂必须做到在1996年，销售额和利税再翻一番，尽管有着前三年显赫的业绩做基础，但这仍然是一个巨大的挑战，如此艰巨的任务，秦池酒厂能够如期顺利地完成吗？人们拭目以待。

事实证明，如此高昂的代价，秦池酒厂终究没有徒然地付出，它获得了超额的回报。夺得中央电视台的广告标王之后，秦池酒厂利用成功的广告运作，由一个鲜为人知的无名小辈一夜之间脱颖而出，转变成一个万众瞩目的大明星，使得自己在这一次华丽的转身之后赫然跻身于中国名酒之列。这样一来，来自全国各地的大小商家纷纷找上门来，秦池酒厂在非常短的时间里就建立起布满全国的营销网络。1996 年，秦池酒厂的销售额达到 9.5 亿元，利税达到 2.2 亿元，远远超出了预期目标，分别比前一年增长了 500% 和 600%。秦池人形象地描述自家广告投入与销售收入的对比："每天开出一辆桑塔纳，赚回一辆奥迪。"

在取得喜人的业绩之后，秦池酒厂马上就要面临新的抉择：是继续争夺广告标王，还是放弃争夺标王，而将精力更多地投入于产品结构的优化和产品质量的提升？虽然第二种选择更为稳妥，但是正所谓骑虎难下，秦池酒厂作为白酒行业的一匹黑马迅然杀出，笑傲疆场，无疑是以强大的广告投入做后盾的，如果在广告经营方面撤手，秦池酒刚刚建立起来的、在消费者心中尚未得到稳固的品牌形象无疑会因此而大打折扣，这对秦池酒厂接下来的发展当然是非常不利的。面对这种尴尬，王卓胜决定再一次铤而走险，争夺 1997 年中央电视台的广告标王。

之所以要用"铤而走险"这个词来形容，是因为这一年的标王价格已经远非前一年可比，其测算价码为 3 亿元左右。面对这样一个天文数字，秦池酒厂扔下了一个字："上"。1996 年 11 月 8 日，秦池酒厂以 3.2 亿元的天价卫冕 1997 年中央电视台的广告标王。这一次，就不是桑塔纳与奥迪的对比了，而是秦池酒厂每天要给中央电视台送去一辆奔驰，按照期望，给自己开回的应是一辆加长林肯。

然而这一次的市场反响却大不相同了，人们普遍对秦池酒厂的生产能力持有怀疑的态度。不久之后，又有了这样的传闻：秦池酒厂收购川酒进行勾兑，再装瓶出售。一时之间，舆论大哗，秦池酒厂迅速跌入窘境，他们眼睁睁地看着每天开出一辆奔驰，可期待着开回来的加长林肯却迟迟不见踪影，甚至赚回来的钱连每天开回一辆奥迪都不够了。

其实，这并非全都是秦池酒厂的错，在当时，白酒勾兑是被行业普遍接受和认同的做法，决非造假，秦池酒的质量实际上并没有因为产量的急剧扩大而有所下滑。但是，造假的现象并不是完全不存在，恰恰相反，是非常地猖獗，但是假酒不是出自秦池酒厂本身，而是来自其他很多对秦池酒进行仿造和冒名的不法商贩。这样一来，很多人就以假当真，误以为秦池酒的质量真地就大不如前了，而秦池酒厂还没有来得及澄清这一切，就已经被种种的误传和谬言所淹没，迅速地沉沦了。1997 年，秦池酒厂的销售额和利税较前一年大幅度下滑，分别为 6.5 亿元和 1.6 亿元，全年利税仅相当于夺取标王之付出数额的一半。而 1998 年的经营状况更是惨不忍睹。一颗遽然升起的新星，又如此出人意外地迅然坠落了。

当然，造成秦池酒厂之失败的原因包括来自内部和外部的多个方面，但是在这其中，轻率地把企业发展的重点放在广告投资上，而不注重产品本身的质量与研发，这是导致其失败的关键所在。

第二十七章 常善救人

【原文】

善行无辙迹①；善言无瑕谪②；善数不用筹策③；善闭无关楗而不可开④；善结无绳约而不可解⑤。是以圣人常善救人，故无弃人；常善救物，故无弃物。是谓袭明⑥。故善人者，不善人之师；不善人者，善人之资⑦。不贵其师，不爱其资，虽智大迷，是谓要妙⑧。

【注释】

①辙迹：车子在泥土的路上走过，车轮辗过留下的痕迹。②瑕谪（xiá zhé）：缺点，毛病。③筹策：古代用竹制的计数的器具。④关楗：关锁门户的器具。⑤绳约：用绳子捆起来。⑥袭明：聪明不外露。袭：掩藏。⑦资：借鉴。⑧要妙：精深微妙。

【译文】

善于行走的人，不会留下痕迹；善于说话的人，不会在言语上留下任何破绽；善于计数的人，不用筹码也能计算；善于闭守的人，没有门闩别人也无法把它打开；善于捆缚的人，不用绳结别人也无法解开。所以有道的人经常善于做到人尽其才，因而他眼里绝不会有无用的人；经常善于做到物尽其用，在他眼里绝不会有无用之物。这叫作内藏着的聪明智慧。所以，善人可以作为不善人的老师，不善人可以作为善人的借鉴。如果不尊重善人的指导，不珍惜不善人的借鉴作用，即使自以为绝顶聪明，其实也是大糊涂。这实在是精深微妙的道理。

【解析】

这一章旨在讲一个“善”字，即完美。真正的善就是顺道而行。因此对有道之人来说，天下没有可弃之物，也没有无用之人。在本章中，老子提出了“五善”，即善行、善言、善数、善闭、善结，这五善都是合乎大道的，人们只有达到上面所说的五善的境界，才能像庖丁解牛那样行动自如。此篇处处闪耀着老子的智慧火花，无不展现了他深藏不露的机智和机巧之心。

善行无辙迹。

老子所说的“五善”，具体包括哪些内容呢？下面我们来看一下。

第一种是善行。善于行动的人，绝不会留下任何对自己不利的迹象，这类人擅长把自己的行迹掩盖起来，以达到自己行动的目的。

第二种是善言。人们往往会因为说错一句话而被别人抓住不放，成为别人非议自己的把柄。所以，善言者不是每逢说话都能滔滔不绝的人，而是说话时都能说到点子上且不被人抓住把柄的人。

善言无瑕谪。

第三种是善数。在这个世界上有一种人，他们善于心算，不需要借助任何计算工具就能准确无误地把结果计算出来。人类可以默记无形的事物的发展运作和各种变化，并且能从各种变化中找出适合自己生存的理想方式和状态。这种用心默识、默算的处世态度，正是在某种程度上体现了老子无为的处世哲学。

第四种是善闭。对于善于封闭的人来说，是不需要利用锁和闩的。我们这里所说的"封闭"，并不是平常所说的封闭自己不求更新的意思，而是为了避免同类残害而采取的一种手段。

第五种是善结。什么是善结之人呢？就是不用绳索就能把人牢固地捆绑起来的人。老子在这里并不是单纯地阐发"善结"，而是用了比喻的手法，以善结借指对事物的掌控能力。怎样才能获得这种掌控能力呢？途径只有一个，那就是依大道行事。

以上所举的"五善"正是老子高深智慧的具体反映，也是老子对自然无为思想的引申。

"是以圣人常善救人，故无弃人；常善救物，故无弃物。是谓袭明。""弃人"指的是因毫无用处而被抛弃的人。"弃物"指的是因毫无价值而被摒弃的事物。人无弃人，物无弃物，天下的善人与不善之人，善物与不善之物，都是有用处的。这就要求在圣人的智慧和理性的照耀与揭示之下，使人和物的善的本性展露出来。

"故善人者，不善人之师；不善人者，善人之资。"这里的"善人"与"不善人"，指的不是善良的人和不善良的人："善人"即能够认识大道并能遵循大道行事的人。"不善人"即不能顺从大道行事的人。善者为师，恶者为资，一律加以善待，特别是对于不善的人，并不因其不善而鄙弃他，一方面要劝勉他，诱导他，即老子所说的"救"；另一方面，也为他成为善人提供借鉴。救是一种理性的活动，从根本上说，指的就是探索追求事物的本性并使之展露出来。而本性就是道性，就是道德。对于那些丧失了人的本性的人来说，探索追求自己的本性就是拯救自己的本性。

"不贵其师，不爱其资，虽智大迷，是谓要妙。""贵"意为珍视，尊重。"大迷"意为绝对的迷误与蒙昧状态。不尊重善人的教导，不注重不善之人的借鉴作用，看起来明智其实很愚昧，这实在是高深奥妙的道理。

自然事物的价值与人类的价值相似，完全取决于人类的发现和运用。现代科学技术正不断地把自然事物的价值揭示出来。人们如何才能发现自己存在的真正意义与价值呢？这里需要一个前提，即人类都能用科学家的眼光看清自身存在的意义。当人类一旦发现自己存在的真正意义与价值时，就可以从一切耻辱的动机与行为中解放出来，并将自己投身到世界的活动中去，尽情地观赏这个无限奇妙的宇宙。

是以圣人常善救人，故无弃人。

处世之道

◎长善救人——“铁屋”中的呐喊◎

老子说：“圣人常善救人，故无弃人；常善弃物，故无弃物。”鲁迅先生在旧时代的“铁屋”中高声呐喊，惊醒沉睡的世人，这正体现了老子本章所阐述的道理。

鲁迅先生是中国现代伟大的文学家、思想家与革命家，对于鲁迅先生光辉的一生，毛泽东同志曾给予过十分中肯的评价，他在《新民主主义论》中说：“鲁迅是中国文化革命的主将，他不但是伟大的文学家，而且是伟大的思想家和伟大的革命家。鲁迅的骨头是最硬的，他没有丝毫的奴颜和媚骨，这是殖民地半殖民地人民最可宝贵的性格。鲁迅是在文化战线上，代表全民族的大多数，向着敌人冲锋陷阵的最正确、最勇敢、最坚决、最忠实、最热忱的空前的民族英雄。鲁迅的方向，就是中华民族新文化的方向。”

毛泽东为何如此推崇鲁迅？因为在他看来，鲁迅的身上体现了这样几种最可宝贵的品质：政治远见、斗争精神和牺牲精神。

1922年，鲁迅在为自己的第一部小说集《呐喊》所写的序言中说道：“假如一间铁屋子，是绝无窗户而万难破毁的，里面有许多熟睡的人们，不久都要闷死了，然而是从昏睡入死灭，并不感到就死的悲哀。现在你大嚷起来，惊起了较为清醒的几个人，使这不幸的少数者来受无可挽救的临终的苦楚，你倒以为对得起他们么？”这就是20世纪中国文学和思想领域最为著名的“铁屋子”的譬喻。

在中国近代史上，令国人思想产生了最为广泛、最为深刻之剧变的，新文化运动是在北洋军阀统治时期爆发的一场崇尚科学、反对封建迷信、猛烈抨击几千年封建思想的文化启蒙运动。

鲁迅成为新文化运动的主将是有原因的，他曾是满怀救国热忱的青年。21岁时自题：“灵台无计逃神矢，风雨如磐暗故园。寄意寒星荃不察，我以我血荐轩辕。”然而，国人实在是令他过于失望了。在日本求学期间，发生了令鲁迅的灵魂不得不感到剧烈震颤的“幻灯片事件”：“有一回，我竟在画片上忽然会见我久违的许多中国人了，一个绑在中间，许多站在左右，一样是强壮的体格，而显出麻木的神情。据解说，绑着的是替俄国做了军事上的侦探，正要被日军砍下头颅来示众，而围着的便是来赏鉴这示众的盛举的人们。”

他说：“从那一回以后，我便觉得医学并非一件紧要事，凡是愚弱的国民，即使体格如何健全，如何茁壮，也只能做毫无意义的示众的材料和看客，病死多少是不必以为不幸的。所以我们的第一要著，是在改变他们的精神，而善于改变精神的事，我那时以为当然要推文艺，于是想提倡文艺运动了。”这就是鲁迅先生弃医从文的经过。

1909 年，鲁迅回国，开始了自己的讲师生涯，同时兼任教育部职员。这一时期，中国历史舞台上的大事一桩接着一桩，可谓高潮迭起，精彩纷呈：辛亥革命爆发，中华民国成立，清朝覆亡，袁世凯篡权，继而复辟称帝，而反对袁世凯倒行逆施的二次革命、护国运动接连兴起，袁世凯在一片唾骂声中死去之后，局势变得更加混乱，1917 年，张勋率领自己的辫子军再次导演了一出复辟丑剧，而北洋军阀分裂成三大派系，为了争夺权力和地盘，直皖战争、直奉战争相继爆发，而南方的军阀也是各据一方，为了一己私利而毫无道义可言，诚如孙中山所指出的那样：“南北如一丘之貉。”当此之际，中国虽然新事不断，但底子却是万分陈旧的，其乱可谓极矣。在这样的背景之下，鲁迅对于国势的运转是深感悲观失望的。

他说：“我感到未尝经验的无聊”，“叫喊于生人中，而生人并无反应，既非赞同，也无反对，如置身毫无边际的荒原，无可措手的了，这是怎样的悲哀呵，我于是以我所感到者为寂寞。这寂寞又一天一天的长大起来，如大毒蛇，缠住了我的灵魂了。”

这就是先觉者的苦痛与悲哀！然而，终于，一份刊物的出现打破了鲁迅长期的沉寂。那时，钱玄同等人正在办一个刊物，名叫《新青年》，但是社会上响应者寥寥，不单是赞成者无几，就是反对者也寻不到几个，而对于一份新出的刊物来说，这恰恰是最为糟糕的处境，因此，钱玄同想请鲁迅出山来助阵。

于是，鲁迅说了前面引述的那段话，讲了自己对于国情与时局的认识，当时的中国，就仿佛是一间铁屋子，而里面的国人都在沉睡着，他们不久就都要闷死了，然而他们并不知觉，因而也就并不感到痛苦，可是倘若有那么一个人，大吼一声，惊醒了几个虽然睡着但是较为清醒的人，让他们来面对这就死的悲哀，难道就是对得起他们吗？因为，他们是没有力量将这铁屋子打破的。鲁迅的这一认识，诚然是悲观的，但不能不说是极为深刻的。

被惊醒的人是痛苦的，而鲁迅岂不是这间“铁屋子”中最早醒来而最感苦痛的人吗？

然而，钱玄同也有自己的看法，他说：“然而几个人既然起来，你不能说决没有毁坏这铁屋的希望。”这令鲁迅产生了另一角度的思考，他应允了钱玄同的请求。

“是的，我虽然自有我的确信，然而说到希望，却是不能抹杀的，因为希望是在于将来，决不能以我之必无的证明，来折服了他之所谓可有，于是我终于答应他也做文章了，这便是最初的一篇《狂人日记》。”

那个时代的的中国，大多数的中国人昧于外情，都昏昏沉沉地活着，但是，正是这种生活，使中国沦为半殖民地，成为列强掠夺的对象。正是有了严复、康有为、梁启超、陈独秀、胡适、鲁迅之类的“善于救人的人”，唤醒民众，中国才有了新的气象。

第二十八章 常德乃足

【原文】

知其雄，守其雌，为天下谿①。为天下谿，常德不离，复归于婴儿。知其白，守其黑，为天下式②。为天下式，常德不忒③，复归于无极。知其荣，守其辱，为天下谷。为天下谷，常德乃足，复归于朴④。朴散则为器，圣人用之，则为官长⑤，故大制不割。

【注释】

①谿（xī）：沟溪，山里的小河沟。②式：这里可作“模式”“楷式”讲。③忒（tè）：差错。④朴：素材。老子有时用“朴”来表示“道”。⑤官：管理的意思。长：首长、领导的意思。

【译文】

知道什么是雄强，却安于雌弱，甘愿做天下的溪涧。甘愿做天下的溪涧，永恒的德就不会流失，而回复到婴孩般的纯真柔和的境地。深知什么是明亮，却安守暗昧，甘愿成为天下的范式。甘愿做天下的范式，永恒的德就不会出差错，而回复到真朴的状态。深知什么是荣耀，却安守卑辱，甘愿做天下的川谷。甘愿做天下的川谷，永恒的德才能充足，而回复到自然本初的纯真状态。真朴的道分散成为宇宙万物，有道的人沿用真朴，就会成为百官之长。所以完善的政治制度是一个体系，不可分割。

【解析】

道的自然法则是两极相生，物极必反。有道者深明此理，所以自愿处在世俗认为不好的一面。这样，就消除掉了因处在“好”的一面产生的负面作用，使自己始终保持合于道的完整状态，即“婴儿”“无极”“纯朴”的状态，懂得了这个道理，即使做了官，也会进退自如。这就是“大制不割”的道理。

知其白，守其黑。

“知其雄，守其雌，为天下谿。为天下谿，常德不离，复归于婴儿。”“雄”即刚强。“雌”即柔弱。“复归于婴儿”，即回复到婴儿般的纯真无邪的状态。老子认为，刚强是有为的表现形式，是不合于道的；而柔弱是无为的表现形式，是合于道的。所以，他要求人们坚守柔弱，只有这样才能合于道。“温柔似水”一词常用来形容女子美好的性格特征，这是因为水性本柔，可以承载天下万物，如果人们能够如溪水般柔顺，那么也就回归到婴儿般的自然人状态，这才是合于道的。

知其荣，守其辱。

“知其白，守其黑，为天下式。”“式”意为范式。世界的范式指的是世界的本体，也就是“道”。在老子看来，只有深知什么是明亮，又能安于暗昧，才能成为天下的范式。

“为天下式，常德不忒，复归于无极。”“无极”意为无边无际、无始无终。这句话的意思是说：成为天下的范式，永恒的德就不会出差错，永恒的德不出差错，就会回复到宇宙的初始状态。老子想通过这句话告诉我们：得道之人要实施无言之教，而不是将自己的观点强加于人。他强调不把人的思想引入歧途，这正体现了老子无为而治的处世哲学。

“知其荣，守其辱，为天下谷。为天下谷，常德乃足，复归于朴。”“朴”指的是自然事物的本质，这种本质指的就是“道德”。这句话的意思是说：深知尊荣，却安守卑辱，甘愿做天下的低谷。做了天下的低谷，永恒的德就充足了，永恒的德充足，就会返璞归真，回到自然淳朴的状态中去。它告诉我们，人生来就有欲望，贪慕荣华富贵是人的本性。如何才能使人们不过分贪图富贵呢？老子认为，荣华富贵终归要回复为无，人们只有懂得这个道理，才能泰然处之，面对外界的事物，做到无所容无所不能容，这才是到达了道的境界。然而，大道修得圆满，并不意味着大功告成了，人们还要继续坚守道的理念。否则，道又会进入到从无到有的循环往复之中去了。

“朴散则为器，圣人用之，则为官长，故大制不割。”“大制”指的是完美无缺的政治思想和政治制度。“无割”指的是不可割裂，即人与人、人与世界的契合一致与和谐统一。在这里，老子强调了道的整体性和不可分割性。道的法则就是从无到有，再从有到无的循环往复、永不止息的过程。所以，人在修道的时侯，不要只修炼一次，而是要永不停息地修炼。待到修炼完满后，还要使道德不流散，确保它的完整性。如果道德流散了，道就会再一次进入到从无到有、从有到无的循环往复之中。

为人之道

◎知雄守雌——贾诩的明哲保身之道◎

老子说："知其雄，守其雌，为天下谿。"知雄守雌才是明哲保身之道，我们从贾诩的事迹中可以看出这个道理。

贾诩是三国时期的名士，其为人深谋远虑，胸怀韬略，奇计百出，算无遗策。

曹操击败袁术后，商议征讨张绣。当时贾诩是张绣的谋士，他设计让曹操中伏，使其损失五万兵马，曹军将领于禁、吕虔亦受了重伤。

后来贾诩随张绣一同归顺了曹操，从此成为曹操最重要的谋士之一。曹操对贾诩很是信赖。然而贾诩并没有因为得到曹操的赏识而得意忘形。他认为自己并非曹操旧臣，担心受曹操猜忌，所以万事小心谨慎，尽量做到明哲保身。

贾诩小心谨慎地服事曹操、曹丕父子。

每次上朝结束，贾诩马上回家，并关上门户，从来不与别人私下交往。除了拿自己应得的俸禄，外财分毫不取。不仅如此，他还不准自己的子女与权贵结亲。在魏文帝曹丕当政之时，贾诩因功被委以太尉重任。但是贾诩并没有居功自傲，依旧过着恬淡的生活。

纵观贾诩一生、其为人和为官，都以谦和婉转为主。如建安十三年谏曹操征孙权、刘备，尽管他不同意曹操的方略，但所用语言并不激烈，让人听了也不觉得刺耳，而且所说皆切中要害。又如关于曹操询问立太子一事，他在曹操屏退左右、深处密室无人知道的情况下，却也不明言该立曹丕还是曹植，只用'思袁本初、刘景升父子也'作答，启发曹操自己定夺，可谓微妙入化。

贾诩身处乱世，又处在权力斗争的中心位置，故而步步为营，小心谨慎，深谙明哲保身的道理，所以才能寿终正寝，死时年七十七岁，谥曰肃侯。

反观同时代的杨修，其为人锋芒毕露，不知收敛，以才智自恃，以傲物为达，处处张扬，事事显能，结果引起曹操的猜忌和愤恨，最终为曹操所杀，为后人所深切叹惋。

第二十九章　去奢去泰

【原文】

将欲取天下而为之①，吾见其不得已②。天下神器，不可为也，不可执也。为者败之，执者失之。是以圣人无为，故无败；无执，故无失。夫物或行或随；或歔或吹③；或强或羸④；或挫或隳⑤。是以圣人去甚⑥，去奢，去泰。

【注释】

①取天下：治天下。②不得已：得不到罢了。已，罢。③或：代词，可译为“有的”或“有的人”。④羸（léi）：瘦弱。⑤隳（huī）：毁坏。⑥甚：非常的、极端的。

【译文】

想要治理天下却用强制的办法去做，我看他不能达到目的。“天下”是神圣的东西，不能凭自己的主观意愿采用强制的办法，不能加以把持。用强力施为的，一定会失败；用强力加以把持的，一定会失去。由于圣人不妄为，所以不会失败；不把持，所以不会失去。世人秉性不一，有的前行，有的后随，有的呴暖，有的吹寒，有的刚强，有的羸弱，有的安定，有的危险。因此，有道的人要去除那种极端的、奢侈的、过度的措施。

将欲取天下而为之，吾见其不得已。

【解析】

这一章重点说的是无为的道理。无为即按照道的法则去行事。不能做到无为，就会招致失败。圣人懂得这个道理，所以凡事不过分，一切随顺自然。在这里，老子以治身之道印证治国之道，以不道统治烘托圣人之治。统治者无道，所以会做出甚、奢、泰的不道行为；圣人明道，所以会去甚、去奢、去泰。

“将欲取天下而为之，吾见其不得已。”“不得已”指的是无法达到目的。这句话是说：要想治理天下，而又不采用无为而治的治国方略，我看他根本达不到目的。在这里，老子再次谈到“有为”和“无为”。对于自然界里的一切事物，它们都有各自的存在方式。我们

天下神器，不可为也，不可执也。

不能人为地对它们的存在方式强加干涉，否则就会违背大道，必然会受到大道的惩罚。所以，老子在《道德经》中多次提到，治国者应该无为而治，实施不言之教，只有这样才能合乎大道，使国家长治久安，百姓安居乐业，其统治地位才能长久。

“天下神器，不可为也，不可执也。为者败之，执者失之。”“神器”即神奇造化之物。“执”即支配、把握的意思。这句话意思是说：天下是大自然神奇造化之物，所以我们不要凭着主观意志去强行改变它。凭着主观意志去强行改变，必定会遭致失败；掌握天下，把天下据为己有，迟早有一天会失去它。这句话强调的还是无为的思想，它告诉我们一个道理：君主不但可以解决国家内部的一切矛盾，还能够全权处理国家外部的纠纷。所以，治国者固然可能因为勤政爱民而引导出一个治世，也可能因为独断专行而引起国家的覆灭。在老子看来，不管怎样，治国者都不能拿整个国家来作为施展个人理想的工具。老子告诫一些野心勃勃的治国者：如果谁想以国家作为事业的赌注，那么谁就会招致失败；谁想长久把持国家作为个人私产，谁就会失去整个国家。所以，圣人治理国家，都是为了努力消除个人的偏执、奢华和过分的行为方式。圣人懂得这个道理，以无为之道来治理国家，所以不会招致失败；因为圣人从不想去支配百姓，所以也不会有什么失去的东西。这样一来，天下就实现大治了。

“物或行或随，或歔或吹，或强或羸，或挫或隳。”歔，气缓，喻指性格柔和。吹，气急，喻指性格刚烈。世间的事物，有的前行，有的后随；有的气缓，有的气急；有的强壮，有的羸弱；有的受益，有的失落。事物尚且如此，更何况人呢？俗话说“千人千面”，意思是说一千个人有一千张面孔，当然性格特征也迥然各异：有的人喜欢特立独行，有的人喜欢随声附和；有的人乐于助人，有的人刻薄寡恩；有的人好勇斗狠，有的人懦弱胆怯；有的人喜欢安安静静，有的人喜欢熙熙攘攘……芸芸众生，性格各有差异，圣人该如何治理天下百姓，保证使他们归顺自己呢？下面的一段，老子给出了答案。

“是以圣人去甚，去奢，去泰。”甚，极端，这里指的是过分严厉的措施。老子反复强调统治者应顺其自然，确保每个人按照自己的特性去生存和发展，而不要人为地去干涉个人的行为，以安定人心，只有人心安定了，才能得到万民之心，然后才能得到天下。所以，圣人治理国家，就是要摒弃那些极端的东西，不做出过分的行为。这样一来，天下人也就可以自由自在地生活了。

在《道德经》里，多处谈到统治者应行无为之治。老子极力宣传无为之治，主张一切都要顺应自然，因应物性，希望统治者治国安民，做任何事情都不要走极端。事实上，老子所讲的“无为”，并不是不作为的意思，也不是说人们在客观现实面前无能为力；而是说如果强制性地有所作为或是以暴力统治人民，都将招致灭亡。“有为”就是以自己的主观意志去做违背客观规律的事，或者把天下据为已有。在老子看来，“有为”必然招致失败，在这个世界上，无论人或物，都有自己的秉性，其间的差异性和特殊性都是客观存在的，不要把自己的意志强加到别人身上。得道之人往往都能顺应自然，做到不强制，不苛求，因势利导，使自己的行为合于自然规律。

为人之道

◎戒奢守俭——廉洁奉公的吴隐之◎

吴隐之酌贪泉不易心。

在本篇中，老子阐述了“去奢”的思想。唐代诗人李商隐曾写下一句诗：“历览前贤国与家，成由勤俭败由奢。”这句诗揭示的就是去奢的道理。在中国历史上，曾经涌现出诸如晏子、杨震、于成龙等尚俭去奢的廉吏，历来为后人所称道。奢侈是十分危险的东西，它腐蚀人的灵魂，能使人引火上身。所以，去奢的思想至今仍具有很大意义。

吴隐之，字处默，濮阳郡鄄城县人。家境贫寒，但品性孤高，且操守清廉。他入仕几十年，中间皇帝换了好几个，将相公卿也更换了许多。但是，吴隐之却能在仕宦生涯里一直身居要职。很多人都认为他运气好。其实主要原因是他能做到戒除贪欲，恪守操行，所以才能仕途顺畅，且深受百姓爱戴。

东晋隆安三年（399），朝廷任命吴隐之为龙骧将军、广州刺史。魏晋时代的广州，北有五岭，南临大海，治所在今天的番禺，管辖现在两广的绝大部分地区。这里山明水秀，所产南珠等各种珍宝更是驰名中外，史称“一箧之宝，可姿数世”。

吴隐之接到任命后，立即携带家眷赶赴广州。他们一路跋山涉水，餐风露宿，这一日终于抵达了离广州二十里远的石门。石门下激石远处有一泓泉水，据说凡是饮过此泉水的人，没有不陡起贪念的，所以人们称其为“贪泉”。贪泉臭名远扬，几乎没有人不知道它，当地居民又添油加醋，宣称只要喝上一滴贪泉水，心里就会燃气贪欲之火，连超脱尘世、仙风道骨的人也不能避免。对于这一传言，当时的人均深信不疑。自鸣清高的过客路过石门，远远避开贪泉，生怕玷污了自己的清名；利欲熏心的奸邪小人，也假装成正人君子，一闻到贪泉之名，就掩耳捂鼻。在一般人看来，岭南之所以贪污成风，就是因为这里有贪泉的缘故。吴隐之听到这个传说，一点也不相信，他对亲人说：“不见可欲，使心不乱。岭

为置喜事，吴隐之派丫鬟到集市卖狗筹钱。

南官吏贪污成风的缘由，我已经明白了。”于是，他从容地走到贪泉旁边，俯下身来舀起一杯泉水，“咕嘟咕嘟”喝下肚去，就像痛饮美酒一样。喝完之后，他感觉除了甘甜可口之外，也没有什么特殊的感觉。吴隐之微微一笑，当即赋诗曰：

古人云此水，一歃怀千金。

试使夷齐饮，终当不易心。

“歃”指的是用嘴吸饮。“夷齐”指的是伯夷、叔齐，此二人为殷商王族，商朝末年他们互相让国，商朝灭亡后，二人坚守节操，不食周粟，最终饿死于首阳山。全诗大意是：古人说这泉水，只要一口沾唇就会陡起贪念，就会想得到千金。假如伯夷、叔齐来到这里，不管怎么饮酒，他们那忠贞之心，也绝不会改变分毫！吴隐之一语道破了他喝贪泉水而不改变节操的真谛。因此，人贪与不贪，不在于喝没喝“贪泉”水，而在于自己节操是否清廉。

果然，吴隐之在广州任职期间不但没有变得贪婪，反而更加清廉了。尽管广州佳果终年不绝，但是他尽吃些蔬菜和干鱼，平时的生活十分节俭。最初的时候，当地百姓和官员还以为他故意装装样子，以显示自己的俭朴。时间一长，众人才知道他的的确确是个大清官，并没有演戏装样子。

由于吴隐之廉洁奉公，广州的贪腐之风很快就扭转过来了。朝廷为了嘉奖吴隐之，就提升他为前将军。吴隐之不仅自己克俭去奢，而且还要求妻儿保持勤俭的节操，其感人事迹数不胜数，这里只举出其中一例。

那还是在孝武帝时期，卫将军谢石闻得吴隐之的大名，特意奏请皇上让吴隐之做将军府的主簿。有一天，谢石听说吴隐之的女儿即将结婚，他知道吴隐之向来清廉俭朴，嫁女一定不会大肆铺张，更不会置办多少嫁妆，所以特地派人将自家厨具、纬帐等等搬到吴隐之的家中。当使者到达隐之家门口的时候，刚好碰见一个小丫头牵着一条狗往外跑，院子里寂静无声，什么动静也没有。他心里直纳闷，还以为走错了大门，于是拦住小丫头问道：“请问这是吴主薄的家吗？”小丫头回答：“是呀！”使者又问：“贵府小姐今天要出嫁吗？”回答说：“是呀！”使者又用眼睛向院子里扫了一圈，大惑不解，便向小丫头说道：“怎么府中如此冷清，什么都没有置办啊？”小丫头没等使者说完，便向他摆摆手说：“对不起，我要出门卖狗去了！”使者急忙喊道：“你去卖狗干什么？”小丫头冲他笑笑说：“先前不是告诉您了吗？我家小姐今日要成亲，家里急等着钱用呢！”说完就跑了，使者大吃一惊，愣了一会儿，转身就跑回到将军府，向谢石和府中的官吏报告这桩“特大新闻”。

吴隐之告老退休，直至逝世，屡屡受到朝廷的褒奖和赏赐，并赐予显要的官职，廉洁的士大夫无不以此为荣。吴隐之凭着自己的清正廉洁，换来了世人的尊敬。

第三十章　不以兵强

【原文】

以道佐人主者，不以兵强天下。其事好还。师之所处，荆棘生焉[①]。大军之后，必有凶年。善有果而已[②]，不敢以取强。果而勿矜，果而勿伐[③]，果而勿骄，果而不得已[④]，果而勿强。物壮则老，是谓不道，不道早已。

【注释】

①焉：兼词。②果：达到目的，取得成功。而已：罢了。③伐：夸耀功绩。④已：停止，这里可译为“死了”“死亡”。

【译文】

按照“道”的原则辅佐君王的人，不依靠兵力来称霸天下。穷兵黩武这种事不仅不会带来好处，反而会很快遭到报应。军队到过的地方，荆棘横生。大战过后，必定会有荒年。善于用兵的人，只要达到救济危难的目的就算了，不会以兵力强大来耀武扬威。即使达到了目的，也不因此而自尊自大；即使达到了目的，也不因此而夸耀；即使达到了目的，也不因此而骄傲；即使达到了目的，也认为是不得已而为之；即使达到了目的，也不逞强。事物壮大了，就会走向衰亡，这就说明它不符合于道，不符合于道的，就会很快走向败亡。

【解析】

这一章的核心思想是“勿强”二字，前半部分讲有道之人辅佐君主，不凭借强大的武力来征服天下，因为战争不论胜负，都会带来灾难性的后果。后半部分讲真正完美的方式是像树上结出果实一样，是自然生长出来的，而不是强求出来的。不能骄傲自满，要认识到是不得已才走到这一步的，结出了果实，已经是强壮了，就不要再增强它了，如果过于强壮，就会走向反面，背离了道。这里需要注意一点：在这一章和下一章中，尽管老子都重点论述了战事的问题，但这并不能说老子兼治兵家，因为老子之所以论兵，只是想阐释哲学问题，而不是为了阐述兵家之道。

大军之后，必有凶年。

善有果而已，不敢以取强。

“以道佐人主者，不以兵强于天下。”君王在治理天下时，周围一定会有很多人来辅佐他，这些人不但辅助君主治理天下万民，也操纵着军队，如果这些人过分夸大军事的作用，势必会影响君王的治国策略，甚至会导致君主穷兵黩武，滋生独霸天下的野心，最终酿成战争，给人民带来灾难、痛苦和死亡。当然，如果一个国家没有自己的军队，必然会遭到其他国家的侵略，也就无法保证自己国家的安定祥和了。

“其事好还。师之所处，荆棘生焉。大军之后，必有凶年。”这几句话揭示了逞强带来的恶果：征战之地，荆棘丛生，战争之后，必然会出现大灾荒年。

“善有果而已，不敢以取强。果而勿矜，果而勿伐，果而勿骄，果而不得已，果而勿强。”老子认为，用兵之道不是为了发起战争，而是为保家护国，只要能够确保人民的安全和国家的稳定就可以了，不可以逞强于天下。一旦遇有战争，到了必须用兵的时候，也要遵循大道的原则，不宜过分用兵逞强，只要能够保全自身就足够了；而且在使自己保全之后，也不要自满，不要骄纵，这样才合乎自然规律。如果不这样做，势必会引起别人的妒恨，也会使自己放松警惕，致使自己堕落和腐化，这样已经取得的胜利就会瞬间化为乌有，同时导致最终的失败。因此，用兵之道要讲求一个合理的度，这就要求统治者在用兵时应当采用自然而然的做法，而不采取过激的行为，只有这样才能确保国治民安。

“物壮则老，是谓不道，不道早已。”在本章中，老子借战事的问题向我们阐明了一个人生道理，即做任何事情都不要过头，太过头就会走向反面；当我们获得成功或是取得成绩时，不可沾沾自喜，更不可狂妄自大，而要掌握适度原则，否则就会朝着相反的方向转化。人们经常所说的“乐极生悲”一词，就是用来形容那些得意忘形之人的，它也给我们敲响了警钟。在现实生活中，快乐得忘了形的人随处可见，而悲伤过度的人也不在少数，人们为何难以控制自己的情绪呢？老子给出了我们答案，即我们远离了大道，不能和大道合二为一。

在情绪的掌控方面，老年人要比年轻人做得好些。一般而言，老年人在现实生活中经历的大风大浪要比年轻人多得多，所以不易冲动，不会感情用事。而年轻人则不同，年轻人在情感方面经历的事情太少，一旦遭遇挫折，便会失落不已。对于多数年轻人来说，他们都或多或少遇到过烦恼和痛苦，但每个人的处理方法不同，如果只是一味地忍着伤痛，而不是把挫折作为一次经验和教训，就不会向积极的方面转化。如果能够克服挫折，就会慢慢走出阴影，成为生活中的强者。

失败和痛苦在很大程度上能促使人取得成功。生命是多姿多彩的，我们要以欣赏的眼光和乐观的心情对待挫折，决不能让坏情绪毁了自己的一生。

从政之道

◎物壮则老——隋炀帝三征高句丽◎

善于用兵的人只把武力当作实现目的的手段，而不会仗着武力强大为所欲为，否则必然遭到报应。战争，无论性质如何，都会带来杀戮和灾害。穷兵黩武一定会造成社会动荡，导致民怨沸腾。隋炀帝仗着国力强大，兵力雄厚，三次挥师高句丽，极大地消耗了隋的国力，引起民众的极度不满，并直接引发了隋的灭亡。

统一中国后，隋要求周边国家做自己的臣属，高句丽不肯，逐渐和隋进入战争状态。隋文帝在位时曾派 30 万大兵攻打高句丽，结果隋军大败而归。隋文帝去世后，隋炀帝即位。公元 607 年，隋炀帝征高句丽王入朝，后者不单拒绝了隋炀帝的命令，还断绝了和隋朝的往来。隋炀帝大怒。于是，第二年元月，隋炀帝便开始为征讨高句丽作准备，用了数年的时间动员了百万大兵。根据《资治通鉴》的记载，整个隋朝都因此苦不堪言："……幽州总管元弘嗣往东莱海口造船三百艘，官吏督役，昼夜立水中，略不敢息，自腰以下皆生蛆，死者什三四……往还在道常数十万人，填咽于道，昼夜不绝，死者相枕，臭秽盈路，天下骚动。"为了召集足够多的兵力，隋炀帝甚至打起了寺院的主意，下令拆毁寺院，将僧人充用工役。

隋炀帝对赢取战争充满信心，为了炫耀大隋国威，他还招各国使者和藩属君王随军出征。在隋炀帝眼里，高句丽不过是蕞尔小国，根本不是隋的对手，只要看到浩浩荡荡的隋军，高句丽王就会吓得屈膝投降。

公元 612 年，隋炀帝御驾亲征，踏上了首次前往高句丽的征途。有大臣劝说隋炀帝停止如此兴师动众的举动，遭到了隋炀帝的拒绝。

由于自信可以凭借绝对优势的兵力"不战而屈人兵"，隋炀帝完全没有考虑战略战术，面对高句丽的奋起抵抗，隋军阵脚大乱。两方人马第一次交锋，隋军就吃了败仗。在随后的日子里，隋军也只是偶有胜利。

隋炀帝仗着国富兵强，下令征伐高句丽。

随着败象越来越明显，隋炀帝只能接受现实。高句丽派使者来求降，说只要隋军撤退，高句丽王就到隋炀帝处朝见。考虑到接受对方的提议，可以保全脸面班师回朝，隋炀帝同意了。然而，就在隋军撤退的时候，高句丽突然发起袭击，将隋军打得落花流水，溃不成军，若干隋朝大将在混乱中战死，隋炀帝亲自出马指挥的百万大军最终狼狈地逃回了家。

也许是这个结果太出乎意料了，隋炀帝咽不下这口恶气，他一面将战败的责任往大臣身上推，一面准备对高句丽的第二次进攻，夺回在各国使者眼前丢掉的面子。尽管此时，隋的很多地区都爆发了反对隋炀帝的起义，威胁到隋政权的稳定，但隋炀帝还是不肯放下远征高句丽的计划。就这样，在公元613年，隋军再次出征高句丽。由于在之前的战争中兵力耗损过于严重，隋炀帝还改变了隋的征兵制度，招收了更多的平民。他向高句丽发出一篇措辞严厉的檄文："高句丽小虏，侮慢上国，今拔海移山，犹望克果，况此虏乎？"好像只要挥一挥手就能将高句丽掀倒。

相比第一次出征，第二次征讨高句丽多少要顺利些。只是就在高句丽即将支撑不住之时，隋军后院起火。负责督运粮草的礼部尚书杨玄感在黎阳（今河南省浚县东北）举兵造反，直逼隋朝首都。隋炀帝无奈，只得放下这几乎调集了全国一切力量的战争，回国解决叛乱问题。

二征高句丽又没能实现目的，隋炀帝懊恼不已。杨玄感的起事虽很快便被平定，但此时的隋朝已然动荡不堪："举天下之人，十分九为盗贼，皆盗武马，始作长枪，攻陷城邑。"遗憾的是，在这种情况下，隋炀帝仍然要劳民伤财地征讨高句丽。当隋炀帝在朝堂上将这个想法告诉给大臣们时，大臣们都沉默以对。

公元614年，隋炀帝下诏第三次御驾亲征高句丽："黄帝五十二战，成汤二十七征，方乃德施诸侯，令行天下。"他将自己和古代著名的圣德之君作比，暗示人们，自己不过打了两次，没有收获预期结果十分正常。

第三次讨伐高句丽，隋炀帝又带上了百万大军，但将士们早已没有打仗的心思。在前往高句丽的路上，不断有士兵逃跑，即便被抓后会遭到斩首之刑，逃亡者仍数量甚多。行军的速度因此变得十分缓慢。不过，另一方面，此时的高句丽也已经十分虚弱，没有力气再和隋军抗衡。因此，派出使者向隋朝乞降。

经过前两次的失败，隋炀帝对第三次征讨高句丽能否胜利并无十足把握，见高句丽主动请降，也见好就收，停止了进攻，接受了降款。

隋炀帝在这年八月返回了京城，对高句丽的战争终于结束了，除了赢得了一个"胜利者"的头衔，他一无所得。在回京的路上，隋炀帝还遭到了农民军的打劫，一下子损失了数十匹马。回到京城后，他催促高句丽王入朝，谁料，对方竟然没理他。这让隋炀帝再度萌生攻打高句丽的念头，只是这次他已然心有余而力不足。国内的起义此起彼伏，让隋炀帝难以招架。

公元615年，隋炀帝大设宴席款待来朝的使者，他没有在使者中看到高句丽人的影子。宴毕回宫，隋炀帝终于忍不住潸然泪下。之后，仅仅过了三年，隋炀帝就被身边的侍卫杀害，偌大的隋朝也随之灭亡。"以兵强"不止不会让人强大，还有可能耗尽人的气力，让人在不知不觉中失去已有的东西。

第三十一章　恬淡为上

【原文】

夫兵者，不祥之器①，物或恶之，故有道者不处。君子居则贵左，用兵则贵右。兵者不祥之器，非君子之器，不得已而用之，恬淡为上②。胜而不美，而美之者，是乐杀人。夫乐杀人者，则不可得志于天下矣。吉事尚左，凶事尚右。偏将军居左，上将军居右。言以丧礼处之。杀人之众，以悲哀泣之③，战胜以丧礼处之。

【注释】

①之：代词，译为“它”。②恬（tián）淡为上：淡然处之为上策。恬，心神安适。③泣：“莅”字的误写，指对待、参加。

【译文】

精兵利器，实在是个不吉祥的东西，人们都厌恶它，所以有道的人决不用它来解决问题。有道的君子平时居处就以左边为尊贵；而在打仗时便以右边为尊贵。兵器是不祥的东西，它不是有道的君子所用的东西，不到迫不得已而使用它，最好淡然处之。即使打了胜仗也不要得意扬扬，如果自以为了不起，那就是把打仗杀人当成乐事的人。而把杀人当成乐事的人，他也决不可能得志于天下。吉庆的事情以左方为上，凶丧的事情以右方为上。打仗时，兵权小的偏将军在左边，兵权大的上将军在右边。这是说明用兵打仗要以丧礼仪式来处理。杀人太多，应该以悲哀的态度对待；打了胜仗，应该以丧礼的仪式来对待死去的人。

兵者，不祥之器。

【解析】

这一章讲的仍是战争之道，它是上一章的继续和发挥，共由三部分组成：第一部分说明兵器是凶器，有道者不该使用它们。第二部分说明修道之君子，用兵若无仁德，便不能得志于天下。第三部分则强调了用兵的策略和心态，体现了仁慈之德，这是得志于天下的前提条件。

在老子看来，兵器是不祥之器，因此要尽量避免战争。老子把对兵器的看法融入到自己的哲理之中，他认为战争是有悖于大道的，为得道之人所深恶痛绝。战争是不得已才运用的手段，和平的解决方式才是最好的。所以，在中国的古礼中，常常以丧礼的方式来对待胜利。

“兵者不祥之器，非君子之器”，与上一章着重从结果的角度来讲战争不同，这一章着重从礼仪的角度来讲战争。按照中国古代的礼仪，主居右，客居左，所以居左有谦让的意思，老子说“君子居则贵左，用兵则贵右”，可见老子主张君子在迫不得已的时候，也可以用战争的方式来达到自己的目的，只是在获胜时不要以兵力逞强，而是要对战争中战死的人表示哀伤悲痛，并且以丧礼妥善安置死者。

“不得已而用之，恬淡为上。胜而不美，而美之者，是乐杀人。夫乐杀人者，则不可得志于天下矣。”老子认为，任何形式的战争都是迫不得已的行为。所以，当人们参与战争时，应当以一种恬淡的心境对待，即使胜利了也不要妄自尊大，如果妄自尊大，就表明自己是乐于杀人的人。对于所有乐于杀人的人而言，他们只能逞一时之强，绝对不能长久地得志于天下。

在春秋战国时代，国与国之间的相互攻伐是十分普遍的。老子所处的时代，战争规模越来越大，每次战争少则投入数万兵力，多则投入数十万的兵力，伤亡极其惨重。不管战争孰胜孰败，在战争期间受危害最大的，永远是普通百姓。每次发生战争，人们都要背井离乡，四处逃亡。即便如此，君子在用兵时也要“恬淡为上”，即使打了胜仗，也不要得意忘形。这句话是对那些喜欢穷兵黩武之人的警告。所以，老子在这里谈论战争问题，并不是为用兵者出谋划策，而是为了反对战争。

从政之道

◎恬淡无为——祭公谏征犬戎◎

老子认为战争行为是有悖大道的，为得道之人所深恶痛绝。祭公劝周穆王不征伐犬戎的事迹，就是对老子“恬淡为上”观点的集中体现。

犬戎是古戎族的一支。殷周时期，犬戎在泾水、渭水流域游牧，经常骚扰中原地区。周文王的时候，曾对犬戎用兵，并将其打败。周穆王时，犬戎的势力日益强大，不但阻碍了中原地区与其他方国部落的往来，也极大威胁着周朝统治。

周穆王十二年（前988），犬戎倚仗自己兵强马壮，拒绝向周朝纳贡。

周穆王听说这件事后，十分生气，决定亲自率兵征伐犬戎。大臣祭公谋父听说之后，赶紧向周穆王进谏。

祭公谋父说道：“现在国泰民安，大王为什么要征伐犬戎？”

周穆王理直气壮地说道：“犬戎时常骚扰边境，还拒绝向周朝纳贡。我身为周朝的天子，怎能容忍这样的事呢？”

祭公谋父劝阻说：“不可以征伐犬戎。先王历来发扬德治，不炫耀武力。军队在平时应该保存实力，在适当的时候动用，一旦动用就要显出威势。炫耀等于滥用，滥用便没有了威慑力。所以周文公作《颂》说：‘收起干戈，藏起弓箭。我追求美好的德行，施行于华夏。相信我王定能保有天命！’先王对于百姓，勉励他们端正品德，使他们性情淳厚，丰富他们的财物，便利他们的器用；使他们了解利害之所在，再用礼法道德教导，使他们从事有利的事情而避免有害的事情，使他们感怀德治而又惧怕君王的威严，所以能够使先王的事业世代相传并且变得强大。

“过去我们的祖先后稷做了主管农业的官员，服侍虞、夏两朝。到夏朝衰败的时候，废除了农官，我祖不窋因此失掉官职，逃到西北少数民族中。但他对农业仍然不敢怠慢，时常宣扬祖先的美德，继续奉行他的事业，修明教化制度，早晚恭敬勤劳，保持敦厚诚恳，奉行忠实守信的原则，不窋的后世子孙一直保持着这些良好的品德，并不曾辱没前人。到武王的时候，他发扬前人光明磊落的德行，再加上慈爱和善，侍奉神明，保养百姓，没有人不为之喜悦的。商纣王对百姓极为暴虐，百姓不能忍受，都乐于拥护武王，就有了商郊的牧野之战。这不是武王崇尚武力，他是怜恤百姓之苦而为他们除掉祸害啊。”

周穆王听了祭公谋父的话，感到很不高兴，但还是耐着性子说：“话虽然这么说，但犬戎生性野蛮，一日不除，后患无穷。我意已决，出兵犬戎，你不必再劝了。”

谋父又劝阻道：“先王的制度是：王都近郊叫甸服，城郊以外叫侯服，侯服以外叫宾服，蛮夷地区叫要服，戎、狄所居之地叫荒服。甸服的诸侯要参加天子对父亲、祖父的祭祀，侯服的诸侯要参加天子对高祖、曾祖的祭祀，宾服的君长要贡献周王始祖的祭物，要服的君长则要贡献周王对远祖以及天地之神的祭物，荒服的首领则要来朝见天子。祭祀祖父、父亲，是每天一次；祭祀曾祖、高祖，是每月一次；祭祀始祖，是每季一次；祭祀远祖、神灵，是每年一次；入朝见天子，是终身一次。这是先王的遗训。有不来日祭的，天子就应该检查自己的思想；有不来月祭的，天子就应该检查自己的言语；有不来季祭的，天子就应该搞好政令教化；有不来岁贡的，天子就应该修正尊卑名号；有不来朝见的，天子就应该检查自己的德行。依次检查完了，如果还有不来朝见的，就检查刑法。因此用刑法惩治不祭的，用军队讨伐不祀的，命令诸侯征剿不享的，派遣使者责备不贡的，写好文辞向天下通告那些不来朝见的。这样，就有了处罚的条例、攻伐的军队、征讨的准备、斥责的命令和告谕的文辞。如果命令文辞发出了还不来，就重新检查并修明自己的道德，不要劳动百姓在辽远地域作战。所以，近处的诸侯没有不听从的，远处诸侯没有不归服的。

“现今自从大毕、伯仕两位犬戎君主死后，犬戎君长已经按照‘荒服者王’的职分来朝见天子。您却说：‘我要用不享的罪名来征讨他，而且要让他看看我们的武备军队。’这不是违反祖先的遗训而招致衰败吗？我听说犬戎的君长树立了淳厚的德行，能够遵循他先代的德行，一直坚守不移，他凭着这些就有理由、有能力抗拒我们。”

穆王不听，于是御驾亲征，率领数万精兵讨伐犬戎。周朝大军浩浩荡荡进军到骊山，然而最终却只得了四只白狼、四只白鹿回来。从战果来看，这次战争的军事胜利并不大，而且由于穆王对异族采取高压的政策，其所导致的后果是对周极为不利的。从此周朝在周边外族中失去了威信，荒服诸侯不再来朝见天子。

◎第三十二章　知止不殆◎

【原文】

道常无名、朴。虽小，天下莫能臣①。侯王若能守之，万物将自宾②。天地相合，以降甘露，民莫之令而自均。始制有名，名亦既有，夫亦将知止，知止可以不殆。譬道之在天下，犹川谷之于江海。

【注释】

①莫：没有谁。臣：使之服从。②宾：服从。

【译文】

“道”始终都是无名而质朴的状态。它虽然小得无法分辨，可是天下却没有谁能使它臣服的。诸侯君王若能遵守道的原则来治理天下，万物将会自然归从于他。天地间阴阳之气相合，就会降下润泽万物的甘露，人们不须指使命令它，它就能自然分布均匀。万物兴作，于是产生了各种名称，各种名称已经制定了，就要有所制约，明白了各自的制约，守好本位，就没有什么危险了。道存在于天下，就像江海，一切河川溪水都归流于它，使万物自然臣服。

【解析】

这一章有两个要点，一是讲统治者如能以道的法则治理天下，自然会得到天下人的拥戴。二是讲“知止”。道是“无名”的，而文化思想、制度是“有名”的。对于文化思想的提倡、制度的运用不要过分，要适可而止，这样才不至于出现危险。

道常无名、朴。

道德存在于万物之中，而万物也都受着道德的支配和调节。如果合乎了大道和大德，那么一切事情都会顺其自然，人民安定，天下大治。然而大道和大德到底是什么呢？

“道常无名、朴。虽小，天下莫能臣。”至于大道，我们始终没有办法用一个固定的概念去描述它，但道又确实是存在的，它大到无穷大，小到无穷小。如果非要用一个概念去

天地相合，以降甘露。

侯王若能守之，万物将自宾。

为它命名，那就是“朴”字。尽管“朴”字微小精致，但谁都无法让它臣服，谁也不能支配它。相反，它却主宰着人类万物。

只要得道之人能够守得住这个纯真的朴，那么天下间所有的事物都会自然而然地为他效劳，为他服务。不仅如此，就连上天和大地也会阴阳相合，润泽万物。而百姓也不需要帝王侯公去下什么命令，就可以自然和睦，无私无欲了。

不过，人类的认识有一定的局限性，这个局限性表现在什么方面呢？就是必须设立概念和名相。如果没有概念和名相，人们也就不能运用思维，也就不能认识事物了。所以，对于世间的每一个事物，我们都要先确定出一个概念和名相来，然后才能把这些事物以概念和名相的方式，植入我们的脑中，在我们的思维系统里运作。尽管人们确定的概念本身就存在着很多问题，但是一直努力地接近最终的真理。所以，我们不能否定名相的作用和意义，老子也是如此。尽管名相存在着极大的局限性，但是老子一直运用名相来认识事物。这是因为一旦离开了名相，老子就无法说话了，而我们也就无法领悟他的哲理了。

因此，当人类开始认识事物的时候，就制定出了名相和概念。不过老子认为，既然制定了名相和概念，就不要过于分别和执着于人们自己的认识。因为人们的认识是有限的，一切都要掌握个度，要适可而止。如果在自己的认识的支配下走得太远，就会违背真正的“朴”，从而破坏自然的平衡，自然也将给我们降下灾难。

大道生出万物，同时也存在于万物之中。换句话说，就是天下万物生于大道，但又回归于大道之中，时时刻刻不偏离大道，这就好比那天下的千万条河流，尽管流向多有变化，但最终都会归于大海之中。

君王在治理天下的时候，也应该像那大道一样，善于接受天下万物。然而，人们都习惯于分别，都喜欢美丽的事物，而厌恶丑陋的事物。对于那些王侯公卿，如何才能让他们处于下方而容纳天下万物呢？如果君王爱憎分明，习惯于分别事物，百姓如何能够得到他们的庇护，又如何能够顺从依附他们呢？

因此，君王治理天下，就要像大道之朴那样善于处下，善于容纳天下万物，庇护天下万民，只有这样才能治理好天下，才能保持国家的长治久安。

总起来说，老子在本章中由治身之道扩展到治国之道，辨证地说明了道与法的关系。治身之朴，指的就是治国之法。朴是自然的、纯真的，治国之法也必须是正义而神圣的，任何人都不能居于这个法则之上。治国者如果能够实现法治，天下万民将自然宾服。治国的法则在制定之初，具有详细而具体的内容条款。通过宣传学习，人们就具备了守法观念。那些不能遵纪守法的人，就要受到制裁。不过，得道之人制定治国法则，不是为了惩罚人们，而是为了规范、约束人们的思想行为，从而减少犯罪的行为，维护社会的安定。所以说，立法是手段，止法是目的，只有使治国的法则和道德结合在一起，并最终以道德取代法则，社会才会安定，天下才会太平。

为人之道

自胜乃强——张学良戒毒

在现实中，人经常会受到外界的制约、牵制，只有守好本位，摆脱外物的控制，就能脱离危险，回归自然质朴的状态。张学良戒毒的故事，就是一个很好的例子。

张学良作为奉系军阀首领张作霖的长子，被认定为奉系的接班人。张作霖极为注意培养张学良的军事和政治才能，让他及早在真刀实枪的战场上进行严格的历练，这虽然对于张学良的事业发展很有好处，但是也给他带来了相当大的心理压力。1924 年 9 月，第二次直奉战争爆发。战争打得异常残酷，张学良身为第三军军长，责任极其重大，为了缓解过度紧张的精神，张学良开始吸食鸦片。不过，在这一时期，他对于鸦片仅仅是作为权宜之用，并没有形成烟瘾。

1925 年 11 月，曾在东北陆军讲武堂担任张学良老师、后来又经张学良的引荐在奉军中步步高升的郭松龄因为与张作霖政见不合而倒戈反奉。张学良对郭松龄十分信任，也极为依赖。张作霖也将郭松龄视为张学良的重要佐助，奉系的主要精锐部队都为郭松龄所掌握，所以，郭松龄的起义，对于张学良来讲是一个极大的打击。张学良不堪其苦，再次求助于鸦片。在上一次，他之所以后来能够脱离鸦片，没有成瘾，很大程度上是因为郭松龄的帮助。而现在，没有了长者的监督与劝导，张学良就此养成烟瘾。

郭松龄事件虽然在日本的参与下得以迅速的平息，但是张学良也不会再得到这位良师益友的继续帮助了，而他也吸取教训，一切军政大事皆由自己来料理，不再交与他人。这样一来，工作劳苦使张学良疲惫不堪，他便通过吸食鸦片来缓解疲累。时间一长，也就变得离不开鸦片了。

张学良发现自己染上毒瘾，很想戒掉吸毒的恶习。他愤然说道：“一个活人不能叫一个死东西管着。”于是下决心戒毒。然而，众所周知，戒毒绝非易事，张学良虽然决定戒毒，但是长期养成的毒瘾岂是一朝一夕就戒得掉的！这时，杨宇霆介绍了一种由日本进口的叫作巴文耐鲁的注射药物，据说对戒除鸦片有特效，张学良便叫私人医生马扬武为其注射。

谁知道，这种药物虽然能够缓解人对鸦片的依赖，可是它本身却含有吗啡。结果，张学良离开了吸食鸦片的烟瘾，却又染上了注射吗啡的针瘾，而且针瘾更强烈，一天之中要注射数次，甚至在接见客人的时候也要中途告辞一会儿，去注射吗啡。

由于毒瘾缠身，张学良的身体变得十分孱弱，被迫住进了医院，出院之后，张学良再又捡起了鸦片。不久后，发生了震惊世界的“九一八”事变，而张学良作为掌控东北局势的负责人，对于东北的沦丧首当其冲地受到国人的声谴。其实，张学良有着自己的苦衷，他知道，以自己东北军的实力，不足以与日本对抗。早在 1928 年 12 月，张学良就已经进行了“东北易帜”，归附中央，东三省确已成为南京国民政府治下的中华民国的一部分，若本地驻军不能够御敌，中央政府理当增援。可问题是，当时以蒋介石为首的南京国民政府忙于围剿中共领导的工农红军，根本不可能给张学良提供任何援助。如此，位居东北前线的张学良却要背负起“不抵抗”的骂名，这让他的心中极为愤懑，于是变本加厉地用毒品来麻醉自己。

由于受到毒品的残酷折磨，风神俊秀的张学良变得面黄肌瘦，弱不禁风。来自澳大利亚的担任蒋介石政治顾问的端纳见到张学良之后，对别人说：“这个人已病入膏肓，对他自己和国家来说，都毫无价值了。”后来，张学良被迫出国，宋子文对他讲道：“汉卿，出国之前，我劝你一定要戒除毒瘾，这不仅是为了你本人的健康，而且也关系到国家的体面观瞻！你不要忘了，日本人叫我们是东亚病夫啊！”张学良听到这话，深感事态严重，自己身居全国陆海空军副总司令的要职，如果让外国人见到自己这样一副情形，对中国又会产生什么样的看法呢？于是，张学良下定决心，不顾一切地立即戒掉毒瘾。他把自己的家人和随同人员都召集过来，当着他们的面将一把手枪放在枕头底下，严肃地宣布道：“你们记住，从我戒治之日起，无论任何人，看见我怎样的难过，也不许理我。如果有人拿毒品给我的话，我马上拿这支枪打死他！”大家听到张学良如此坚决的表示，都感到很震惊。夫人于凤至温婉地劝说他先征求一下医生的意见，但张学良立即变了脸色，生气地说道：“医生？哼！我算是领教过了，我不相信他们！我的命运，我自己主宰！”端纳见此情形，便劝说他接受医生的检查。张学良这才同意，为此，宋子文从德国请来了著名的医生米勒博士。米勒博士经过详细的检查，说道：“要戒除毒瘾，对阁下是极其痛苦的。我可以给你开戒毒的药物，但最初几天五脏六腑可能会如翻江倒海一般，这就不是药物所能对付的了，全看你的意志了。”张学良听了这话，苦笑着说道：“我已经把东三省都丢了，现在只剩下意志了。”为此，张学良还亲自写下了“陋习好改志为鉴，顽症难治心作医”这样的条幅来警鉴自己。

对于戒毒，米勒博士采取的是以毒攻毒的办法，他先让病人服药使全身发泡，再从泡中取出液体注射到病人体内，一面抽出腐血，一面注入新血。戒毒之初的几天，是最难熬的。第一天晚上，张学良在屋内毒瘾难忍，用头“咚咚咚”地猛烈地撞击墙壁，门外的人无不感到心痛。渐渐的，里面撞墙的声音越来越小，频率越来越低，最后，屋里沉寂下来，一点儿声音也没有了。稍后，米勒博士进入房间，只见张学良双目紧闭，浑身抽搐着，米勒博士知道他正在忍受着人们难以承受的强烈痛苦，因此从心底里佩服他的坚强的意志。米勒为张学良作了一番检查后，决定给他打针。从昏迷中醒来的张学良见到针头，条件反射式地一跃而起，大吼道："我不打针，你们出去，我不打针……"话音未落，又昏了过去。米勒博士不懂汉语，对他的反应感到莫名其妙，不知道发生了什么。端纳急忙上前解释了张学良的意思，米勒听罢，笑着摇了摇头，催助手赶快给张学良注射安眠剂。

端纳不忍心见到张学良如此痛苦，就问道："米勒博士，还有什么戒毒的特效药吗？"米勒博士望了一眼暂时因睡眠安静下来的张学良，对端纳说道："先生，我也很不忍心让张将军遭受这样的痛苦，但我可以坦率地说，戒毒从来就没有什么特效药，完全要靠戒毒人的意志和体力。凭我观察，张将军是意志坚强的人，完全可以挺得住戒毒的痛苦。要注意，这种情况在戒毒过程中还会发生。"

为了防止毒瘾再次发作时，病人会疯狂暴躁到无法控制行为而误伤自己，米勒博士命人把张学良的四肢用绳索捆绑在床柱上。张学良经受着揪肠裂腑的痛苦，发出阵阵令人不忍卒闻的求救声。守在门外的随从无论如何也听不下去了，只好用手堵住耳孔。

米勒博士深知张学良正在承受着的是何等难捱的痛苦，那就如同亿万毒虫咬噬般的烧灼与痛痒，但是为了彻底根除毒瘾，他更加残酷地停用了镇静剂和麻醉药。两周之后，奇迹出现了，张学良凭着自己顽强的毅力和坚定的信念，在米勒博士的帮助下，终于脱离了苦海，戒除了毒瘾。而后，张学良出现了脱胎换骨般的变化，精神面貌焕然一新，身体状态也迅速恢复，重现了往日潇洒倜傥的俊采英姿。

第三十三章　自知者明

【原文】

知人者智，自知者明。胜人者有力，自胜者强。知足者富，强行者有志。不失其所者久，死而不亡者寿。

【译文】

能够了解、认识别人的是智慧的，能够了解、认识自己的才是高明的。能够战胜别人的人是有力的，能够克服自身弱点的人才是刚强的。知道满足的人是富有的，努力不懈的人是有志气的。始终不离失根基的人就能够长久，肉体死了但精神永存的人才是长寿的。

知人者智，自知者明。

【解析】

本章讲个人修养与自我设计的问题。老子从道的立场上阐释了智、明、有力、强、富、有志、久、寿的概念，主张人们要丰富自己精神生活。在老子看来，最能体现道家观点的是“自胜者强”和“知足者富”两句。“知人”“胜人”十分重要，但是“自知”“自胜”更加重要。他认为，如果一个人能够时时反省自己，坚定自己的生活信念，并且切实推行这一信念，就能够保持旺盛的斗志和饱满的精神面貌。

本章只寥寥数语，看上去浅显易懂，实则蕴含着极其深奥的道理。

“知人者智，自知者明。胜人者有力，自胜者强。”老子认为，能够分别外人和外物的人，只能算得上是拥有了世间的庸俗智慧。那么，什么样的人才算是拥有世间的大智慧呢？通过外事外物反省自己，从而体察到生命的本来面目的人，才算得上是有大智慧，也就是“明”。老子还认为，依靠武力战胜别人的人，只能算得上是有力量，因为这个力量是大道赐予给人们的，它是大道的生命活动本身的体现。那么，什么样的人才算是真正的强者呢？能够战胜自己私欲和成见的人，这才是真正的强者。人的私欲是没有止境的，而且危害很大，如果一个人能够克制自己的私欲，达到物我两忘的境界，才能无所不容，他自然是强大的。

老子在本章中所提出的“知足者富”与我们通常所说的“知足常乐”有很大的不同，我们所理解的知足常乐，意为知道满足总是快乐的，它最大的特点就是安于现状，这与老

胜人者有力，自胜者强。

子所阐释的思想大相径庭。什么才是真正的富有呢？真正的富有不是家财万贯，也不是拥有宝马香车，真正的富有不是你实际拥有了什么，而是你能在多大的程度上摒除私心杂念，抛弃自己的妄想。只有做到这一点，才能称为真正的富有。

什么是妄想呢？人们在观察具体事物时，了解到大道的生命运行的轨迹，那么这个轨迹以内的事物便是道赐予我们的，也是我们理应获得的；而在这个轨迹以外的事物，便都不是我们应该获得的，如果我们产生了获得它们的想法，这就叫作妄想。妄想是难以实现的；即便实现了，也不会给我们带来益处；即使我们获得了微小的益处，这种益处也不会长久地保持下去。大道既然生了我们，就一定会赐予我们所需要的一切，我们还要奢望其它的什么益处呢？一个人担忧自身的处境，这就是对大道的不理解和不信任，从而违背了大道，必然会受到大道的惩罚。如果我们不妄想得到什么，也就无所谓得到和失去什么，自然无所有无所不有了。做到了不妄想，才算是真正的富有。

“强行者有志”。有句俗语叫作“人贵有自知之明”，而最早表述这句话的，就是老子。什么是“自知者明”呢？就是能够清醒地认识自己、对待自己。一个人能做到有自知之明，这才是最聪明的，最难能可贵的。联系前面几章的内容，我们可以得出结论：“强行者有志”中的“强”，指的不是自恃武力高强而妄自逞强的意思，而是指“自知者强”。什么是“自知者”呢？就是能以外界事物来反省自身，从而确认生命本来面目的人。自知者十分明确生命本身的意义，也十分了解自我和他人的关系。他们深刻懂得，只有真正地把握自己，才能彻底摒除自己的私心杂念，实现“存天理，灭人欲”（在这里所讲的不是要束缚自己的观念，而是要彻底解放人性），而天理和人欲是对立统一的关系。天理，指的是事物本来的合乎生命自然之道的东西；人欲，指的是自己主观滋生的不合乎生命自然之道的东西。天理是客观的，人欲是主观的，二者之间往往会发生冲突，只有克制住自己的欲望，才算是真正的强者。

“不失其所者久，死而不亡者寿”，这句话与上文有隔离之感：“不失其所”意为落叶归根，它所指的有两个意思：一个是叶子会回归到生它养它的根系中去；一个是人类也会回归到孕育他们的天地中去。人从出生到死亡，不过短短的几十个春秋。生老病死是合于道的自然规律，我们没有超越生命大道的能力，生死不是我们能够掌控得了的。在老子看来，“所”是我们最终要去的地方，是自然之所，是我们合于大道的切合点。我们从最初的不愿接受死亡，到现在的读懂人生，直面生死，正体现了天道不可违背的道理。我们只有顺应天道，与大道合为一体，才是真正做到了“久”和“死而不亡”。一滴水归入到它的生命之所——大海中去，它们就永远也不会消亡，说的就是这个道理。

在本章里，老子极力宣传“死而不亡”，这体现他“无为”的思想主旨。“死而不亡”的观点，并不是宣传“有鬼论”，也不是宣扬“灵魂不灭”，而是说人的身体虽然消失了，但人的精神是不朽的，所以可算做长寿了。清末民初的著名思想家梁启超曾说：人的肉体寿命不过区区数十载，人不可能长生不老，但人的精神则可以永垂不朽，因为他的肉体虽然消失了，但他的学说、思想及精神却能够长期影响当代及后代的人们。从这个意义上说，人完全可以做到“死而不亡”。梁启超的这种观点，主要就是受了老子思想的影响。

为人之道

◎自胜者强——忍辱负重的苏秦◎

老子说：“胜人者有力，自胜者强。”能够战胜别人的人是有力的，能够克服自身弱点的人才是刚强的。苏秦忍辱负重，终成一代名相的故事，就是对老子这一思想的最好说明。

苏秦，字季子，东周洛阳乘轩里（洛阳李楼乡太平庄）人，是战国时期与张仪齐名的纵横家。他出身农家，素有大志，曾长年追随鬼谷子学习纵横捭阖之术。

未得志之前，苏秦曾求见周天子，却没能成功，一气之下，变卖了家产到别的国家找出路去了。他又去了秦国，见到了秦王，但秦王不赏识他，也没做成官。后来钱用光了，衣服也穿破了，只好回家。他的父母看到他趿拉着草鞋，挑副破担子，一副狼狈相，便狠狠地骂了他一顿，说：“咱们周国人的习俗，大家都治理产业，努力从事工商，追求那十分之二的利润。如今你丢掉本行而去干耍嘴皮子的事，弄得穷困潦倒，真是活该。”他的妻子坐在织机旁织帛，看都不看他一眼。他求嫂子给他做饭吃，嫂子理都不理，扭身就走开了。苏秦受了很大刺激，感叹说：“我的妻子不把我当成丈夫，嫂子不把我当成叔叔，父母不把我当成儿子，这都是秦国的罪错！”

于是决心发愤图强，做出一番事业。从此以后，他努力读书，钻研“周书阴符”，天天读到深夜。有时候读书读到半夜，又累又困，他就用锥子扎自己的大腿，虽然很疼，但能够提神，他就接着读下去。就这样日夜苦读，用了一年多的时间，他的知识比以前丰富多了。

在有所收获后，苏秦决定重新出游。他首先向东到了赵国，赵肃侯让自己的弟弟赵成出任国相，而赵成不喜欢苏秦，因此苏秦的赵国之行并不顺利。

正在苦闷之际，正好遇见燕

苏秦周游于列国之间，却没人肯用他。

苏秦获燕王赏识，被委以重任。

昭王广招天下贤士，苏秦便去了燕国，打算游说燕王，等了一年多才有机会拜见燕昭王。苏秦的主张非常符合燕昭王的心意，因此深受燕昭王的信任。苏秦认为，燕国欲报强齐之仇，必须先向齐国表示屈服顺从，而将复仇的愿望掩饰起来，为振兴燕国创造有利的外部环境。其次，要鼓动齐国不断进攻其他国家，以防止齐国攻燕，并消耗其国力。为此，他劝说齐王伐宋，合纵攻秦。

公元前285年，苏秦到齐国，挑拨齐、赵关系，取得齐愍王的信任，被任为齐相，但暗地却仍为燕国谋划。齐愍王被蒙在鼓里，依然任命苏秦率兵抗御燕军。齐、燕之军交战时，苏秦有意使齐军失败，使齐军士卒五万人丧生。他使齐国群臣不和，百姓离心，为乐毅率领五国联军攻破齐国创造了条件。

之后，苏秦又说服赵国联合韩、魏、齐、楚、燕等国攻打秦国，赵国国君很高兴，赏给苏秦很多宝物。苏秦得到赵国的帮助，又到韩国，游说韩宣王；到魏国，游说魏襄王；至齐国，游说齐宣王；又往楚国，游说楚威王。诸侯都赞成苏秦的计划，于是六国结成联盟，以苏秦为合纵长，身挂六国相印，成了六国的国相。至此，苏秦的政治生涯达到最高峰。

于是苏秦北上向赵王复命，途中经过洛阳，随行的车辆马匹满载着行装，各诸侯派来送行的使者很多，气派比得上帝王。周显王听到这个消息感到害怕，赶快找人为他清除道路，并派使臣到郊外迎接慰劳。到了家里，苏秦的兄弟、妻子、嫂子不敢抬头看他，都俯伏在地上，非常恭敬地服侍他用饭。苏秦笑着对嫂子说：“你以前为什么对我那么傲慢，现在却对我这么恭顺呢？”他的嫂子弯曲着身子，匍匐到他面前，脸贴着地面请罪说：“因为我看到小叔您地位显贵，钱财多啊。”苏秦感慨说：“同样是我这个人，富贵了亲戚就敬畏我，贫贱了就轻视我，何况一般人呢！假使我当初在洛阳近郊有二顷良田，如今，我难道还能佩带六国的相印吗？”于是他散发了千金，赏赐给亲戚朋友。当初，苏秦到燕国去，向人家借过一百钱做路费，现在富贵了，就拿出一百金（一百万钱）偿还给那个人，并且报答了以前所有对他有恩德的人。

苏秦约定六国联盟之后，回到赵国，赵肃侯封他为武安君，于是，苏秦把合纵盟约送交秦国。从此秦国不敢窥伺函谷关以外的国家，长达十五年之久。

苏秦微不得志，深受侮辱，却能够含垢忍辱，奋发图强，好学不倦，自强不息，终于通过不懈的努力，成为一代名相，名垂千古。

第三十四章　不自为大

【原文】

大道氾兮①，其可左右。万物恃之以生而不辞②，功成而不有。衣养万物而不为主，常无欲，可名于小。万物归焉而不为主③，可名为大。以其终不自为大，故能成其大。

【注释】

①氾（fàn）：同“泛”，水向四处漫流。②恃之：依靠它。恃，依靠。之，代词，译为“它”。③焉：兼词，译为“于是”“于此”。

【译文】

大道广博无际，左右上下无所不到。万物靠它生长发展而不推辞，成就了功业而不占有名誉。它养育万物而并不认为自己是万物的主人，一直无欲无求，可以称它为“小”；万物向它归附而并不自认为是主宰，可以称它为“大”。正因为它始终不认为自己伟大，所以才能成就它的伟大。

【解析】

这一章旨在讲大道发生作用的方式，即德。核心内容是老子对小和大的阐述。道生养万物，却不自恃有功，也不自以为大，正因为道不在大，所以才成为最大。

“大道氾兮，其可左右。”老子在本章的开头解释说，道广阔无际，是宇宙的主宰。在老子看来，大道正如江河一般广泛流行、周延四方。事实上，老子在这里形象而具体地描述出了大道的存在形态。

大道氾兮，其可左右。

道具有什么样的特质呢？老子认为，永远没有自己的欲望就是大道的特质。大道无欲无求，没有欲望便不需要追求名声，因此它在人们的眼里，时常显得微不足道。老子最后指出，正是因为道不自认为伟大，所以才能够成就自己的伟大。

“万物恃之以生而不辞，功成而不有。衣养万物而不为主。”关于老子的“道”的属性，有人认为其是一个绝对静止的精神本体。然而，道无欲无名、可小可大，绝对不是超时空的无差别的本体。还有人认为，道作为一个抽象概念，既不表现物质现实事物的本身，也不能离开形式推论或理论假设的思想，它只是由思维形式表述的一些东西，并不直接适用

万物归焉而不为主，可名为大。

于对待客观现实的事物和现象。其实，道是一个物质性的概念，它虽然是耳、目、触、嗅诸感觉器官都不能感受到的，但它却实实在在地存在于自然界之中，而不是仅凭人们的主观臆想存在的精神性概念。这一点是我们准确理解《道德经》中有关“道”的问题的关键所在。此外，老子在本章里发挥的“不辞”“不有”“不为主”的精神，还可以使人摒弃占有欲及支配欲。

“常无欲，可名于小。万物归焉而不为主，可名为大。”大道是如何发挥作用的呢？老子认为，道可以名为小，也可名为大，虽然他没有明确指出“圣人”“侯王”应遵循大道，但是统治者治理国家与个人修为关系确实是十分紧密的，个人修为是小道，而以小道去治理国家便成就出了大道。“常无欲”是个人修为的核心，只要治国者摒除个人私欲，就不会视天下万物为私产，从而也就会出现“万物归焉而不为主”的理想社会环境。

与大道相比，人类的行为往往是截然相反的。在人类看来，人是万物之灵，有着思想和意识，既可以创造事物，也可以改变事物。所以人类常常自认为是万物的主人，可以主宰万物的命运，也可以任意命令和指使万物。这种想法是错误的。需知人类之所以能够生存和发展，所依靠的正是自然界的万事万物，我们非但不能主宰自然，还常常受到自然的制约。此外，人类同样是从大道中衍生出来的。换句话说，大道主宰了人类的命运，而自然界的万事万物为我们提供了生机和能量。如果人类真可以主宰万物，那么我们为什么会时常遭受大自然的报复呢？比如，我们过度开采森林资源，肆意砍伐树木，毁坏植被，造成了水土流失，重则还会引起泥石流、沙尘暴等灾害的发生。

为人之道

◎谦卑者强——曾国藩不邀功◎

在这一篇中，老子提出：道是非常伟大的，但是从不自以为大；道决定万物的生长，但是从不加以干涉；大功告成，道却从不邀功。这便是道能够称之为大的原因。人们不仅要认识道，还要善于学习道的品质。在现实当中，很多人取得一点功劳就自大、自负，甚至不把别人放在眼里，这样的话，只会显得自己更加渺小。

曾国藩和左宗棠均为清朝后期的封疆大吏。曾国藩是晚清大儒，被誉为帝制时代儒家最后一位精神领袖。太平天国运动时期，曾国藩在湖南招募乡勇，训练出一支战斗力强悍的军队，称为“湘军”。在平定太平天国运动的过程中，曾国藩立下赫赫战功，获得清廷的赏识，后来官至两江总督、直隶总督、武英殿大学士，封一等毅勇侯。

而左宗棠年轻时怀才不遇，他曾先后三次参加会试，但是都没有考中。左宗棠科场失意，干脆放弃科举，回乡教书去了。尽管如此，由于他才名远播，一些有眼光的地方大员对他却也十分赏识，都愿意和他结交。两江总督陶澍听说左宗棠的大名，就请他到自己府中，让他教导自己的独子，并给儿子定下娃娃亲，从此和左宗棠结为亲家。后来，左宗棠又来到湖南巡抚张亮基的府中做幕僚。骆秉章继任为湖南巡抚后，继续重用左宗棠，甚至到了言听计从的地步。

在骆府之中，曾国藩第一次见到左宗棠。那是咸丰二年（1852），正是清军与太平军作战最艰苦的岁月。左宗棠以其经世致用之才，为湖南战事作出不少贡献。有人也曾向曾国藩推荐过左宗棠。曾国藩常年带兵，手底下有很多人才，但是独对左宗棠态度谨慎，迟迟不肯将他招致麾下。这可能是曾国藩有识人之明，一早就知道他们之间性格不合。

但是，曾国藩并没有忘记左宗棠。咸丰四年（1854），曾国藩打算推荐左宗棠做知府。不过左宗棠嫌知府的官儿太小，拒绝了曾国藩的一番好意。他后来给朋友写信说："……惟督抚握一省之权，殊可展布，此又非一蹴而能得者。以蓝顶尊武侯而夺其纶巾，以花翎尊武侯而褫其羽扇，既不当武侯之意，而令此武侯为世讪笑，进退均无所可。……若真以蓝顶加于纶巾之上者，吾当披发入山，誓不复出矣！"意思是说：像我这样的人，才能足以比拟诸葛孔明，只怕当这个知府会辱没了武侯的名声，现在只拿一个蓝顶子加到我的纶巾之上，还不如到山中隐居，不再出仕了呢。

直到咸丰十年（1860），曾国藩为形势所逼，终于让左宗棠到自己麾下效力。曾国藩用人有一个原则，那就是"疑人不用，用人不疑"，一旦起用左宗棠就放手让他大干一场。左宗棠也没有辜负曾国藩的信任，在攻打浙江的时候，左宗棠很快攻下了杭州。曾国藩就向朝廷举荐，让他做了浙江巡抚。

左宗棠主掌一省军政大权，而此时太平天国也气数已尽。不久，天京（南京）被攻克了。在这本该举杯同庆的时刻，曾、左二人的交情却走到了尽头。事情起因于洪秀全的幼子洪天贵的下落。天京被攻克以后，曾国藩向朝廷报告说洪幼主已死，而左宗棠却报告说洪幼主没有死，而是逃跑了。两人在朝廷之中打起了笔墨官司。曾国藩曾说，他最恼恨左宗棠影射他撒谎，他一生最看重"诚信"二字，怎么会在皇帝面前撒谎？左宗棠却也不依不饶，说这件事自己有错，但是只占二三分，曾国藩的错则占了七八分，说曾国藩太小心眼了。

不过，曾国藩的涵养要比左宗棠深厚得多，他绝不会因为私怨而耽误国家大事。左宗棠出兵平定新疆，曾国藩给予大力支持。

曾国藩心胸宽阔，左宗棠则颇为自负，对于这一点，就连左宗棠身边的人也能发现到了。

有一次，左宗棠问身旁的侍卫道："为什么人们都称'曾左'而不称'左曾'？"

一名侍卫回答说："曾公眼中常有左公，而左公眼中则无曾公。"

侍卫的回答虽然简单，但是点出了左宗棠自傲自负的缺点，左宗棠听后，沉思良久，终于意识到，自己的心胸确实没有曾国藩宽广。

第三十五章　往而不害

【原文】

执大象①，天下往。往而不害安平太。乐与饵②，过客止。道之出口，淡乎其无味，视之不足见，听之不足闻，用之不足既③。

【注释】

① 大象：即“无象之象”，指“道”。② 饵：精美的食物。③ 既：穷尽，完的意思。

【译文】

掌握“大道”的人，天下就会向他归顺；归顺、投靠他而不互相妨害，于是大家都和平安泰。动听的音乐和美味的食物，能使过路的行人情不自禁地停下脚步。可是对“道”的表述却平淡无味。你想看看它却始终看不见，你想听听它却始终听不到，但是它的作用却无穷无尽，没有限制。

【解析】

这一章讲大道的运用和本体。从运用的角度讲，能够按道的法则行事，就会得到天下人的归顺，没有祸害。从本体的角度讲，大道无形无相，说出来也平淡无奇，但是能用之不竭。本章旨在说明，认识大道是认识世界和改造世界的关键，也是实现人生意义的根本。因此，人们切勿舍本逐末，背离大道，为一时的名利所诱惑。否则，不但不能实现心灵的自由，也会对人生的归宿产生疑惑。

“执大象，天下往。”在本章中，老子提出了“大象”的概念。这里所说的大象，指的是道的法象，它类似于路线图。在老子看来，如果能够掌握大道的大象，就能得到天下人的归附和顺从。在上一章中，老子谈到得道之人从来不以万物的主宰自居，也不高傲自大，但是能得到万民的尊敬和爱戴。得道之人与大道相似，也一样的气象宏大，一样的无欲无求，不计较得失，而不以天下的主宰者自居。他从不干涉其他人的自由，使人们感到非常安全可靠。正是这个原因，万民才会投靠他归顺他，从

道之出口，淡乎其无味。

而成全了他的美名。

“往而不害安平太。乐与饵，过客止。”大道无处不在，但是人们却不能看见它、听到它。大道就像一个默默无闻的人，它没有华丽的外表，既不会引诱外物，也不会为外物所引诱。大道有什么样的作用呢？道可以让人们都投向它而不相侵害，使人们生活安定，关系和睦。得道之人与大道同在，他们具有大道的一切特征，人们都心甘情愿地归顺他。但是，这种归顺与世俗意义上的归顺有极大的不同。世俗所说的归顺是由于名利的驱使，指的是人们为了追名逐利和满足自己的需求及欲望，当欲望有了实现的物质前提时，他们就会趋之若鹜。这时，老子举了一个例子，他说人们都有享受美食的欲望，当人们看到美味佳肴的时候，谁又能抵挡得住这种诱惑呢？这里的“乐与饵”，又可以指流行的仁义礼法之治，而“过客”也可以引申为执政者。老子在本章中告诫那些执政的官员们不要耽于声色犬马之中，应该归附于自然质朴的大道。只有顺应大道，才能实现国家大治和人民安定。

“道之出口，淡乎其无味，视之不足见，听之不足闻，用之不足既。”大道是无声无形的，不会对人们构成诱惑。而我们既看不见它，也摸不着它，所以也就很难执着地追求大道了。尽管人们不需要争夺和占有大道，但是大道却能使我们受用不尽。因此，得道之人从不对人们进行声色诱惑，因为他们深知，声色诱惑不能维持太长时间，一旦诱惑终结了，就会引起人心的不安，到时天下大乱就成必然之势了。所以，得道者以大道修身治国，人们自然会受益无穷。

追求享乐是人生而具有的本性。在物质丰富的社会中，人们很难克制自己的欲望，必然会想方设法满足自己的占有欲。如何才能在现实生活中追求大道呢？这就需要人们有清醒的头脑了。

从政之道

◎顺道者昌——朱元璋治理灾祸◎

能够依照道的法则行事，就能得到天下人的归顺，而不会遇到祸害，即使遇到灾祸，也能将其降到最低限度。

1368年，朱元璋推翻了元朝，建立明朝。明朝初年，天下初定，百废待兴，天灾频仍，民生多艰。朱元璋吸取元亡的教训，他宵衣旰食，励精图治，采取与民休息的政策，终于使社会经济恢复过来，人民的生活也趋于安定。

朱元璋向官员灌输居安思危的观念。

朱元璋在治理天下的时候，也并非一帆风顺。洪武

朱元璋鼓励耕垦。

元年（1368），京城南京发生大火，全国各地也发生了旱灾和水灾。第二年，又相继发生雹灾、地震等自然灾害。据《明太祖实录》记载，朱元璋在位的三十一年间，水灾、旱灾、蝗灾、雹灾、地震、瘟疫等就有三百余起，几乎无年不灾，无处不灾。

面对频繁的灾难，朱元璋是如何应对的呢？

首先，朱元璋做到了“忧危积心”。朱元璋出身寒微，年少时曾在四方乞讨，深谙民间疾苦。他曾经说过：“天下本是一家，百姓更是犹如一个整体，如果百姓衣食没有着落，那就应当考虑扶助他们。当初我在民间，亲眼见到百姓所受的疾苦。鳏寡孤独、饥寒困踣之徒经常会产生不想活下去的想法，恨不得马上就去死。我在乱离之中见到这种情况，心里常常会感到悲伤。”（《明太祖实录》卷九十六）朱元璋统治时期，各种灾害频繁发生，他经常反躬自问：“我听说尧、舜、禹、汤、文、武等君主，德行足以匹配天地，仁德足以谐和民心……我的德行浅薄，不能任用贤人，励精图治，辜负了百姓的期望，所以上天对我作了惩戒，降下各种灾祸。我一辈子都要兢兢业业，不能让自己闲暇起来。”（《明太祖实录》卷一百三十二）作为帝王，只有具备了这种忧患意识，才能体恤民众，关心民众疾苦。

同时，明太祖也深刻地认识到，国家的安危治乱，关键在于统治者能否时刻保持谨慎的头脑。面对灾害，朱元璋除了时刻自我反省以外，还反复向官员灌输责任观念，希望他们能居安思危、励精图治。他常告诫臣僚说：“水旱之灾，虽然是上天降下来的灾祸，但是做父母官的也要承担责任。”君臣要成为一个整体，时刻保持警惕，众位卿家一定要尽心尽力地辅助我治理天下啊！”即使到了晚年，朱元璋仍旧感叹说：“我治理天下越久，内心就更加戒惧，惟恐治国之心有所懈怠。懈怠之心一旦产生，那么天下之事都会废弛，百姓的生活就会困苦不堪。”

这些言论充分表明，频繁的天灾不仅加重了朱元璋的“忧危”心理，也强化了他的忧患意识，更坚定了他为国致治的愿望和为民负责的决心。

其次，朱元璋主张“藏富于民”。明朝建立以后，朱元璋以史为鉴，深知国富民穷并非国家长久之道，只有百姓富足，国家才能长治久安。他说：“保国之道，在于藏富于民。百姓富足，国家才能长久；百姓贫穷，国家就会败亡。百姓的贫富，关乎国家的生死存亡。”（《明太祖实录》卷一百七十六）又说：“大抵百姓足而后国富，百姓逸而后国安，未有民困穷而国独富安者。”洪武年间，朝廷上下提倡屯田，鼓励垦荒，奖励农桑，降低商税，减免赋役，务求富民实效。

明朝以前，很多朝代在救灾济贫问题上，通常采取的是消极应对的方式。朱元璋统治时期，荒政则受到朝廷高度重视。朱元璋曾言：“君王扶养万民，就像保护自己的赤子，要经常考虑到他们的饥寒，而且还要为他们提供衣食。”（《明太祖实录》卷一百七十七）明太祖除了为百姓提供衣食，还拨付救灾济贫款项。朱元璋采取的这些措施，不但增强了政府的凝聚力，而且还赢得了民心。

再次，朱元璋又大力整顿吏治。一般来说，天灾背后通常暗藏着人祸，朱元璋也深谙这个道理。他从元亡明兴的历史经验中总结出，要想治理好国家，必须整顿吏治。如果不整顿吏治，官吏就不会体恤民众，就会变得贪财好色，过度纵酒，而导致政事荒废。即使知道百姓有疾苦，也会无动于衷，甚至做出危害民众的行为。所以，在整顿吏治的问题上，朱元璋用尽了各种方法。其中，严惩救灾失职或救灾不力的官吏是明太祖藉以致治的又一重要举措。

过去，因天灾而检讨，多为历朝官样文章，表表“态”、做做“秀”罢了。而朱元璋此举，则是真切务实，意在整顿吏治、培养官员恤民勤政之风。

在朱元璋大力倡导和整顿下，可谓是官场大振、官风大正，不仅吏治得以整肃，各级政府也日趋高效，救灾恤民成为朝廷及各级官员之急务，灾难破坏也就能够降低到最低限度，从而呈现出初步大治的良好局面。

应当说，天灾是无法抗拒的自然之力，无论何人都不能不去面对。但如何使灾害控制在有限程度，就需要政府及其主要官员能有得力措施、能施有效政策，方可实现。朱元璋的观念与做法，无疑是可取的，是值得借鉴的。

第三十六章　柔弱刚强

【原文】

将欲歙之①，必固张之②；将欲弱之，必固强之；将欲废之，必固兴之；将欲取之，必固与之。是谓微明③。柔弱胜刚强。鱼不可脱于渊④，国之利器不可以示人⑤。

【注释】

①歙（xī）：收敛，收缩。②固：暂且，姑且。此章几个“固”均如此解释。③微明：即微妙的道理。明，这里有高明、深远的意思。④脱：离开。⑤利器：有几种说法：一是指权道，二是指赏罚，三是指圣智仁义巧利。

【译文】

想要收拢它，必先扩张它；想要削弱它，必先让它强大；想要废除它，必先推举它；想要夺取它，必先给予它。这是一种微妙高明的道理。柔能胜刚。鱼儿不能离开池渊，国家的利器不可以轻易向人展示。

【解析】

本章主要讲了事物的两重性和矛盾转化辩证关系，揭示了自然界运动变化的规律，同时，老子还以自然界的辩证法比喻社会现象，目的在于引起人们的警觉注意。这种观点贯穿《道德经》全书。任何事物在其发展过程中，都会走到某一个极限，这时，该事物就会朝着相反的方向发展变化。本章旨在借物极必反的道理，教人以柔弱自处，回归大道的本源。

大道无言无为，无形无象，但是它却存在于有形的万物之中。世间万物行事时依循自然规律，有生就有死，有好就有坏，所以我们的有形世界所制定的法律，就是相对因果律，矛盾的双方相互转化、互为生灭，谁也无法改变。而大道却与这个完全不同。大道本身是没有等级，因此，只要合于大道，万物也就不会有等级了。倘若不合于大道，就一定会有等级，而且还会朝着自己所追求的事物的反面变化发展。

将欲翕之，必固张之。

“将欲歙之，必固张之；将欲弱之，必固强之”，在本章的前四句之中，老子具体分析了事物的发展情况，这几句话贯穿了老子物极必反的辩证法思想。在以上所讲的翕与张、弱与强、废与存、夺与予这四对矛盾的对立统一体中，老子宁可居于柔弱的一面。在对人与物作了深入而普遍的观察研究之后，老子认识到，柔弱的东西里面蕴含着内敛，往往富于韧性，生命力旺盛，发展的余地较大。相反，看起来似乎强大而刚烈的东西，由于它的显扬外露，往往失去发展的前景，因而难以维持长久。在柔弱与刚强的对立之中，老子断言柔弱的呈现胜于刚强的外表。

我们知道，大道是无言的、无形的、无声的，它无处不在。大道对于我们的控制，我们能够意识到，但是无法感觉到，这正体现了大道的平凡之处。而它不以声色相诱惑，不以名利作引诱，不以武力相威胁，一切都是自然而然的，这使得我们不得不遵循它的原则，投向它的怀抱，得到永久的安详和平静，永远不会受到伤害，这正是大道的伟大之处。大道之所以伟大，是因为它的平凡，而这才是老子所说的大道的根本，也就是无为而无所不为的真谛。如果治理国家的人能够掌握大道的根本，能够效法大道无为而无所不为的做法，那么就无须用各种手段来笼络人心，费尽心机地控制他人了。于是，人们为了能够过上平静而安定的生活，必定会自然而然地投向他，归顺他。

处世之道

◎韬光养晦——蔡锷的处世哲学◎

这一章里，老子讲为人和做事，要讲究韬光养晦，“不可以示人”，它也成为一个人，甚至一个组织、一个国家在发展过程中所应当执守的法则。

蔡锷（1882—1916），湖南宝庆（今邵阳）人，出身贫寒，勤苦好学，曾入长沙时务学堂，师从梁启超、谭嗣同，后赴日本留学。回国之后，蔡锷参加了唐才常领导的反抗清政府的自立军起义，起义失败后再次赴日，进入陆军士官学校学习军事。1904 年学成归国后，先后在湖南、广西、云南等省（区）教练新军，1911 年初调往云南，任新军第十九镇第三十七协协统。同年 10 月 30 日，蔡锷在昆明率领新军响应武昌起义。不久，成立了以蔡锷为都督的云南军政府。

1912 年 1 月 1 日，孙中山在南京就任中华民国临时大总统，但是辛亥革命的胜利果实很快为北洋军头领袁世凯所窃取。2 月 12 日，在袁世凯的逼迫之下，清帝溥仪颁布“退位诏书”，第二天，孙中山辞去中华民国临时大总统的职务，2 月 15 日，袁世凯被参议院选为临时大总统，3 月 10 日，袁世凯在北京就职。

根据《中华民国临时约法》，1913 年 2 月，国会举行了第一次选举，国民党所得议席最多，因此国民党理事长宋教仁当出任内阁总理。早在袁世凯就任中华民国临时大总统之前，为了限制他的权力，《中华民国临时约法》中就已经规定，将国家政体由总统制改为内阁制。这样一来，内阁总理的权力就会在相当大的程度上对总统的权力产生制衡的作用。为了独揽大权，袁世凯不惜秘密派人在上海刺杀了即将北上入京的宋教仁。宋案发生之后，举国哗然，孙中山、黄兴等革命元勋立即对袁世凯进行了严厉的声谴，并且组织了中华革命党，发动了“二次革命”。

在此之前，出于维护国家统一的目的，蔡锷一直是支持袁世凯的。“二次革命”之时，黄兴约请蔡锷一同举兵，可是蔡锷却反对用武力来解决此事。他说道：“我国自改革以后，元气大伤，至今疮痍未复，断不可有第二次之破坏。且某国幸灾乐祸，正利用我有内乱，以遂其侵略野心，凡我邦人，正宜戮力同心，以御外侮……克强（即黄兴）、协和（即李烈钧）此举，未免铤而走险，急不能择。”鉴于这种观点，在“二次革命”中蔡锷宣布云南中立。尽管当时以平和的方式难以解决这一问题，但是蔡锷的看法也不能说是没有道理，而且“二次革命”也确实很快就遭受了挫败。

1913 年 10 月 6 日，袁世凯被国会选举为中华民国第一任大总统，随即于北京故宫太和殿就职。在此之后，袁世凯加紧了走向独裁专制的步伐，先后解散了国民党和国会，又废除了《中华民国临时约法》，并于 1914 年 5 月推出了新的《中华民国约法》，将内阁制又改为总统制，赋予了总统最大的权限。他还修改了总统选举法，规定总统任期为十年，任届则没有限制。

袁世凯就任大总统之后，蔡锷便辞去了云南都督的职位，北上进京。关于这件事，蔡锷的老师梁启超在《护国之役回顾谈》中说道：“蔡公把都督辞掉回到北京。他辞都督并非有人逼着他辞，云南人苦苦挽留，中央也不放他走，但蔡公意思一来因为怕军人揽政，弄成藩镇割据局面，自己要以身作则来矫正它；二来因为他有一种怀抱，想重新训练一班军官，对付我们理想的敌国；三来也因为在云南两年太劳苦了，身子有点衰弱，要稍为休息休息。”

蔡锷来到北京之后，担任全国经界局督办。他一方面领导着经界局的工作，一方面与蒋方震、阎锡山等人组织了军事研究会，积极研讨军事学术问题，不断地为国家的军事建设献计献策，倾心希望能够建立一支强大的武装力量，从而能够不再受制于人，一雪国耻。但是，袁世凯对蔡锷的这些积极的建议并不热心，而是将主要的精力全部放在了一件事上，那就是为自己谋求皇帝的宝座。

当初，蔡锷之所以支持袁世凯担任中华民国的临时大总统，是因为他觉得袁世凯“宏才伟略，群望所归”，拥有足够的威望和能力来担当起维护共和与振兴国家的大任。然而随着个人政治野心的逐步得逞，袁世凯的伪善面目也逐渐地显现出来。1915 年 5 月 9 日，袁世凯在日本的武力威逼之下，被迫签订了丧权辱国的“二十一条”，表示接受条款中一至四号共十四条的内容。这件事令蔡锷感到极为气愤，也让他对袁世凯不再抱有任何幻想，随着袁世凯复辟帝制活动紧锣密鼓地进行，蔡锷也下决心武力讨袁，“为四万万人争人格”。

为了实现武力讨袁的目的，蔡锷必须回到云南，因为他在北京并不掌有兵权。尽管他离开云南已经两年，但是他的旧部仍在，他在云南依然有着极大的号召力。然而，袁世凯虽然表面上对蔡锷优待有加，实际上却暗中提防着他，袁世凯曾对亲信曹汝霖说蔡锷“有才干，但有阴谋”。因此，袁世凯有意让蔡锷困居于北京，不肯让他擅自离开。特别是在这样的关键时刻，袁世凯对这个举足轻重的要人更是严加监视。蔡锷也看出了袁世凯的心思，所以在京期间，从不过问重大的国事。就在袁世凯的复辟活动甚嚣尘上之时，蔡锷却充耳不闻，反而流连于花街柳巷，与八大胡同中的名妓小凤仙尤为缠绵，颇显沉湎颓唐之意。不过，这全都是做给袁世凯看的，暗地里，蔡锷数次奔赴天津，与老师梁启超商议讨袁之策，初步拟订了以云南为基、武装反袁的战略计划。另一方面，蔡锷与云、贵军方密电交加，共议大计。同时，远在美国的黄兴也传来密函，规劝其逃离虎口，起兵讨袁。

为了更好地迷惑袁世凯，蔡锷自己领衔，联同蒋尊簋、孙武、唐在礼、蒋作宾等十一个将军，共同签名，关于帝制问题发表了自己意见，“主张中国国体宜用君主制”，这是对袁世凯称帝的明确支持。尽管如此，袁世凯仍然放心不下，暗中派人搜查蔡锷的家中物什。蔡锷对此早有预料，此前就已经将电报密码等事关机密的重要物件全都转移到了天津梁启超的卧室之中，因此袁世凯的搜查一无所获。

1915 年 11 月 11 日，蔡锷秘密离京，经天津转赴日本，又取道台湾、香港，绕经越南，最终于 12 月 19 日抵达昆明。对于蔡锷的“不辞而别”，袁世凯深感不安，他对财政总长周学熙说：“此人之精悍远在黄兴及国民党之上，即宋教仁或亦非所能匹。”袁世凯虽然感叹不经意间放得蔡锷远走无异于“纵虎出柙”，但是追之不及，也只得好言相恤，怎奈蔡锷的讨袁之心已经万分坚定而不可更移。

当蔡锷回到云南之时，袁世凯已经将国号由“中华民国”易为“中华帝国”，并且改元洪宪，加冕称帝。不久，蔡锷在云南组建护国军，联合四川、广西和湖南等省（区）兴师讨袁，沉重打击了袁世凯的势力。在护国军声威浩大的感召之下，贵州、陕西、四川、湖南等省纷纷宣布独立，这促使袁世凯被迫于 1916 年 3 月 22 日宣布取消帝制。

第三十七章 道常无为

【原文】

道常无为而无不为。侯王若能守之，万物将自化。化而欲作，吾将镇之以无名之朴[①]。镇之以无名之朴，夫将不欲。不欲以静，天下将自正。

【注释】

①朴："道"的另一个称呼。指道的一个方面。

【译文】

"道"永远是顺其自然的，却又好像没有什么事情不是它所作为的。侯王若能遵循道的原则，无为而治，天下万物就会按自身规律正常发展。当它的自生自长产生贪欲时，我就用道的真朴去整治它。用道的真朴来镇服它，就不会再起贪欲之心了。没有贪欲自然会清静无为，天下万物将自然而然走向稳定、安宁。

【解析】

这一章是老子《道经》的最后一章，《道经》共三十七章，主要讲述了大道的概念、形状、意义、价值和规律。本章与第三十五章的内容基本相同，中心议题是"无为而无不为"，即老子的朴治主义思想，也是老子思想体系中居于核心地位的命题。老子认为最完美的治世之法是"无为"，即顺着道的法则自然而为。能顺道而行，就会自然走上正轨。

在本章中，老子再次强调，治国的根本在于无为，治民的根本在于使民无欲。当老百姓违反天道、犯上作乱时，统治者尽量不要施加刑罚，更不要利用武力进行征讨，而应以淳朴和无欲去教化和感化他们。老子认为，治国者只有遵循大道，无为而治，百姓才会无拘无束，自由自在。在第二十五章中，老子曾提到过"道法自然"，意思是说自然是无为的，所以道也是无为的。什么是无为？就是静、朴、无欲。治国者如果能够遵循道的法则去处理政事，就不会危害百姓，而百姓也不会滋生贪欲，这样他们就会过上自然、平静的生活了。

无为的思想在老子《道德经》中多次被阐述、解释。本章第一句说"道常无为而无不为"。如何理解老子的道呢？道与宗教里的神不同。宗教里的神是具有人格的，它有意志，也有欲望；而道则不具有人格，但是它却创造了

道常无为而无不为。

万物，主宰了万物，并顺任自然万物的繁衍、发展、淘汰、新生，所以无为的确切含义应是不妄为、不强为。第二句老子引入人类社会，谈道的法则在人类社会中的运用。由于自然界的“道常无为而无不为”，所以老子要求侯王能守道而行，即在朝政方面，也要按照“无为而无不为”的法则来治理国家，从而导引出“化而欲作，吾将镇之以无名之朴”的结论。这里所说的“镇”，是镇服的意思，而不是用武力手段来镇压。

怎样在人类社会中运用道的法则呢？老子说，治国者只要恪守道的原则，遵循“无为而无不为”的法则，就会达到“天下将自定”的理想社会。大道无为，始终按照自己的轨道运行，可使整个宇宙和谐有序；治国者无为，始终遵循自然法则和社会法则，可使国家大治，百姓安定；自我无为，始终遵守自然之道和人生法则，可使自己健康长寿。在这里，宇宙、社会、人生是“实”“有”，自然法则、社会法则、人生法则是“虚”“无”，实与虚、有与无是对立统一的关系。因此，欲治实、有，必先守虚、无。自然法则是永恒不变的，所以无为的目的在于寻求“朴”，也就是合乎自然法则的社会法则和人生法则，治国以法，治身以朴，这样才能够实现“无为而无不为”的境界。

从政之道

◎以静守道——萧规曹随◎

一切事物都有其自身的发展规律，人们只能顺其自然，不可妄为。如果肆意妄为，违背事物发展的规律，就会适得其反。

汉惠帝二年（前193）七月，丞相萧何病死。吕后、惠帝遵照汉高祖的遗嘱，将齐国国相曹参召入朝中，让他接替萧何出任丞相。曹参奉诏入朝，吕后、惠帝授予他相印，让他做了丞相。曹参入主相府后，朝臣们都私下里议论，说萧何、曹参二人，早年一起追随刘邦起兵，又均为沛县人，关系原本十分要好，后来曹参战功卓著，封赏反而没有萧何的多，两人于是有了隔阂。现在曹参做了丞相，一定会对人事做大调整。为此，各级官员都慌张起来，他们担心自己的前程会毁掉。哪知曹参入主相府几日，什么事情都没有做，而且还贴出文告，表示一切政务、用人都依照前任丞相旧章办事。官吏们这才安下心来，像往常那样处理政务。

曹参从齐国来到长安担任丞相之职。

几个月过后，曹参渐渐对僚属有了大体了解，于是把那些说话雕琢、严酷苛刻、想竭力追求名声的官吏，全部罢免掉。同时，曹参又选拔各郡国中那些年老忠厚、口才迟钝的文官，填补以上的空缺。然后曹参就闭门不出，日夜饮酒，不理政事。卿大夫

众官员请求曹参处理朝政，却被留在府中痛饮。

以下的官吏和宾客见到曹参不处理政事，便纷纷入见曹参，都想找他好好谈一谈。可是等他们一来，曹参就取出醇厚的酒给他们喝，官员们刚想趁机进言，又被曹参灌酒，喝醉以后才离开，始终不能进言。自此以后，曹参的手下也不再询问曹参缘由了，都纷纷仿效起来。相国官邸的后园靠近官员的住处，官员每天饮酒唱歌呼喊，声音传到了很远的地方。曹参明知，却装聋作哑，不加理睬。曹参的随从侍吏厌恶他们，但是又不能得罪他们，只好把曹参请到园中游玩，听见官员酒醉唱歌呼喊，随从侍吏都希望曹参能制止他们，然而曹参非但没有制止，反而取酒设座，跟他们彼此呼应唱和。侍吏见此情景，感到莫名其妙，也不好再问。

曹参不但不去禁酒，就是属下犯了小过错，也往往代为遮掩。属吏们感恩戴德，都不敢轻易犯错，所以相府中没有发生什么大事。不过，朝中大臣却对曹参的行为感到不解，有些人还时常把这些情况报告给汉惠帝。此时，惠帝刚刚即位，他听说曹参日夜不停地请人喝酒聊天，好像根本就不把国家大事放在心上，还以为是曹参嫌他太年轻了，有些看不起他，所以有些着急，希望曹参能竭尽全力辅佐自己。

曹参的儿子曹窋在朝中担任中大夫，有一天，惠帝对他说道："你休假回家的时候，碰到机会就顺便问问你父亲，你就说：'高祖刚去世不久，现在的皇上又年轻，还没有处理政事的经验，正要丞相尽心尽力辅佐，共同处理国家大事。可是现在您身为丞相，却整天与人纵饮闲聊，一不向皇帝请示报告政务，二不过问朝廷大事，要是长此以往下去，您怎么能治理好国家和安抚百姓呀？'你问完后，看你父亲如何回答，回来后你告诉我一声。不过你千万不要说是我让你去问他的。"曹窋领了惠帝的旨意，回家后找了个机会，一边侍候曹参，一边按照皇帝的旨意跟曹参闲谈，并向曹参规劝了一番。曹参一听到儿子的话，不禁勃然大怒，大骂曹窋道："你小子懂什么朝政，这些事是该你说的还是该你管的呢？你还是赶快回朝侍奉皇上吧！"他一边骂一边拿起板子把儿子狠狠地打了一顿。

曹窋遭到父亲的打骂后，垂头丧气地回到宫中，向汉惠帝大诉委屈，并把挨打的过程一五一十地告诉了惠帝。惠帝听了更加觉得莫名其妙了，不知道曹参为什么发这么大的火。

第二天，早朝散了之后，汉惠帝把曹参留下，责备他道："丞相为什么要责打曹窋呢？他对你说的那些话是我的意思啊，也是我让他去规劝你的。"曹参听了惠帝的话后，立即摘下帽子，跪在地上不断叩头谢罪。汉惠帝赦他无罪，又对他说道："丞相您有什么想法，就直接对我说吧！"曹参于是向惠帝问道："请陛下好好地想想，您跟先帝相比，谁更贤明英武呢？"惠帝回答说："我怎么敢和先帝相提并论呢？"曹参又问："依陛下的看法，我的

曹参向汉惠帝阐述无为而治的意义。

德才跟萧何相国相比，谁更强一些呢？”汉惠帝笑着说：“我看你好像是比不上萧相国。”

曹参接过惠帝的话说道：“陛下说得非常正确。既然您的才能比不上先帝，我的德才又不如萧相国，那么先帝与萧相国在统一天下以后，陆续制定了许多明确而又完备的法令，在施行的过程中又都取得了很大成效，难道我们还能制定出超过他们的法令规章来吗？”接下来，曹参又诚恳地对惠帝说道：“现在陛下是继承守业，而不是在创业，所以，我们这些做大臣的，就更应当遵守先帝遗愿，谨慎行事，恪守职责。对已经制定并执行过的法令规章，就更不应该任意改动，而只能遵照执行了。我现在这样依照先帝的遗愿办事不是很好吗？”汉惠帝听了曹参的解释后，十分欣慰地说道：“我终于明白了，丞相不必再说了！”

曹参当政三年，极力主张清静无为不扰民，遵照萧何制定好的法规治理国家，整个西汉王朝社会稳定，百业兴旺。曹参死后，百姓们编了一首歌谣称颂他：“萧何定法律，明白又整齐；曹参接任后，遵守不偏离。施政贵清静，百姓心欢喜。”历史上称这段史实为“萧规曹随”。

“萧规曹随”的典故，很多人都只是肤浅地理解为：前任的办法好，就继承下来，不如前任就当好学生。但是没有认识到，那些可以被“曹随”的“萧规”，其本质上都遵循了事物的规律。因此，天地运行所遵循的规则并不烦难，只不过顺其自然而已。

德　经

第三十八章　处实去华

【原文】

上德不德，是以有德；下德不失德，是以无德。上德无为而无以为；下德无为而有以为。上仁为之而无以为；上义为之而有以为。上礼为之而莫之应，则攘臂而扔之[①]。故失道而后德，失德而后仁，失仁而后义，失义而后礼。夫礼者，忠信之薄，而乱之首。前识者[②]，道之华，而愚之始[③]。是以大丈夫处其厚[④]，不居其薄；处其实，不居其华。故去彼取此。

【注释】

①攘（rǎng）：捋起衣袖露出手臂，形容其貌粗鲁。扔：用力拉扯的动作。②前识者：有预见的人。道、德、仁、义、礼都谈到了，这里的前识者即“智”。③华：即“花”，指表面的东西。④大丈夫：不是今天说的有气魄的男子，指的是忠信守道的人，就如“圣人”。

【译文】

上德的人不表现为形式上的德，因此实际上是有德的。下德的人表现为外在的不离失德，所以实际上没有达到德。上德的人顺应自然无心作为，下德的人顺应自然而有心作为。上仁的人有所作为却出于无意，上义的人有所作为却出于有意。上礼的人有所施为而得不到回应，于是扬着胳膊，强迫别人跟随他去行动。所以，我们从这个道理可以知道，失去了道后才有德，失去德后才有仁，失去仁后才有义，失去义后才是礼。礼这个东西，是忠信不足的产物，是道、德、仁、义变得淡薄时才出现的，当然就是社会动乱的祸首了。所谓先知，不过是道的虚华表面，是愚昧的开始。因此，忠信守道的人立世，为人当敦厚而不轻薄，实在而不虚华。所以应当舍弃轻薄虚华而采取朴实敦厚。

上德不德。

【解析】

这一章老子提出，人类的精神从道到德、到仁、再到礼，是一个退化的过程。越往下，人为的造作越多，离道越远。大丈夫不应务虚，而应当以返本归源为要务。

“上德不德，是以有德；下德不失德，是以无德。”本章是老子《道德经》的第二部分——《德经》

的开篇。前面的章节是《道经》部分，《道经》阐释的是天道，也就是自然规律。而《德经》阐释的则是人德，也就是人生的行为准则。在老子看来，“道”的属性表现为“德”，只要是合于道的行为，就是“有德”；只要是不合于道的行为，就是“失德”。道与德是不可分割的统一整体，但是两者也有区别：德可以分为上德和下德，只有上德才合乎道的精神。德是道在人类社会的具体体现。道指的是客观规律，而德指的是人们把道运用于人类社会产生的功能。天道和人德一起构成了老子哲学的思想体系。

上德无为而无以为。

作为《德经》的开篇，本章首先揭示了上德与下德的区别。在老子看来，得道之人是具有最大德行的人，他们的心里本来就没有上德与下德的概念，所以人们才会认为他们的行为是合乎道德的。换言之，大道与大德都是无言无名的。如果一个人的心里有上德与下德的概念，那么他就会进入到后天的分别之中。一旦具有了分别之心，那么这个人便是凡夫俗子了。因此，凡是具有下德的人，他们的心里都会有上德与下德的概念，做任何事情都要拿道德去衡量，生怕自己的行为不合于道德。如此一来，人们所做的事情也就没有真正合于道德的了。

“上德无为而无以为；下德为之而有以为。”老子所说的上德与儒家所说的德政是不是一回事呢？老子认为，儒家的德政不合乎客观规律，不符合现实情况，仅仅是凭着个人的主观意志来推行的，所以不能称为上德，而是下德；而上德则是无为，它合乎自然规律，治国者心中没有功利的观念，不是仅仅凭着主观意志去办事，这样做的结果便是“无为而无不为”，而道的精神便能充分体现于人间。

在本章里，老子把政治分为两个类型和五个层次。两个类型即无为和有为。无为的类型包括道和德；有为的类型包括仁、义、礼。五个层次即道、德、仁、义、礼，其中德（德只是指上德，不是下德）和仁是这五个层次中最高的标准。“失道而后德”说的是失道则沦为下德，那就与上仁相差无几了。“失德而后仁”说的是离开了无为的类型才有了仁。仁属于有为的范畴，而“失仁而后义”“失义而后礼”说的是在有为的范围内所显示出来的不同层次。统观德、仁、义、礼这几个层次，只有上德属于客观行为，其它都属于主观行为。而下德则包含了仁、义、礼。如果统治者不能明道，总是以自我名利为中心，那么，他所推行的仁、义、礼，目的都在于巩固自己的统治地位。

在老子看来，大千世界中的一切生命都为道所主宰，它们的存在，既无益于大自然，也不能对大自然构成危害。他们自以为丰富多彩的生命，在大自然中却连一丝痕迹都不能留下。因此，一切生命都只有当下的存在意义，而没有原始的或终极的纪念意义。面对这种情况，人们不禁为生命的短暂和自身的渺小而感到叹息。生命是短暂的，人们应当如何度过自己的一生呢？由于人们都具有思想和意识，都能够区分善恶美丑，所以才有了道德标准，当然这种标准也是人为规定的。在老子看来，真正的德（即上德）是不需要形式的，这就为人们提供了足以参考的指标。人们在参透这一思想的同时，也就明白该做什么和不该做什么了，这样才不会辜负自己的一生。

为人之道

◎上德无为——郦食其为争功名而被杀◎

在本章中，老子提出了一个为人处事原则，即“处其实，不居其华”。这一原则是老子重实质而轻形式的观念的集中体现。老子认为，得道之人应当舍弃形式上的虚华，追求内容的朴实。这个观念直到今天，仍有很重要的意义。

公元前 203 年，楚汉之争正处于紧要关头，齐国作为第三方势力，逐渐成为楚、汉双方拉拢的对象。刘邦的谋士郦食其深刻地知道这一点，于是他向刘邦请命，要求到齐国去说服齐王归顺刘邦。这时，刘邦已经下令韩信进攻齐国了，但是郦食其不肯失去这次建功立业的机会，坚持要去齐国劝降。刘邦最终答应了郦食其的请求。

郦食其日夜兼程地来到齐国，然后见到齐王说：“您知道天下人心的归向吗？”齐王回答说：“我不知道。”郦食其说：“如果您知道了天下人心的归向，那么齐国就可以保全下来；否则的话，齐国就不能保全了。”

齐王有些担忧，就向郦食其问道：“天下人心究竟归向谁呢？”郦食其从容地回答道：“归向汉王。”齐王又问：“为什么这么说呢？”郦食其回答说：“项王既有背弃盟约的坏名声，又有杀死义帝的不义行为；他从不记挂着别人的功劳，却对别人的过错从来都记着；将士们立了战功得不到奖赏，攻下城池也得不到封爵；只要不是他们项家的人，没有谁能够得到重用；对应当赏赐给有功之人的侯印，项王把它拿在手中反复把玩，不愿意授给别人；攻城所得的财物，他宁可堆积起来，也不愿赏赐给大家；所以全天下的人都背叛他，有才能的人也怨恨他，没有人愿意为他效力。正因为如此，天下的才能之士都投靠了汉王，汉王安坐在营帐里就可以驱使

郦食其游说齐王归顺刘邦。

韩信攻破齐国后，齐王下令烹杀郦食其。

他们。如今汉王已经获得了敖仓的粮食，阻塞了成皋的险要，守住了白马渡口，堵塞了大行要道，扼守住了蜚狐关口，天下诸侯谁要是想最后投降，那么汉王就先将其灭掉。所以，大王您要是赶快投降汉王，那么齐国的社稷还能保全下来；如果不及时投降汉王的话，那么齐国灭亡就要成为现实了。”齐王田广听了郦食其的话，认为他说得很有道理，便答应了下来。

这时，韩信刚刚平定了赵、燕二国，正准备着向东攻打齐国。韩信大军抵达平原渡的时候，韩信接到探马来报，说汉王派了郦食其到了齐国，已经成功说服齐王田广归顺了汉朝。韩信得到消息后，心想郦食其既然已经说服了齐王，那么自己就不必攻打齐国了，而是应该率领军队返回去，帮助汉王攻打楚国。想到这里，韩信便下令在原地扎营，准备择日回朝。

数日后，韩信升帐与属下商议回朝一事，向众人说明了原因，正想下令撤军而还。这个时候，谋士蒯通站了出来，他劝阻韩信道：“不可！不可！”韩信不解，忙向他问道：“齐王已经归顺了汉王，我现在改道而还，先生为什么说不可以呢？”

蒯通回答说：“将军奉了汉王之命讨伐齐国，久经周折，如今才来到齐国边境。现在汉王派了郦食其出使齐国，探子回报说郦生已经说服了齐王，这件事是否属实，尚有疑问。况且汉王还没有颁下明令制止将军的伐齐行动，怎能仅凭探子的一句回报，就仓猝下令停止进攻齐国呢？再者说来，郦食其乃是一介儒生，他如果凭着三寸不烂之舌，就能攻下齐国七十余城，而将军率领数万甲兵，转战一年多，才攻下赵国五十余座城池。将军试想一下，您为将多年，反不如一介儒生的功劳，难道不感到羞愧吗？所以，我为将军考虑，您不如趁着齐军没有防备，率领军队长驱直入，扫平齐国。这样的话，平定齐国的功劳才能归于将军啊。”韩信听了蒯通的话，深思了片刻，觉得他说得很有道理。但又一想，如果发兵攻打齐国，那岂不是害了郦食其？于是当即对蒯通说道：“您的话虽有道理，但是我如果这样做了，齐国势必会杀害郦生，这样做不可以啊！”蒯通听后，笑着说道：“我知道将军不忍心害死郦食其，但据我所知，郦食其是自荐说齐的，他明知将军正在率军攻打齐国，却还要这样做，这岂不是他先负了将军吗？”韩信听到这里，勃然大怒，立刻站起身来，下令调动人马，过了平原渡，直逼历下。齐军毫无防备，结果被杀得大败。而韩信又乘胜追击，斩杀了齐将田解，生擒了华无伤，继而一路高歌猛进，直至临淄城下。

齐王田广本来已经答应郦食其，同意归顺汉王，这时他忽闻汉军杀到，不由得大惊失色，于是急忙将郦食其召来，当面训斥他道：“我听信了你的话，本来以为可以避免刀兵之祸，没想到你心怀鬼胎，假装骗我归顺汉王，暗地里却让韩信率领大军攻打齐国，致使齐国沦丧，你当真是罪不可赦啊！”

郦食其也慌张起来，对齐王说道：“韩信发兵，那是因为他不知道齐国的实际情况，希望大王立刻派遣一名使臣，一同随我去面见韩信，我一定能让他退兵，撤出齐境的。”齐相田横在旁插言道：“到那个时候，你一定会逃之夭夭，我们怎能再受你欺骗呢！”说着，不容郦食其再行辩解，下令将他扔到油鼎之中，烹杀而死。

韩信听到郦食其被杀的消息，心里感到不安，立即下令攻城。数日之后，攻破了临淄城。齐王田广、齐相田横只得弃城出逃，并派出使者向楚王项羽求救。

郦食其本来知道韩信率军伐齐，但是还向刘邦自荐说齐，其意在于争功夺名。功名本是虚华的东西，郦食其追求形式上的功名，最终却为功名所累，为功名而死。

第三十九章　贱为贵本

【原文】

昔之得一者：天得一以清；地得一以宁①；神得一以灵；谷得一以盈；万物得一以生②；侯王得一以为天下贞③。其致之也，谓天无以清，将恐裂；地无以宁，将恐废；神无以灵，将恐歇④；谷无以盈，将恐竭；万物无以生，将恐灭；侯王无以正，将恐蹶⑤。故贵以贱为本，高以下为基。是以侯王自称孤⑥、寡⑦、不榖⑧。此非以贱为本邪？非乎？故至誉无誉。是故不欲琭琭如玉⑨，珞珞如石⑩。

【注释】

①一：这里的几个“一”，指的是“道”。②以：因此。以下几个“以”都作“因此”解。③贞：通“正”，首领。④歇：灭亡的意思。⑤蹶（jué）：跌倒。⑥孤：孤独无助的人。⑦寡：寡居之人。⑧不榖：凶恶不善的人，与孤、寡均是贱称。⑨琭（lù）琭：美而坚的样子，形容玉的华丽。⑩珞珞（luò）：坚硬粗劣的样子，形容石块的坚实。

【译文】

从来凡是得到“一”的：天得到一而清晰明亮；地得到一而安宁稳定；神得到一而灵验有效；山谷得到一而充盈有生机；万物得到一而生长发育世世不绝；诸侯和君王得到一而使天下安定。推究其理，假若天不能保持清晰明亮，恐怕就会崩裂；如果地不能保持安宁稳定，恐怕就要塌陷；假若神不能保证灵验有效，恐怕就会消失；倘使山谷不能充盈有生机，恐怕就会枯竭；要是万物不能生长繁殖，恐怕就会灭绝；若是诸侯、君王无法保持清明恬静，恐怕就会被推翻。所以，尊贵是以卑贱为根本，高是以低下为基础的。因此，君王自称为“孤”“寡”“不榖”，这不正是把低贱当作根本吗？难道不是这样吗？所以最高的荣誉是无须去夸赞称誉的。所以有道的人君不应追求美玉般的尊贵华丽，而应像石头那样朴质坚忍，不张扬。

万物得一以生。

【解析】

这一章讲的是道的应用。

“一”就是道的意思。道是天下万物的根本，也是做任何事情，包括治理国家的根本。因此，“致之一”即按道的法则去行事。

“昔之得一者：天得一以清；地得一以宁；神得一以灵；谷得一以盈；万物得一以生；侯王得一以为天下贞。”在本章中，老子重点强调了一的概念，并反复使用了一。究竟什么是一呢？从狭义上来看，一就是唯一、统一的意思；从广义上来看，一是一个十分抽象的概念，它既指物质的唯一性，也指认识的统一性。老子认为，一是万物的最早起源，世间万物全都是由一慢慢衍生出来的。所以，这个一是万物所共有的一，任何事物都是从一开始的。

在本章中，老子列举天、地、神、谷、万物、王侯，说天与道相合便会变得清明，地与道相合便会变得宁静，神与道相合便会灵验，川谷与道相合便会盈满，王侯与道相合便能使天下大治。老子通过以上所列举的事物，阐明了一是万物存在的基础及万物始祖的道理。

“其致之也，谓天无以清，将恐裂；地无以宁，将恐废；神无以灵，将恐歇；谷无以盈，将恐竭；万物无以生，将恐灭。”既然一是万物的起源，是万物存在的基础，那么，假如这个世界上没有一，将会是怎样一种情景呢？这段中，老子论述了世界在没有一的情况下将会出现的情形：如果上天不能与道相合，便会崩裂；如果大地不能与道相合，便会废止；如果神灵不能与道相合，便会消失；如果川谷不能与道相合，便会枯竭；如果万物不能与道相合，便会遭到毁灭；如果王侯不能与道相合，天下就会发生动乱。

贵以贱为本，高以下为基。

说到这里，我们不禁要问：一究竟是什么呢？

其实，一并不是一个实物的体，而是一个抽象的理，它看不见，摸不着，无法用语言来描述，而只能为人们所感知。具体来说，一是统一性和规律性，它无形无状、无声无息、无色无味，它存在于万物萌发的开始，是宇宙万物得以生成的根源。

在本章中，老子说“贵以贱为本”，这句话顺承了“昔之得一者”一句，意思是说如果人们想得到这个玄妙而伟大的一，就一定要摒弃私心杂念和分别之心，达到“物我两忘”的境界。何谓“物我两忘”呢？也就是外物与我没有分别，心中也没有美丑、善恶和荣辱的界限。心中没有了这些概念，也就不会产生分别之心；没有了分别之心，也就不会有争夺的想法；没有了争夺的想法，也就不会因为没有达到目的而感到痛苦和烦恼。没有善恶、荣辱、美丑的概念，没有分别之心，没有争利的念头，没有痛苦和烦恼……这样，人生就达到了无欲无求的境界，这就是个人与大道的和谐统一。

以上所说的，是如何摒弃私心杂念和分别之心。没有了私心杂念，就等于说这个人没有了妄想。只要我们做到了不妄想，也就不可能去妄为了，不妄为也就不会违背道德规范。如果违背道德规范，便是我们经常所说的缺德行为。

我们知道，大道和大德是无处不在、无所不在的，它们无言无为，没有分别，万物都是由它们衍生出来的。它们无所谓追求和索取，所以也就没有执着之心。我们必须要抛弃私心杂念，因为它会制约我们对幸福感的认知。

人生一世，只有短短数十个春秋，如果我们把人生的意义仅仅定位在满足自己的贪欲上面，就会陷入痛苦的境地。那样，我们也许会在欲望的驱使下，做出一些违背道德的事情来。一旦做出这种行为，就会伤害别人，还会使自己的幸福毁于一旦，这种结局必然是痛苦的。所以，人们只有保持心无杂念，才会到达人生的最高境界。

为人之道

◎把握大道——不卑不亢地做人◎

老子所言的“贵以贱为本，高以下为基”落实在生活中，首先便在于时刻保持一种谦卑、朴实的心态，不要因为自己身份的尊贵、财富的富足或者其他优越的东西而产生洋洋得意的心理。试想，如老子所说，世界上最尊贵的莫过于侯王了，连他们尚且不可倨傲，更何况其他人呢？许多得道之士都认识到了这一点，因而以“尊贵”的身份，秉持谦卑的态度。

大作家托尔斯泰闻名遐迩，又出身贵族，却从不摆大作家的架子，而是始终将自己看得很平凡。一次，他在一个火车站等车，因车还没到，他便在月台上溜达。这时，一列客车正要开动，汽笛已经拉响了。忽然，一位贵妇人从列车车窗伸出头来冲他直喊：“老头儿！老头儿！快替我到候车室把我的手提包取来，我忘记提过来了。”原来，这位女士见托尔斯泰衣着简朴，还沾了不少尘土，把他当作车站的搬运工了。

托尔斯泰于是急忙跑进候车室将贵妇人的提包拿来并递给她。贵妇人于是感激地说：“谢谢啦！”并随手递给托尔斯泰一枚硬币，“这是赏给你的。”托尔斯泰接过硬币，瞧了瞧，装进了口袋。正巧，女士身边有个旅客认出了托尔斯泰，就大声对女士叫道：“太太，您知道他是谁吗，他就是列夫·托尔斯泰呀！”

“啊！老天爷呀！”女士惊呼起来，“我这是在干什么事呀！”她对托尔斯泰急切地解释说：“托尔斯泰先生！托尔斯泰先生！看在上帝的面儿上，请别计较！请把硬币还给我吧，我怎么会给您小费，多不好意思！我这是干出什么事来啦。”

“太太，您干吗这么激动？”托尔斯泰微笑着说，“您又没做什么坏事！这个硬币可不能还给您，这是我挣来的。”汽笛再次长鸣，列车缓缓开动，带走了那位惶惑不安的女士。托尔斯泰微笑着，目送列车远去，又继续他的旅行了。

另一个例子是关于被称作“经营之神”的日本松下电器创始人松下幸之助的。有一次，松下幸之助在一家餐厅请客人吃牛排。待大家用完餐后，松下让秘书去请烹调牛排的主厨过来，并特别强调：“不是经理，而是主厨。”秘书注意到，松下的牛排只吃了一半，心想过一会儿的场面可能会比较尴尬。主厨表情紧张地过来了，因为他知道将自己叫过来的是大名鼎鼎的松下先生。“有什么问题吗，先生？”主厨紧张地问。

“对你来说，烹调牛排已不成问题，”松下说，“但是我只能吃一半。原因不在于厨艺，牛排真的很好吃，但我已80岁高龄了，胃口大不如从前。”主厨与其他用餐者，面面相觑，不解其意。“我想和他当面谈。因为我担心他看到只吃了一半的牛排被送回厨房，心里会很难受。”原来松下先生是怕主厨怀疑自己的烹调手艺出了问题。这让主厨很感动，在场的客人更佩服松下的人格，并更喜欢与他交朋友，做生意。

实际上，留心的话，会发现那些真正为人们所尊崇的人物之所以受人尊崇，都不是靠自己强势地走到聚光灯下，然后告诉大家自己是多么了不起的，反而都是将自己看得平常不过，甚至低于常人，结果反而恰恰成就了自己的尊贵。

不过，如果仅仅是做到了谦卑，其实只是对老子所言的“贵以贱为本，高以下为基”理解了一半。事实上，如果从更深层次上理解的话，这句话还有另一层意思，那便是一个真正得道的人不仅仅应该自甘卑下，即不应因为自己地位尊贵、处境优越或暂时获得成功而产生自得、自负心理，还应该不因自己的地位卑下、处境贫贱或一时遭受挫折而自感卑下。关于此，美国诗人卡尔·桑德堡的故事可以给我们以启发。

卡尔·桑德堡是《林肯传》的作者，他所著的《林肯传》获得1940年普利策历史著作奖。当年，他为了写作《林肯传》，一个人居住在密执安湖边。每天早上，他准时出去，一边散步，一边构思。有人为了同桑德堡开玩笑，花钱请了一位又高又瘦的演员扮成林肯。他们躲在远处，看着那位演员慢慢地朝桑德堡走去，然后两人交错而过……

那演员回来后，雇佣他的人围住他问：“他干了什么？”

“什么也没干，只是看了看我。”演员说。

“什么也没干？”这些人有些不信。

“他鞠了个躬，”演员诚惶诚恐地说，“他说早上好，总统先生。”

如果说前面的两个故事为我们阐释了什么叫“不亢”的话，这个故事形象地为我们展现了什么叫作不“不卑”。而实际上，“不卑”和“不亢”是一回事，一个面对地位低于自己便趾高气昂的人，在地位高于自己的人面前，必然是一副低声下气的奴才相；而一个并不认为自己比地位低于自己的人优越的人，则自然会觉得自己与地位高于自己的人是平等的。只有同时做到了“不卑”和“不亢”，才可以说真正符合了老子所说的“道”。而到这个时候，也就无所谓高贵和卑下了，因为尊贵和卑贱在他这里已经被解构了。不过，话虽如此，事实上，不得不承认，真正能做到不卑不亢的人并不多。我们也往往能够发现，具此品质的人往往是那些取得了卓越成就之人。这个事实则恰恰又一次证明了老子的辩证法智慧，具有平凡而朴实的心态的人才是最卓越的人！

在生活中，我们每个人可能都会有感觉，一旦我们陷入自卑或者自负的泥淖中（实际上绝大多数人都或多或少地存在这种情况），那么我们必然不会在精神上产生平静而充实的感觉。这里，我们便知道，其最根本的原因不是别的，乃是我们没有生活在“道”中啊！也许之前你觉得老子之道是那么深奥枯涩，那么现在，“道”是不难理解的，不卑不亢地做人，你便一定程度上把握住了大道。

第四十章 有生于无

【原文】

反者道之动。弱者道之用。天下万物生于有，有生于无。

【译文】

“道”的运动是循环往复的运动变化，它的作用是微妙柔弱的。天下的万物都是生于看得见的有形质，而看得见的有形质却生于看不见的无形质。

【解析】

这一章老子提出了几个重要的结论：一个是“反者道之动”，任何事物的发展运动都是朝着相反的方向走。一个是“弱者道之用”，“道之用”就是道发生作用的方式。用弱而不用强，就是因为“反者道之动”，用弱反而能强，反之，用强则反而变弱。第三点是“万物生于有，有生于无”。

在这一章中，老子重申了道与德的关系：道不仅是无形的，而且还是无言的、无为的，人们不能真正地认识它，人们所能认识的，仅仅是道的德行而已。所以说，德是道的属性。

老子认为，“反者道之动”。这句话可以理解为：事物运动变化的规律是循环往复的，而我们周围的事物也都处在永不停息的运动变化之中。蝉皮挂在枝头，而蝉却没了踪影，我们四处寻找，树叶深处传来蝉的鸣叫，原来它的翅膀长硬了躲到密叶深处唱歌去了。然而好景不长，随着夏天的逝去，它的生命也就走到了尽头，第二年的夏天蝉声又起，如此循环往复，永不衰竭。

老子还说，“弱者道之用”。这句话的意思是说：道在发挥的时候，用的是柔弱的方法，它顺其自然，任由一切事物依照自然规律发展变化，而决不强加干涉，也不强加自己的意志，而是留给万物自由的发展空间。道孕育了万物，却不主宰万物，不把它们据为己有，不使它们受制于自己的力量。如果天下的统治者能够顺应大道，效法大道的做法，以柔弱的手段来治

反者道之动。

理天下，那么他们必然能够得到民众的拥护和爱戴，使其归顺自己。

由上可知，大道的德行就是循环往复和柔弱顺应。世间的任何事物都是由道而生的，因此自然应该合乎大道的德行，只有这样才能正常生长、发展和运行。一旦违背了道的德行，那就会被大道抛弃，这是因为所有事物都是由大道孕育而生成的，这正好照应了老子《道经》开篇所提到的“有，名万物之母”。

“天下万物生于有，有生于无。”这里还需要注意一点，那就是大道的孕育状态来源于无的混沌未开的状态，这正好照应了第一章中老子所说的“无，名天地之始”。如此说来，道的德行指的就是无的状态。人处在宇宙之中，就好像沧海中的一粟，显得那么微不足道。而我们乐于夸大个人存在的价值，这是一种虚妄的表现。人一旦产生妄想，就会违背自然规律而恣意妄为。恣意妄为是一种公然叛逆大道的行为，这种行为在现实生活中十分常见，如污染环境、乱砍滥伐、肆意捕杀，等等。如果人类认为自己是强大的、睿智的，就会犯下妄自尊大的错误，这也是一种不自知的表现，其结果必将是自我毁灭。如何才能避免自我毁灭的结局呢？这就需要人们清醒地评估自己，及时地反省自己，顺应自然之道，明晓生死皆自然的道理。做到这些，才能避免因妄想而导致的自我毁灭。

人的生命就是一次短暂的旅行，从起点出发，最后又复归到起点，这种循环往复是不可逆转的，它不会以人们的主观意志为转移，有生就有死，这是大道的自然规律，任何人都改变不了。既然改变不了生老病死的规律，我们为什么不坦然面对这一切呢？

经商之道

◎因祸得福——塞翁失马的启示◎

老子所言的“道”之微妙运行，可以说在现实中无时无刻不在影响着我们，现在我们以中国人所重视并经常提及的福、祸的视角来看一下“道”的微妙运作，看是否能从中得到一些启示。事实上，在《道德经》第五十八章中，老子曾专门提及了这一概念：“祸兮，福之所倚；福兮，祸之所伏。”而在编著于西汉时期的《淮南子·人间训》中，则有一个“塞翁失马”的故事对这句话进行了更为形象的演绎。

说在靠近长城一带居住的人中，有位性格开朗并擅长推测吉凶的老头。一天，老头的马无缘无故跟着胡人的马跑了，老人的家人都很愁苦，只有老头并没有因此事而不高兴，好像根本没有发生这件事一样。而附近的邻居听说这件事后，都纷纷前来老头的家里安慰这个倒霉的人家。但是，没想到老头却说道：“说不定这件事是一件好事呢！”大家一听，都很不理解，只是觉得老人可能老糊涂了。没想到的是，过了几天，老头家的马又跑回来了，并且还带回来两匹胡人的品种更为优良的马。老头的家人因此感到很高兴，但老头却并没有因此事而流露出开心的表情，依旧像是什么事也没有发生似的。这次邻居们又听说了，于是前来祝贺老头一家。没想到老头又不阴不阳地说了句：“这可能未必是件好事呢！”大家又同样把他当作了老糊涂。没想多过了一些天，老头的又应验了，他儿子在骑着胡马去放牧时，因为胡马性子刚烈，将他从马上摔了下来，并摔断了大腿，成了一个瘸子。人们听说这件事后，又一起来到老头家里探视并安慰。没想到的是，事情已经坏到这种份上，老头竟然仍然又说道："这件事可能是件好事呢！"这次老头的妻子看着自己的儿子成了残疾，都实在忍不住骂了老头。不过，没想到的是，几年之后，胡人大举侵犯边塞，于是，政府便在边塞征兵，所有的青壮年都被抓去做了壮丁，并因战事不利，十有八九都战死在了沙场。但是，老头的儿子因为腿瘸的缘故，便没有被抓去，因此保住了一命。显然，老头的话又应验了。

总体而言，塞翁失马的故事所能给予我们的启示的核心还是在于要明白在所有事物的表面之下的"道"之存在，许多事情都并非如同表面或者暂时看上去的那个样子，其背后存在一个"道"在暗暗地起着作用。因此我们在看待事物的时候，便要保持一种更为宏阔与长远的目光，不要将目光局限在一个孤立的点上。这样，我们便会更加智慧，看问题看得更透彻。同时，我们要明白，这个"道"乃是一个非常微妙的东西，不是说人力可以掌控的。因此，无论做什么事都要明白，总有你掌控之外的东西的存在，所以在行事的时候，我们便应该保持一种"谋事在人，成事在天"的态度，做自己该做的事，但对结果不要过多强求。

总之，便是保持一种顺其自然的态度，而这，也正是与道的柔弱特性相符合的，如此，其实我们反倒更可能达到自己的目的。

第四十一章　大器晚成

【原文】

上士闻道，勤而行之；中士闻道，若存若亡①；下士闻道，大笑之。不笑不足以为道。故建言有之②：明道若昧；进道若退；夷道若颣③；上德若谷；广德若不足；建德若偷④；质真若渝⑤；大白若辱；大方无隅⑥；大器晚成；大音希声⑦；大象无形；道隐无名。夫唯道，善贷且成⑧。

【注释】

①亡：通“无”，没有。②建言：一说是立言之意，一说是老子所引用的书名，也可能是谚语或歌谣。之：代词，指代下面的话。③夷：平坦。颣（lèi）：不平坦，崎岖。④建：同“健”。偷：懒惰、懈怠之意。⑤渝（yú）：空虚；有假。⑥隅：角落。⑦希：无、没有。⑧唯：只有。

【译文】

上士听到道后，必定立即勤奋去实行；中士听到道后，则将信将疑犹豫不定；下士听到道后，则会哈哈大笑。如果不被他们嘲笑，那就不足以成为“道”了。所以古时候立言的人说过这样的话：光明的道看似暗昧；前进的道好似在后退；平坦的道好似凹凸不平；崇高的德好似低下的川谷；广大的德好似有不足之处；刚健的德好似怠惰的样子；质朴纯真又好像浑浊未开；洁白无暇的东西好似含污纳垢了一般；最方正的东西好似没有棱角；最珍贵的器物总在最后制成；最大的乐声反而听来没有声音，最大的形象反而看不见它的形状。道幽隐无声，无名无状。也只有道，它善于给予万物并且辅助万物。

上士闻道，勤而行之。

【解析】

上一章老子讲了“反者道之动”，论述了道的德行，即循环往复、柔弱顺应。这一章也讲一个“反”字，即道的真正内涵以及发生作用的方式与世俗人们的认识往往相反。

万物是由大道所生的，所以无论何种事物，都应该遵循大道的德行，顺应自然的循环往复，达到无言无为的境界。只有做到这些，我们才能领略到生命的充实和美好，免受来自自然的惩罚。

“上士闻道，勤而行之；中士闻道，若存若亡；下士闻道，大笑之。”这一章老子重点告诉人们依道修德的具体方法。春秋时期，士人可以分为三等，即上士、中士、下士。上士指的是高明的贵族阶层；中士指的是平庸的贵族阶层；下士指的是浅薄的贵族阶层。在本章中，老子也把人类分为上士、中士和下士三个等级。但是老子在这里所说的三个等级，跟世俗社会中的等级不同，它是就认识水平上的高低而言的。因此，上士也就是悟道较深的人，中士就是对道半信半疑的人，下士就是对道无知的人。由于每个人对道的领悟程度不同，所以就会产生对道的不同看法：上士听人讲道的德行，能够很快领悟到其中的真谛，并将领悟到的道理应用到实践中去，以引导自己的行为，实现个人与大道的和谐统一。中士听人讲大道的德行，不能完全理解到德行的真谛，而且总是半信半疑，不能把领悟到的真谛应用到实践之中，所以这种人是很难做到真正解脱的。至于下士，他们听人讲道的德行，听完后完全否认大道的存在，还会对得道之人进行嘲讽，更不用说运用大道的真谛去指导实践，引导自己的行为了。

“不笑不足以为道。”对于下士的无知和嘲讽，老子表现出极度的宽容。老子认为，如果没有受到下士的嘲笑，大道也就不能称之为大道了。

接下来，老子说明了理由：“明道若昧；进道若退；夷道若纇；上德若谷；广德若不足；建德若偷；质真若渝；大白若辱；大方无隅；大器晚成；大音希声；大象无形；道隐无名。夫唯道，善贷且善成。”光明的道就像暗昧一般，前进的道正如后退一样，平坦的道就像凹凸不平一样，崇高的德就如峡谷一般，广大的德看起来像是不足一样，刚健的德好像怠惰一样，纯真质朴的品格就像混浊一样，洁白无瑕的事物就像含灰纳垢了一般，最方正的事物看起来好像没有棱角一样，大型珍贵的器物最后才会完成，最大的声响反而听不到它的声音，最大的形象反而看不到它的形状。这么晦涩难懂的话，谁会理解呢？纵然能理解上面这番话，又有谁能领悟其中的奥妙呢？得道之人必竟是少数的，而世界上的人多数是不得道的下士，如果不能宽容地对待他们，那么老子修道又是为了什么呢？因此，老子之所以宽容地对待无知的下士，在很大程度上是他悟道和修德的结果。大道可以包容万物，还能成全万物。

在现实生活中，我们难免要和形形色色的人打交道，这些人有的粗俗，有的高雅；有的单调乏味，有的幽默风趣。面对各种各样的人，我们应当如何与他们交往呢？如果自视清高，不与世俗之人交往，一看到他们就冷眼相对，那么自己也将陷入低俗的深渊之中。如果能够做到像莲花那样出淤泥而不染，以自己高洁的品行感化低俗之人，使他们慢慢脱离低俗，这才是难能可贵的。因此，怀有一颗包容之心，便是怀抱着无价之宝，我们也将受益无穷。

处世之道

◎道隐无名——王翦装贪赢得秦王的信任◎

王翦是战国末年秦国的名将。他年少时就喜好军事，后来投奔了秦王嬴政。秦王政十一年（前236），王翦带兵攻打赵国的阏与，大破赵军，攻下九座城邑。秦王政十八年（前229），王翦率兵攻打赵国，一年多就攻下了赵国，赵王投降，秦国改赵为郡。第二年，燕国派荆轲到秦国刺杀秦王失败，事后，秦王派王翦攻打燕国。燕王喜逃到辽东，王翦就平定了燕国都城蓟而返回。不久，秦王派王翦之子王贲攻打楚国，楚兵战败。转过头来又进击魏国，魏王投降，于是平定了魏国。

公元前226年，秦王嬴政准备出兵讨伐楚国。在讨伐楚国之前，嬴政想听听几位大将的意见。他第一个找到了李信。李信年轻力壮，曾带着几千名士兵追逐燕太子丹到衍水，最后打败燕军捉到太子丹，秦始皇认为李信贤能勇敢，便问他道："我打算攻打楚国，将军估算调用多少人才够？"

"二十万就足够了。"李信回答道。

秦王又问老将王翦，王翦说："非得六十万人不可。"

听完王翦的话，嬴政认为王翦年老胆怯，于是任命李信为主将，蒙恬为副将，率领二十万大军讨伐楚国。王翦的话不被采用，就顺水推舟，推托有病，回到老家频阳养老了。

第二年，秦军开始攻打楚国。最初，李信和蒙恬均进展顺利，二人分别在平与和寝邑大败楚军。这时，李信又趁势攻下了鄢郢，继而向西前进，打算与蒙恬在城父会师。楚军知道了李信的意图，便趁此跟踪李信的军队，三天三夜不停息，终于击败了李信，李信损失两个军营和七个都尉，惨败而回。

秦王听到这个消息，非常生气，后悔当初没有听王翦的话，迫不得已，他只好亲自乘车奔往频阳，来到王翦的家，见到王翦道歉说："寡人没有听从将军的建议，李信果然使秦军蒙受了耻辱。现在听说楚军一天天向西逼进，将军虽然有病，难道忍心抛弃了我吗？"

王翦在行军途中派使者向秦王请赐黄金、美宅。

王翦回答道："老臣病弱疲乏，昏聩无能，希望大王另选良将。"

秦王知道王翦还在生自己的气，继续表示歉意，并不停地说："好啦，将军您就答应我吧。”

王翦不好再拒绝嬴政，只好答应了他的请求，说道：“大王如果非要让我率兵打仗的话，非得拨给我六十万人不可。”

秦王一听王翦同意出山了，就答应他的要求，征集六十万大军，交给王翦指挥。王翦于是率领大军征伐楚国，而秦王为表诚意，亲自到灞上（今陕西省西安市东）为他送别。

在出发之前，王翦请求秦王赐给他许多良田、美宅、园林、池苑等。秦王说：“将军尽管上路好了，何必担忧家里日子不好过呢？”

王翦说：“我跟随大王南征北战，即使有功劳，也得不到封侯。所以趁着大王亲近我的时候，就及时请求大王赐予园林池苑来给子孙后代置办产业。”秦王大笑，不以为然。

当军队到达武关（今陕西商洛西南）时，王翦又连着五次派使者向秦王索要良田美舍。副将蒙恬说：“将军多次请求赐予田宅，未免太过分了吧。”

王翦私下偷偷地告诉他说：“你不知道我请赏的原因。秦王性情粗暴而多疑。现在调集全国的武士专门委托给我，我不用多多请求赏赐田宅给子孙置办家产来表示效忠秦王的决心，难道反而让秦王平白无故地怀疑我吗？”

王翦通过请赏田宅的方式，终于释去了秦王的怀疑，这样一来，他就可以放开手脚指挥对楚国的战争了。

在这篇故事中，王翦看出了秦王的多疑性格，所以故意暴露贪欲，自轻自贱，才赢得了秦王的信任。最终，他不但建功立业，还使王氏一家保全下来。从表面上来看，王翦的所作所为显得缺乏忠诚。他一会儿装病避战，一会儿又向君王索要良田美舍，贪得无厌。其实，王翦这样做也是迫不得已。有句话说：“木秀于林，风必摧之。”王翦有智谋，他深知秦王多疑残暴，一旦自己手里掌握了六十万重兵，秦王一定会心存戒备：担心王翦拥兵自重，威胁自己的统治。而秦国的大臣也会忌妒他，定然会在秦王面前诋毁他。所以，王翦便施用“大白若辱”的心理战术，给秦王嬴政制造了这样的假象：王翦以年迈之躯率兵征伐楚国，不过是为了凭着战功获得良田美舍，并没有什么野心。这个心理战术的运用收到了一举两得的效果，它一方面打消了秦王的疑虑，保全了自己；另一方面，他手里掌握了军队的指挥权，便可以大展手脚，取得战争的胜利了。

第四十二章　或损或益

【原文】

道生一[①]，一生二[②]，二生三[③]，三生万物。万物负阴而抱阳，冲气以为和[④]。人之所恶[⑤]，唯孤、寡、不穀，而王公以为称。故物或损之而益，或益之而损。人之所教，我亦教之，强梁者不得其死，吾将以为教父。

【注释】

①一：按老子学说，“一”即道。②二：这里指对立统一的“阴”和“阳”。③三：有两种说法：一是指阳阳交合产生的第三者“和气”；二是指阴阳相合所形成的一个均调和谐的状态。④冲气：空虚的气。⑤恶：厌恶。

【译文】

道是独一无二的，道本身又赋有阴阳二气，阴阳二气相交而形成一种适匀的状态，天下万物都是在这种状态中产生的。万物都背阴而向阳，并且在阴阳二气的互相激荡中生成新的和谐体。人们最厌恶的就是“孤”“寡”“不毂”，但是王公却用来称呼自己。所以世上的事物，如果减损它有时反而会得到增加，如果增加它有时反而会得到减损。别人这样教导我，我也去这样教导别人。自逞强暴的人将不得好死，我将把它当作教人道理的宗旨。

【解析】

这一章内容上可以分为两部分：前一部分老子提出了“宇宙生成论”，即“道生一，一生二，二生三，三生万物”。从道家的思想上讲，“一”为虚无之气，“二”为阴阳。一、二合而为“三”，从而生出了“万物”。后一部分讲的是道的起用之法，即用弱、用柔。

“道生一，一生二，二生三，三生万物。”在这一章中，老子阐释了大道的衍生规律，即大道生出了一，一生出了二，二生出了三，三生出了万物。本章所阐释的大道衍生规律，与第一章里所说的大道生出了妙一，妙一生出了二，二生出了三，三衍生出了宇宙万物的意思是相同

道生一，一生二，二生三，三生万物。

的。由此可以推断出一个结论：万物都在道中。

“万物负阴而抱阳，冲气以为和。”万物始终是处在天地之间的，天为阳而地为阴，老子在这里把阴阳理论和道德结合在一起。道是混沌未开、浑然一体的，而阴和阳是对立统一的。阴阳是对立的，正因如此，我们才可以把阴阳糅合在一起，使之成为一团“和气”。天气阳而地气阴，万物生于天地之间，必然带有阴阳二气。万物之所以生，是由于阴阳相合而生成的和气所致。正是有了和气，才使万物得以安宁和生生不息。

世间万物都有阴阳之分，各种生物也都有雌雄之别，也就是我们所说的阴阳。雄性具有阳刚之气，雌性则具有阴柔之气，阳刚和阴柔是万物的特征，也是万物得以延续的基础。阳和阴是对立统一的关系，它们既相互独立又不可分割，阴阳中和而生成和气。所以，不管是王侯公卿还是平民百姓，只有为人和气，才算是有道德的人。如果肆意妄为，坏事做尽，就不会得到人们的认可，也就不会拥有人格和尊严了。正因为“和”是人和万物的特性，所以和气的人才合乎大道和大德，才能受到大道的拥护；不和气的人不合乎大道，他们不但不会得到大道的拥护，还会受到自然规律的惩罚。

“人之所恶，唯孤、寡、不穀，而王公以为称。故物或损之而益，或益之而损。”一般来说，人们都喜欢风和日丽的天气，而厌恶风雨交加的天气，这就表现出了趋阳避阴的特征。任何人都不喜欢鳏寡孤独，不希望被人遗弃。然而王侯公卿常常称呼自己为“孤”“寡”“不穀”，其实这是自谦的说法，他们本身并没有脱离“和气”，他们越是自谦，越能得到天下万民的拥护和尊敬，也就是损之有益。我们爱说“和气生财”“家和万事兴”，这里的和就是“和气”。和气的人，从不计较个人得失，也不贪占小便宜，身边的痛苦和烦恼自然也就少了许多。北宋政治家范仲淹曾说：“不以物喜，不以己悲。”意思是说不要因为外物的好坏和自己的得失而或喜或悲，这是古人修身的高深境界。所以，不管是不是处在人生的低谷，也不管是不是遇到诸多不如意的事情，我们都不可为一时的得失而或喜或悲，而是要冷静、平稳、和气地面对一切。只有做到这些，才能经得住狂风骤雨的洗礼，最终见到美丽的彩虹。

“人之所教，我亦教之。强梁者不得其死，吾将以为教父。”老子在综合万物的时候提炼出了宇宙的真理，他针对事物各种弊病，开出一条万应妙方，这一“妙方”自然是“和气”，因此他得出结论：强横逞凶的人不得好死。这也成为老子教诲世人的首要教条。

从政之道

◎负阴抱阳——汉朝平定七国之乱◎

柔弱是生存之道，强横者终究不会有好下场。西汉时期，汉景帝平定吴楚“七国之乱”，而致吴王刘濞身死国灭的故事，就是一个典型的事例。

西汉初年，汉高祖总结秦亡教训时，认为没有分封同姓子弟为王，是秦朝灭亡的一个重要原因。因此，他一面消灭异姓诸侯，一面又陆续分封九个刘氏宗室为王。这九个同姓诸侯占据了全国的大片土地。汉高祖为防止刘姓诸侯被异姓篡夺，还特地杀白马为盟，立誓“非刘氏而王，天下共击之”。

刘邦死后，西汉经惠帝、吕后、文帝、景帝的治理，社会经济得到恢复和发展，形成了为后世所称道的“文景之治”。但是，诸侯王势力在此期间也迅速膨胀起来。汉朝的许多大臣都主张削弱诸侯王的势力，以维护汉朝的统治。尽管朝廷采取了一些措施，但仍不能有效地遏制诸侯国势力的膨胀。尤其是一些势力强大的诸侯，依然具备与中央抗衡的实力，其中威胁最大的当属吴王刘濞。

刘邦为巩固统治而大封同姓王。

吴王刘濞即位后，充分利用吴地的盐铁之利，在封国内铸钱、煮盐，牟取暴利。文帝时，刘濞的儿子在京师作客，被皇太子误杀，刘濞便心怀怨愤，称疾不朝，还广招各地逃到吴国的罪犯，与朝廷公然对抗。

汉景帝与群臣商议平叛的计策。

汉景帝即位后，采纳朝臣晁错的建议，于景帝三年（前154）下令撤销刘濞的会稽和豫章二郡。刘濞乘机串通楚、赵、胶西、胶东、菑川、济南六国的诸侯王，举兵发动叛乱。刘濞发兵二十万，同时又派人与匈奴、东越、闽越贵族勾结，以“清君侧，诛晁错”的名义，举兵向西，直逼西汉的统治中心关中。叛军顺利进军到河南东部。

汉景帝非常惶恐，又听了袁盎等人的进言，被迫杀死晁错，企图息事宁人。此外，景帝还颁下一份诏书，承认自己听信晁错谗言，犯下不可饶恕的过错，恳请诸侯原谅他。然而，吴王刘濞见到诏书后，认为景帝畏惧七国的大军，因此根本不把朝廷放在眼里，下令军队继续向西进攻，想要谋朝篡位。

汉景帝听说叛军继续西进，十分震惊，他开始意识到，刘濞这次是当真要颠覆朝廷了，这才下定了镇压叛军的决心。于是，他下令太尉周亚夫统率三十六个将军，去攻击吴、楚两国的军队；曲周侯郦寄攻击赵国的军队；将军栾布攻击齐国的军队；大将军窦婴驻扎在荥阳，监视齐、赵两国的军队。

太尉周亚夫率领大军出蓝田经武关至洛阳，出奇兵断绝了叛军的粮道。当时，天气十

周亚夫率军阻断了吴军粮道。

分寒冷，叛军士卒粮尽援绝，军心涣散，终于自行崩溃。周亚夫乘胜追击，到达淮阳，他询问门客邓都尉说："这场仗该怎么打呢？"邓都尉回答说："吴军锐气正盛，很难与他争胜。楚兵浮躁，锐气不能保持长久。现在将军不如率军坚守东北方的昌邑，阻塞吴军的粮道。到吴军粮草耗尽的时候，再进攻吴军的疲惫之师。"周亚夫对这个建议非常赞同，于是在昌邑坚守，并派军队去断绝吴军粮道。

这时，吴国的军队到达昌邑，与周亚夫的军队相遇。吴军本欲与周亚夫决战，但是周亚夫明令汉军坚守营垒，不得出城应战，否则杀无赦。吴军的粮草断绝了，士兵饥饿，多次向汉军挑战，却一直没有得到回应。吴军想采用声东击西的战术，夜里奔袭汉军的营垒，惊扰东南方向。周亚夫看穿了吴军的意图，便派人防备西北方向，果然，吴军从西北方向侵入，遇到在那里埋伏的汉军，结果吴军大败，士卒四处溃散。吴王刘濞和他的部下几千人连夜逃走，渡过长江逃到丹阳，得到东越的保护。周亚夫派人用厚利诱惑东越王，东越王遂诱使吴王出去慰劳军队，趁机派人用矛戟刺杀吴王，并把他的首级割下来呈给汉景帝。

吴王刘濞被杀后，汉军很快打败了其余六国的叛军。"七国之乱"终于被平息了。

吴王刘濞一心图谋造反，尽管汉景帝最初时一再忍让，但刘濞等人变本加厉，这是不懂得"柔弱处下"，最终也验证了"强梁者不得其死"的道理。

第四十三章　无为之益

【原文】

天下之至柔，驰骋天下之至坚。无有入无间，吾是以知无为之有益。不言之教，无为之益，天下希及之。

【译文】

天下最柔弱的东西，能腾跃穿行于天下最坚硬的东西中。空虚无形之物，能自由穿透任何没有间隙的地方。我因此懂得了“无为”的益处。这种无言的教化,无为的益处，天下很少有人能够做得到。

【解析】

上一章老子讲了万物的和气，这一章紧接着上一章的论述，继续阐述“柔”和“无为”的妙处。

天下之至柔，驰骋天下之至坚。

“天下之至柔”，天下的至柔之物是什么呢？答案显而易见，就是水。水为至柔、至顺的事物，我们在前面的章节中已经介绍过水的一些特性，它泰然自若、无欲无求，可以任由我们把它放到不同的器皿之中。水是最柔和的事物，它象征着大道的德行。水也是无欲无求的事物，它总是安静地绕开繁华，顺着低洼的河谷缓缓前行，默默无闻地顺流而下，滋润田地、山谷。它决不会在地势的险峻或壮观的地方驻足停留，它造福万物却不主宰万物；它决不居功自傲，而是甘于卑下的地位。

上面所说的，是水至柔的一面，但这还不足以说明水的本质。水的本质是什么呢？老子说：“(水的本质就是)驰骋天下之至坚。”在老子看来，尽管水是至柔至顺的东西，但它可以在最为坚硬的东西中驰骋、奔流。虽然水柔弱到了近乎虚无的境界，但是这并不意味着它柔弱可欺。李白有一句诗写得好：“抽刀断水水更流。”水是柔顺的，但是当它面对锋利坚硬的刀时，却丝毫也不畏惧，这难道不值得人们敬佩吗？我们知道“水滴石穿”的故事，一滴两滴水的力量是微不足道的，但是时间久了，水滴就可以在坚硬的岩石上穿个孔。石头是坚硬的东西，可以说没有任何的空隙可供侵袭，但是水却能凭着不断地积累侵入石头内部，可见具有柔弱特性的水拥有着多么神奇的力量啊！

从不可知的宇宙洪荒年代开始，水就凭着自己柔顺的特性攻无不克，几乎侵占了所有的领域：陆地、平原、丘陵、沟壑、沼泽、低谷、深潭。所以，水是万物的生存之源，也是人们赖以生存的源泉：我们尚在母体之内的时候，羊水就为我们提供给养；同时，羊水也保护着我们的身体，以免受外物的挤压而造成伤害。因此，可以说水是孕育我们的源泉，没有水我们就无法孕育生长，也就不能存活下来。水的作用是巨大的，但是它却十分谦逊，时刻表现出无为、素朴、默然的柔和状态。

"不言之教，无为之益，天下希及之。"水的柔和，体现的是朴素无为，如果人类能够拥有水一样的特性，那就做到了心静如水，也就不会陷入争名夺利的泥潭中了，自然也就少了许多痛苦和烦恼。水至柔至顺，无为不止，即使受到伤害也会坦然面对。通过这一章，我们应该学习柔水的处世态度，当我们面对伤害时，应该效法水的与世无争，应该宽容地对待一切，而不要睚眦必报。

为人之道

◎柔能骋坚——羊祜的怀柔之道◎

水和空气都是日常生活中常见的事物，它们都是天下最柔弱的东西，但是它们却无处不在，无孔不入，具有很强的穿透力和消解力，能够摧毁表面上看起来最强大、最坚固的事物。在某些情况下，强硬未必是好事，柔弱也可以取得很好的效果。

西晋建立以后，晋武帝司马炎打算一举灭掉盘踞在长江中下游的东吴政权。为此，他任命羊祜为都督，让他率兵镇守荆州，治理军事。

羊祜，字叔子，泰山南城（今山东省费县西南）人，博学能文，且清廉刚直，出身于汉魏名门士族之家，而他的母亲蔡氏为汉末名儒蔡邕的女儿，因此羊祜早年在父母的悉心教导下，博览群书，而且写得一手好文章。成年后，羊祜更是以"孝"闻名于世。司马氏掌权后，羊祜因孝名而得到了"以孝治天下"的司马氏集团的赏识。

羊祜到任之后，并没有急于加强军事建设，而是实行了怀柔政策，在当地设立学校，安抚远近的地区，很快就得到了江汉地区百姓的拥护。荆州与东吴隔江相望，羊祜对东吴人开诚布公，说凡是来投降的人，想要离开荆州，去哪里都可以，他绝不会阻拦。吴国的石城守备距离襄阳很近，经常派兵袭扰晋朝的百姓，羊祜为使晋、吴两国的百姓和平相处，就用计使吴国撤去了石城的守备。这样，羊祜就不用派重兵去防备吴军了，于是从荆州分出一半的戍兵开垦了八百多顷田地，大获收益。羊祜刚来荆州的时候，军队存粮很少，仅能支撑不到百日；后来，经过他的治理，竟然积蓄了可供十年用的粮食。晋武帝见羊祜治理荆州很有成效，就下令撤销江北都督，设置南中郎将，然后把他们所属的汉东和江夏的各军都归羊祜统一指挥。

后来，羊祜又在险要地区建造了五座城池，开发了大片肥沃的土地。自此以后，吴国

晋国士兵把捕获来的吴人所伤的禽兽送还给吴人。

的百姓不断前来归降，而羊祜仍以恩德信义安抚他们。

羊祜与吴军交战多次。每次交战，羊祜总是预先与吴军主将约定好日期才开战，从不食言搞突然袭击。有一次，吴国的将领陈尚、潘景率众来犯，羊祜打败了吴军，杀死了陈尚和潘景，但是他又称扬陈、潘二人的气节，对他们进行了厚葬。羊祜的军队来到吴国的地段，如果因缺少粮食而收割田里的庄稼，事后羊祜一定用绢偿还。他的军队在江沔一带游猎，这一带向来归晋国管辖，如果兵士捕获了吴国人所伤的禽兽，羊祜一定把捕来的禽兽送还给吴国人。于是，吴国人对他既敬佩又仰慕，都尊称他为“羊公”。

羊祜与吴国督护陆抗在荆州地区相互对峙。陆抗是吴郡人，父亲是吴国大将陆逊，陆抗早年在父亲的教导下，饱读儒家经典，以“忠义”闻名当世。当时，陆抗坐镇乐乡，而羊祜则屯兵于襄阳，两军相隔仅百余里。陆抗十分欣赏羊祜的为人，认为即使是乐毅、诸葛亮，也比不上羊祜的德行和度量。所以，两军驻守在边境上，都努力避免冲突，双方甚至还常派使者互访，彼此沟通，增加信任。陆抗和羊祜也都很讲“信义”。一次，晋国使者来访，陆抗得知羊祜喜欢饮酒，便马上拿出了自己珍藏多年的佳酿，交予使者，让他转赠给羊祜，以表敬意。羊祜得到这坛酒后，立即拔开酒盖，一饮而尽。然后大笑道：“这真是一坛好酒啊，刘伶（刘伶生性好饮）要嫉妒我啦。”来而不往非礼也。后来，陆抗生病了，羊祜知道他的病情后，就派人给他送了一副药。陆抗收到药后，吩咐下人把药煎好，准备服下去，一点也不起疑。有人担心羊祜在药中下毒，就劝陆抗不要服用，陆抗却说：“羊祜怎么会毒害我呢！”

羊祜在边境地区营造了和平的氛围，陆抗心里明白这是羊祜实行的怀柔策略。所以，他与部下议事的时候，常常告诫他们说：“羊祜施行仁政，如果我们不以仁德回应，就会不战自败。因此，我们只要守好边境就可以了，不要主动挑起事端，去追求小利。”吴国的国主却对边境的和平气象大为不满，他屡次派人去责骂陆抗，要求陆抗派兵侵扰晋国边境，破坏晋国的农业生产。对此，陆抗义正辞严地对使臣说：“一个小镇小乡，尚且不可以不讲信义，何况是一个国家呢？臣之所以这样做，就是要彰显我国的信义，不去无故伤害有德行的羊祜啊！”

羊祜在实行怀柔政策的同时，又修缮甲兵，训练军队，作了充分的军事准备。他上书给晋武帝司马炎说：“晋朝平定蜀地已经十三年了，现在吴国的国主孙皓残忍暴虐，吴国的百姓生活艰难，而我们晋朝的力量要比以前强大得多。因此，皇上应当抓住这个时机，平定东吴，统一天下，让全天下的百姓都能生活安宁，丰衣足食。”另外，他还向司马炎提出了一些灭吴的战略战术，这些见解都有独到之处。

公元 278 年，羊祜去世。仅仅过了三年，失去民心的吴主孙皓便在晋军势如破竹的攻势下，出城投降，东吴就这样灭亡了。尽管羊祜没有看到这一天，但西晋灭掉东吴，羊祜的贡献是不可磨灭的。

羊祜施之以德，取之以信，对待敌人也以仁德安抚，这就是他用的怀柔策略。用安抚的手段瓦解敌军，以延揽敌方的民心，为最后的胜利铺平道路，这就是柔能克刚的力量所在。

第四十四章 知足不辱

【原文】

名与身孰亲？身与货孰多[①]？得与亡孰病[②]？甚爱必大费[③]；多藏必厚亡。故知足不辱，知止不殆，可以长久。

【注释】

① 多：重视、尊重。② 亡：失去、丢失。③ 爱：吝惜，舍不得。

【译文】

名誉和生命比起来，哪一个更可亲？生命和财货比起来，哪一个更珍贵？得到名誉和丧失生命，哪一个更有害？过分热衷名利就必定要付出更大的代价；过于积敛财富，必定招致更惨重的损失。知道满足就不会受到屈辱，懂得适可而止就不会遇到危险，这样才可以保持长久的安乐。

【解析】

本章重点讲两个问题：一是教人珍视生命，不要把名利看得比生命还重。二是教人"知足""知止"，一切事物都要向相反方向转化，这是自然的法则。只有知止、知足才能长久。

在老子看来，人的最高目标应该是追求健康长寿，而不是追逐名利。这是因为人的精力是有限的，如果殚精竭虑地去追求名利，就会危害自己的生命。追求物质财富和名利本身并没有错，错就错在过分追求而不知满足，也就是欲望无止境，这是一切祸患产生的根源。因此，追求财富和名利要适可而止。

身与货孰多？

老子的哲学思想是一个完整的体系，各章节之间不可分割，它们一起构成了一个统一的整体，把其中任何一章孤立起来理解都是不合理的。本章和前面的第十三章就有着紧密的联系，这两章都是为了说明人应该自重自爱的问题，所不同的是第十三章以宠辱荣患与人的生命作比较，而本章则是以名利和财富与人的生命作比较。

"名与身孰亲？身与货孰

多？得与亡孰病？”名誉与生命相比，哪一个更值得我们亲近？财富与生命相比，究竟孰轻孰重？得到与失去相比，哪个害处更大？在这里，老子向我们提出了几个棘手但又必须面对的问题。把这几个问题回答圆满，并且把答案应用到实践中去，做到身体力行，这确实是有难度的。这时，老子阐发了自己的观点，即人应该珍惜自己的生命，不要过于看重名利和财富。要知足常乐，不可无限制地去追求名利，否则就堕落成贪婪之人了。老子在这里所阐发的“重生贵己”的观点，并不是贪生怕死，而是建立在珍惜自己生命的基础上的“生”，这与“苟且偷生”有着本质的不同。所以，当人们面对名利和财富时，要珍惜自身的价值和尊严，不可自贱自轻。

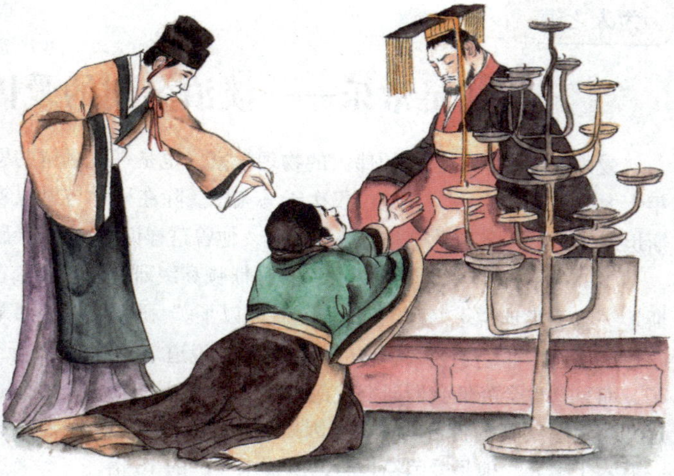
知足不辱，知止不殆。

“甚爱必大费；多藏必厚亡。”“甚爱”指的是过度地贪爱虚名和地位，这一行为必然会消耗大量的精力，付出惨重的代价。“多藏”指的是过度追求财物。在现实生活中，有一部分人为了满足自己的私欲，不惜出卖自己的灵魂，他们不仅违背道德规范，甚至还走上了犯罪的道路。得到的财物与失去人格尊严相比，实在是得不偿失。

“故知足不辱，知止不殆，可以长久。”这句话集中体现了老子的处世观。我们常说物极必反，世界上任何事物都有自己的发展极限，一旦超过这一限度，就会朝着自己的对立面转化。比如，人们常说一句话：真理再向前跨出一小步就是谬误。这话一点也不假，这是经过实践论证而得出的结论。知足就会少一些耻辱，所以说知足是明智的；知道适可而止方能长盛不衰，所以适可而止是有大智慧的表现。

人生在这个世界上，其本身就是很多偶然因素的组合，我们为什么是自己而不是别人？

正是因为这个世界上有自己和别人的区别，而我们又害怕别人比我们强，所以才争强好胜，有的人甚至不惜利用卑鄙无耻的手段来争取财富和名利。在这个过程中，这些人出卖的是自己的人格，耗费的是自己的精力，换取的仅仅是一点可怜的虚荣心。以沉重的代价换取蜗角虚名、蝇头微利，这是不值得的。

我们不否认利用聪慧的头脑和勤劳的双手来争取财富和名誉是光荣的，但我们必须把握住一个度，要适可而止。只有这样做了，才能既收获名利，又能保持身体的健康。

为人之道

◎知足常乐——淡泊名利的爱因斯坦◎

爱因斯坦是世界公认的伟大的物理学家，也是一位卓越的思想家，被推誉为“世界千年十大思想家”之一，其地位仅次于马克思。除在科学与思想领域的巨大成就之外，爱因斯坦还是一个将名利看得非常淡泊的人，他曾这样说：“金钱会破坏人的恬淡的心境。”

1938年，爱因斯坦受聘为美国普林斯顿高级研究院教授。在谈及薪金的要求时，爱因斯坦一脸严肃地说：“每年一千美元就可以了。”研究院院长弗莱克斯纳新听后，感到十分吃惊，他连忙回绝了爱因斯坦的这一要求，说道：“不行，不行，这与教授的身份太不相称了，而且这也会降低我们研究院的声望啊。”但是爱因斯坦表示这些已经足够了。最后，经过弗莱克斯纳新的苦苦劝说，爱因斯坦才勉强同意了院长所给出的最低年薪，这个数字是一万六千美元，他是爱因斯坦自己所要求年薪的16倍。

1948年5月14日，以色列共和国宣告诞生。1952年11月9日，爱因斯坦的老朋友、以色列首任总统魏茨曼逝世。在此前一天，就有以色列驻美国大使向爱因斯坦转达了以色列总理本·古里安的信件，信中正式提请爱因斯坦为以色列共和国第二任总统的候选人。

当天晚上，一位记者给爱因斯坦打来电话，询问道：“听说您被邀请出任以色列共和国的新一任总统，爱因斯坦先生，您会接受吗？”

爱因斯坦对这一提问给予了相当干脆的回答：“不会。我当不了总统。”

这位记者连忙劝导说：“其实，以色列的总统并没有多少具体的行政事务，他的位置是象征性的。爱因斯坦先生，您是最伟大的犹太人。不，不，您是全世界最伟大的人。由您来担任以色列总统，象征犹太民族的伟大，是再好不过的了。”

可爱因斯坦还是很坚决地说道：“不，我的确当不了总统。”

爱因斯坦刚放下电话，电话铃又响了。这次是驻华盛顿的以色列大使打来的。大使说：“教授先生，我是奉以色列共和国总理本·古里安的指示，想问一下，如果提名您当总统候选人，您愿意接受吗？”

爱因斯坦平静地回答说：“大使先生，关于自然，我了解一点儿；可是关于人，我几乎一点儿也不了解。像我这样的人，怎么能担任总统呢？请您向报界解释一下，给我解解围。”

大使进一步劝说道：“教授先生，您不会不知道，已故总统魏茨曼也是教授啊。所以说，您一定能够胜任的。”

爱因斯坦丝毫不为所动，回复道：“魏茨曼和我不一样。他能胜任，但我不能。”

听到这里，大使激动地说道：“爱因斯坦先生，每一个以色列公民，全世界每一个犹太人，都在期待着您呢！”

对于同胞们的好意，爱因斯坦很是感动，但他想得更多的是如何委婉地拒绝大使和以色列政府，既推辞掉自己的总统提名，而又不让他们感到失望和窘迫。不久之后，爱因斯坦在报上发表声明，正式谢绝了出任以色列总统。他说：“当总统可不是一件容易的事。”同时，他还引用了自己刚刚说过的话：“方程对我更重要些，因为政治是为当前，而方程却是一种永恒的东西。”

爱因斯坦在其光辉的一生中为世界作出了极大的贡献，但是他却从不在意自己会得到多少。他说：“看一个人的价值，应该看他贡献了什么，而不应该看他享有了什么。”可是在我们身边，有太多的人，其看法与爱因斯坦恰恰相反，他们以为自己的价值之高低，取决于自己已经拥有了什么，而全不在乎自己为这个世界奉献了什么。

老子讲：“甚爱必大费；多藏必厚亡。”这是告诫人们不可过分积敛财富、热衷名利。我们看一看爱因斯坦高尚伟岸的人格，就会很容易地发现，这位伟大的科学家、思想家，不就是一个甘于平淡、不慕名利的伟大的贤者和智者吗？

第四十五章 大成若缺

【原文】

大成若缺，其用不弊。大盈若冲，其用不穷。大直若屈，大巧若拙，大辩若讷①。静胜躁，寒胜热。清静为天下正②。

【注释】

①讷：口才不好。②正：通“政”。

【译文】

天下最美好的东西似乎也有欠缺，但它的作用是不会衰竭的。天下最充实的东西好像也很空虚，但它的作用是不会穷尽的。最笔直的东西看起来好像是弯曲的，最灵巧的东西看起来好像是笨拙的，最卓越的辩才好像是不善言辞的。清静可以克服扰动，寒冷可以克服炎热。做到清静无为才可以统率天下。

【解析】

这一章讲真正的“大”就是合于道，就是自然。因为自然，大反而好像很平常、有所缺陷似的。

清静为天下正。

“大成若缺，其用不弊。”“大成”即伟大而又完美的成就，这里指道所成就、所创造的整个世界。“缺”指的是缺陷，不完美。“弊”意为衰败、衰竭，引申为短暂的、变化的。从内容和行文结构上来看，本章可以说是第四十一章的延续。老子认为，“大成”“大盈”的人“若缺”或者“若冲”。

什么是“大成若缺”呢？指的就是一个取得了巨大成就的人要表现得有所欠缺。既然获得了极大成就，为什么还要表现得有所欠缺呢？这是因为，只有让自己保持欠缺，才能保持已有的成就，使发挥出来的作用永不衰退。由此可知，大成若缺的道理与老子上一章所说的“知足不辱，知止不殆”有着极大的相似之处。这里的“有所欠缺”是什么意思呢？指的是做任何事情都要留有余地。为什么做事情要留有余地呢？这是因为留有余地不但可以进退自如，还能保持自己开创的事业不衰退，并使其源源不断地发展下去。

“大盈若冲，其用不穷。”其中的“盈”是充盈、丰满的意思；“冲”则是冲动、冲击的

大直若屈。

意思，后来引申为溃决之意。这句话的意思是说：最充盈的好像溃决，但它的作用永不穷尽。这一句和上一句说的是同一个道理，都是在论述物极必反的道理。老子反复强调物极必反，目的在于告诉我们，凡事要把握一个度，要适可而止，不要永无止境地追求圆满无缺的状态，因为这种状态继续发展下去，便会朝着相反的方向转化。所以，只有保持“大成若缺”“大盈若冲”的状态，才不至于走向极端。

“大直若屈，大巧若拙。”“屈”意为弯曲、邪僻。“大巧”指的是最灵巧的人。在前面的章节里，老子也曾表达过自己关于灵巧与机巧的看法。在老子看来，机巧是邪恶的，它把人类从朴素引向了奢华。机巧是邪恶的，那么拙劣就是好的吗？这确实让人难以理解，机巧表现出笨拙的样子，这难道就不是机巧了吗？那它又是什么呢？如果我们想参悟这个道理，就一定要联系老子“无为”的观点。老子认为，无为并不是无所事事。如果把无为比作果皮，那么无不为就是果实的内核。老子在前面的章节论述水的本质，目的就在于劝导人们要像柔水一样与世无争。这个“与世无争”，并不是任人宰割的意思，而是指没人能与之相争。伎巧亦是如此：伎巧表现出拙劣的样子，其实它的本质并没有变，只不过是披了一件外衣，这是保护自己的需要。

“大辩若讷”的意思与“大巧若拙”相同，说的是生存的技巧和策略，它的主要特点就是掩藏自己高明的面目，不是表现出强硬和锋芒毕露的样子，而是装出一副软弱、低能、愚笨、木讷的样子，并把这个假象展现给人看。这是一种十分睿智的处世策略。老子向来反对张扬，在他看来，如果强壮者、富足者、当权者刻意炫耀自己的权位和财富，那么他的财富和权位将会受到损害，而他也会陷入岌岌可危的境地。

“静胜躁，寒胜热。清静为天下正。”前一个“静”指的是冷静，后一个“静”意为清静无为，即和谐一致、协调统一的状态。我们常说“心静自然凉”，这里的“静”是安静的意思，“凉”则是心安静下来之后感受到的一种清凉之意。当一个人心烦意乱时，会常常产生烦闷和燥热的感觉，这在很大程度上就是心不静的结果。人有了私欲便有了争夺，有了争夺便会有失败的可能，失败了就会感到痛苦。痛苦是没有尽头的，而人生是短暂的，与其在苦海中漂泊一生，何不自然平静地享受生活呢？

处世之道

◎大辩若讷——鲁仲连巧谏辛垣衍◎

这一章反映了老子朴素辩证法的观点，也就是透过表象和把握实质，告诫人们应当去伪存真、由表及里。有些事物的表象与它的本质是截然相反的，“大成若缺”，“大盈若中”，“大直若屈”，“大巧若拙”，“大辩若讷”，那些本质上很完美的东西，常常会给人以欠缺的感觉。最雄辩、口才最好的人，却常常给人以口讷的感觉。

魏王派辛垣衍出使赵国，去劝赵王接受秦国帝号。

鲁仲连原本是游士，他听说魏国派辛垣衍来赵国，劝赵王支持秦国称帝，于是要求见辛垣衍。但是，两人见面后，鲁仲连并不急于驳斥对方，而是先让对方提问，这看似不善于辩论，其实正体现了“大成若缺”的道理。

战国后期，赵孝成王在位时，秦军在长平大败赵军，坑杀赵军降卒四十万，秦国乘胜进攻，围困赵国都城邯郸一年之久。为解救赵国之围，魏安釐王派将军晋鄙救援赵国。但是晋鄙畏惧秦军，所以魏军驻扎在荡阴，不敢发起进攻。

魏安釐王又派将军辛垣衍，由小路秘密潜入邯郸，会见平原君，并通过平原君向赵王转达建议，说道：“秦国之所以急着围攻赵国，是因为以前秦王和齐王争相称帝，后来秦昭王撤销帝号，是由于齐国撤销帝号的缘故。如今齐国日渐衰弱，只有秦国能称雄于天下。秦国此次出兵不一定是贪图邯郸之地，其真正目的是想要称帝。如果赵国真能派出使者表示拥戴秦昭王为帝，秦国肯定会很高兴，这样就会撤兵而去。”

平原君深深知道，拥护秦王为帝，就意味着投降。他觉得这件事关系重大，正在犹豫不决的时候，侍从向他报告说，有个叫鲁仲连的客人想求见他。鲁仲连是齐国人，此时在赵国游历，正赶上秦军围困赵国，鲁仲连听说魏国想要让赵国拥戴秦王称帝，所以前来求见平原君。平原君听说有客人来见，忙吩咐召见。

鲁仲连见到平原君，直截了当地问道：“在下听说，魏王想让赵王尊奉秦王为帝，不知平原君打算怎么办呢？”

平原君回答说：“我赵胜怎么还敢谈论这件事情？百万大军挫败在外，如今秦军又深入赵国，围困邯郸而不撤兵。魏王派客籍将军辛垣衍来令赵国拥戴秦王称帝，现在这个人就在邯郸，我怎么还敢谈论这件事情？”

鲁仲连说："以前我一直以为您是天下的贤明公子，今天才知道并不是这样。那魏国的客人辛垣衍在哪里？我请求替您责备他。"

平原君说："那我就把他叫来见先生吧。"

平原君于是说服辛垣衍去见鲁仲连。鲁仲连见到辛垣衍后，没有立即说话。辛垣衍忍不住了，向他问道："我看居住在这个被围之城中的人，都是有求于平原君的。可是先生不像是有求于人，您为什么不愿意离开呢？"

鲁仲连回答说："我听说周朝的隐士鲍焦德行很高，他因为不愿屈从浊世而自杀。一般世人却不了解鲍焦的死因，认为他是为了一己私利，由于心胸狭窄而死的。现在的人只知道为个人利益打算，而不去伸张正义，也不敢反抗那不合理的事情。那秦国，是一个抛弃礼义、崇尚战功的国家，它以权术驾驭其群臣，役使它的百姓。如果让秦国肆无忌惮地称帝，甚至要统治整个天下，那么我鲁仲连宁可到东海跳海自杀，也不能容忍做它的顺民。我之所以要见将军，是想要帮助赵国反抗暴秦啊。"

辛垣衍问："先生将如何帮助赵国呢？"

鲁仲连说："我想要让魏国和燕国帮助赵国，而齐国、楚国本来就在帮助赵国。"

辛垣衍说："至于燕国，我认为会听从您的。至于魏国，我就是魏国派来的，先生怎么能使魏国帮助赵国呢？"

鲁仲连坚定地回答说："那是因为魏国还没有看到秦国称帝的害处；如果让魏国看清秦国称帝的害处，那么它一定会帮助赵国的！"

辛垣衍又问道："秦国称帝有什么害处呢？"

鲁仲连讲述了齐威王与周天子的历史故事，指出天子作威作福的历史教训，然后以邹、鲁两个小国的臣民拒绝称帝的齐王入境的事例，来激励魏国抗秦的决心，接着又说："如果让秦国称帝，那么秦国就会马上更换各诸侯国的大臣。他们将撤换他们认为不像样的人，把职务授予他们认为贤能的人；他们将撤换他们所憎恨的人，把职务授予他们喜欢的人。他们还会把他们的女儿和谗佞的女子都充入诸侯的后宫，这样的女子进入魏王的王宫，魏王还能平安地过日子吗？而将军您又怎么能保持住原先受宠的地位呢？"

辛垣衍听了鲁仲连的这一番话，不禁冒出一身冷汗，于是他站起身来，向鲁仲连拜了两拜，道歉地说道："起初我还以为先生是个平庸之辈，如今我才知道先生确实是天下的高士呀！我请求离开这里，不敢再提及尊秦为帝的事了。"

秦国的将领听说这件事后，将军队撤退了五十里。恰巧这时魏国的公子无忌夺取了晋鄙的兵权，率领军队前来援救赵国，进攻秦军。秦军就撤回去了。

秦军撤走之后，平原君想封赏鲁仲连。鲁仲连再三辞让，始终不肯接受。平原君就设酒宴款待他。当酒正喝到兴头上时，平原君起身上前，用千金向鲁仲连表示感谢。鲁仲连笑着说："天下之士所看重的，是为人排忧解难消除纷乱而不收取任何报酬。如果要收取报酬，那就和商人没有什么区别了，鲁仲连不忍做这样的事。"于是辞别平原君而去，终生没有再来见他。

第四十六章　知足常足

【原文】

天下有道，却走马以粪[①]。天下无道，戎马生于郊。罪莫大于可欲；祸莫大于不知足；咎莫大于欲得[②]。故知足之足，常足矣。

【注释】

①走马：战马。原意为善跑的马。粪：通“播”，耕种。②咎（jiù）：过失，罪过。

【译文】

统治者治理天下如果遵循“道”的规律，就可以做到政治清明，民间太平安定，就能把运载的战马还给农夫去耕种。如果治理天下不合乎道，政治不清明，祸乱四起，就连怀孕的母马也要上战场。最大的罪恶莫过于放纵欲望，最大的灾祸莫过于不知满足，最大的罪过莫过于贪得无厌。所以，知道欲望有度，不贪得无厌，才能保持恒久的满足。

【解析】

在本章中，老子从大道的立场教人知足敛欲，以防物极必反。

天下有道，却走马以粪。

“天下有道，却走马以粪。天下无道，戎马生于郊。”“有道”即把握、认识到世界的本质并遵此而行。“粪”即给农田里的庄稼施肥。施肥是整个农业活动的一部分，所以这里代指的是整个农业活动。这句话说的是：天下有大道可循，就可以让战马退还到田间去耕田；天下没有大道可循，那么战马就会在郊野战场产下马驹。这句话的言外之意是说，统治者应遵循大道，引导民众从事农业生产，而不要发动战事。春秋后期，各诸侯国为了争利，不断发动战争，而黎民百姓则在乱世之中妻离子散，家破人亡，处境极为悲惨。老子站在民众的立场上，表达了对统治者发动战争的不满。在本章中，老子分析了诸侯发动战争的原因。他认为，战争是统治者为了满足自己的私欲而发动的。所以，要想避免战争，就得让统治者明白一个道理，即战争不但不能使国家强大，反而会削弱自己的统治。只有清醒地认识到这一点，统治者才能摒弃私心杂念，实行无为之治。无为而治是合乎大道的，只有合乎了道，天下才能太平。不实行无为之治，就不能合乎大道，战争频频，天下大乱，这正是老子所深恶痛绝的。

"罪莫大于可欲"，这里的"罪"是罪恶、罪行或犯罪的意思。什么是"可欲"呢？就是放纵欲望。《河上公章句》中说，可欲即"好淫色也"。其实，欲望的范围大得很，并不局限于女色。春秋后期处在变革的前夜，从诸侯国君到黎民百姓，他们的心中都产生了各种欲望。人们有了各种欲望，便会为了满足欲望而互相争夺，所以老子才把"可欲"视为一种罪恶的行为。

"祸莫大于不知足"，这里的"不知足"是人类心灵的最重要特征之一，它会让人产生出种种苦恼，同时它也引着人们跨越了人和动物之间的巨大间隔。不知足在人类的进化过程中发挥了重要作用，它带动着人类走出了漫长的原始蛮荒时代，它鼓动着人类逐渐脱离无知无识的愚昧状态。然而，不知足也体现了人类的勃勃野心，正是因为它，人们才会为满足欲望而采取各种手段，其中包括杀人越货、发动战争等。所以，老子把不知足说成是人类最大的祸患，这一观点具有一定的道理，并不是危言耸听。

"咎莫大于欲得"，这里的"咎"即祸咎或过错、过失；"欲得"指的是欲望得到满足。这句话的意思即最大的过失是贪得无厌。由前面可知，可欲与不知足都会引起罪恶、祸患，而"欲得"不但可憎，而且后果还非常严重。纵欲是一种不知收敛的放肆行为；不知足是一种不知内敛的进取行为，而贪得无厌则是人心不知满足的无限扩大。所以，贪婪对于统治者而言，往往会把国家引向无穷的灾难；贪婪对于普通人而言，往往会把自己拖入众叛亲离的境地。

因此，贪婪是一切灾祸的根源。统治者为了满足贪婪的欲望而发动战争，结果人民深受其害；我们普通人为了满足贪婪的私欲，同样也付出了沉重的代价。欲望的外向性，决定了我们对外界事物的贪婪欲求只能是一个无底洞，如果我们深陷其中，所付出的代价将是无法估量的。所以，我们一定要吸取教训，从贪婪中解脱出来。说到这里，怎样才能从贪婪中解脱出来呢？这就需要借助大道的德行了。大道的德行就是无欲无求，只要能够遵循大道，合乎大道的德行，做到无欲无争，就会感受到人生的快乐，而快乐正是知足对我们的最好的奖赏。所以，老子在本章的最后得出结论："知足之足，常足矣。"也就是要人们知足敛欲，只有这样才能保持恒久的满足。

从政之道

◎罪咎无道——跋扈擅权的长孙无忌◎

人生最大的祸患，往往是因为不知足而引起的；人生最大的过失，也常常是因为自己的贪得无厌而发生的。所以说，知足而止，就会经常感到满足。世人之所以妄生是非，多是因为贪欲不止所致。历史上这样的例子比比皆是，唐朝长孙无忌就是因为过于贪恋权位，所以才落得个不得善终的下场。

长孙无忌，字辅机，河南洛阳人。其家世显赫，他的妹妹为李世民的皇后长孙皇后，而他本人在太宗、高宗二朝为相。特别是高宗永徽年间，长孙无忌以元舅之亲、顾托之重，掌握了唐朝的大权。然而，这位权倾一时的三朝元老，却被武则天指使人诬告谋反，唐高宗将其发配黔州，不久又被逼自杀。长孙无忌的结局，应验了吴王李恪在临死前的咒语：长孙无忌窃弄威权，构害良善，宗社有灵，当族灭不赦。

长孙无忌在李世民争夺皇位的过程中立下了很大功劳。

隋朝末年，长孙无忌与李世民为布衣之交。公元618年，李渊在晋阳起兵后，无忌跟随李世民南征北战，功勋卓著。唐朝在统一天下的过程中，李世民立下了很大的功劳，而他的身边也云集了一大批谋臣勇将。唐朝统一全国后，李世民想夺皇位，但是又难以开口，随着李世民与太子建成、齐王元吉矛盾的激化，长孙无忌率秦王府的部属“日夜劝李世民诛建成、元吉”。当得知太子决定向李世民动手的消息后，长孙无忌等人又力劝李世民先发制人。经过一番周详计划，李世民于武德九年（626）率领属下杀死了建成、元吉，这就是“玄武门之变”。玄武门之变后不久，唐高祖退位让贤，李世民登基为帝，改元“贞观”。长孙无忌因“谋诛建成、元吉有功”，备受李世民的宠信。

贞观十七年（643），太子承乾被告谋反，被废为庶人。根据立嫡不立庶的原则，最有资格被立为太子的，只有长孙皇后所生的儿子魏王李泰和晋王李治了。魏王李泰喜好文学，深得唐太宗的喜爱，而唐太宗也想立他为太子；晋王李治仁慈懦弱，唐太宗不太喜欢他的个性。当时，朝中有很多大臣主张立魏王泰为太子，但是以长孙无忌和褚逐良为代表的部分大臣，则坚持拥立晋王李治。长孙无忌不但是外戚，而且还是当朝宰相，他既是唐太宗最信任的大臣，又是关陇集团的代表人物。而关陇集团之于唐朝，就好像双臂之于身躯。如果因为立储问题而与关陇集团产生矛盾，将会对唐朝的稳定产生极大影响，这就使得唐太宗不得不慎重考虑太子的人选问题。最后，经过反复权衡，唐太宗决定立李治为太子。

当时，长孙无忌坚决主张立李治为太子，并不是因为李治“仁恕”，而是有他自己的考虑。一方面是因为他与魏王李泰素有矛盾，而李泰备受太宗宠爱，已在朝中树立了自己的党羽，一旦魏王被立为太子，最终继承皇位，那么长孙无忌的地位很有可能被削弱或剥夺。另一方面，晋王李治生性懦弱，如果能拥立他做太子，长孙无忌便可借着拥戴之功操纵李治。

李治被立为太子以后，唐太宗十分怀疑他的能力，曾多次想更换太子。好在长孙无忌在关键时候总能说服太宗，唐太宗更换太子一事只好作罢了。

贞观二十三年（649），唐太宗驾崩，李治登基为帝，是为高宗。高宗即位后，任命无忌为太尉，兼检校中书令。永徽年间（650—655），唐高宗将政事全权交给无忌、褚遂良来处理，两人尽心尽力，以天下安危自任。不过，长孙无忌在稳定朝政的同时，又极力扩充关陇集团的势力。自高宗即位至武则天被立为皇后的六年间，唐朝共有六任宰相，其中有

长孙无忌在太子废立的问题上发挥关键作用。

五个人来自关陇集团。长孙无忌不但极力扩充自己的势力，而且还大力排挤非关陇集团的大臣，所以引起很多大臣的不满，无形中给自己树立了一个反对派。更加严重的是，无忌借房遗爱谋反一案，杀害了当时在朝中名望极高的吴王李恪。此外，他还将与自己不和的江夏王李道宗流放到岭南。为了巩固自己的权势，长孙无忌又广结党羽，然而，他的努力却把自己推向了孤立的境地。

高宗永徽末年，正当无忌势力极度膨胀的时候，在后宫中，却发生了王、武二后的废立之争。高宗的原配为王皇后，她没有生子，而昭仪武则天却备受高宗宠爱，并产下几个儿子。武则天权力欲极强，她想谋夺皇后之位，但用尽各种方法，都没有使性格懦弱的李治废掉王皇后，武氏自然不甘罢休。永徽五年（654），武则天趁着王皇后探视其刚生不久的小女儿的时机，亲自杀了女儿，然后把此事嫁祸给王皇后，使王皇后有口难辩。高宗果然中计，从此，高宗与王皇后感情破裂，于是产生了废后的想法。

这时，长孙无忌心里十分担心，因为高宗要废掉王皇后，这势必动摇他在内廷中的地位，也关系着整个关陇集团的命运，所以他坚决反对废后。

长孙无忌力挺王皇后，反对武氏，而朝廷里一批受他排挤的官员却极力主张册立武后。高宗难以决断，就向开国元勋司空李勋征求意见，李勋只说了一句："此陛下家事，何必要问外人？"最终，高宗下定决心，于永徽六年（655）十月，废掉王皇后，册立武氏为后。

武氏被立为皇后，这使得长孙无忌的反对者中又多了一位劲敌。高宗显庆年间（656—661），武则天乘高宗患病之机，逐渐掌握了朝廷大权，这个时候，她不能也不会放过任何对手。经过一段时间的精心准备，对付长孙无忌的计划已经酝酿成熟了。

唐显庆四年（659）四月，武则天指使自己的亲信许敬宗诬陷无忌谋反。尽管最初唐高宗不相信，但是他经不住许敬宗的再三诬告，最后竟然信以为真，他没有召来长孙无忌当面询问一下，就糊里糊涂地将无忌流放到边远的黔州。尽管无忌已被流放，但武则天还是不放心，又指使许敬宗等人将无忌身边的才能之士全部铲除掉。同年七月，武氏复按反狱之罪，逼长孙无忌自尽，而他的姻亲也大都遭谪徙。

长孙无忌落得这样的下场，是他过分贪恋权势的结果。尽管无忌无心篡位，但是他作为外戚，极力维护和巩固自己的地位，很容易成为众矢之的。长孙皇后曾多次劝无忌逊职，但是长孙无忌没能真正理解妹妹的良苦用心和深谋远虑。他出于私利，拥立生性懦弱的李治为太子。当他手握重权的时候，为了消除异己，先是诛杀贤良的吴王李恪，继而又枉害李道宗，制造了不少冤狱。可是到了最后，自己也遭人暗算。长孙无忌过分贪恋权势，最后也因为权势而不得善终，这个故事从反面说明了老子"知足常足"的可贵。

第四十七章　不为而成

【原文】

不出户，知天下；不窥牖[①]，见天道。其出弥远[②]，其知弥少。是以圣人不行而知，不见而明，不为而成。

【注释】

①窥（kuī）：从孔隙看。牖（yǒu）：窗户。②弥（mí）：更加，越。

【译文】

了解大道的人不出门户一步，就能够推知天下事理；不向窗外望一望，就能够了解大自然运行的规律。向外奔逐得越远的人，懂得的也就越少。所以有道的人不出行也能够推知事理，不用窥望就能够明晓，不去妄加施为就能够有所成就。

【解析】

这一章老子从“无为”的思想出发，提出了自己的“认识论”和“实践论”。从认识上讲，世俗的方法是使见闻广博，老子的方法则是“得其一”，“抱一为天下式”，领悟“道”这个总纲和大原则，不出家门，天下事也差不多清楚了。从实践上讲，是顺道而行，不主观妄作，所以好像什么也没干，就成功了，这就是“无为而成”。

不出户，知天下；不窥牖，见天道。

“不出户，知天下；不窥牖，见天道。其出弥远，其知弥少。”“户”即门户、家门。“知”意为对世界的本来面目的认识。“天下”即整个现实世界。“天道”即自然的法则，也就是世界发生、发展的规律。老子认为，了解大道的人不必出门，就能够推知天下的事理；眼睛不往窗户外面望，就能够了解大自然的法则。由这句话可以知道，老子并不看重外在的经验，而是十分重视内在的直观体验。他认为，心灵本是洁静透明的，就像一面镜子，自身便具备洞察外界自然、透视现实世界的功能。这里的“知天下”和“见天道”，是在遵循“无为”的前提下获得的主观认识。在前面的章节中，老子一再强调，道的德行是无欲无求，圣人合乎道的德行，这是因为他们做到了不争、无为。圣人知道世间的一切事物都来源于天地自然。大道无为，天道也无为，人道、物道皆是如此。

“其出弥远，其知弥少。”“出”即远离家园。这句话的意思是说，越向外奔逐的人，他所知道的也就越少。如何来理解这句话的含义呢？其实，老子是想告诉我们，如果人的心智活动向外奔逐，就会使思绪纷杂、精神散乱，就好像镜子上面蒙上灰尘一样，这便是“其出弥远，其知弥少”。老子认为，外面应该加强对自身的修养，摒弃自己的欲念，清除心灵的蔽障，以开明的智慧、虚静的心境，去观照外物，了解外物运行的规律。

“是以圣人不行而知，不见而明，不为而成。”“行”指的是离开家园而远行。“为”即人们刻意努力的认识活动，也就是妄为、有为。老子最后指出：正是出于对生命本质的维护，所以要坚决排斥人们的盲目行动。他认为，行动的跨度越大，所获得的真知就越少。真正的智者不必做出大的行动，便能获得正确知识。

处世之道

◎不见而明——富于先见之明的单襄公◎

通晓大道之人，不看重外在的经验，而十分重视内在的直观体验，可以洞察外界的情况及变化趋势。单襄公通过观察各诸侯的情况，能够预测各国的命运，实在是通晓大道之人。

公元前601年，周朝大夫单襄公受周定王的委托，前往宋国、楚国等国访问，中间从陈国借道经过。

回到周朝后，单襄公向周定王详细介绍了在陈国看到的一切，并向周天子说道：“不出意外的话，陈国将要灭亡了！”

周定王不解地问道：“爱卿何出此言？你在陈国都看到了些什么呢？”

单襄公回答道：“我路经陈国，看到那里杂草丛生，不能行走；田野里的谷物露天堆放着，打谷场还没有修整完毕；边境上也没有迎送宾客的官吏；到了国都，又看见陈灵公征调百姓，为寡妇夏姬修建高台，并丢下周天子的代表不接见。这些都是陈国不注重农事的证明啊！”

单襄公向周定王陈述在陈国的所见所闻。

周定王听完，不以为然地说：“难道仅仅凭此，爱卿就敢断言陈国必亡吗？”

单襄公见周定王不相信，便借周朝先王的遗教，给周定王上了一课，他说：“雨水稀少的时候，就要修整道路；河流干涸了，就要趁机架设桥梁；草木枯落时，应当预备储藏粮食；霜降之时，就要备好冬衣，以迎接冬天的来临；寒风吹起时，就要修缮城郭房舍。然而，这些适当地从事农业生产的规定，陈国一条也没有遵守，违背了先王的教导，陈灵公荒于农事，必定导致民生凋敝。根据这些观察和经历，因此我敢断言陈国必亡。”

陈灵公荒于政事，并征发民力给寡妇夏姬修建高台。

果然，单襄公的预言很快应验了。两年后，即公元前599年，与夏姬私通的陈灵公因在谈笑中侮辱夏姬的儿子夏征舒，最终被夏征舒射死。再过一年，楚庄王攻破陈国，几乎将陈国纳为楚国的郡县，后虽复立陈国，但陈国已经名存实亡。

单襄公的先见之明不止一次。公元前575年，楚、晋两国交战，结果楚军大败。晋国取得胜利后，派使者至（名字）向周天子告捷。在朝见周王之前，王叔简公设宴款待使者至，并与他互赠厚礼，谈笑甚欢，并认为至一定能在晋国得到重用。酒宴进行到一半时，至有些微醉，他在周朝大臣邵桓公面前自夸功大，说道："晋国这次之所以能打败楚国，完全是出于我的精心谋划。"

酒宴结束后，邵桓公来到单襄公的府中，并把宴会上的谈话内容告诉了单襄公，他说道："王叔简公在宴会上对至大加称赞，认为他一定能在晋国掌权。因此，王叔简公劝在场的大臣们多赞美至几句，以便今后在晋国能有所照应。"

单襄公听后，叹了一口气，说道："有句话叫'刀架在脖子上'，我想它指的就是至这种人吧。君子从不自吹自擂，这不是为了谦让，而是怕掩盖了别人的长处。大凡人的天性，总喜欢比别人优胜，但不能用无视别人长处的手段。越是要掩盖别人的长处，他压制下边的人也就反抗得越厉害，所以圣人都知道谦让的道理。现在至位居晋国七卿之下，但是他无时无刻不想超过他们，那就必然会引起那七个人的怨恨，至将借助什么来应付呢？所以我说，刀已经架在至的脖子上了，但是他却还浑然不知呢！"

两年之后，也就是公元前574年，鲁成公与晋、齐、宋、卫、曹、邾等国在柯陵会盟。单襄公也来参加这次会盟。在柯陵盟会上，单襄公看到晋厉公一直心不在焉，又看到晋国的大臣总是绕着弯子说话，而至还是像以前那样吹嘘自己，齐国的大臣国佐说话时也毫无顾忌。于是，单襄公对身旁的鲁成公说道："晋国很快就要发生内乱了，国君和至恐怕都要遭殃了。甚至齐国的国佐也会遇上灾祸，因为现在齐国奸人当权，而他却喜欢讲直话，明指他人的过失，这就很容易招人忌恨。在我看来，只有善良正直的人才不会介意别人的随意指责，齐国还有这种人吗？"

鲁成公听后，以为单襄公是随口说的，也就没有在意，孰料单襄公的话很快就应验了。

不久，晋厉公回到晋国，他对至骄纵的作风很不满，于是找了个借口把他杀掉了。第二年，即公元前573年，晋国大臣又诛杀晋厉公，葬礼只用了一车四马。同年，齐灵公杀死了直言敢谏的国佐。这样，单襄公的预言不到三年就全部得到应验了。

第四十八章　为学日益

【原文】

为学日益[1]，为道日损[2]。损之又损，以至于无为。无为而无不为。取天下常以无事[3]，及其有事，不足以取天下。

【注释】

①益：作“增加”讲。②损：作“减少”讲。③取：这里是“管理”的意思。

【译文】

追求学问的人，知识一天比一天增加。追求大“道”的人，欲念一天比一天减少，私妄减少再减少，就达到了无为的境地。如果能够做到无为，即不妄为，就没有什么事情是做不成的了。治理天下的人要以清静无为、不扰让为治国之本，如果经常以繁苛政举骚扰民生，就不配治理国家了。

【解析】

此章承接前一章，仍是从认识和实践两方面讲道的起用方法，即“无为”。为学是“日益”，一天天增长；而为道则是“日损”，一天天去掉自己主观的妄念、幻想，而接近于道的自然法则。把自己主观性的东西损到了“无”，就合于道了，合于道后做任何事——包括取天下，都可以成功了，这就是“无为而无不为”。

“为学日益，为道日损。损之又损，以至于无为。”在这一句中，老子主要阐述了为学和为道的不同。他指出，为学就是坚持不懈地向外界探索新知，知识是无限的，既没有开始，也没有结束，所以我们对知识的探索也就永远没有尽头。庄子也说“吾生也有涯，而知也无涯”，意思是指生命是有限的，知识是无限的；要把有限的生命，投入到对无限知识的追求中去。可见，纵然是用尽一生的时间来学习，也不能把世间所有的知识学完。尽管如此，我们还是要“活到老学到老”，这是因为人的一生都在不断地认识宇宙和人类社会，而知识能使人们的认识更接近于真理，所以要坚持不懈地学习知识。不过，知识是无限的，这就好比我们在无边

为学日益。

无际的宇宙中航行，永远也不可能到达真理，只有“望理兴叹”了。老子清醒地认识到了这一点，所以他理智地从对外界的追求转向了对内在的追求。

为道则需要我们时刻剔除心中的杂念，保持一颗平常心，这个“平常心”指的就是道。如果人们在修道的过程中不断摒弃心中的杂念，使私欲渐渐消除，最后就能达到无为的境界。前面说过，无为不是真正的无所事事，而是不妄为。不妄为也就是合乎了道的德行，如果做什么事情都能合乎自然规律，那么不妄为就变成了无所不为了。

为道日损。

“无为而无不为。”这一思想贯穿于老子《道德经》的始终，它是老子提出的极富智慧的命题。尽管中国古代有很多学者也提出了“无为”的主张，然而真正把“无为”的思想发挥到极致的只有老子。老子从哲学的高度来论证“无为”的社会意义。从表面上看，“无为”是消极的，是倒退的；但是从本质上来说，无为实际上是在发展变化中避开矛盾的对立面，使其畅通无阻，从而达到无欲无穷的境界。

“取天下常以无事，及其有事，不足以取天下。”“取”即认识、掌握。在本章的最后，老子指出：治理国家，要经常保持清静无为的态度。如果整治措施过于繁多，就不足以治理天下了。

从政之道

◎为道日损——汉朝盛世“昭宣中兴”◎

老子说：“为学日益，为道日损。损之又损，以至于无为。无为而无不为。”修道的过程是渐渐减少私欲、返璞归真的过程。统治者只要渐渐去掉多余的欲望，与民休息，并能持之以恒，就能达到无为而治的境界。汉武帝晚年，任用酷吏，穷兵黩武，使西汉帝国元气大伤，而昭、宣二帝革除武帝朝的弊政，实行休养生息的安民政策，使得汉武帝晚年的破败景象大为改观。

汉昭帝名叫刘弗陵，他即位之后，针对武帝末年因重用酷吏、穷兵黩武等所造成的国力损耗、农民负担沉重、社会矛盾激化的情况，七次颁布减免田租、算赋、口赋以及其他杂税的诏令，六次颁布照常贷给粮种和食物的诏令，使流亡农民陆续回到故乡。另外规定，凡是郡国遭受地震、水旱灾害，该地当年的租赋、徭役就全部免除。还下诏废除苛捐杂税，与民休息。经过昭帝的一番努力，武帝后期遗留下来的问题基本得到了解决，西汉王朝的衰退趋势逐渐得到扭转。史称“百姓充实，四夷宾服”。

汉宣帝在位时，举用贤臣，励精图治。

汉昭帝死后，宣帝刘询即位。宣帝励精图治，任用贤能，贤相循吏辈出。他能注意减轻人民负担，恢复和发展农业生产。诸如废除一些苛法，屡次减免田租、算赋，招抚流亡百姓等，在发展农业生产方面继续实行昭帝时的政策。

刘询早年生活在民间，深知吏治好坏对百姓的生存发展与社会的和谐稳定的影响。他说“吏不廉平，则治道衰”。所以，他即位后，亲自过问政事，恢复了汉初丞相既有职位又有实权的体制。此外，他还特别重视地方官吏的选拔和考核，并下大力气整饬吏治。

针对“富者田连阡陌，贫者亡（无）立锥之地”的现象，为制止土地兼并过重的现象，刘询即位后，先后三次诏令把“赀百万者”的豪强徙往平陵、杜陵等地，将其土地或充为公田，或配给无地、少地的贫民。他还把国家苑囿或郡国的公田，借给少地或无地的贫民耕种，使他们尽可能地摆脱地主的控制，重新变为国家的编户。

刘询继续奉行昭帝时期的轻徭薄赋政策。他即位不久，就免除了当年租税。后又对遭受旱灾、地震、病疾的地区，免除三年的租赋。公元前 67 年，他下令降低盐价，减轻老百姓的负担。公元前 55 年，他下令减少天下口钱。公元前 52 年，又下令减少全国百姓算赋钱，每算减三十钱。公元前 51 年，又再次诏令免除当年田租。

在刘询的大力倡导下，各级官吏都将劝课农桑、发展生产作为首要政务。刘询还派农官蔡葵为“劝农使”，巡视全国，指导农业生产。

刘询统治后期，国内经济繁荣，农业连年丰收，谷价创造了汉代的最低价。为防止谷贱伤民，刘询特设立了“常平仓”，以国家力量来干预粮食价格。如果粮食丰收，就以不太低的价格买进，等到饥荒时，则以原价售出。

汉宣帝雄才大略，文治武功彪炳千秋。史书对汉宣帝大加赞赏：“政教明，法令行，边境安，四夷清，单于款塞，天下殷富，百姓康乐，其治过于太宗（汉文帝）之时……孝宣之治，信赏必罚，文治武功，可谓中兴。”

在汉昭帝、汉宣帝的治理下，一度风雨飘摇的西汉王朝转危为安，汉朝又出现了政治清明、社会和谐、经济繁荣、“吏称其职，民安其业”的景象，史称“昭宣中兴”。

第四十九章　圣无常心

【原文】

圣人常无心，以百姓心为心。善者，吾善之；不善者，吾亦善之；德善[①]。信者，吾信之；不信者，吾亦信之；德信。圣人在天下，歙歙焉[②]，为天下浑其心[③]，百姓皆注其耳目，圣人皆孩之[④]。

【注释】

①德：通“得”。下同。②歙（xī）：这里指收敛意欲。③浑其心：使心淳朴，不用机巧。④孩：使动用法，使老百姓回复到婴儿般的状态。

【译文】

有道的人是没有私心的，以百姓的心为自己的心。善良的人，我很好地对待他们；不善良的人，我也很好地对待他们，这样就可以使人人向善了。守信的人，我信任他；不守信的人，我也信任他，这样就可以使人人守信了。有道的人治理天下，会收敛个人的私欲偏见，使天下人的心思归于纯朴，百姓们皆专注于他们的视听，而有道的人使他们都回到婴孩般淳朴自然的状态。

【解析】

这一章讲了圣人“德善”“德信”的境界。圣人以大道为根本，不因为环境和人情的改变而改变，所以对善和不善、信与不信的人都以一样的善良之心和诚信之心相待。一般人着力分辨善与不善、信与不信这些观念。圣人则打破这些分别，让人回归到淳朴的大道之中，即“为天下浑其心”。

“圣人无常心，以百姓心为心。”这里所说的“常心”是恒心的意思。什么是恒心？就是个人所拥有的一种持久不懈的生命意志力的具体表现。恒心是一种因为知识而引发出来的磅礴欲望，也就是通常所说的进取心或上进心，这种心理随着时代发展而不断渗透到了人生的各个阶段和各个领域之中。

圣人常无心，以百姓心为心。

由上可知，“常心”需要毅力来支撑，在毅力支撑下，常心会逐渐变为勃勃雄心。因此，常心便成了为人们追求知识和满足欲望提供无穷动力的源泉。人类在常心的刺激之下，或长久不懈地追求知识，探索天地；或无止境地聚敛财富，奔走四方；或极其放肆地追逐权力，残杀无辜。一旦出现这样的局面，就会把越来越多的人卷入到欲望的滚滚洪流之中。人类在常心的驱使下，心灵和身体逐渐走向对立。在老子看来，古代的圣人们是没有常心的，也就是说他们没有雄心壮志，而是以百姓的心作为自己的常心。

那么，圣人是如何以百姓的心作为自己的常心的呢?

“善者，吾善之；不善者，吾亦善之；德善。信者，吾信之；不信者，吾亦信之；德信。”对于善良的人就善待，对于不善良的人也同样善待，这样圣人就得到了善良。对于守信的人就信任，对于不守信的人也同样信任，这样圣人便得到了信誉。圣人作为国家的领导者，如果能够使自己的常心合乎百姓的感情和心理，那么这就是难能可贵的行为；同时，他们如果能够抵制百姓心中的一些不正常感情和心理，那么这就是高人一等的做法。在现实社会中，普遍流行的准则或时尚并不一定是真实的价值判断，这就要求圣人不能追随大众舆论而随波逐流，他应该对所有的事物都有自己的看法和立场。这就是圣人能够获得真正的“善”和“信”的原因。

“圣人在天下，歙歙焉，为天下浑其心”，“歙”是合、收敛的意思；“歙歙”即统治者收敛自己的意志。“浑其心”即使人的心思归于浑朴。这句话的意思是说：有道的圣人在其位，收敛自己的欲望，使天下人的心思归于浑朴。

“百姓皆注其耳目，圣人皆孩之”，由这句话可以知道，如果百姓的心灵受到了净化而且达到了浑一的境界，那么他们也就没有任何理想和追求了，这样他们就可以利用自己的耳朵和眼睛留心圣人的举动了。然而，圣人自然是没有任何举动的，因为他们已经回归到婴儿般的自然淳朴状态之中了。

从政之道

◎浑厚虚静——隋文帝开创“开皇之治”◎

统治者只有善待百姓，才能得到百姓的拥护，天下才会出现大治的局面。历史上出现的诸多治世，都是统治者注重民本的结果，“开皇之治”便是一例。

公元581年，北周外戚杨坚夺取政权，建立隋朝，定都长安，年号开皇，杨坚就是隋文帝。隋文帝在位的二十多年间，不但灭掉了南方的陈国，统一了南北，还通过采取一系列措施，实现社会富庶，人民安乐，开创了一个令后世钦仰的治世局面，后世称隋文帝的统治为“开皇之治”。

隋文帝即位以后，先是以身作则，大力倡导节俭，为朝廷节省了不少开支。宫中的妃嫔不作美饰，一般士人穿衣多用布帛，饰带只用铜铁骨角，而不用金玉。由于皇帝的大力提倡，隋朝初年朝中形成了崇尚节俭的风气。这种躬行节俭的行为，使人民的负担减轻了很多，而且也有利于各项措施的推行。

隋文帝采取的措施，主要可以分为政治、经济、法制等几个方面。

政治方面：在中央，实行五省（尚书、门下、内史、秘书、内侍）六部（吏、礼、兵、刑、户、工）制；在地方，则把州、郡、县三级改为州、县两级。这样一来，不但提高了行政效率，还减少了不少机构，节省了财政开支。

隋文帝设六部。

经济方面：隋文帝仿照北魏的均田制，实行均田法。均田法规定：成年男子（即丁男）可以分到露田80亩，永业田20亩；成年女子分露田40亩。露田死后归还政府，永业田可以传给子孙。奴婢和平民的占田数相等。此外，官员从一品到九品，可以分到一到五顷数量不等的职分田，以此作为俸禄，等以后不做官了再上交国家。各地的行政机关也有一些土地，收入作为办公的费用支出，叫作公廨田。隋大业七年（587）前出现的仓库充实、府库山积之繁荣景象，就是推行均田法的成果。均田法的施行，较大幅度地降低了赋税，减轻了农民的负担；均田制本身也使农民得到了土地，而且还有了一定的稳定收入，这些都大大缓和了社会矛盾，巩固了隋朝的统治。

隋文帝勤于政事，早晨起来就开始批改奏折。

在赋役上，隋文帝废除了一些苛捐杂税，并设置谷仓储藏食粮。灭掉陈国以后，隋文帝为了扭转因长期分裂而导致的民生困苦、国库空虚的局面，自开皇九年（589）开始，隋文帝即以富国为首要目标，他采取轻徭薄赋的措施，在确保朝廷税收充足的同时，尽量减轻农民的负担，以稳定民生。具体来说，隋朝的赋役分租、调、力役三类。赋役的对象是十八岁到六十岁之间的男丁，每年服劳役的时间从一个月减为二十天，调绢从一匹减为两丈。开皇十年（600），隋文帝又规定成年男子的力役，从五十岁以后可以交纳布帛代替，称为“庸”。租、调、力役的推行，减轻了农民的负担，促进了农业发展。租庸调制被唐朝所沿袭。

法制方面，定刑名为死、流、徒、杖、笞五种，形成了五刑制。秦朝统一天下后，制

隋文帝下诏改革刑律，制定了影响后世的《开皇律》。

定了残酷而严苛的刑律，这也直接造成了秦朝的暴政。自汉朝建立以来，直到魏晋南北朝，尽管对秦律有所改革，但它们都是一脉相承的。隋朝建立以后，杨坚亲自参与、制订和颁布了《开皇律》十二篇，总计五百条。《开皇律》删除了魏晋南北朝以来一些残酷的刑罚，其中规定，民众如遇有冤屈，可以逐级上诉。而在对犯人处置的问题上，《开皇律》则持审慎态度，有效地避免了冤案的发生。这是以前各代所没有的。此外，《开皇律》还把原先的枭首、车裂、孥戮、连坐等残酷刑法予以废除。隋文帝对法制的改革，在中国法制史上具有重要的意义，流传至今最完整的《唐律疏议》，其实就是从《开皇律》中继承发展而来的。

正是由于上述措施的推行，隋朝在文帝统治的二十多年间，政治清明，人口增加，府库充实，外患不生，社会呈现出一片繁荣局面。

第五十章　出生入死

【原文】

出生入死[①]。生之徒，十有三；死之徒，十有三；人之生，动之于死地[②]，亦十有三。夫何故？以其生生之厚[③]。盖闻善摄生者[④]，陆行不遇兕虎[⑤]，入军不被甲兵；兕无所投其角，虎无所用其爪，兵无所容其刃。夫何故？以其无死地。

【注释】

① 出生入死：从生下来到死。与今天的成语“出生入死”义不同。② 动：经常。③ 生生：求生的意思。④ 摄（shè）：保养，养生。⑤ 兕（sì）：犀牛。

【译文】

人从生下来一直到死，长寿的有十分之三；短命而亡的有十分之三；生下后本来可以活得长久，但自己走向死路的也占十分之三。这是什么缘故呢？是因为求生太过度了，酒肉餍饱，奉养过厚了。曾听说善于养生的人，在陆地行走遇不到犀牛和猛虎，在战争中不会受到杀伤。犀牛虽凶，却对其无法施用它的角；老虎虽猛，却对其无法利用它的爪；兵刃虽锋利，却对其无法施用它的锋芒利刃。这是什么缘故呢？因为他没有进入死亡的领域。

【解析】

这一章讲“摄生”保全生命的道理。生和死是很沉重的话题，很多人不敢直面这一话题，而是采取了回避的态度。生给我们带来欢喜，而死亡给我们带来阴郁。很多人谈“死”色变，但是不管我们如何惧怕死亡，死亡都不会对我们心生怜悯之心，它总有一天会降临到我们头上，这是谁也无法避开的。所以，有出生就会有死亡。既然如此，我们如何才能使生命尽可能长久呢？在老子看来，一个人的嗜欲太重，就会快速地走向灭亡。一个人敛欲守静以心合道，他就能够长寿。

生之徒，十有三。

“出生入死。”“出”即出现于世上，也就是出生的意思。“入”即入于地下，也就是死亡的意思。

“生之徒，十有三；死之徒，十有三”，“生之徒”即长寿的人，“死之徒”即短命的人。这句话揭示的道理是：在所有人中，长寿的人占十分之三；短命的人占十分之三；人之所以短命，是因为贪欲太多，违背了生命的自然性。这是天命，我们无法延长自己的寿命，只能坦然地面对它。所以他认为，善于养生的人，必定少私寡欲，过着一种清静质朴、纯真自然的生活。任何人为的干预（如炼丹服药），不但于事无补，还会起到相反的效果。

老子接着解释道："人之生，动之死地，亦十有三。"他认为，在所有人之中，原本可以长寿，但是由于自己的缘故而早亡的占了十分之三。这里所说的"自己的缘故"，指的就是自己因怀有贪欲之心、分别之心和执着之心，而使自己陷入郁郁寡欢、忧心忡忡的状态。人都有思想意识，正是有了思想意识，才使得人摆脱了蒙昧，逐渐变得聪慧起来，从而进入了文明时代。然而，人类变聪明以后，便滋生出了私欲之心和分别之心，这些都是人类痛苦和烦恼的根源。比如对于多数人来说，他们都希望自己过上幸福的生活，希望自己比别人强。但是，现实的情况往往与期盼中的情形是相反的：人家有别墅，自己却没有；人家有姣好的容貌，自己却没有；人家有华丽舒适的衣服，自己却没有……思来想去，总觉得生活对自己不公平。这样一来，郁闷的情绪就挥之不去，时间长了还会损害自己的身体，这对养生是极为不利的。

"盖闻善摄生者，陆行不遇兕虎，入军不被甲兵；兕无所投其角，虎无所用其爪，兵无所容其刃。"行走在道路上，如果遇到伤害人的犀牛和老虎，我们该如何应付呢？在老子看来，犀牛和老虎都是凶猛异常的动物，它们不惧怕人类，更没有分别之心，不会因为我们的怕与不怕而决定自己的行动。对于得道的人来说，即使他们面对的是老虎和犀牛的利爪和尖角，他们也不会受到伤害，因为他们心里没有伤害的概念，就算犀牛和老虎再凶猛，也对他们没有任何意义。即便换成别的野兽或是别的场合，这个道理也是一样的。合乎大道德行的人，即使身在战场，也一定会冲锋陷阵，而不畏惧敌人的刀剑，对死亡没有丝毫的畏惧，一切顺应自然，那么刀剑的锋刃也就失去了它原有的威力。反之，贪生怕死的人身在战场，他一定对死亡充满畏惧，而不敢与敌人近身搏斗，自然会遭到敌人锋利的刀剑的攻击。所以，一个人只要坦然地面对人生道路上的艰难险阻，即使遇到危险也无所畏惧，那么这样才算是没有分别之心，也就真正懂得了养生之道。

"夫何故？以其无死地。"在本章的最后，老子通过一句"以其无死地"，概括说明了善于养生之人不会遭受锋利的刀剑、凶猛的野兽伤害的缘由，即善于养生之人顺应天道，依照客观规律行事，外患便不能靠近他的身体，所以也就不会因外患而死亡了。老子的这一思想是如何产生的呢？这就需要分析一下老子所处的时代的特征了。春秋末年，战火不断，人的生命随时都有覆灭的危险。面对这种情况，老子提出了对生死的看法：战争的胜负是无法预料的，所以不应以你杀我夺的战争来保护自己；奢侈对生命是没有任何益处的，所以不应以奢侈的生活方式来保养生命。老子希望人们能够达到少私寡欲、淳朴自然的境界，所以提出了清静无为，恪守道的原则，合乎道的德行的主张。老子认为，一个人的行为不合乎道的德行，就会害人害己，这是造成寿命变短的人为因素，也是人们应该极力避免的。

人们对死亡存有畏惧，其实这是可以理解的。因为一个人的生命来之不易，具有很大的偶然性，所以应该好好珍惜生命。但人们必须清醒地认识到，珍惜生命并不是要用单纯的怕死来表现，而是应该让生命释放能量，实现价值，以此来表达人们对生命的珍重。

为人之道

◎超脱生死——身正心正的石苞◎

一个人只要善于养生，就不会遭受伤害。同理，一个人只要身正心正，为人正直，别人就无法陷害你。西晋石苞的故事，就很好地体现了老子的这一思想。

石苞，西晋初期著名将领，深得晋武帝司马炎信任，曾带兵镇守淮南。在淮南期间，石苞勤政爱民，各种事情都处理得非常妥善，深得百姓的拥戴。同时，他还修缮甲兵，训练兵士，提高了晋军的战斗力。

当时，晋朝还没有南下进攻长江以南的东吴，东吴的军事力量虽然大不如前，但仍有一定的威胁，吴主孙皓常常派人伺机袭扰晋朝。因此，对于镇守淮南的石苞来说，他实际上担负着守卫边疆的重任。

晋朝的淮北监军名叫王琛，他知道石苞出身贫寒，所以有些瞧不起他，而这时，他又听到一首童谣说：“皇宫的大马变成驴，被大石头压得不能出。”石苞姓石，所以，王琛就怀疑这首童谣里所说的“石头”，指的就是石苞。王琛于是秘密地向晋武帝打了报告，说道：“石苞与吴国暗中勾结，想要危害朝廷。”在此之前，有个风水先生也曾对司马炎说：“东南方将会有人谋反。”等到王琛把这番话密告上去之后，晋武帝心里不禁担心起来，便真的怀疑石苞想要谋反了。

就在这个时候，荆州刺史胡烈来报，说吴国军队正打算大举进犯晋朝。石苞早就得到

石苞坦荡正直，对司马氏忠心耿耿。

了这个消息，并指挥士兵修筑工事，封锁水路，以防御吴军的进攻。武帝听说石苞修筑防御工事，就更加怀疑他造反了，于是对中军羊祜说："东吴的军队每次进犯我国，都是东西呼应，两面夹击，从来没有例外过，莫非石苞真的要背叛我吗？"羊祜是个贤臣，他自然不会相信石苞谋反一事，所以就劝武帝打消这一顾虑。巧合的是，石苞的儿子石乔正在朝中担任尚书郎，晋武帝本想召他谈话，但是过了好几天石乔一直没有入朝觐见武帝，这就更加引起了武帝的怀疑，于是，武帝就想派军队去征讨石苞。

没过几天，晋武帝命大臣发布文告说："石苞对敌人的动向作了错误的判断，不仅修筑工事，还封锁水路，导致百姓怨声载道，应当罢免他的职务。"文告发出后，晋武帝就命令太尉司马望率领大军去讨伐石苞，另外又派一支军队从下邳赶赴寿春，从两面夹攻石苞。

此时，石苞一点都不知道自己引起了皇帝的猜疑，等讨伐他的两路人马来临时，他还不知道发生了什么事情。石苞心想："我对国家、对朝廷一向忠心耿耿，毫无私心，皇上为什么要派兵前来征伐我呢？这里面一定是有原因的。一个光明磊落、正直无私的人，做任何事情都应当心胸坦荡，无所畏惧。"想到这里，石苞下令属下解除武装，把所有武器都收缴起来，然后步行出城，等候朝廷军队的到来。

司马望率领军队到了淮南，他看到石苞站在城外的亭下等候自己，感到非常诧异，于是立即命人把这个消息报告给武帝。武帝听说这事以后，顿时清醒过来，心想："我下令讨伐石苞，到底有什么证据呢？倘若石苞真心背叛我，他早已修筑好了守城工事，却又为何不作任何反抗就亲自出城迎接官军呢？再说，如果石苞果真与东吴勾结，为什么不见吴军前来援救他呢？"想到这里，晋武帝的所有猜疑都消除了。于是，晋武帝立即下令，让前去讨伐的军队全部撤回。后来，晋武帝将石苞调回朝中，并对他大加封赏，十分优待他。

石苞以自己的坦荡与正直，打消了武帝的猜疑，也回击了来自外界的诽谤，使自己安然度过了一场灾难。俗话说："平时不做亏心事，半夜不怕鬼敲门。"石苞的故事告诉我们：当我们面对危难和处在紧要关头的时候，一定不要惊慌失措，要保持头脑清醒，调整好心态，做到坦荡无私、正直光明，这样我们就无所畏惧，别人就算想陷害，也无从下手了。

第五十一章 尊道贵德

【原文】

道生之，德畜之①，物形之②，势成之③。是以万物莫不尊道而贵德④。道之尊，德之贵，夫莫之命而常自然⑤。故道生之，德畜之；长之育之；亭之毒之⑥；养之覆之⑦。生而不有，为而不恃，长而不宰。是谓玄德⑧。

【注释】

①畜：畜养。②物：指万物本身。形：动词，表现。③势：万物生长的自然环境。④莫：没有。贵：崇尚，重视。⑤莫之命而常自然：不加以干涉，而让万物顺任自然。之，代指万物。命，支配，干涉。⑥亭之毒之：有两种解释：一是使万物安定，二是使万物成熟。这里取第二种解释。⑦覆：维护，保护。⑧玄德：深微玄妙的“德”。

【译文】

道生成了万物，德养育了万物，万物呈现出各种各样的形态，环境使万物成长起来。因此，万物没有不尊敬道而重视德的。道之所以受到尊敬，德之所以受到重视，就在于它不加干涉而顺其自然。所以，道生成了万物，德养育了万物；使万物生长发育，使万物成熟结果，使万物得到抚养和保护。（它）产生了万物却不据为已有，养育了万物却不自恃其功，导引了万物而不做万物的主宰。这才是极大极深远的“德”啊。

【解析】

老子在这一章里将“道”和“德”二者并立起来论述，这在前面的章节中已经有所涉及，这一章我们主要就道德和万物的关系进行解说。

道生之，德畜之，物形之，势成之。

“道生之，德畜之，物形之，势成之。”我们知道，万物之所以能够生长和发展，就是因为他们顺应了客观的自然规律，也就是大道。所以，老子称其为“道生之”。万物由道生出以后，接下来该由谁来抚养呢？这时候出现了德，它刚好能够承担这一职责，老子称其为“德畜之”。道和德共同构成了完整的“道德”体系，万物由道生，由德养，道和德就像是生养我们的父母一样，我们怎么能够不尊敬他们呢？

在前面的章节里，老子已经多次论述了德的性质和作用：所谓德，其原始意思就是得，后来引申指事物在发展过程中应具备的道德品质，它具体表现为人类的行为准则。如果人们的行为合乎道的大德，那么人类就能繁衍生息，否则就会自我毁灭。

"是以万物莫不尊道而贵德。道之尊，德之贵，夫莫之命而常自然。"万物之所以敬畏道和德，并以道和德为尊贵，这并不是出于主宰者的刻意命令和安排，而是他们对自然界的客观规律的遵从和运用，是自然而然的事情。万物顺其自然地诞生，又自然而然地发展，并通过遵循自然规律而生生不息。

"故道生之，德畜之；长之育之；亭之毒之；养之覆之。"这句话是说：道生长万物，德养育万物，使万物生长发展，成熟结果，使其受到抚养、保护。老子认为，在道化生万物的过程中，万物纷纭各异不过是情势使然，它们都源于道而畜于德，而且最终都会积德归道。

"生而不有，为而不恃，长而不宰。是谓玄德。"大道生成了万物，但是不把万物据为己有；抚育了万物，但是不自恃有功；引导了万物，但是不强加干涉，不以万物的主宰自居。大道深厚无私，是人类行事的楷模。人们追求礼尚往来，并以此作为我们行动的指南，这其实是不合乎大道的，也是违背自然规律的。大道遵循自然，无欲无求，即便在付出的时候也从没想过要得到回报。大道没有分别之心，所以也就没有付出和回报的分别了。当大道付出了很多却得不到回报的时候，它也不会感到烦恼和怨恨。人类却不同，一旦我们的付出多于回报，或是欲望得不到满足时，我们就会感到烦恼和怨恨，有的人甚至还会做出极端的事情来，这样不但伤害自己，也会伤害别人。

在现实生活中，任何人都无法躲避别人有意或无意的伤害。如果我们因为怨恨曾伤害过我们的一个人而怨恨起整个社会来，就会变得愤世嫉俗，心胸狭窄起来。以充满仇恨的眼睛看社会，势必会影响我们的判断力，在这个世界上，任何人都不是完美的，谁能保证从未伤害过旁人呢？既然我们也曾伤害过别人，又怎能奢望不被别人有意或无意地伤害呢？因此，当我们的付出和回报不能画等号时，就一定要冷静地看待得与失，不要因为得不到足够的回报而心生怨恨。老子在这一章中，阐述了只知付出不求回报的思想，这一处世哲学充满了智慧，对于我们每个人来说都是有益的教导。

处世之道

◎为而不恃——恣意妄为的年羹尧◎

老子认为，得道之人应该化育万物而不据为己有，德被苍生而不居功自傲，否则将会自遗其祸。清雍正时期的年羹尧战功赫赫，地位显贵，后来却落得家破人亡的下场，他的事迹可以很好地说明老子所讲的道理。

年羹尧（1679—1726）是清代康熙、雍正年间人，进士出身，官至四川总督、川陕总督、抚远大将军，还被加封为太保、一等公，烜赫一时。

年羹尧在康熙年间就受到皇帝的重用。康熙四十八年（1709），年羹尧出任内阁学士，

年羹尧身为封疆大吏，立下了赫赫战功。

不久升任四川巡抚，成为封疆大吏。这时的年羹尧才刚刚三十岁。后来，雍正皇帝即位，年羹尧功不可没。雍正元年（1723）五月，雍正发出上谕："若有调遣军兵、动用粮饷之处，着边防办饷大臣及川陕、云南督抚提镇等，俱照年羹尧办理。"这样，年羹尧就总揽了西部一切事务，实际上成为雍正在西陲前线的代理人，权势地位在抚远大将军延信和其他总督之上。雍正还告诫云、贵、川的地方官员，一切要听命于年羹尧。

在有关重要官员的任免和人事安排上，雍正更是频频询问年羹尧的意见，并给予他很大的权力。在年羹尧管辖的区域内，大小文武官员的任用皆由年羹尧来决断。

雍正跟年羹尧的私交也非常好，并且给予特殊的荣宠。雍正认为有年羹尧这样的封疆大吏是自己的幸运，如果有十来个像年羹尧这样的人的话，国家就不愁治理不好了。平定青海的叛乱后，雍正极为兴奋，把年视为自己的"恩人"，他也知道这样说有失至尊的体统，但还是情不自禁地说了。

雍正还要求世世代代都要牢记年羹尧的丰功伟绩，否则便不是他的子孙臣民："不但朕心倚眷嘉奖，朕世世子孙及天下臣民当共倾心感悦。若稍有负心，便非朕之子孙也；稍有异心，便非我朝臣民也。"

此时的年羹尧，志得意满，逐渐变得骄纵起来，进而做出了许多超越本分的事情，最终招致雍正的警觉和忌恨。

年羹尧自恃功高，骄横跋扈之风日甚一日。他在官场中趾高气扬，气势凌人：赠送给属下官员物件，"令北向叩头谢恩"；发给总督、将军的文书，本属平级公文，却擅称"令谕"，把同级别的官员视为下属；甚至蒙古扎萨克郡王额附阿宝见他，也要行跪拜礼。

对于朝廷派来的御前侍卫，理应优待，但年羹尧把他们留在身边当作"前后导引，执鞭坠镫"的奴仆使用。按照清代的制度，凡上谕到达地方，地方大员必须迎诏，行三跪九叩大礼，跪请圣安，但雍正的恩诏两次到西宁，年羹尧竟"不行宣读晓谕"。

年羹尧还排斥异己，结党营私，清朝官场中形成了一个以他为首，以陕甘、四川官员为骨干，包括其他地区官员的小集团。许多混迹官场的拍马钻营之辈眼见年羹尧权势熏天，都竞相奔走其门。而年羹尧也致力于培植私人势力，每有肥缺美差，必定安插自己的亲信。

面对年羹尧的居功自恃、贪赃枉法，雍正越来越感到不满，也多次警告其要慎重自持，但年羹尧不以为意，反而变本加厉。雍正忍无可忍，终于决心要除掉年羹尧。

雍正对年羹尧的惩处是分步逐次进行的。第一步给年羹尧警告。雍正一改过去嘉奖称赞的语调，警告年羹尧要慎重自持。

第二步是给相关官员打招呼，让他们看清形势，与年羹尧保持距离。这就为公开惩治年羹尧作好了准备。

第三步是把矛头直接指向年羹尧，将其调离西安老巢，接着更换了四川和陕西的官员。雍正先将年羹尧的亲信甘肃巡抚胡期恒革职，然后将四川提督纳泰调回京城，使其不能在任所作乱。接着，解除年羹尧川陕总督之职，命他交出抚远大将军印，调任杭州将军。

最后一步是勒令年羹尧自裁。年羹尧调职后，内外官员更加看清形势，纷纷揭发其罪状。雍正以“俯从群臣所请”为名，尽削年羹尧官职，并于当年九月下令缉捕年羹尧，并押送北京会审。十二月，朝廷议政大臣向雍正提交审判结果，给年羹尧列出九十二款大罪，请求立正典刑。

罪状公布后，雍正说，这九十二款罪行中应服极刑及立斩的就有三十多条，但念及年羹尧功勋卓著，如果对其加以刑诛，恐怕天下人心不服，自己也难免要背上心狠手辣、杀戮功臣的恶名，于是表示开恩，赐其狱中自裁。年羹尧父兄族中任官者全部革职，嫡亲子孙发遣边地充军，家产抄没入官。权倾一时的年羹尧就这样悲惨地结束了自己的一生。

年羹尧被捕下狱，雍正赐其在狱中自尽。

第五十二章　天下有始

【原文】

天下有始，以为天下母。既得其母，以知其子[①]；既知其子，复守其母，没身不殆。塞其兑，闭其门，终身不勤[②]。开其兑，济其事，终身不救。见小曰明，守柔曰强。用其光，复归其明，无遗身殃，是为袭常[③]。

【注释】

①子：指万物，而前句的“始”“母”则指“道”。②勤：一说为“瘽”的借用字，疾病之意，这里作“勤劳”讲，有劳扰的意思。③袭：通“习”。

【译文】

天下万物都有本始，这个始是天地万物的根源。既然知道了万物的根本，也就认识了万物；既然认识了万物，如果再谨守万物的根本，那么终身也不会发生危险了。堵塞嗜欲的孔窍，关闭欲念的心门，就可以终身没有劳烦扰心的事。打开嗜欲的孔窍，就会增添纷杂的事，使你终身不可救治。能从细微处察见事理的叫作“明”，能够守住柔弱的叫作“强”。运用外在的智慧的光，返照内在的“明”，不会给自己带来灾祸，殃及其身，这就是我们所说的延绵不绝的常“道”。

【解析】

这一章讲在立身处世中复归于大道的方法，并阐释了道为天下万物之母的道理。

先来看一下本章的开头：“天下有始，以为天下母。既得其母，以知其子；既知其子，复守其母，没身不殆。”老子认为，天下万物都有一个开始，而这个开始就是所谓的道。所以，我们可以把道比作生养万物的母亲，而把万物比作道的孩子。尽管世间任何一种事物都是道的“孩子”，但是它们各有差异，有好坏之分，这就好比同母的兄弟，既有孝敬双亲的，也有违背孝道的，而违背孝道的人必定会遭到谴责。在这里，老子以母子关系来比附道和天地万物的关系，目的在于希望我们要像孝敬父母一般遵循大道的德行，只有这样才是合乎了大道，也只有这样才能“没身不殆”。

塞其兑，闭其门，终身不勤。

我们再分析一下中间部分：“塞其兑，闭其门，终身不勤。开其兑，济其事，终身不救。”“兑”在《易经》的八卦里作“口”解；我们在这里解释为口耳鼻，泛指与外界相通的器官。关于“勤”字的意义，一般人当作“觐”解，“觐”是“见”的意思。所以这句话可以解释为把自己的感觉器官口耳鼻全部都关闭起来，把自己的心门也封闭起来，一辈子不见任何人和事物了。老子为什么要说这样的话呢？下面我们就具体分析一下。

在前面的章节中，老子曾提到过“五色”“五味”和“五音”，并指出它们对人是有危害的，这种危害表现为可以直接导致人们目盲、耳聋、口爽。既然五色、五味、五音会危害人类，那么我们为什么还要极力追求它们呢？在老子看来，这是由人类的本性决定的。人生而具有私欲，有了私欲就要与别人争夺，所以老子才会在《道德经》中多次申明人们应当克制欲望。而老子所说的“塞其兑，闭其门，终身不勤”，并不是让我们像死人那样不睁眼、不呼吸、不听声音，这只是一种夸张的说法，目的在于告诉人们外界所带来的种种危害。因此，人们必须要遵守大道的德行，不要妄想和妄为。老子在这里要人们堵塞五色、五味、五音进入身体的通道，这里的堵塞并非不吃、不看、不听，而是要堵塞诱惑人们灵魂堕落的通道。如果不堵塞满足欲望的通道，人们就会受到惩罚。

“见小曰明，守柔曰强。”这句话的意思是说：从细微处觉察事物之理叫作明，能守持柔弱叫作强。此句话有领起下文的作用。

“用其光，复归其明，无遗身殃，是为袭常。”在本章的最后，老子又指引我们去追寻大道。任何人都知道母亲的怀抱是最温暖的，任何人也都希望投入母亲的怀抱，因此老子顺了我们的心愿，为我们指明了方向。

经商之道

◎天下有始——顶级推销员传授秘诀◎

有一位非常知名的推销大师，其推销业绩总是遥遥领先，屡次创造推销奇迹。同行们感到十分敬佩，同时对他到底是如何推销的都感到十分好奇，都以为他有什么推销的诀窍。他却一直声称自己没有什么诀窍，人们不信，觉得他吝于将经验告诉别人。一天，这位推销大师要退休了，行业协会的人找到他，希望他能在退休前作一次告别演讲，同时暗示他是不是可以说出他的推销秘诀了。推销大师这次爽快地答应了，并明确表示自己会将秘诀公布。消息见报后，人们纷纷前来，甚至有不少人从其他城市专程赶来听他演讲，希望能够得到大师的秘诀。

演讲在城市的一个大礼堂中举行，当天晚上，人们早早地来到了这里，可以说是座无虚席。人们发现，在大礼堂前面的讲台上，树立着一个高高的铁架子，上面有一条粗大的钢索，下面悬挂着一个硕大的铁球。人们都不知道这是干什么用的，也没在意。令人感到意外的是，演讲时间到了，推销大师却没有出现。主持人只好尴尬地表示可能是路上堵车，要人们等一下。但是二十分钟过去了，大师还是没有出现，会场开始有些骚动，有些人离开了。接着又过了十分钟，大师才姗姗来迟，这时人们一下子提起了精神，拿出纸笔，准备将秘诀学到自己手里。

没想到的是，大师到了舞台上之后，既没有就自己迟到做道歉，也没有跟观众打个招呼，只是招呼两个工作人员抬着一个大铁锤，放在自己面前。然后，他对主持人耳语了一番。主持人对观众说道：请两位身体强壮的人，到台上来。好多年轻人站起来，转眼间已有两名动作快的跑到台上。推销大师对上来的年轻人提出了自己的要求，让他们拿起那个铁锤用最大力气去击打那个铁球，直到把它荡起来。其中那个性急的年轻人一听，也不跟另一个同伴客气，直接抡起铁锤击打起来。只听咣当一声刺耳的巨响，那球纹丝不动。随后，他接连不停地砸起来，但是直到他气喘吁吁，那球都纹丝不动。另一个年轻人也是同样。接下来，两人在下面观众的加油助威声中，轮换着击打了许多次，都没有能够使铁球动起来。两个小伙子和台下的观众都看出来了，这样击打下去是没有用的，球是不会动的。台下的观众不再呐喊，两人也向大师承认自己无法做到，并表示放弃。大师向他们表示感谢后，让他们回到座位。然后，所有的观众都将目光转向大师，觉得他肯定要就此给出一番有关推销的说辞，而他的诀窍就在其中！

同样令人没想到，大师并没有站在话筒前讲话，而是面向观众从怀里掏出一个小锤，然后一言不发地转过身，开始用小锤敲那个大铁球。只见他敲得十分认真，每当“咚”地敲了一下之后，便停顿一下，然后再敲一下。人们对此都感到十分奇怪，觉得他可能是跟大家开玩笑而已，或者要以自己的举动形象化地给大家讲授一个道理。但是，随着时间的推移，人们渐渐发觉——他是认真的，他试图用小锤使这个铁球动起来。起初，观众还饶有兴致地看推销大师在那里敲，显然那是徒劳的举动。但随着时间一分钟一分钟地过去，观众便有些不耐烦了。十分钟之后，礼堂便开始骚动起来，人们在下面窃窃私语。二十分钟过去了，不少人开始毫不隐晦地表达自己的不满，他们大声叫喊，甚至叫骂，有的性急的人干脆离开了。但是，推销大师仿佛根本不知道还有其他人在场一样，专心致志地重复着自己徒劳而乏味的举动。半个小时过后，人们叫喊累了，开始安静下来，百无聊赖地看着这个依旧认真敲球的老推销员，许多人心里想，倒要看看这个故弄玄虚的家伙最后怎么收场。

大师敲到大概四十分钟的时候，突然传出一声女人的尖叫声：“球动了！”这是坐在前排的一个女观众发出的，她的声音里充满了惊讶。大礼堂内顿时安静了下来，人们纷纷将目光集中于那个大球。果然，那个大球随着老人的敲击在以极其微小的幅度摆动，不仔细看根本看不出来。但是，逐渐地，随着老人不断的敲击，它摆动得越来越明显。所有人都瞪大了眼睛，聚精会神地看着大球在老人的敲击声中越荡越高，它拉动那个铁架子，“哐、哐”作响，巨大的响声强烈地震撼了在场的每一个人。终于，大礼堂内爆发出经久不息的掌声。在掌声中，推销大师转过身来，慢慢地将小锤揣进兜里。

然后，推销大师走到麦克风前开始说话，但他只说了一句话：这就是我推销的秘诀。

显然，推销大师一开始的迟到是一种故意的行为，他想通过这个不礼貌的行动故意考验观众的耐心。而他敲动大铁球的举动所向人们阐述的道理便是，推销的成功，所靠的无非是以足够的耐心面对人们一次次的拒绝。而这个道理显然不怎么高深，想必每一个推销员在工作的第一天便会被上司告知。老人之所以这么费周折地再次演示这个道理，显然是具有更深一层的意蕴，即这个道理虽然人人都知道，但有谁真正将其落实到行动中去呢？对老人迟到的不满，以及当老人敲动大球时的不耐烦，恰恰说明了人们虽然都懂得推销的成功便是耐心等待的道理，但人们显然不能将这个道理落实。正如老子所说，世间万物都有本始，只要谨守这个根本，就能取得成功。推销的根本就在于要有“耐心”，只有将这个人人都明白的道理运用到行动中去，才能实现目标。

第五十三章　行于大道

【原文】

使我介然有知[①]，行于大道，唯施是畏[②]。大道甚夷[③]，而人好径[④]。朝甚除[⑤]，田甚芜，仓甚虚；服文彩，带利剑，厌饮食[⑥]，财货有余，是谓盗夸[⑦]。非道也哉[⑧]！

【注释】

①介然：微小。②施：即“邪”字。邪行，邪径。③夷：平坦。④径：邪径。⑤除：清洁，整齐。⑥厌：通“餍”字。⑦盗夸：指盗魁。⑧也哉：语气词连用，表示肯定、感叹的语气，可译为“啊”“呀”。

【译文】

假如我稍微地有了认识，行走在大道之上，唯一担心害怕的就是走上歧途。其实大道十分平坦，可是有的人偏要舍弃大道而寻觅小路。朝廷已经非常败坏，农田也已荒芜，仓库都已空虚，还穿着华丽的衣服，佩带锋利的宝剑，精美的食物早已吃厌，搜刮侵吞了大量的财货，这就是盗魁贼首啊！其所作所为实在是不合天道啊！

朝甚除，田甚芜，仓甚虚；服文彩，带利剑，厌饮食，财货有余，是谓盗夸。

【解析】

本章中，老子重点从反面论述了“道”，即从与大道相违背的小径的角度反衬出大道的重要性。老子指出，那些君王放着平坦的大道不走，反而喜欢走邪径。联系老子的政治主张，可以知道，这里的大道，指的便是采用清静无为的方式治理国家，不去颁布过多的政令，不发动无谓的战争，尽量不去骚扰人民。同时，统治者本人也应克制自己的欲望，不给人民增加过多的负担。如此，必然会使国家昌盛，人民安居乐业。而所谓的走上邪径，则是指统治者违背治理国家的大道，穿着漂亮的衣服来显示自己的尊贵，佩带着锋利的宝剑以夸耀自己的强悍，饱餐美味佳肴，占有富余的财货而不去接济他人，像个强盗头子那样。总之，就是不知道体恤人民，一味放纵自己的欲望。走邪路的结果必然是朝政腐败不堪，百姓的田地一片荒芜，国家的仓库空虚。这里，老子的话实际上并未说尽。其隐含的意思便是：既然朝政腐败不堪，百姓的田地荒芜，国家的仓库空虚，那么统治者离灭亡也不远了。显然，这样的例子不胜枚举，事实摆在那里，也无须老子进一步点破了。这里，老子正是通过统治者走在大道和小径上的对比，来论述道的重要性。而实际上，统治者仅仅是老子举出的一个例子罢了。大道和小径的差别，其实具有更为普遍的意义。可以说，不止是治理国家，无论做任何事情都存在一个走大道还是小径的差别；不止是统治者，任何人都面临着对大道和小径的选择问题。

在《道德经》中，老子反复告诫人们无论做人还是做事都要遵循道，也即要走在平坦的大道上。其具体的表现便是清静无为，克制自己的私欲，贵柔守雌，居下不争，做事顺应事物的本性和规律，不强行妄为。更具体点说，遵循国家法令和世俗道德，不过奢侈的生活，诚实守信，孝亲仁爱等等。如此，便是走在了大道上。而相反，过分放纵自己的欲望，对财富、名声过分贪婪，恃强凌弱，使用伎巧追逐名利，违背道德，违法犯罪，舍本逐末，等等，则是走在了邪径上。而看一下我们的现实，可以说，有几个人真的是走在大道上呢？可以说，几乎所有的人都或多或少地偏离了大道。之所以如此，是因为虽然大道平坦易行，只要默默地走下去便可以到达目的地，但人们却总觉得平淡无奇、不刺激，没有激情，于是偏喜欢刺激、冒险、另辟蹊径，自以为能比别人更快地到达自己的目的地。其具体的表现便是世界上的人都喜欢耍小聪明，凡事投机取巧走捷径。而其结果重则给自己带来大祸，轻则搬起石头砸自己的脚。

正如老子所说，大道是多么得平坦啊，为何偏偏要去走那些前途未卜、崎岖不平的小径和邪径呢？仔细想想，老子所说的“假如我稍微有些认识，就会在大道上行走，并且小心谨慎，只怕走上邪道”，并非是他故意夸张，对于看透了道的他来说，这应该是肺腑之言了！

从政之道

◎背离大道——荒淫残暴的隋炀帝◎

隋炀帝是历史上有名的暴君，在位之时，极尽豪奢荒暴之能事，对内征敛财富，役使人民，筑造宫殿，弄得民不聊生；对外穷兵黩武，三征高句丽，劳民伤财，弄得国库空虚。这样一个昏聩残暴的君主自然得不到人民的爱戴，时至今日，提起杨广，还是骂声四起。

杨广是隋文帝杨坚的次子，十三岁那年被刚履帝位的杨坚封为晋王。他一直觊觎着太子的宝座，为了取悦杨坚和母后独孤氏，他不得不矫情饰行。其母独孤氏生性好妒，对丈夫看管甚严，不允许其碰其他女人。她对儿子也要求甚严，让他们和父亲杨坚一样从一而终。独孤氏还亲自为儿子选妃，太子杨勇对母亲为自己挑选的妃子元氏并不满意，长年不亲近，最后元氏因心脏病突发而死。独孤皇后对这个儿子很失望，经常派人伺察他，还不断在杨坚跟前指责杨勇的过失。杨广得知父皇、母后对太子已生不满之意，便更加矫饰伪装，表面上看去是和正妻萧妃住在一起，而背地里却和宫嫔厮混。杨广的“忠贞不二”深得独孤后的称赞。

为掩人耳目，杨广极尽伪装之能事。一次与军队观猎遇上大雨，左右进上雨衣，杨广

隋炀帝奢侈腐化，荒淫无度。

说："士兵们都在淋雨，为什么我自己一个人要穿雨衣呢？"于是命左右将雨衣拿走，仍冒大雨立马观览，将士们感动不已。总之，为了能登上太子宝座，杨广极力抑制自己荒淫的本性。终于在公元600年，杨坚废掉了杨勇，立杨广为太子。

四年之后，杨广弑父害兄，顺利当上了皇帝。

大业元年（605）三月，杨广下诏令杨素与将作大匠宇文恺等人在洛阳旧城之西十八里处，开始营造新都，每月征用工匠两百万人，劳累而死之人不计其数。又大建显仁宫，南接阜涧，北跨洛滨，周围十余里。搜集长江以南、五岭以北的奇花异石，输至洛阳。

在杨广的催促之下，东都洛阳很快就建成了。东都分为宫城、皇城和外郭城三部分。外郭城又称大城，周围七十三里；皇城为文武官衙所在处；宫城东西长五里，南北长七里，周围三十余里，高四十尺。建成以后，将天下富商大贾数万户迁来东都。

同时又兴建西苑，周围二百里。苑内挖人工湖，取名为"积翠池"，池北岸有龙鳞渠，迂回曲折，沿渠建筑十六院，院中树木苍翠，百花争妍。西苑有一湖，湖中堆积蓬莱、方丈、瀛洲三山，高出水面百余尺，上面遍布亭台楼阁。隋炀帝常于月明风清之夜，携宫女数千人游于西苑，彻夜笙歌不辍。

为了更容易从北方乘船到江南游玩及加强对江南的管理，从大业元年起，隋炀帝下令开始修建大运河。运河的主体工程为通济渠、邗沟和永济渠。隋炀帝下令征调河南、淮北诸郡一百多万人开凿通济渠，自洛阳西苑引谷、洛两条河水入黄河，又自板渚（在虎牢之东）引黄河水经荥泽入汴水，自大梁之东引汴水入泗水，直达淮河。他还征发淮南民工十多万人开邗沟，自山阳至于长江，渠宽四十步，两旁皆筑工整平坦的御道，夹种杨柳。大运河南起余杭，北到涿郡，全长两千七百余里，宽十余丈。为方便隋炀帝巡游江南，从沿途修建离宫四十多座。

大业元年（605）、六年（610）、十年（614），隋炀帝三游江南，声势浩大，费用惊人。

每次出游，动辄征用船只数千艘。皇帝乘坐的船叫龙舟，龙舟共四层，高四十五尺，长二百丈。最上一层有正殿、内殿、东西朝堂；中间两层有一百二十余间房，都用金玉装饰，下层供内侍使用。皇后乘坐的船叫作翔螭舟，比龙舟略小，其装饰以及格局与龙舟一模一样。妃嫔乘的船叫浮景，共七艘，三层高，殿中可击水为乐。此外，还有被称为漾彩、朱鸟、苍螭、白虎、玄武、五楼、道场、玄坛等数千艘稍小型的舟船，供诸王、公主、百官、僧、尼、道士以及外藩使臣等人乘坐，并载有百司供奉之物。

这支船队首尾相接二百余里，衣甲夺目，旌旗蔽空，一眼望去五彩锦绣。两岸数十万骑兵夹岸护送，蹄声隆隆。船队所过之处，州县五百里以内都要贡送食物，皆是山珍海味，根本吃不完。再启程，就将那些吃剩的东西就地弃埋，造成大量浪费。

筑宫、修河、造船，数年之间，民脂民膏均被搜刮殆尽。由于工程巨大，造成民众大量伤亡。一时间，东至成皋，北至河阳，运尸车不绝于途，令人见之惊秫。

大业六年，在大臣裴矩的鼓动下，杨广打起征伐高句丽国的主意。隋文帝立国之初，曾派遣使者封高句丽王元为辽东公。后高句丽国王恳请封王，文帝批准。但高句丽王野心勃勃，称王的第二年就率靺鞨万余骑侵扰辽西，文帝大怒，命杨谅进军高句丽。高句丽国王极为惶惧，忙遣使谢罪，隋文帝便饶恕其罪过。杨广即位后，曾派使者出使高句丽，高句丽王有失礼数，惹得杨广很不高兴。于是杨广以此为借口下诏讨伐高句丽。他派人督导百姓在东莱海口造战舰，由于昼夜立于水中造船，民工自腰以下都生满蛆，工匠死掉三分之一。又调拨来江淮以南水手一万人，弓箭手三万人，令河南、江南百姓赶造戎车五万乘送至高阳，命江南民夫运米至涿郡。一时间，船舻千里，皆满载兵甲器物，几十万人填溢道路，昼夜运输战具、粮食，死者相枕，天下震动。还没等讨伐高句丽，就已经有邹平王薄、清河窦建德等人发动起义。

从大业八年（612）到大业十二年（616），隋炀帝三次征伐高句丽，尽管高句丽王最终遣使请降，但是三次征讨高句丽，每次动员民众数百万人，耗费大量财力物力人力。此时的隋王朝已经是伤痕累累，国运将尽，民间起义不断。

大业十四年（618）三月三日，将作少监宇文智与虎贲郎将司马德勘、直阁裴虔通等人，推举右屯卫将军宇文化及为首，煽动士兵，于傍晚时杀入宫中。炀帝闻变，慌慌张张换了衣服，逃入西阁。叛军从宫女口中得知炀帝所在，裴虔通、元礼、马文举等将领率兵赶到西阁，只见炀帝和萧皇后正并坐在一起哭泣。

炀帝被持刀的士兵围困在中间，叹息道：“我犯了什么罪，竟落得这么个下场？”

马文举说：“你不顾国家安危，穷兵黩兵，宠幸奸臣，拒纳忠言，天下死于战争、劳役之人无数，百姓苦不堪言，天下大乱，你还说自已没有罪吗？”

炀帝答道：“纵使我有负百姓，但你们作为我的大臣，跟着我享尽了荣华富贵，为什么要如此对我？”

叛将说：“我们这是替天行道，天下人对你这个昏暴之君都恨之入骨。”说完就上前把隋炀帝从西阁拉出来。叛将中以裴虔通为首，提刀要杀炀帝，炀帝大喊道：“天子自有天子的死法。”于是向左右索要早已准备好的毒药。众人不准，说毒酒不如刀锋省事。杨广索性解开自己的巾带准备自缢。众人早已等不及，上前一起将他勒死。事后，萧皇后和宫女将床板拆下做成棺材，草草将他埋葬在后园中。不久，宇文化及将其葬于江都宫西面的吴公台下。唐朝建立后，迁葬于雷塘旁边。

◎第五十四章　善抱大道◎

【原文】

善建者不拔[①]，善抱者不脱[②]，子孙以祭祀不辍[③]。修之于身，其德乃真；修之于家，其德乃余；修之于乡，其德乃长；修之于邦，其德乃丰；修之于天下，其德乃普。故以身观身，以家观家，以乡观乡，以邦观邦，以天下观天下。吾何以知天下之然哉[④]？以此。

【注释】

①建：栽培的意思，即建立、培养。拔：动摇。②抱：此处意为保护、保卫。③辍：停止。④何以：以何，凭什么，用什么。

【译文】

善于建树的人一旦有所建树就不可拔除，善于抱持的人一旦有所抱持就不会脱掉。如果子子孙孙都能遵守“善建”“善抱”的道理，后代的烟火就不会断绝。把这个道理贯彻付诸到自身，他的德就是真实纯正的；把这个道理贯彻付诸到一家，他的德就是丰盈有余的；把这个道理贯彻付诸到一乡，他的德就会受到尊崇；把这个道理贯彻付诸到一国，他的德就会丰盛硕大；把这个道理贯彻付诸到天下，他的德就会无限普及。所以以自身的修身之道来观察他人，以自家观察他家，以自乡观察他乡，以自己的国家观察其他的国家，以自己的天下观察别人的天下。我凭借什么知道天下的情况呢？就是用的这种方法。

【解析】

在这一章里，老子重点突出了“修”和“观”的意义。修指的是修身，这是一切事业的根本。只有身修好了，才可以把这种德扩展到一家、一乡、一邦，乃至整个天下。观就是观察推测的意思。天下所有事物的道理都是一样的，所以从己身可以推知他身，从己家可以推知他家。

“善建者不拔，善抱者不脱，子孙以祭祀不辍。”“建”意为国家建立法律之意。“善建者”指的是善于立法的人。“不拔”意为动摇，拔不开脚步，也就是受法之禁锢不得自由的意思，老子提倡自然无为，反对任何对人禁锢的社会形式。“抱”意指聚拢；“善抱者”指的是善于聚拢徒众的人，在老子活动的时代，孔子聚徒讲学，弟子三千，是第一个“善抱者”（即聚徒讲学的人），老子不赞成聚众讲学的做法，所以一生没有收徒。“不脱”意为脱离不开自身，也就是不得自由的意思。我们都知道，儒家十分重视宗族的延续，常说“不孝有三，无后为大”，并把子孙对祖先的祭祀看作重大的事情。老子对儒家的做法不赞同，他提倡自然无为，认为子孙对祖先的祭祀是一种搅扰，也是一种破坏安宁的行为。在本

善建者不拔，善抱者不脱。

章中，老子批判了以法治国和以“礼乐教化”治国的社会观。在老子看来，这些都是有为之治，都与自然无为的理念格格不入。老子通过批判这两种有为思想，进而提出自然无为的理念，主张用无为的道去修身、齐家、睦邻、治国、平天下。

“修之于身，其德乃真；修之于家，其德乃余；修之于乡，其德乃长；修之于邦，其德乃丰；修之于天下，其德乃普。”“修”意为修炼，即使德成为个人修身、齐家、睦邻、治国、平天下的自觉规范。“之”即到的意思。“余”意指富余。“长”即久远的意思。“丰”即五谷丰登，上古社会是农业社会，社会经济状况的好与坏，主要看农业的收成。在这句话中，老子主要讲如何用德来修身、齐家、睦邻、治国、平天下。老子在这里描绘了一幅桃花源式的理想社会的图画，在这幅图画中，人与人之间，人与自然之间，关系都是和谐融洽的。所以，老子总结出来一个结论：以自然无为的理念修身，那么每个人都会变得纯真，这就消除了人心的险诈；以自然无为的理念齐家，那么家庭也会变得富裕起来；以自然无为的理念与乡邻相处，那么乡邻之间也能亲密和睦；以自然无为的理念治理国家，那么国家也能兴旺发达起来；以自然无为的理念治理天下，那么天下百姓都会获得自由。

“故以身观身，以家观家，以乡观乡，以邦观邦，以天下观天下。吾何以知天下之然哉？以此。”在这段话中，老子讲了检验修身、齐家、睦邻、治国、平天下是否合乎自然无为之德的方法。老子认为，以修之身作为检验身的标准，以修之家作为检验家的标准，以修之乡作为检验乡的标准，以修之国作为检验国的标准，以修之天下作为检验天下的标准。这样，统治就会长久，天下就会安定。

为人之道

◎不拔不脱——厚德载物的邓攸◎

老子说：“善建者不拔，善抱者不脱。”一个人道德修养高，就会得到别人的尊敬和爱戴。东晋邓攸的故事就很好地说明这个道理。

邓攸字伯道，平阳襄陵人。邓攸七岁时父亲去世，不久母亲与祖母也相继去世。他守丧九年，以孝著称。为人清静和气、平易简朴，忠贞正直，淡泊寡欲。他从小就成为孤儿，与弟弟居住在一起。后来邓攸被中正评为二品，任吴王文学，后历任太子冼马、东海王司马越参军。司马越很钦佩他的为人，提拔他为东海王世子文学，后转任吏部郎。司马越的弟弟司马腾出任东中郎将，请邓攸任长史。又出任河东太守。

晋怀帝永嘉末年，邓攸为石勒所俘。石勒一向忌恨太守等高级官吏，听说邓攸在营中，

邓攸为官清廉，厚德载物，为世人所重。

便派人骑马去召唤他，打算杀死他。邓攸到达石勒门前时，门吏是邓攸的旧部下。于是邓攸央求他找来纸笔，给石勒写上一封书信。门吏等石勒高兴的时候乘机呈上邓攸的书信。石勒看完信觉得邓攸文采很好，才没有杀死他。石勒的长史张宾先前与邓攸是邻居，很看重邓攸的名望节操，于是向石勒推荐邓攸。石勒把邓攸召到帐下，与他交谈一番，觉得很满意，不久就任命其为参军。石勒每次外出征伐，都带着邓攸，让其留在身边。

石勒曾定下一则规定：夜间禁止点火，违犯者要处死。邓攸的车子与胡人相邻，胡人夜里失火，烧毁车辆。官吏来调查，胡人就诬陷是邓攸干的。邓攸自知无法与其争辩，就自辩说是因弟媳服药必须把酒温热，这才引起失火。石勒知道后，下令赦免邓攸。后来胡人感激邓攸的恩德，便去石勒那里负荆请罪，以辩明邓攸的冤情。

邓攸本是晋人，不甘心长期待在北方胡人之地，于是趁石勒过泗水时，立即砍坏车辆，以牛马驮妻子、孩子逃跑。不料途中遇到强盗，掠走牛马，邓攸只好担着自己的儿子和侄子邓绥逃跑。粮食很快就吃完了，石勒的追兵也在后面穷追不舍。邓攸估计不能两全，就对自己妻子说："我的弟弟死得早，只有一个儿子，我们不能让他绝后。现在如果我们带着两个小孩子逃命，大家都会死。如今之计只有舍弃我们的孩子了。"妻子听后泣不成声，邓攸安慰她说："不要哭了，我们还年轻，日后还会有孩子的。"妻子哭着同意了。于是把自己儿子扔掉了。他的儿子早晨被扔掉，傍晚时又追上来了。第二天，邓攸只好把儿子绑在树上而去。

渡江以后，晋元帝任命邓攸为太子中庶子。邓攸自己载着米到吴郡赴任，不接受俸禄，只是饮用吴郡的水而已。当时郡中正闹饥荒，邓攸便上表请求朝廷允许开仓赈灾，朝廷还未答复，他就擅自开仓赈济饥民。尚书台派遣散骑常侍桓彝等慰劳饥民，察看地方官员的政绩，见邓攸擅自作主，便弹劾邓攸擅自开仓放谷，但朝廷下诏赦免了邓攸。邓攸在吴郡时，为官清廉，法纪严明，百姓对他十分拥戴。

后来，邓攸声称有病而离职。吴郡中常置备有送迎官员的钱数百万，邓攸离开吴郡时分毫也不接受。百姓数千人牵住邓攸的船进行挽留，使船无法行驶，邓攸只好暂时停住，到半夜时方开船离去。吴郡人唱歌谣说：“纨如打五鼓，鸡鸣天欲曙。邓侯拖不留，谢令推不去。”百姓到尚书台乞求再留邓攸一年，未得到允许。

后来邓攸被任命为侍中。一年后又转任吏部尚书。他平时只吃蔬菜，穿旧衣，但经常周济别人。他性格谦顺和气，与人交往不分贵贱，都一视同仁。

邓攸抛弃自己的儿子以后，妻子未再怀孕。过江以后邓攸曾经娶了一个小妾，非常宠爱她。一年多后闲聊时询问她的来历。小妾说自己是中原人，因战乱而避难江东，并说了她父母的姓名。邓攸这才知道这个小妾竟然是自己的外甥女。邓攸一向以道德操守标榜，平时言行没有任何缺陷。听了她的话后，邓攸终生悔恨不已，于是不再纳妾，最终还是没有儿子。时人感念他的仁义，哀怜他没有后代，都说：“天道无知，使邓伯道无儿。”

邓攸死后，他的侄子邓绥为他服丧三年。

邓攸一生清廉，厚德载物，为世人所重。名士顾含评论说：“邓攸清廉，江南士大夫中第一。”

第五十五章　物壮则老

【原文】

含德之厚，比于赤子。毒虫不螫，猛兽不据[①]，攫鸟不搏[②]。骨弱筋柔而握固，未知牝牡之合而朘作[③]，精之至也。终日号而不嗄[④]，和之至也。知和曰常，知常曰明，益生曰祥[⑤]，心使气曰强。物壮则老，谓之不道，不道早已。

【注释】

①据：兽爪取物之意。②攫（jué）：用爪抓取。③朘（zuī）：婴孩的生殖器。④嗄（shà）：嗓音嘶哑。⑤祥：本为吉祥，但古代亦可指妖祥。这里指灾祸、不吉的意思。

【译文】

含"德"深厚的人，就好像天真无邪的婴儿。毒虫遇见不刺他，猛兽碰到不伤害他，巨鸟看见不搏击他。他的筋骨还很软弱柔嫩，但握成拳头却很牢固。他虽然不懂男女交合，但他的生殖器却常常勃起，因为他的精气充足。他即使终日号哭，而嗓子并不因此嘶哑，因为他的元气醇厚。认识醇和的道理叫作"常"，认识常叫作"明"。纵欲贪生就会引起灾祸，欲念主使精气就叫作逞强。事物过于壮盛就会走向衰老，这就叫违反了"道"的法则，不遵守常道就会很快消亡。

【解析】

本章重点说的是人的最佳状态。人的最佳状态，即一个人把无为大道修炼到最高程度后，所能达到的最高境界，也就是进入到"无我"的赤子状态。本章中，老子以极其夸张的手法把得道之人比喻成了赤子，这是因为赤子无我、无为、无欲，不会伤害任何事物，因此也不会招致来自外物的伤害。

含德之厚，比于赤子。

"含德之厚，比于赤子。"刚刚诞生的婴儿无知无欲，对他所生活的这个世界还不了解。实际上，初生的婴儿连自己是谁都不知道，他除了满足本能的需求之外，根本不知道自己需要什么，所以他没有贪念，也没有欲望。在前面的章节中，老子曾说真正的富有就是无欲无求，这样说来，婴儿的状态可算是最富有的状态了。

要想达到婴儿的状态，也并不

是一件容易的事。一般说来，成人是难以到达这个状态的，只有修炼得道的人才能像婴儿那样无欲无求，心无杂念。

“毒虫不螫，猛兽不据，攫鸟不搏。”“毒虫”指蜂、蝎、毒蛇之类的生物。“螫”意为毒虫用尾端刺人。“据”指兽类用足爪抓物。“攫鸟”即用脚爪取物如鹰隼一类的鸟；“攫”字的用法与“毒虫”的“毒”的用法一样，都是形容凶恶的物类。“搏”指的是鹰隼用爪和翅击物。老子认为，对于得道之人来说，即便是毒虫、猛兽和恶鸟也不能伤害他。

“骨弱筋柔而握固”，婴儿虽然无欲无求，但他不是软弱的，不会任人欺凌。我们仔细观察婴儿的行为，他的小手虽然很柔软，但是非常有劲，攥东西的时候手握得十分牢固，很难将其分开。

“未知牝牡之合而全朘作，精之至也”，“牝牡之合”指的是男女的交合。“精”即精华，这里指生命活力。

“终日号而不嗄，和之至也。”接下来，老子就婴儿的生理特征进行了描述。他说，成人多讲几句话就会口干舌燥、声音沙哑，而婴儿即便是高声长嚎也不会口干舌燥、声音沙哑。这是什么缘故呢？在老子看来，这主要是因为婴儿的生命力十分强大。初生的婴儿之所以生命力强大，就是因为他还处于无为的状态之中。这种状态虽然看起来不够强大，却是生命力顽强的标志，是身体里的中和之气充足的象征，因此，老子称这种状态为理想的生存状态。这种理想的生存状态并不是任何人都能拥有的，只有潜心修炼大道，使自己的行为合乎大道，才能到达最佳的生存状态。

不过，人们不可能永远停留在赤子的状态之中，人总是要不断成长的，这是无法改变的客观规律。我们一天天长大，繁衍生息，走向衰老，最终还要面对死亡；我们踏入社会，与各色人等打交道，所以，无欲无求的赤子状态是难以保持的。

尽管我们渴望纯真，但是为了生存，我们不得不抛弃自然无为的生存方式。每个人都不是完美的，任何人的身上都有缺点，如果我们不能纠正自己的缺点，不克制自己的欲望，就会变得骄纵、暴躁起来，而唯独缺少了与生俱来的和气。

“知和曰常，知常曰明，益生曰祥，心使气曰强。”“和”指阴阳调和。人的身体，阴阳调和才能健康，阴盛则生寒疾，阳盛则生热疾。“常”即人类天性的自然规律。“益生”即纵欲贪生。

“物壮则老，谓之不道，不道早已。”在本章的最后，老子说道：“事物过分强壮便会走向衰老，这叫作违反了道的法则，不遵守常道就会很快消亡。”这句话揭示的其实是一种客观规律，我们知道，任何事物发展到极致都会朝着相反的方向转化，这就是人们常说的“物极必反”。如何理解老子的这句话呢？事物发展到强壮阶段，由于它不能遵守赤子的和气之道，所以会渐渐走向衰亡。在老子看来，人类的例子便是最有力的证据：人在赤子阶段，什么都不知道，所以也就无欲无求，正因为婴儿无欲无求，不会伤害到任何事物，所以也就不会遭到任何事物的伤害，从而处于绝对的安全之中。但是，随着年龄的不断增长，人们逐渐有了自己的思想和意识，于是产生了私欲，开始变得贪婪起来。如果不对此加以节制，就会变得多疑和患得患失，于是各种恶劣的情绪也就随之而来了。这时，痛苦和烦恼使人丧失了生活的勇气，这样必然会导致人们过早地衰亡了。

本章中蕴含的“物极必反”的理论，说的是任何事物的发展都有一个限度，一旦超过了这个限度，就会朝着它相反的方向转化，事物强壮到极点就必然会走向衰亡。所以，我们做任何事情，都要掌握一个度，要适可而止，不然就会走向反面。

为人之道

◎任性使气——屠岸贾骄纵而亡身◎

在这一章里，老子用婴儿的生理现象打比方，说明纯真无争的强大。事物盛极则衰，人也是如此，不明白这个道理，必然导致早亡，骄昂跋扈、极具攻击力的行事风格完全可以将一个位高权重的人引入死路，还会给他人带来莫大的灾难。春秋时晋国权臣赵盾与屠岸贾的故事就说明了这个道理。

屠岸贾是晋国人，出身于贵族之家，祖父屠岸夷和父亲屠岸击都在晋惠公当政时担任大夫。其中，他的祖父屠岸夷不仅曾帮助晋惠公登临君位，还在晋国与秦国的战争中，立下大功。晋惠公感念他的贡献，追封他为上大夫，并令他的儿子屠岸击世袭大夫官职。屠岸贾也因此受益。

赵盾也是晋国人，和屠岸贾一样出身贵族之家，其父亲赵衰是晋文公的重臣，赵衰死后，赵盾不仅承袭父亲的执政大夫之位，还被晋襄公任命为中军元帅，集军政大权于一身，其权焰之炽烈，无人能比。

屠岸贾是晋国人，出身于贵族之家。

晋襄公临终前，由于担心儿子晋灵公年纪尚小，不足以担当大事，便要赵盾帮助其处理朝政。然而，由于赵盾一开始并不支持晋灵公即位，君臣不睦的祸根早早种下。因此，相对于强势能干的赵盾，晋灵公更宠幸善于逢迎的屠岸贾。而随着时间的推移，晋灵公对屠岸贾愈发依赖，对赵盾则日益不满。晋灵公的母亲曾想借助朝中的反赵势力削弱赵盾，却没有成功。赵盾对付政敌心狠手辣，不少反对他的老臣都被杀害。

屠岸贾深知晋灵公对赵盾的怨懑，也把赵盾当成眼中钉，不断激化晋灵公和赵盾的矛盾，终于让晋灵公萌生了铲除赵盾之心。不久，晋灵公和屠岸贾密谋派刺客刺杀赵盾，却没想，刺客竟被赵盾深深折服，宁可自杀身死也不取赵盾的性命。之后，晋灵公又借宴会之名邀请赵盾，打算在宴席上将赵盾杀死，然而奉命暗杀赵盾的人曾经接受过赵盾的恩惠，放了赵盾一马。

大难不死的赵盾得知晋灵公对自己动了杀心，便尝试出逃，在路上遇到了侄子赵穿。

赵穿弄清了事情的前因后果气愤难当，决心反击。他安顿好赵盾后返回晋国国都，借口向晋灵公请罪，博得了晋灵公的信任。随后他又巧妙地支走了屠岸贾，杀死了晋灵公。

晋灵公死后，晋人将晋成公扶上国君之位，赵盾得以再次执掌国家大权，其子赵朔还迎娶了晋成公的女儿庄姬。

赵武与韩厥等人打败了屠岸贾。

从表面上看，赵氏家族已经走出了晋灵公的阴霾，晋成公对赵家十分信赖。然而，好景不长，没过多久，赵盾病死，晋成公也死在了讨伐陈国的途中。继位的晋景公像晋灵公一样昏聩荒淫，这就给屠岸贾提供了东山再起的契机。屠岸贾迅速坐大，被任命为司寇，掌管刑狱。而借职位之便，屠岸贾翻起了旧账，以追查晋灵公之死的名义，将矛头对准赵盾的后人，赵家登时遭到灭顶之灾，包括赵朔在内的赵氏老小全部被杀。

所幸赵朔的妻子是晋成公的女儿，赵朔遇害时，她已怀有身孕，侥幸逃到了宫里。据《史记·赵世家》记载，在赵朔的家臣公孙杵臼及程婴等人的帮助下，赵朔的遗腹子赵武得以保全。

十五年后，晋景公得了重病，找人占卜，占卜的结果显示“大业因断了后代的香火而作祟”。大臣韩厥借机向晋景公说：“大业的后代在晋国断了香火的不就是说赵氏吗？”治病心切的晋景公忙打听赵氏后人的下落，韩厥这才将赵朔之子尚在人间的事告诉给他。晋景公大喜，召赵武入宫，还将他介绍给手下大臣。大臣们见国君对赵家的态度变了，顺势将赵家被屠的责任都推到了屠岸贾身上。

一度不可一世的屠岸贾就这样失了势，他的好日子到头了。晋国的将军们和赵武一起攻打了他的家族，灭掉了他一家。屠、赵两家的恩怨这才告一段落。纵观屠岸贾和赵盾的一生，他们都曾权倾朝野，风光无限，都曾不遗余力排除异己，但又都因过于张扬凶狠而招致灾祸，他们都没有因大权在握、手段过人而保全家人。老子的“物壮则老”就是在提醒人们，有时候眼睛看到的强大并非真正的强大，逞强傲物必然遭殃，人要有意识地让自己像婴儿那般纯真柔和，才有可能拥有真正强大的内在，从而有能力避开灾祸，逢凶化吉。

第五十六章 知者不言

【原文】

知者不言，言者不知。塞其兑，闭其门；挫其锐，解其纷，和其光，同其尘，是谓玄同。故不可得而亲，不可得而疏；不可得而利，不可得而害；不可得而贵，不可得而贱。故为天下贵。

【译文】

真正有智慧的人是不向人民施加政令的，施加政令的人不是真正有智慧的人。堵塞嗜欲的孔窍，关闭欲念的心门；永远也不显露锋芒，解除俗事的纷扰，收敛他们的光耀，混同他们的尘世，这就是玄妙齐同的境界。达到“玄同”境界的人就不分亲，不分疏；不分利，不分害；不分贵，不分贱。所以为天下人所尊重。

【解析】

本章讲的是修德的方法，重点突出了“玄同”这两个字，即把握住道的中心思想，不参与世俗的争辩、分别及竞争。

“知者不言，言者不知。”在这一章中，老子向我们展示了一个真正的智者形象。怎样才算是真正的智者呢？在老子看来，真正的智者决不会夸夸其谈以显示自己的高明和睿智，他们会时刻保持缄默，永远站在低处仰视他人、俯瞰自己，表现出谦逊而随和的特征。老子说，真正高明和睿智的人，是不随意夸夸其谈、口无遮拦的，只有那些毫无知识和头脑简单的人才会试图通过侃侃而谈来显示自己的聪明才智。然而，他们不会想到，这种夸夸其谈恰恰表明了自己的无知和愚笨，所以老子对这种人进行了严厉的批判。老子站在现实的环境之中，不但批判当时的统治者，还警示普通的世人，告诫他们应谦逊随和，不要夸夸其谈。

知者不言，言者不知。

“塞其兑，闭其门；挫其锐，解其纷，和其光，同其尘，是谓玄同。”在前面的章节中，我们曾经说过，老子不仅是世人最好的警醒者，也是大家最好的引路人。这是因为，老子在提出一个问题之后，决不会躲到远处不理不睬，而是想方设法为我们提供最可行的方案。在这一章里，对于我们经常所犯的夸夸其谈的错误，老子又给出了最可行的建议，也就是要塞住嗜欲的孔窍，关闭嗜欲的门户，挫掉锋芒，消解纠纷，含敛光耀，浊同尘世。在前面的章节中，老子曾反复强调做人要委曲、柔弱、和气、恍惚、无为的道理，换句话说，也就是做人不要锋芒毕露，锋芒毕露只会带来危害，所以老子才主张“挫其锐”，这样就避免了伤人和自伤，不但保全了自己，还保全了别人。

在现实之中，我们一定会有这样的疑惑：当我们因为一件事情而感到纠结的时候，心里就像有了一团乱麻，无论怎样也解不开。内心烦乱使得我们坐立难安，让我们感到惶惑甚至痛不欲生。既然如此，为何不彻底解除心里的烦乱，让自己快乐地度过短暂的一生呢？因此，老子告诉了我们“解其纷”的方法，这样我们就了无牵绊了，整个人都变得轻松自在起来了。做人要平和，不可过分炫耀，这是我们每个人都知道的做人准则。然而，究竟有多少人可以依照这一准则行事呢？在现实生活中，我们为了显示自己的存在，彰扬自己的聪明才智，往往会逢人便自夸一番。其实，真正高明和睿智的人，又怎么会口无遮拦地高谈阔论呢？真正的智者，就像深沉的大海一样深不可测；他们看似普通，他们随大流而决不追求个性。在当今社会里，有些人为了彰显个性或是推销自己，故意把自己包装得怪模怪样，让人看了忍俊不禁，不知是丑还是美。为什么会出现这样的现象呢？原因就在于人的欲望正在不断地膨胀，而我们又难以克制自己的欲望，这也是人的本性使然，老子在这里勉励我们要堵塞自己嗜欲的孔窍，关闭嗜欲的门径，也就是“塞其兑，闭其门”。

“故不可得而亲，不可得而疏；不可得而利，不可得而害；不可得而贵，不可得而贱。故为天下贵。”“贵”是动词，贵重的意思。在本章的最后，老子指出，达到“玄同”境界的人，已经超脱亲疏、利害、贵贱的世俗范围，所以为天下人所尊重。

尽管我们与老子生活在不同的时代，但是有一点是相同的，即人都是有欲望的，而且人们都难以克制自己的私欲。在本章中，老子站在时代的起点上高瞻远瞩，客观地分析了人的本性，这对我们来说依然具有很重要的意义。例如，有人认为，在这个物欲横流的时代里，如果只是一味地聚敛光芒，而不能及时地把自己的才华展现出来，就会为时代所掩埋。所以，他们逢人便大肆宣扬自己，夸赞自己的能力和才华。其实，这是没有必要的，有句话说“是金子总会发光”，只要你有才华，在哪里都会显现出来，大可不必费尽心思地夸夸其谈。前面我们也曾说过言语具有局限性，言语不能穷尽我们真实的想法，所以老子得出了一个结论：真正有知识和智慧的人不会高谈阔论，只有那些没有知识和智慧的人才会夸夸其谈。

处世之道

◎谨言慎行——杨修之死◎

恃才傲物违背道的规律，必将招致灾祸，杨修的事迹很能说明这一问题。

杨修是曹操的行军主簿，其为人聪明机变，能预知曹操心事。曹操曾经造了一座花园，花园峻工后工匠们请曹操过来检阅工程质量。曹操审查之后不置褒贬，只是在花园的门上写了一个“活”字。众人都不了解曹操的用意，杨修见到后告诉他们说：“‘门’字内添‘活’乃‘阔’字，赶紧将门改小点吧，丞相是嫌园门太大了。”工匠们听了杨修的指点之后，就对园门进行修整，待园门改造好后又请曹操来检阅。曹操看到新建好的园门后连连称赞，夸奖工匠们能体察他的心意，工匠们说这是得到了杨修的指点。曹操听后表面上对杨修交口称赞，心里却对杨修能猜度他人心事的本领十分忌讳。

曹操视察刚修好的园子，在门上写了个“活”字。

曹操很喜爱三子曹植，常想把他立为世子。曹植非常喜欢杨修，与杨修过从甚密。杨修知道曹操要考曹植时政军务，便写了答教十条给曹植，以备曹操考阅。一日曹操果然考验曹植时政军务，曹植对答如流，见解精辟，曹操非常满意。后来曹丕买通曹植的下人将答教十条偷了出来送给曹操。曹操知道是杨修和曹植要手段蒙骗他后，大怒道：“杨修匹夫，欺人太甚！”遂起了杀害杨修的念头。但杨修却毫无警觉之心，依然我行我素、恃才放旷。

杨修暗示夏侯惇撤兵，谁知却给自己引来杀身之祸。

后来，曹操和刘备为争夺汉中之地展开了大战，曹操在这场战争中屡屡失利，以致兵无战心、将无斗志。曹操本想撤出汉中，但又怕就这么一走了之会遭到刘备的嘲笑。正在为战事伤脑筋之际，厨子送了一碗鸡汤进来，曹操见碗中有根鸡肋骨，心中若有所思。此时恰巧夏侯惇进来询问当夜军中的口令，曹操随口念出“鸡肋”。夏侯惇不懂得“鸡肋”的含义，就去请教杨修，杨修告诉夏侯惇说：“主公要撤兵了，我等应该急速收拾行装，免得临行时慌里慌张。”夏侯惇忙向杨修询问缘由。杨修说：“鸡肋食之无肉，弃之有味。主公用鸡肋比作汉中，如今战则不胜，不如早退。”夏侯惇于是传令各营兵士作好退兵准备。后来曹操巡视军营时发现士兵都在收拾行装，就很生气地问是谁下的撤兵命令，士兵说是夏侯将军下的命令。曹操于是把夏侯惇找来质问他为什么假传军令，夏侯惇说这是杨修告诉他丞相要撤兵的。曹操想起杨修平日里恃才放旷，屡次使他难堪，如今又僭越他假传军令，很是恼火。最后以蛊惑军心的罪名杀了杨修。

第五十七章　以正治国

【原文】

以正治国，以奇用兵，以无事取天下。吾何以知其然哉[①]？以此：天下多忌讳，而民弥贫；人多利器，国家滋昏[②]；人多伎巧[③]，奇物滋起[④]；法令滋彰[⑤]，盗贼多有。故圣人云：“我无为，而民自化；我好静，而民自正；我无事，而民自富；我无欲，而民自朴。”

【注释】

①然：这样，如此。②滋：更加。下同。昏：乱的意思。③伎巧：技巧，即智巧。④奇物：邪事，奇事。⑤彰：明白，清楚。

【译文】

以清静无为的正道来治理国家，以奇巧诡秘的方法来用兵，以不扰害人民来治理天下。我怎么知道是这样的呢？根据在这里：天下的法禁多了，百姓就越加贫困；民众的锐利武器多了，国家就越混乱；人们的心智和机巧多了，邪风怪事就越容易发生；法律越是森严，触犯法律的人便越多。所以有道的人说：“我若‘无为’，百姓就会自我化育；我好静，百姓自然就会走上正道；我若无事，百姓自然富足；我无欲望，百姓自然就变得淳朴。”

【解析】

在前面的章节里，老子曾经多次提到过无为而治的思想。本章的主旨仍是“无为而治”。老子认为，统治者如果能够无为、好静、无事、无欲，那么人民就会因为受到盛德的感化，自然而然地走上正道，既生活富裕又淳朴善良。

天下多忌讳，而民弥贫。

本章以“以正治国”开头，“正”指的是清正无为，这也是老子的治国方略。老子曾做过周朝的“守藏室之官”，这个官职虽然不大，但是有机会接近最高统治者。所以，老子通过对统治者认真观察，对他们的德行作了深刻剖析，提出了

我无欲，而民自朴。

以正道来治理国家的建议，这一建议在今天看来仍然具有借鉴意义。“正”在中国传统文化中有着独特的意义。中国人崇尚浩然正气，并认为正气具有无穷无尽的力量，所以才有“邪不胜正”的说法。而中国古代帝王中也有很多人以“正大光明”作为自己的道德准则，很多官员也把“正大光明”作为自己的为官之道，这里的“正”也就是正气和清正无为的意思。然而，老子所处的时代，其社会状况距离正大光明还很遥远，百姓正遭受着统治者的压迫，正在饱受战乱之苦。老子针对这一现实，呼吁统治者以正治国，这也喊出了当时人民的心声。

再来看“以奇用兵”的思想。老子的《道德经》虽然不是一部兵书，但是其中却包含着一些作战用兵的思想，这在前面的章节中已经有所涉及。老子向来反对战争，但是战争是不可避免的，它不会因为一个人的好恶而不发生了。针对这种现实，老子设计出了“以奇用兵”的计谋，为弱者和正义的统治者提供借鉴。如何理解老子“以奇用兵”的思想呢？老子认为，用兵就应该采用非常规的战术，要用奇法、奇谋、奇计去迷惑对方，从而达到出奇制胜的效果。老子先论述“以正治国”的道理，紧接着又阐释“以奇用兵”的内涵，这看起来有些突兀，其实并不是随意而发，而是老子针对治国的“正”提出来的，用兵要“奇”，从政要“正”，他告诫统治者应以“奇”和“正”来治理天下。

由上可知，“以正治国”和“以奇用兵”的思想，是老子站在民众的立场上对当时的统治者提出来的。春秋时代，兼并战争此起彼伏，社会秩序异常混乱，而人民也处在极度危险的环境之中，于是他们拿起武器来保护自己。然而，一旦每个人都拥有了武器，他们就不再感到安全了。人民不安全就会陷入恐慌，这种心理正是导致天下大乱的重要原因。所以，天下之所以不安定，其实是与统治者密切相关的。但是，当时的统治者为了安定天下，震慑人民，大都主张施行严刑峻法，老子对此很不赞同，甚至还公开反对这种滥用国家机器的行为。在他看来，严酷的刑罚不但无法安定人心、稳定社会，还会起到反作用。所以，他主张无为而治的治国方略，强调感化的力量。

“以此：天下多忌讳，而民弥贫；人多利器，国家滋昏；人多伎巧，奇物滋起；法令滋彰，盗贼多有。”在这段话中，老子罗列出一系列社会现象，这是他对国计民生的具体思考，其中也包含着老子对社会现状的忧虑之情。老子认为，人民的本性是善良的，除非万不得已，他们决不会惹是生非。人民之所以发动暴乱，主要是因为统治者做出了暴虐的行为。而统治者越贪婪，天下的禁忌就会越多；天下的禁忌越多，民众的生活就会越贫困；民众生活贫困，就容易惹是生非，天下就会发生逆乱；民众逆乱，国家就会陷入混乱的状态；国家混乱，民众的伎巧心智就会越来越多，邪风怪事也就更加盛行了；邪风怪事盛行，法令条文就会越来越森严，盗贼也就更加猖獗。

“故圣人云：‘我无为，而民自化；我好静，而民自正；我无事，而民自富；我无欲，而民自朴。’”在这几句话中，老子引用得道明君的话来重申自己的观点。在他看来，得道明君之所以能够治理好天下，就是因为他们“无为”“好静”“无事”“无欲”（“无为”即不妄为；“好静”即怀柔、宁静；“无事”即无所事事，亦作无为解；“无欲”即没有私心杂念）。所以，只要统治者以无欲、无为来治理天下，就能实现国泰民安。

处世之道

以奇用兵——李靖大败萧铣

本章中，老子提出了用兵的一个原则，即“以奇用兵”。古往今来的很多军事家，无不贯彻了老子的这一原则。

李靖是隋末唐初的名将，他出身于官宦世家，是隋朝大将韩擒虎的外甥。他的祖父李崇义曾任殷州刺史，获封永康公；父亲李诠出仕隋朝，做官做到了赵郡太守。生于这样一个家庭，李靖从小耳濡目染，既能文又能武，且有大志向，他曾对父亲说：“大丈夫要是能在恰当的时候遇到明主，一定要立功报国，干一番大事业，以谋取荣华富贵。”有一次，他与舅父韩擒虎谈论兵事，舅父对这个外甥的用兵之才很是称赏，抚摩着他的头说：“可以与我讨论孙、吴之术的人，只有你呀。”

李靖在隋朝历任长安县功曹、殿内直长、驾部员外郎。官职虽然卑微，他的才名却流传于隋朝公卿之间，隋朝大军事家、左仆射杨素曾抚着坐床说：“此人（李靖）不可能一直身居低位！”

隋朝大业末年，李靖任马邑郡（治今山西朔县东）丞。这时，反隋暴政的农民起义不断，以河北窦建德，河南翟让、李密，江淮杜伏威、辅公祏等领导的三支义军为主力，严重威胁着隋朝的统治。而身为隋朝太原留守的李渊也在暗地里招兵买马，寻找机会。李渊的举动被李靖察觉，于是李靖打算前往江都，告发此事。但刚刚到了京城长安时，关中就已经陷入混乱，因道路阻塞而没能成行。不久，李渊在太原起兵，迅速攻占了长安，俘获了李靖。李靖为自己壮志未伸而感愤不已，临刑前大声疾呼道：“公发兵起义，本来是为天下除暴安良，不是为了谋篡皇位，能以一己之私怨斩杀壮士吗！”李渊、李世民父子十分赞赏他的才识和胆气，因而赦免了他。不久，李靖被李世民召入幕府担任三卫之职。

唐武德元年（618）五月，李渊建唐称帝，李世民被封为秦王。为了平定割据势力，李靖一路跟随秦王，屡建军功。

武德四年，正当唐军对王世充开战时，盘踞在江陵的后梁萧铣政权派水军沿长江而上，企图攻取唐朝峡州、巴、蜀等地，被峡州刺史许绍击退，于是萧铣率军退守至安蜀城及荆门城。为了消灭萧铣这一割据势力，唐高祖李渊派赵王李孝恭进行征讨，身为长史的李靖亦随军出征，总管军事。那时正值秋季汛期，江水泛滥，波涛汹涌。众将领见状，都主张先停兵，等洪水退去后再进攻。但李靖摇摇头说：“用兵贵在神速，我们才刚刚调集兵力，萧铣还不知道，因而全无防备，我们不如趁机杀他个措手不及。到时候，即便他们知道我们来了，也只能仓皇应战，萧铣必为我们所擒获。”

李靖大败萧铣。

果然如李靖所言，萧铣见江水大涨，且三峡路险，认为唐军必定不会进军，于是放松了警惕，撤除了防备。哪想李孝恭听从了李靖的意见，率领两千多艘战船沿长江东流而下，一举攻下萧铣的荆门、宜都二镇，十月就抵达夷陵城（湖北宜昌）下。萧铣听说唐军已经大军压境，十分惊慌，即刻征兵，但所征的军士都在长江、五岭以南，路途非常遥远，一时难以调集过来，于是只能依靠现有的残余军队应战。

与此同时，萧铣的得力干将林士弘正率领数万精兵驻扎在清江。李孝恭大兵一到，就命令向林士宏的部队大举发动进攻，李靖急忙劝他说："林士弘可不比旁人，此人英勇善战，是萧铣手下一员骁将，不可小觑。现在敌军刚刚失去荆门，急欲夺回失地，如果现在攻打林士弘，他们必将奋力反击，拼死抵抗，取胜实在不易。对我们来说，最好的办法是先驻扎在清水南岸，以逸待劳，等敌军士气低落后，再趁机发起攻击，从而一举打败敌军。"李孝恭听后不以为然，一意孤行，指挥部队攻打林士弘。结果正如李靖所说，李军被林军打得落花流水，损失惨重，李孝恭这才为当初没有听李靖的话而懊悔不已。

萧铣军队取得胜利后，便四处劫掠，不肯放过任何东西。萧铣的军队登时陷入一片混乱，李靖见状，趁机挥兵攻击，大败敌军，并乘胜直奔江陵城，进入江陵外城缴获了敌军大量船舰，但李靖命士兵将这些船舰全部都随意放在长江中。唐军的士兵们疑惑了，有人问："这些都是我们的战利品呀，应当充分为我们所用，为什么将它们都丢弃呢？"李靖笑了笑，答道："萧铣领地众广，南到五岭以南，东到洞庭湖。我军如果趁机深入敌人腹地，城池久攻不下，敌人的救兵从四面八方包抄而来，夹攻我们，到时候进也不是，退也不成，有了这么多的船舰又有什么用呢？不如就放弃这些船舰，让它们沿江顺流而下，敌人的援军看到必然认为江陵城已被攻陷，就不敢轻易进攻了，而是会派探子前来侦察。这一去一回至少是十天半个月，我军取胜的机会就更大了。"

果然，萧铣的援兵看到从上游漂流下来的船舰，迟疑不决，不敢贸然行动。

紧跟着，李孝恭命李靖率五千轻骑兵为先锋，乘胜直抵江陵城。林士弘大败后，萧铣在江南大力征兵，但唐军进军神速，以迅雷不及掩耳之势深入到敌军腹地，萧铣准备不充分，只得仓皇应战，而江南的救兵也没有赶到。李靖率领前锋到达后，李孝恭就率大军紧跟其后，萧军腹背受敌，困在江陵城中，进退不能，城中粮食很快便吃光了，萧铣无奈之下，只得开城投降。

萧铣投降的消息很快传到京师，唐高祖听后十分高兴，诏封李靖为上柱国、永康县公，李靖少时的宏愿终于获得实现。

第五十八章 福祸相倚

【原文】

其政闷闷①，其民淳淳②；其政察察③，其民缺缺④。祸兮，福之所倚；福兮，祸之所伏。孰知其极？其无正也⑤。正复为奇，善复为妖。人之迷，其日固久。是以圣人方而不割⑥，廉而不刿⑦，直而不肆，光而不耀⑧。

【注释】

①闷闷：昏昏昧昧，含有宽厚的意思。②淳淳：忠厚。③察察：严酷。④缺缺：狡黠。⑤正：正面，与“奇”对应。⑥割：生硬，不自然。⑦廉：棱角。刿（guì）：划伤。⑧耀（yào）：过分明亮。

【译文】

治理天下以宽大为怀，百姓就会忠厚淳朴；治理天下过于严酷，百姓就会狡诈。灾祸啊，幸福就倚傍在它里面；幸福啊，灾祸就暗藏在其中。这种得失祸福循环，谁能知道它们的究竟？它们并没有一个确定的标准。正忽然转变为邪，善忽然转变为恶。世人看不透这个道理，迷惑的时间已经太久了。因此，有道的人处事方正而不显得生硬，虽有棱角也不会伤人，直率而不放肆，明亮而不耀眼。

【解析】

这一章先是说明“无为而治”的好处：国家政治宽大浑朴，民风自然就会淳厚。然后又讲祸福、正奇、善恶的概念。在老子看来，祸福、正奇及善恶并不是绝对不变的，一旦时空条件发生改变，那么它们往往也会朝着相反的方向转化。因此，做任何事情都要适可而止。

其政闷闷，其民淳淳；其政察察，其民缺缺。

这一章顺承上一章，讲述得道明君治理国家的方式——无为而治。老子说：“其政闷闷，其民淳淳。”其中，“闷闷”的意思是宽厚、仁大；

“淳淳”的意思是自然淳朴。这句话告诉我们，如果统治者能够施行无为而治的治国方略，那么人民就会摒弃私念而不妄为，回归到自然淳朴的状态之中。内心自然淳朴，人们就不会惹是生非，这样国家也就太平安定了。与此相反，如果统治者施行苛刻的政令，人民不但不会摒弃私念，还会为了满足私欲而相互争夺，当他们的承受能力达到极限的时候，必然会发生逆乱。反抗的过程其实是心智的较量，如果人民的心智不足以应付统治者，那么他们就会陷入绝境。

在本章中，老子还提出了一个很重要的哲学命题：“祸兮，福之所倚；福兮，祸之所伏。”这句话旨在告诉我们一个道理，即灾难和幸福是相依相随的，谁也不能脱离对方而独立存在。通过这句话我们知道，任何幸福的背后都潜伏着灾祸，但是灾祸并不是永远存在的，灾祸的反面就是幸福。我们都知道“塞翁失马，焉知非福”的典故，它讲的是一个老者失马复得，人们纷纷前来道贺，但是他并不认为这是好事。后来他的儿子从马背上摔下来，人们纷纷前来安慰，但是他也不认为这是坏事，所以并不感到悲伤。几天之后，官府前来征兵，他的儿子因摔伤而没有被征走。这则故事很好得诠释了老子的观点。由此可见，福和祸没有绝对的界限，为祸福而快乐或悲伤都是不明智的。所以，对于灾难和幸福，我们要学会坦然地面对，要做到“不以物喜，不以己悲”，这才是人生的大境界。

老子所处的时代，战乱频繁发生，人民在战乱之中苟且活命，时刻都在担心灾祸的降临。老子把人民的不幸归结为社会的变迁。古时，百姓生活安定，天下大治。后来，人们产生了私有观念，社会出现等级差别，便开始遭受压迫。正是这种压迫开发了人们的心智，他们开始利用自己的聪明才智制造出各式各样的新奇器物。在上一章里，老子就否定了这些新奇器物。老子认为，这些古怪的事物滋长了人们的邪风，人们的思想也变得古怪起来。行为方式是由思想决定的，所以，在古怪思想的支配下，就会做出偏离大道、与大自然脱节的事情来，如对森林的乱砍滥伐，对动物的肆意捕杀，以及污染环境等等。做出这种狂妄的行为，其结果就是生活的环境变得越来越差，最终危害了人们自己。再联系老子所处的时代，人们的私欲极度膨胀，不但热衷于名利的争夺，还直接占有他人的财物。人们占有的财物也时时面临着被人夺走的危险，所以这就决定了人们不会获得真正的幸福，而对福和祸的测定也变得麻木和没有指向了。

为人之道

◎看淡名利——与世无争方能避免灾祸◎

汤普森急救中心是位于英国伦敦的一家著名的医院，但其名声却不仅止于伦敦，世界上许多地方的人们都知道这家医院。之所以如此，并非是因为该家医院的医术高明，而是因为该医院大楼墙壁上的一句话——你的身躯很庞大，但你的生命需要的仅仅是一颗心脏。这句话说的是美国好莱坞影星利奥·罗斯顿。1936年，他在英国演出时因患心肌衰竭被送进了这家医院。医院安排最优秀的医生，并使用了当时最先进的药物和医疗器械，但最终仍然没有能挽救罗斯顿的生命，一颗艺术明星陨落了。他的疾病起于肥胖，据说他最胖时一度达到385磅，腰围达到6.2尺。他在临终时喃喃自语地说的就是这句话。当时在场的医院院长、胸外科专家哈登听到后深受震撼，为了警示后人，他们将这句话刻在了医院的大楼上。

到底有多少人受到了这句话的影响不得而知，至少有一个人看到这句话后完全改变了自己的人生轨迹，这就是美国石油大亨默尔。默尔住进这家医院已经是利奥・罗斯顿逝世四十年后了。他因为为生意过度操劳而同样患了心脏类的疾病。刚住进去时，为了避免遍布美洲的数十家公司在自己生病期间出现意外，默尔在病房里安置了五部电话机和两部传真机，除了必须的治疗时间外，他依旧不肯放下手头的工作。

但是，一次偶然的机会，默尔从护士那里听到了有关利奥・罗斯顿在这家医院死去的故事，也知道了利奥・罗斯顿临终时所说的那句话。令医生和护士感到惊讶的是，第二天，默尔便撤销了自己病房里的通信设备，并开始积极配合医生的治疗。结果，他的心脏手术十分成功。一个月后，默尔出院。默尔出院后，突然将自己价值几十亿的公司全部卖掉，所得金钱全部捐给了社会慈善和卫生事业。然后，他在苏格兰乡下买了一栋别墅，自己在那里定居了下来。

1998 年，八十高龄的默尔在参加了汤普森医院百年庆典时，有记者问他：当初为什么要卖掉自己的公司？他神才采飞扬地指着刻在大楼上的那句话说：是利奥・罗斯顿提醒了我。默尔在乡下别墅中曾经写了一本自传，其中有句话是这样的：巨富和肥胖并没有什么两样，不过都是获得超过自己需要的东西罢了。这句话后来也成为名言，跟利奥・罗斯顿的那句话同样闻名遐迩。

再看下面这则故事。在医学上麻醉剂发明之前，西方医学对手术过程中的疼痛问题一直无法解决，因此许多时候都只能眼睁睁看着病人死去。18 世纪末，化学家戴维走进实验室后，突然闻到了一股带有甜味的气体，不一会儿，奇迹发生了：折磨了他一整夜的牙痛竟然消失了。为此他感到十分惊讶。当他走出实验室后不久，牙痛又向他袭来。他又重返实验室，发现牙痛又一次消失了。经过检查，他找到了其中的奥秘，原来，一只盛有一氧化二氮的容器密封不严，以致该气体物质逸散到空气中了。这时他联想到另一件事，当时有位物理学家前来拜访，不小心将实验室桌上一只盛有一氧化二氮的玻璃瓶碰倒在地，摔了个粉碎。他俩连忙收拾玻璃碎片，谁知道玻璃碎片还未收拾干净，两人突然相对大笑起来，并笑个不停，直至离开实验室，方才止住了笑。戴维把一氧化二氮称之为“笑气”，因他不懂医学，故未将此发现公布于世。

到了后来，一位美国化学家在对“笑气”进行了一番研究，发现这种气体对人体有一种催眠功能。于是，其到处做巡回表演，试图以此赚点钱。在一次表演中，他的表演激起了一个名叫威尔斯的牙科医生的联想：既然可以催眠，是不是可以用作一种拔牙时的麻醉剂。于是，威尔斯对此进行了实验，并取得了成功。1945 年 1 月，威尔来到美国波士顿麻省总医院，向人们公开演示为病人在麻醉下进行无痛拔牙的手术。当时，因为病人吸入“笑气”的份量不足，在拔牙过程中疼得哇哇大叫。在场的人哄堂大笑起来，可怜的威尔斯也被当作骗子被赶出了医院，并搁下了进一步的研究。

但是，威尔斯的助手莫顿对麻醉拔牙术深信不疑，只是觉得一氧化二氮可能不是最有效的药物而已。于是他另辟蹊径，寻找一种新的有效的麻醉药。他就此向波士顿牙医杰克逊请教。杰克逊向他讲述一个奇特现象："有一天，我不慎吸入一些氯气，当时就觉得嗓子发痒，咳嗽不止。为了解毒，我吸了几口乙醚，症状随即消失，不一会儿人就睡熟了……"莫顿对乙醚进行了深入研究，并经多种动物试验及自身试验，他最终证实乙醚有强烈的抑制中枢神经的作用，可以用来作为拔牙手术中的麻醉剂。于是在1846年9月，他让自愿接受能缓解拔牙之痛的任何疗法的一位重症牙痛病人弗罗斯特吸入乙醚，随后拔出他的病牙，病人事后声称没有感到丝毫疼痛。接下来，莫顿便在许多医生和公众的众目睽睽之下，让病人吉尔伯特·阿博特吸收乙醚，然后外科博士瓦伦给病人做了开颈取瘤的手术，并取得圆满成功。从此，麻醉药物发明宣告成功，人类走入了手术无痛的年代。再以后，麻醉术进入崭新时代，其他的麻醉药物及麻醉技术不断涌现。

19世纪50年代，美国国会为表彰手术麻醉给人们带来的福音，拨出10万美金，奖励"无痛外科的发明者"。在当时，10万美金乃是一笔巨款。但是，对于究竟该把奖发给谁，国会并未指名道姓。令人始料不及的是，这直接导致了一场令人不忍卒读的闹剧的产生。牙医杰克逊、莫顿以及威尔斯均提出自己应获此奖。并且，令人遗憾的是，三个人为了突出自己的贡献，无不对另外两人进行指责、攻击。结果，不仅三个人谁都没有获得这个奖，并且，杰克逊住进了精神病院，威尔斯患精神病自杀死亡，莫顿因为情绪波动太大患了脑溢血，再也不能正常工作。此事以闹剧开始，以悲剧结束。

老子说：祸福、善恶、不是绝对不变的，只要条件改变了，就会朝着相反的方向转化。

在第一则故事中，默尔因为领悟了人生真谛而毅然将自己从繁杂忙碌的对金钱的追逐中抽身出来，开始过上简单快乐的生活，从而获得了幸福，摆脱了劳累与痛苦。而在第二则故事中，三个本来都是具有可贵的探索精神的科学家、知识分子，最终却因为名利而使自己置身于一场是非之中，最后不仅名利尽失，鸡飞蛋打，连正常的生活乃至生命也失去了，这正是福事变成了祸事。这两个故事，向我们揭示了简单快乐的人生态度的重要性，告诉我们做任何事情都要适可而止。

第五十九章 长生久视

【原文】

治人事天，莫若啬①。夫唯啬，是谓早服②；早服谓之重积德；重积德则无不克③；无不克则莫之其极；莫之其极，可以有国。有国之母④，可以长久。是谓深根固柢⑤，长生久视之道⑥。

【注释】

①啬（sè）：这里是收藏其神形而不用，以归无为之意。②早服：早准备。③克：胜任。④母：这里指"道"，譬喻保国的根本之道。⑤柢（dǐ）：树木的根。⑥视：生活。

【译文】

治理百姓、养护身心，没有比爱惜精力更为重要的了。爱惜精力，万事才能早做准备。早做准备，就是厚积其德。厚积其德就没有不能胜任的事，没有不能胜任的事就无法估计他的力量。无法估计力量，他就可以担当好治理国家的重任。有了治理国家的原则和道理，国家就可以长治久安。这就是根深柢固，长生久视的道理。

【解析】

本章重点讲的是"治人事天"的原则，并提出了实现这一原则的具体方法，即"啬"，也就是收敛、退藏，保持虚境。老子认为，只要能够做到啬，就能抓住治人事天的根本。

我们先来看看"治人事天，莫若啬"一句。"治人"指的是治理人民，"事天"指的是保养精气、养护身心。老子思想的核心是"无为""不争"和"无欲无求"，为了帮助人们克制私欲，老子提出了啬的观念。什么是啬呢？啬原本是爱的意思，既可引申为爱惜、保养，也可引申为节俭。因此，这句话所揭示的道理就是：治理民众、养护身心，没有比注重节俭、爱惜精神更为重要的了。

然后，我们再来看看"夫唯啬，是谓早服"一句。这里的"早服"，意为及早服从、及早从事。整句话告诉我们一个道理：统治者只有懂得节俭，才能真正做到施惠于人，才能服从自然之道。如果不懂得节俭，就算是提早作过打算，也会很快地消耗殆尽。因此，节俭是顺应自然之道的行为。在这里，老子告诫统治者要节省民财、爱惜民力，只有这样才算做到了无为而治。

紧接着，老子又提出"早服谓之重积德"。其中，"德"指的是君主的德行。君主的德行主要体现在领导治理国家的实践中，治理国家的关键在于保证人民衣食无忧，这是国家长治久安的重要基础。俗话说"民以食为天"，百姓只有丰衣足食了，才会安下心来，才不会惹是生非，发生逆乱。储藏好粮食，除了关系到民心的安定，还牵涉到战争的成败。有句话这样说："兵马未到，粮草先行。"由此可见，粮食在战争中占有十分重要的地位。对于统治者来说，要懂得积蓄粮食的重要性，因为民生问题是稳定国家的基础。作为君主，应该具有高瞻远瞩的视野和预见各种事情的能力，并能由此制定出相应的对策，而粮食是否充足就是检验一个君主德行的重要指标。

“重积德则无不克；无不克则莫知其极”，这两句话指出了积累德行所能达到的境界。其中，“无不克”指的是无所不胜，能战胜一切。只有做到物资充足、人民安定、社会和谐、领导者高瞻远瞩，这个国家才能战无不克。实际上，“无不克”是广义上的，它并非专指战争，还指各种困难和挫折。一个人能够做到无不克，他必然是高深莫测的，人们也就无法揣测他的思想深度了。

什么是“有国之母”？“母”喻指生育万物的大道，也可喻指事物的根本，“有国之母”可以理解为“有了国家作为立身的根本”，这是就统治者而言的。紧接着，老子很自然地推出了“可以长久”的结论。

对于统治者来说，节俭具有重大的意义。而对于个人来说，节俭同样意义重大。节俭是中华民族的传统美德，一个人如果做到以节俭为美，那么他必定能和大道大德同步，必然会成为一个寡欲恬淡之人。

从政之道

◎节俭是宝——厉行节俭的朱元璋◎

“啬”即积蓄力量，也可以引申为节俭。历史上很多有作为的统治者，都把节俭视为修身、治国的良方，明朝开国皇帝朱元璋就是这样的一位君主。

明太祖朱元璋，是一位崇尚节俭的帝王。朱元璋贫民出身，自小就深深体会到了农民生活的艰辛，所以他当了皇帝后，仍然过着非常节俭的生活。

朱元璋还在做吴王的时候，有一次，方国珍派人送给他一个饰满金玉的马鞍，朱元璋见了后，对来使说：“现在天下还没平定，所需要的是大批的人才，所急用的是粮食布锦，金银宝贝是没有用处的。”坚决不肯收下。元朝的降将张相昶暗中派人上书朱元璋，劝他及时行乐，朱元璋看后把书信一把火烧掉了，并且愤怒地说道：“这个人是想当赵高呀！”陈友谅有一张镂金床，做工极为考究，江西行省得到之

明太祖朱元璋经常告诫臣下为官要清廉节俭。

后，特意把这张床送给朱元璋，朱元璋却说："这同孟昶的七宝溺壶有什么不同呢？"于是下令将其毁掉。

明朝建立后，朱元璋定都南京，并决定在南京营建宫室。负责工程的官员把设计好的图样呈递给朱元璋，朱元璋看了之后，当即把雕琢考究的部分全部去掉了。营建宫室的工程开工后，他令人在墙壁上画了许多富于教育意义的历史故事作为装饰，让自己时刻保持戒惧之心。有个官员想用好看的石头铺设宫殿地面，结果被朱元璋痛批了一顿。

朱元璋日常所用的车舆器具等物，按照规定应当用金饰的，他却下令以铜代替。内廷的官员听说了，就对朱元璋说道："陛下不必如此节俭，这用不了多少金子。"朱元璋回答说："朕富有四海，怎么会吝惜这点黄金呢？但是，既然我提倡俭约了，如果不身体力行，怎么能令天下人信服呢？况且奢侈，往往都是从小事开始的。"朱元璋睡觉的御床，与一般富户人家的睡床没什么两样，每天早膳，也仅仅吃蔬菜而已。

朱元璋不喜欢饮酒，他效法周公，多次发布限制酿酒的命令。他不慕奢华的生活，命令太监在皇宫墙边种植蔬菜，不要建造亭台楼阁。为了让子孙们不忘创业的艰辛，朱元璋命人把自己创业事迹画下来，挂在宫殿之上，并告诫子孙们说："富贵的生活过得久了，就容易滋生骄傲自满的情绪，就很容易忘记创业的艰难，后世子孙长在深宫，只看到富贵，习惯了奢侈，不知道我创业的艰难，现在你们要朝夕看一看我的经历，不要忘记我的艰难啊。"他还命令太监织造麻鞋、竹签自用，规定皇子们如要外出，近的一律步行，远的也只能骑马走十分之七的路程，剩下的十分之三路程必须自己步行。他说道："皇族们朴素节俭，大明江山才能长久，后世子孙，必须谨遵此法。"有一次，朱元璋率领众皇子外出，朱元璋特意派他们到农民家中一家家地察看，看他们家里的日常饮食和用品情况。回到宫中后，他语重心长地对皇子们说："你们都看到了吧？农民们身不离田地，手不离犁锄，一

朱元璋严惩腐败，诛杀贪官。

年到头不停地耕作，从来没有休息过。但是，他们住的不过是茅草屋，穿的不过是粗布衣，吃的不过是粗茶淡饭。而国家的财政税收全部由他们负担！我之所以对你们说这些，是想让你们要时刻想到农民生活的艰辛，要尽可能地使百姓免于灾祸。如果不顾一切，只知道横征暴敛，那么老百姓就没有活路了！”

朱元璋不但身体力行，还经常要求大臣们也要注意节俭。告诫他们不要骄奢淫逸。对那些廉洁奉公、节俭朴素的官吏，朱元璋就大加奖赏，以资鼓励。大将徐达曾立下很大的功劳，但是从不恃功自傲，一直住在一座破旧的宅子里。朱元璋了解到这一情况，就给他盖了座新宅院，并在院门前立下牌坊以示表彰。而对那些生活奢侈的官吏，朱元璋就对他们严加惩罚。有一次，一个散骑舍人穿了一件十分华丽的衣服在宫中行走，朱元璋看到了，就对他说道：“这件衣服得花费多少钱呢？”散骑舍人回答说：“五百贯。”朱元璋说：“五百贯钱，这些钱够一个数口之家的农户一年的生活开销了，而你却拿来做了一件衣服，这简直太奢侈了。”说完，立即下令让他把衣服脱下来，不许再穿。又有一次，朱元璋看见两个宦官穿着新靴故意在雨中行走，他见了后顿时大怒，斥责他们说：“一双靴子虽然值不了几个钱，但也都是百姓辛辛苦苦做成的，从种棉到成靴要花费不少心血，而你们却这样不爱惜它！”说完下令对那两名宦官处以杖刑。朱元璋节俭治国，而且身体力行，为全国臣民做了榜样，明初形成了一种节俭尚廉的好风尚。

第六十章 治国烹鲜

【原文】

治大国，若烹小鲜①。以道莅天下②，其鬼不神③；非其鬼不神，其神不伤人；非其神不伤人，圣人亦不伤人。夫两不相伤，故德交归焉。

【注释】

①小鲜：小鱼。②莅（lì）：临。这里是治理的意思。③神：灵验，起作用。

【译文】

治理一个很大的国家，要像烹煎很小的鱼那样，不能时常翻动导致破碎。运用“道”的原则去治理天下，那些鬼怪就起不了作用了。不仅鬼怪起不了作用，神祇也不伤害人。不仅神祇不伤害人，圣人也不侵越人。这样，鬼神和有道的人都不伤害人，所以人们就能彼此相安无事了。

【解析】

这一章主要讲“道治”的境界。天地间有阴阳二气，掌管阳气的称为“神”，掌管阴气的则称为“鬼”，圣人依照道的法则来治理天下，使阴阳交融成一团和气，所以鬼神就不能发挥作用了。不但鬼神不能发挥作用了，就连治世的圣人也好像无所作为似的，一切事情的成功都是自然而然的，这便是道治的境界。

治大国，若烹小鲜。

在上一章中，老子论述了节俭的意义。尽管老子没有直接表达治国必须秉承自然无为的观点，但是自然无为是节俭的前提，实际上还是强调自然无为的思想。这一章老子依旧强调自然无为，如“以道莅天下”一句，表达的就是以自然无为来治理天下。自然无为的思想贯穿《道德经》的始终，一个人不管是修身、齐家，还是治国、平天下，都要遵循无为的法则，只有这样才能得道。

“治大国，若烹小鲜。”这里的“小鲜”即小鱼。小鱼骨弱肉薄，所以，当人们烹煎小鱼的时候，最忌讳的就是不断翻折，这样势必会将小鱼煎碎。可见，烹煎小鱼也决非一件易事。其实，治理国家和烹煎小鱼一样，如果统治者恣意妄为，那样必然会导致国家混乱。在这里，老子以烹煎小鱼来喻指治理国家，旨在强调无为而治的重要性。统治者只有做到安静无为，才能使国家大治。否则，就会带来灾祸。统治者如果想使国家安定，就必须小心谨慎，在处理政事的时候不要强加自己的主观意志，而是要坚定不移地贯彻无为而治的原则，这样才会起到富国强兵的效果。如果凭着自己的主观意志去治理国家，老百姓就会无所适从，国家也会动乱不止。这句话以极其形象的语言概括了老子的治国谋略。

“以道莅天下，其鬼不神；非其鬼不神，其神不伤人；非其神不伤人，圣人亦不伤人。夫两不相伤，故德交归焉。”鬼神信仰由来已久，究竟鬼神是否真的存在呢？在古人看来，它们的确是存在的。而按照现代社会的科学理论，鬼神自然是子虚乌有的，它们不过是人们心中畏惧、胆怯、妄虚的产物。我们暂且先不讨论鬼神是否存在的问题，就老子的观点来看，如果一个时代呈现出阳气鼓荡的特征，或是一个人的身上充满了活力和朝气，那么我们便难以发现鬼神的踪影；如果一个时代呈现出阴气凄迷的特征，或是一个人的身上充满了颓废之气，那么鬼神就会莅临。

老子的鬼神观颇富有现代精神。老子认为，道是正气伸张的表现，它不但能压倒一切邪气，还能使充满邪气的鬼神没有立足之地，甚至使其丧失奇异怪诞的功能。所以，在大道面前，鬼神也就不敢胡作非为了。

说到这里，鬼怪到底是什么？其实，鬼怪只存在于我们的思想意识之中，它并非客观的存在。按照老子的道的思想来推衍，鬼怪就是自然界不和谐的产物，自然界因内部不和谐而产生了“鬼怪”，这是自然而然的事情。

鬼怪虽然是人们虚构出来的，但有一点我们不得不承认，人类为满足自己的欲望而奋斗的时候，在很大程度上也创造出自己的杀手。这里所说的“杀手”，意义跟鬼怪差不多，但并不单纯指我们头脑中出现的青面獠牙的怪物，而是扩展到了科技领域，比如人类因为战争问题而发明的原子弹、氢弹，都算得上是欲望生出的鬼怪。这些鬼怪的杀伤力是巨大的，人类利用聪明才智创造出的鬼怪，正在威胁着正常的生活。对此，老子在两千多年前就公开反对智慧，极力提倡无知、无欲。

老子从人类的本性出发来考察欲望，这在今天依然具有重要的意义。遵循自然大道，竭力克制自己的欲望，这就合乎了道德的标准。遵循了道德，鬼怪也就失去了威力，无法伤害人类了。人类无忧无虑，在自然界中自由自在，与天地和谐相处，一切都是自自然然、和和美美的了。

从政之道

◎服道积德——秦朝丢仁义而失民心◎

治理国家要像煎小鱼一样，须谨慎小心，不要经常扰动，滥用权力，扰乱人民。历史上很多帝王不懂得这个道理，不留给百姓休养生息的机会，结果导致了国家的衰亡。

公元前 221 年，秦始皇统一中国。秦朝统一后，人心思定，人民渴望能过上安定和睦的生活，但是，秦始皇却继续派大将蒙恬开疆拓土，甚至把自己的长子扶苏也派去戍边。

他为了加强中央集权和进行思想控制，规定全国臣民对于朝廷的政策，只可遵从，不可妄议，不然就要受到惩罚。更严重的是，秦始皇还不惜民力，修筑长城，广修宫殿，导致百姓妻离子散，家破人亡。

秦始皇不惜民力，广修宫室。

秦朝对百姓剥削最重的是徭役和兵役。秦始皇灭六国期间，开始着手建设大的工程，他每灭一国，就将该国的宫殿建筑在咸阳附近仿造一遍，然后把掳掠来的各国美女关在这些宫殿之中，宫女总人数竟有一万余人。为了营建这些宫殿，秦始皇规定，成年男子每年要服徭役一个月，这极大加重了农民的负担。灭掉六国后，秦始皇继续开疆拓土，他下令全国的成年男子一生要在本郡服兵役一年，到京城或边疆戍守一年。

统一天下之后，秦始皇开始在渭河南岸修建阿房宫（亦名朝宫，阿房为其前殿名），每年动用民工七十多万人。朝宫可以容纳十万人，在里面运送酒菜要用车和马才行，仅一个前殿，东西竟长达693米，南北宽116米，台基高达11.65米，上面可以坐上万人。

秦朝征发大量民夫修筑长城。

骊山墓从嬴政登基起即开始修建，前后历时三十余年，每年用工七十万人。现在留存的墓从外围看周长2000米，高达55米。内部装修极其奢华，以铜铸顶，以水银为河流湖海，并且满布机关。仅看秦始皇陵的兵马俑，就可看出当年修建这座陵墓的百姓负担之重。并且，建造陵墓的工匠在陵墓造成之后全部被活埋。

另外，为了防御北方的匈奴，秦在灭亡六国之后，即开始北筑长城，每年征发民夫四十余万。在当时的生产力情况下，征调众多的百姓去从事非生产性劳动，造成的结果只能是尸横遍野。相传秦始皇时，劳役繁重，青年男女范喜良、孟姜女新婚三天，新郎就被迫出发修筑长城，不久因饥寒劳累而死，尸骨被埋在长城墙下。孟姜女身背寒衣，历尽艰辛，万里寻夫来到长城边，得到的却是丈夫死去的噩耗。她于城下痛哭，三日三夜不止，城墙为之崩裂，露出范喜良尸骸，孟姜女于绝望之中投海而死。

无休止的徭役背后，老百姓还要负担沉重的赋税。秦朝的赋税是前朝的二十倍，人民要把全年收获的三分之二上交给朝廷。这么重的赋税，导致男子耕田而填不饱肚子，女子纺织而没有衣服穿，人民只能穿“牛马之衣”，吃“犬彘（猪）之食”了。

秦朝的暴政引起了人们的反抗，为了镇压人民，维持秦朝的统治，秦始皇制定了一套严酷的刑法：一人犯死罪，亲族都要被处死，这称为“族诛”；一家犯法，邻里都要受牵连，这叫作“连坐”。再加上地方酷吏任意对百姓施以刑罚，人民的生活就更加痛苦不堪了。

秦始皇死后，儿子胡亥继承皇位，继续推行暴政。公元前 209 年，戍守渔阳的戍卒在陈胜、吴广的率领下发动起义，由此揭开了秦末农民起义的序幕。三年后，秦朝即在农民起义的打击下灭亡了。

第六十一章　各得其所

【原文】

大邦者下流[①]，天下之牝[②]，天下之交也[③]。牝恒以静胜牡[④]，以静为下。故大邦以下小邦，则取小邦；小邦以下大邦，则取大邦。故或下以取，或下而取。大邦不过欲兼畜人[⑤]，小邦不过欲入事人[⑥]。夫两者各得其欲，大者宜为下。

【注释】

①下流：众水汇集处。意卑下。②牝（pìn）：雌性。③交：总汇。④牡（mǔ）：雄性。⑤兼畜人：把人聚在一起加以养护。⑥入事人：求于人之意。

【译文】

治理一个很大的国家，要像江海那样安于处在卑下的地方，居于天下雌柔的位置，使天下百川河流交汇于这里。雌柔能以安静宁定战胜雄强，就在于它既能以静制动又安于居下。所以，大国如能对小国谦虚卑下，则必然能取得小国的信任依附；小国若能对大国谦虚卑下，则也能取得大国的信任支持。所以，不管是大国用谦虚卑下取得小国的信任，还是小国用谦虚卑下取得大国的信任，大国无非是想兼并小国，小国无非是有求于大国。这样大国小国都可以达到各自的愿望。特别是大国，更应该谦虚卑下。

【解析】

这一章中，老子提出了作为一个大国在对待别的小国时应持有的态度，即处静、处下，内在的道理即前面所说的"弱者道之用"。

春秋末期，诸侯国的兼并战争日益激烈，大国试图称霸天下，小国力图保全自己，人民的处境则苦不堪言。面对战争带来的灾难，老子痛心疾首，忍无可忍，终于发出了"大国者下流"的感慨。这里所说的"下流"，指的不是卑贱、无耻，而是江河的流向。我们知道，水都是向低处流的，海之所以能够包纳百川，就是因为它甘居下位，无所不包，所以才成就了自己的"大"。它的作为是合乎道德的，所以它能长久而广博。在老子看来，大国如果能像大海那样谦和，甘居卑下的位置，那

大邦者下流，天下之牝，天下之交也。

么国家就能太平，人民就能安定。

“牝恒以静胜牡”，这里老子以雌性可以战胜雄性的道理来论证“大国者下流”的观点。大国之所以大，一方面是客观的原因，即地理位置的优越。春秋时代，大国一般都处在中原文明的边缘地带，这里地势低洼，水草丰美，有利于人民居住和发展农耕。另一方面是因为统治者治国有方，他们清楚大国和小国的关系，而老子对此也作了论述，他说：“故大国以下小国，则取小国；小国以下大国，则取大国。”意思是说：大国对小国谦下，就可使小国归附自己；小国对大国谦下，就可取得大国的支持。因此，大国和小国的关系用海纳百川来形容那是再适合不过了。海是谦和的，是宽容的，是深沉的，是卑下的……正是因为它具有这些特性，所以百川才会归附它，投奔它；正是因为这些特征，才成就了它的博大、宽厚和永不干涸。

“故或下以取，或下而取。大邦不过欲兼畜人，小邦不过欲入事人。”在老子所处的年代，大国和小国并存的割据时代行将落幕。西周时期的几百个诸侯国，到了这个时候只剩下几十个，许多小国在大国的威逼下已经沦为附庸。这些小国尽管保存下来，但是处境更加艰难，它们不但要向大国纳贡，还要分担大国重大工程项目的劳役。而大国不但在态度上轻视小国，还奴役小国的人民，使他们的处境痛苦不堪。针对这种社会现状，老子渴望能够唤醒大国的宽厚和仁慈，试图通过自己的力量改变社会现状。

柔弱可以战胜刚强，但是现实的情形与老子的观点背道而驰，我们能不能就此否定和排斥老子的观点呢？其实，现实中柔弱没能战胜强硬的现象只是一时的弱势表现，从总体上来说，柔弱是可以战胜刚强的。看似强大的事物却不能长久地存在，而看似渺小的事物却有着顽强的生命力。以自然界里的现象为例：庞大的恐龙曾统治着整个自然界，而到最后竟被弱小的猴子种属取而代之；老鹰是一种凶悍的肉食鸟类，而野兔是一种草食动物，当老鹰如箭一般扑向野兔的时候，野兔弹出后腿，重重地踢中老鹰的肚子，一连几下，踢得老鹰扑棱着翅膀，一头栽倒在地上……

“夫两者各得其欲，大者宜为下。”国家谦和、卑下才能够长久，人类也是如此。人类如果不能做到谦和、卑下，就会引火上身，导致毁灭。所以，我们作为人类的个体，就应该从自我做起，对待周围的人要谦恭、柔和、甘居下位；对待周围的物应该友善、包容，使自己的行为合乎自然的大道，这样才能“两者各得其欲”，也只有这样我们才不愧为万物之灵，才算真正拥有聪明才智。

处世之道

◎各得其所——“尊王攘夷”的晋献公◎

这一章里，老子提出了协调大国与小国关系的基本原则：大国要谦让无争，小国要尊重大国。无非是使大国吞并小国，小国获得大国保护。春秋时期晋文公“尊王攘夷”取得霸主之位，就是一个很好 的例子。

晋文公，名重耳，他在晋国做公子时，因为遭到献公夫人骊姬的谗害，被迫流亡国外。最初，重耳来到卫、曹、郑等小国，这几个国家的君主对重耳无礼，不肯收留他。后来重

骊姬向晋献公进谗言陷害重耳。

耳到了楚国，楚成王十分优待他，重耳对他非常感激。不久，重耳回晋国为君，临走之前，他向楚国承诺：假如有一天晋、楚开战，晋国一定退避三舍，以次来报答楚国的恩情。其实楚国之所以帮助重耳，主要是出于利益考虑，希望重耳当上晋国国君后，能唯楚国马首是瞻。重耳心里自然明白，而他之所以许下诺言，也不过是为谋求楚国军事和政治上的支持罢了。

重耳回到晋国做了国君，即晋文公。晋文公才即位的时候，晋国的实力尚不强大，但是晋文公却有着称霸的雄心。此时周王室发生内乱，正好给晋文公提供了机会。于是，晋文公打出“尊王攘夷”的旗号，会合诸侯，一起出兵帮助周襄王平定内乱，并护送其回到洛邑。周襄王为表感谢，特意把南阳的温、原等地赏赐给晋国，这样，晋国在诸侯中的威望大大提高了。

这时，楚、宋泓水之战刚刚结束，宋国被楚国打得大败。楚国趁此将势力深入到北方地区：陈、蔡等国先后与楚国结成同盟；郑、许、曹、卫、鲁等国也渐渐倒向楚国一方。但是，楚国并不以此为满足，它还想威慑秦、晋、齐等强国，为此，楚成王纠集了大批军队，准备与中原诸侯一决雌雄。

晋文公自然不能容忍楚国的压迫。周襄王二十年（前632），晋文公率领晋国军队，大举进攻楚国的盟友卫国和曹国。卫国、曹国不敌，被迫依附于晋国。楚将子玉得到消息，非常生气，立即率军讨伐晋军。晋、楚这两个大国正面交锋，正要展开一场大的激战，这时，晋文公却忽然下令，命令全军向后倒退九十里地，到达卫国的城濮，这就信守了当初与楚国定下的约定。

城濮之战晋文公要求军队“退避三舍”。

说到这里，我们不禁要想，晋文公“退避三舍”仅仅是为了信守诺言吗？其实，这是他采取的很高明的策略：楚军披坚执锐上阵，斗志昂扬，晋军不适合主动迎击，应当主动后退，这样既可以回避敌军的锋芒，使其斗志松懈，晋军又可以选择有利地形，以逸待劳。

撤到城濮后，晋文公开始整饬军队，修筑阵地。同时，他又任命狐偃为上军主将，负责右翼攻击；任命栾枝为下军主将，负责左翼攻击；任命先轸为中军主将，负责指挥晋军主力，并协调左右两翼。这就是兵分三路攻击楚军的策略。

楚成王得知晋军在城濮驻扎了下来，担心子玉劳师奔袭，所以就率领楚军主力与子玉会合，一起赶赴城濮，并在城濮布下阵势：以子上为右军主将，负责指挥陈国和蔡国的军队；以子西为左军主将，负责指挥申国和息国的军队；以子玉为中军主将，负责指挥楚军的主力。

晋、楚两国的大军在城濮对垒，展开了一场激烈的厮杀，这场大战便是有名的“城濮之战”。

城濮之战中，晋军看到了楚国的弱点，集中兵力攻打楚军的左右两翼，致使楚军的两路大军全面崩溃。

与此同时，狐偃指挥的晋军右翼假装退却，负责指挥楚军左翼的子西果然中计，下达了主动追击的命令，使自己的侧翼暴露给了晋军主力。这时，先轸指挥的中军乘势杀向楚军左翼，就在双方杀得难解难分的时候，狐偃回师夹击楚军的左翼。尽管狐偃已经年老，但还是勇不可敌，在千军万马之中纵横驰骋，楚军兵将被杀得抱头鼠窜。

楚军的左右两翼均遭挫败，中军主将子玉仍旧负隅顽抗。楚成王为了避免主力被歼，遂下令子玉率军撤退。子玉无奈，只好率领中军撤退了。晋军则乘胜追击数十里地，又消灭了很多敌人。

城濮之战后，楚军北进受阻，中原诸侯渐渐不听楚国号令，改而亲附晋国了。不久，晋文公将战俘和战利品献给周室，以求封赏。周天子无奈，只得派大夫王子虎封晋文公为侯伯（诸侯首领）。晋文公再三辞谢，最后“勉强”接受这一封号。周室为此还特意写了一篇《晋文侯命》，以表彰晋文公的功绩。

在成就霸业的同时，晋文公开始报复流亡期间对其无礼的诸侯。晋文公五年（前632），晋伐卫，取胜后，将其地分给宋国。同年，伐曹，俘获了曹共公。两年后，晋国与秦国联合，大举讨伐郑国，强迫郑国答应向晋国进贡，这才撤兵而还。

晋文公在位仅仅九年，但是在短时间内却能成就霸业，兼并小国，抑制强楚，要挟周室，其成就胜过了齐桓公。

在这则故事中，晋、楚两国最开始相互尊重，这是为了夺得霸权的需要，因此后来不可避免地发生了战争。而遭卫等国曾对晋文公无礼，这违背了老子“小邦以下大邦”的原则，因此必然得不到大国的保护，从而招致了亡国之祸。

第六十二章　万物之奥

【原文】

道者万物之奥[①]。善人之宝，不善人之所保。美言可以市尊[②]，美行可以加人[③]。人之不善，何弃之有[④]？故立天子，置三公[⑤]。虽有拱璧以先驷马[⑥]，不如坐进此道。古之所以贵此道者何？不曰：求以得，有罪以免邪？故为天下贵。

【注释】

①奥：藏，含有庇荫的意思。②市尊：换取尊位。③加人：高过他人，亦有凌驾别人之上的意思。④何弃之有：即“有何弃之”，有什么可抛弃的。老子认为恶人可以转变，世上不应有被抛弃之人。⑤三公：古代最高的官职。⑥拱璧：极为珍贵的大玉。

【译文】

道是荫庇万物之所，善良的人把它当成宝贝珍惜它，不善的人也处处保住它。美好动听的言辞可以换来别人对你的尊重，良好高尚的品行可以见重于人。那些不善的人，怎能把道抛弃呢？所以在天子即位、设置三公的时候，虽然有拱璧在先、驷马在后的献礼仪式，还不如把这个清静无为的道进献给他们。自古以来如此重视道是什么原因呢？不正是由于有求于它的就可以得到满足，犯了罪过的也可得到它的宽恕吗？就因为这个，天下人才如此珍视道。

立天子，置三公。虽有拱璧以先驷马，不如坐进此道。

【解析】

这一章讲“道”的宝贵和修道所应坚守的原则。人不论善与不善，居高位还是居下位，在道上进步一分，就有一分的益处。对于天子和三公来说，道比宝马、璧玉更有意义。

讲道的宝贵，老子再次提及道的属性和功用：“道者万物之奥，善人之宝，不善人之所保。”意思是说：道是万物的主宰，善人的法宝，不善的人也用之保全自己。老子认为，道是天地万物的本原，是储藏万物的庇护之所，它时时刻刻都在保佑着天地万物；道是世界物质中未被感知的存在，它对万物一视同仁，它评价万物，却不把万物的过去行为作为评价标准，而是把它现行和将来的行为作为评价标准。所以，不管一个人是好是坏，只要他能够体悟道的内涵并能掌握道的理念精髓，道都会极力保护他的安全。

为什么说“道”是宝贵的呢？这是因为道不仅是善者的宝物，它同时也在保佑着不善之人。不善者之所以还能称之为“人”，就是因为道还在保佑着他。这里必须强调一点，我们这里所说的善和不善，并不是善良和不善良的意思，而是得道和未得道的意思。既然美好的言论可以博取别人的尊敬，美好的行为可以博取别人的重视，那么怎么可以抛弃不善之人呢？

“美言可以市尊，美行可以加人。人之不善，何弃之有？故立天子，置三公。”这是讲道的平等待人，当然，这里的“平等对待”也不是毫无原则的。当一个人的行为合乎大道的德行时，大道就会奖赏他。当一个人的行为不合乎大道的德行时，大道就会惩罚他。道对人的奖惩体现在道为人们设立了天子和三公，也就是说，天子和三公代表道去管理天下的百姓，去惩恶扬善。“加人”也就是增加人口的意思，即子孙繁盛。“三公”指的是古时地位仅次于帝王的三位官员，周代多指太师、太傅、太保。对这段话的理解，历来多有不同的看法，有人认为“立天子，置三公”是说人有美言尊行可成为天子、三公；也有人认为“人之不善，何弃之有”指的是对于不善之人，也没有理由去抛弃他们。

“虽有拱璧以先驷马，不如坐进此道。”“拱璧”指的是两手捧着璧玉。“驷马”指的是四匹马拉的车。前面有人拱璧导引，自己则在后面乘四匹马拉的车，这是春秋之际帝王出行的仪仗。“坐进”意为静坐以领悟。这段话再次重申了道的宝贵，并明确指出：修道要有正确的目的。在老子看来，即便得到了帝王之位，也不如静坐悟道。所以，他以帝王之尊的仪象来与得道相比，目的在于让人了解道的宝贵。

接下来，老子又通过阐明古人对道的宝贵看法，来说明修道的正确目的是什么。“古之所以贵此道者何？不曰：求以得，有罪以免邪？故为天下贵。”“有罪以免”意为悟道后按道行事可以免除以往的罪过。古人为什么认为道是贵重的？不就是因为按道行事即使有罪也可以免除吗？所以，道为天下所贵是不难理解的。

老子的这一思想在今天还有很大的借鉴意义。人类生活在地球上，拥有聪慧的头脑和灵活的四肢，这是我们成为高贵的人的前提条件。高贵的人具备谦和的道德品质，对周围的人不分好坏一视同仁，但是我们很难做到这一点。与此相反，我们常常会因某人曾有过劣迹而鄙弃他。大道不同，它对任何人都是仁慈的，对不善之人也同样加以保护。我们应该学习大道，并做到和大道同步，对世间之物一视同仁。

为人之道

弃恶从善——周处留名青史

周处向乡亲们询问何为乡里三害。

老子说，道荫蔽万物，对善人来说它是珍宝，而对恶人它也加以庇护，从不放弃。要善待有错的人，人的一生不可能不犯错；而对于犯了错误的人来说，也应当知错就改。晋代的周处原来就是乡中的一大公害，后来改过自新，成为了当世有名的忠臣良将。

周处，字子隐，出生于义兴阳羡。父亲叫周鲂，曾经在吴国担任鄱阳太守，但在他幼小的时候，父亲就不幸去世了。周处从小就失去了父教，十分顽劣。周处长得身强力壮，不到二十岁，就臂力过人，喜爱骑马射箭，常常背着弓四处打猎，在田野间骑马疾行，践踏坏不少庄稼。他生性剽悍，不拘细节，横行于乡间，成为地方一大祸患，乡里人都十分厌恶他，看到他便躲得远远的。周处自己也知道乡里人不喜欢他，立志要改过自新。

一天，周处走在大路上，发现路上的人都愁眉苦脸，于是他问道："今年风调雨顺，粮食大丰收，你们为什么一个个都闷闷不乐呢？"

乡亲们叹息道："乡中三害没有除掉，我们怎么会感到快乐呢？"

周处不明白了，问他们："乡里三害是什么呢？"

乡亲们回答道："第一害是南山上的白额猛兽，它长得凶猛无比，喜欢随意伤人，害得我们都不敢上山砍柴打猎；第二害是长桥下的蛟龙，不管是人是畜，只要经过长桥，就会被它卷进水里吃掉；第三害嘛……"

说到第三害，乡亲们都沉默了，犹豫着要不要说出来。周处急了，忙问道："你们倒是说呀，第三害又是什么？"

"第三害就是你了。"乡亲们鼓起勇气说了出来，周处听后一怔，他虽知道乡人不喜欢他，但没想到竟反感到这个程度。

周处说："如果这些是祸患，我去为你们将它们除掉。"

乡亲们说："你要是将它们都除掉，就是我们整个乡的大幸。"

第二天，周处带好武器，骑上马入山射杀猛兽，经过一番激烈的搏斗，终于杀死了白额猛兽。回到家经过一天休整，他又拿着磨得十分锋利的剑潜入水中擒杀蛟龙。蛟龙在水中不易对付，它时而沉入水底，时而浮出水面，不断往前游走，周处挥舞着利剑，尾随它而去。那打斗场面十分激烈，蛟龙已被周处砍得遍体鳞伤，而周处胳膊上、背上也被它的利爪抓出了几道深深的口子，河水都已经被血染红。一直打斗了三天三夜，仍旧没有分出胜负。

周处入山杀猛虎。

乡亲们见周处没有回来便以为周处和蛟龙都死了。想到地方上三害都已经除掉，乡亲们无不拍手称快。他们大摆筵席，欢庆三害俱除。周处斩杀了蛟龙，拖着伤痕累累的身子浮出了水面，看到乡人的欢庆场景，心中十分难过，他终于知道乡亲们有多恨他了，这使他更加坚定了痛改前非、悔过自新的决心。

周处听说吴中大将陆逊的孙子陆机、陆云很有才学，于是决定去吴县拜他们二位为师。来到吴县，碰上陆机不在，只见到陆云，于是他将自己早年顽劣不堪及后来浪子回头擒杀猛兽蛟龙的事情都告诉了陆云，并向他表明自己悔过自新的决心和决意拜他为师的愿望。但周处又担心自己年龄大了，陆云不肯收自己为徒。

然而陆云居然答应了，他劝周处说："古人认为，'浪子回头'是十分可贵的，你还是很有前途的，你应当担心的是自己没有志向，有了志向，又怎么会害怕名声不远扬呢？"周处听了觉得很有道理，于是便发奋学习，不时用古人的话来砥砺自己。同时，他还十分注重加强自身的修养，一改之前的顽劣习气，修得一身才学。

仅用一年，周处就名声大噪，州府官员都争相举荐他出来做官。后来，他出仕吴国，担任东观左丞。到了孙皓统治末期，又任都督。

公元280年，吴国灭亡，吴国臣子纷纷到晋朝为官，周处也在其中，出任雍州新平（今陕西彬县）太守。任职期间，因为治理有方，原来那些棘手的边疆问题都得到了解决，外族纷纷归附，这使得周处美名远播。之后，周处又被调去任梁州广汉（今四川射洪）太守，他勤于公务，清廉正直，处理了不少多年未解的诉讼案件。后来他因母亲年迈而辞官归乡，不久又因其有贤名而再度被征为楚内史，还没有到任，又被征召入京担任散骑常侍。周处接到任命后，先到楚国赴任，取得安抚教化等政绩，才入朝做散骑常侍，他的这种行为，深为时人所推崇。

周处为人十分耿直，刚正不阿，任御史中丞时，也不畏惧权贵的势力。梁王司马肜也遭到过他的举报，两人从此结下梁子。每次提到周处，司马肜便恨得咬牙切齿。

公元296年，西北少数民族氐羌发动叛乱，首领齐万年称帝。十一月，晋朝任命司马肜为征西大将军、总领关中诸军事；周处为建威将军，隶属安西将军夏侯骏。周处之所以被推上了最前线，是因为他正直的品性得罪了不少朝臣。伏波将军孙秀知道这些人的险恶用心，便好意劝周处道："你家中有老母在堂，可以以此为借口，推掉这个差事。"周处听了，正色道："自古忠孝就难以两全。"

周处知道自己身处险境，必定被司马肜陷害，于是抱着必死决心西征。

公元 297 年正月，齐万年率军七万驻扎在梁山（位于今陕西省乾县），司马肜、夏侯骏逼周处仅以五千兵力发动攻击。周处抗议道："我军没有后援，冒然进攻必然招致失败，而且也给国家带来耻辱。"司马肜不听，逼迫周处前进，与齐万年军战于六陌（位于今陕西省乾县），士兵连饭都没吃就被推上战场，也没有后援。周处知道必败无疑，遂奋勇杀敌，终于弦绝矢尽。而友军振威将军卢播、雍州刺史解系都不带兵救援，旁人劝周处撤退，他却按着剑说："这是我效忠死节、以身殉国之日！"最终英勇战死。

周处勇于改过，且为人忠孝，由一个地方恶霸变成了一代忠臣，给后人树立了好榜样。

第六十三章　为大于细

【原文】

为无为，事无事，味无味。大小多少，报怨以德。图难于其易[①]，为大于其细；天下难事必作于易；天下大事，必作于细。是以圣人终不为大，故能成其大。夫轻诺必寡信，多易必多难。是以圣人犹难之，故终无难矣。

【注释】

① 图：计划。

【译文】

以“无为”的态度去有所作为，以不搅扰的方法去处理事物，以恬淡无味当作有味。大生于小，多起于少。处理问题要从容易的地方入手，实现远大要从细微的地方入手。凡是天下的难事，一定从容易的地方做起；凡是天下的大事，必定从细微的部分做起。因此，有道的人始终不自以为伟大，所以才能做成大事。那些轻易许诺的人，很少有能够兑现的，必然会失去信用。把事情看得太容易的人，势必会遭受很多困难。因此，有道的人遇到事情总是把它看得很难，所以反而没有困难了。

为无为，事无事。

【解析】

这一章进一步阐释“无为而无不为”的思想。世间的所有事情都是从小到大，从易到难，从细到巨发展起来的。圣人明白这一道理，因此在事情刚刚出现或者还处在萌芽状态的时候就把它化解掉了。所以，我们看圣人表面上做的都是小事、细事、易事，甚至什么也没有做，最后的结果却是成就了大事、难事。

“为无为，事无事，味无味。”这句话有人解释为“以无为为为，以无事为事，以无味为味”。这种解释没有把自然无为理解为一种自我修养的思想境界，而是作为一种单纯的行动指导思想来看的。如果这样理解的话，老子就是提倡什么事都不必去做了，这就扭曲了老子无为的真正内涵，因为在老子看来，人活在世界上就一定要做事，否则，就无法生存。在老子《道德经》里，无为的思想贯穿始终。由于每一章节的侧重点不同，所以无为常常涌现出新意来。这里所说的“无为”的含意，意思是说在做任何事情的时候，都不要强加自己的主观意志，更不要试图用主观意志去改变事物的客观属性。当然，老子并不是让我们什么都不做，而是要顺其自然。由此可知，老子所谓的无为实际是一种自我修养的思想境界，也就是一种抛弃主观而顺从客观的思想境界。这种思想要求我们在实践中做到大事化小，小事化了，多事变少，少事变无。做到这些，就能实现人与自然以及人与人之间的和谐。

“为无为，事无事，味无味”是修道的真实境界，要想理解这句话，就要先理解手段与目的的关系：手段是完成目的的中间环节，目的一旦实现，手段也就不再有用了。对于人类来说，手段不是绝对的，只有目的才是绝对的。所以，老子在这里所表达的是手段的有限性和相对性，只有人类所要达到的目的才是极端重要的。

“大小多少，抱怨以德，图难于其易，为大于其细。”老子的哲学是一种调和的哲学，它反对任何形式的对抗与斗争。但是，这并不意味着老子就否认了矛盾的存在。在他看来，这个世界充满了矛盾与斗争，而我们应该把这种矛盾和斗争从激烈的对抗状态拉回到相对平和的状态。为此，老子提出了建议，即“图难于其易，为大于其细”。这里的“难”指的是力所不及的目标或是难于办成功的事情；“大”指的是伟大的工作或事业。老子在这句话中所要表达的意思是：我们应当在矛盾和斗争仍处于萌芽状态的时候就予以消除，并通过谨慎行事避免新的矛盾与斗争的产生。

“天下难事，必作于易；天下大事，必作于细。是以圣人终不为大，故能成其大。夫轻诺必寡信，多易必多难。”这里的“诺”意为夸夸其谈，吹牛皮，说大话。“寡信”是说真实可信的成分很少，很难兑现。在老子看来，大生于小，多起于少，困难的事情要从易处着手。因此，求道的时候要从细微入手。天下的难事，必从容易做起；天下的大事，必从细微入手，所以有道的人从来不自以为大，因此能成就大事。轻易的允诺是不足信的。把事情看得太容易了，一定会遭受到更多的困难。所以，有道的人遇见事情总是把它看得很艰难，最后反而没困难了。

处世之道

◎图难于易——司马错分析天下大势◎

面对困难时，必须从容易的事情做起，做大事也要从小的事情做起。战国时期，秦国伐蜀而终得天下的故事，说的就是这一道理。

战国中期，秦孝公任用商鞅主持变法，秦国的国力逐渐增强，开始不断兼并土地，有统一天下的志向。秦惠王九年（前316），巴、蜀两国相互攻击，这个时候，秦国正打算侵略韩国，但是秦惠王又对蜀地垂涎三尺，所以一时举棋不定，不知道应该进攻哪里才好。于是，惠王召集群臣，一起商议伐蜀还是讨韩。

司马错劝秦王伐蜀。

群臣聚到一起后，大臣司马错与张仪激烈地辩论起来。司马错主张攻打蜀国，张仪却主张先攻打韩国。秦惠王想听听双方的理由，于是说道：“请让我听听你们的见解吧。”

张仪气势逼人，他率先说道：“秦国要一统天下，就应当先亲近魏国，友善楚国，然后出兵三川，堵住轘、缑氏的出口，挡住屯留的山道，再让魏国出兵切断南阳的通路，让楚国逼近南郑，秦国军队则攻打新城和宜阳，兵临二周的郊外，声讨二周君主的罪行，然后再侵袭楚国和魏国的领土。周朝自知局势难以挽救，必然会交出九鼎宝器。秦国据有了九鼎，掌握了地图和户籍，挟天子以号令天下，天下就没有敢不听命的，这才是成就王业的办法。而现今的蜀国，只是一个西部的偏僻小国，是戎、狄的首领。如果我们去打它，调动全国的军民而不足以成就威名，即使得到了那里的土地，也算不上是什么利益，我听说：‘争名者聚于朝堂之上，争利者聚于集市之中。’现在三川和周王室就是当今天下的集市和朝堂，大王不去那里争夺，反而要到戎狄之地去争夺，这离成就王业未免太远了吧。”

秦惠王听了张仪的话，面带喜悦之色，不禁为之心动，他刚想称赞张仪的这一番高论，这时司马错却开口说道：“大王还是先听一下老臣的理由再作决定吧。”

惠王一听司马错要陈述理由，连忙从刚才的兴奋情绪里走出来，心平气和地说道：“那么就请爱卿说一下您的理由！”

司马错双手一拱，缓缓地说道：“老臣听说，想要使国家富强，就必须扩大疆土；想要使自己的军队强大，就必须使百姓富裕；想要成就帝王的大业，就必须广布恩德。如果这三个条件都齐备了，那么帝王大业就会随之而实现。如今君王疆土狭小而人民贫穷，况且您还没有对自己的臣民广施恩德，这怎么能成就大业呢？因此，我希望大王从易处着手。

蜀国确实只是个西部的偏僻小国，是戎、狄的首领，并且有像夏桀、殷纣一样的昏暴之君，以秦国的强大力量去攻打它，就像用豺狼去追逐羊群一样。取得了蜀国的土地，就足以扩大秦国的疆土；获得了蜀国的财富，就足以使人民富裕，使我们的军事力量增强。这样一来，我们不必付出很大的代价，就可以占有巴蜀地区了。”

惠王听到这里，不住点头。张仪看了司马错一眼，心里有些不甘心，便想再劝惠王，然而司马错老谋深算，他继续劝谏惠王道：“大王讨伐蜀国，不只有上面所说的好处，其他的好处也有很多呢。”

惠王听说有更多的利益可图，心里更加高兴了，于是说道：“爱卿接着往下说，我愿意听听您的高论！”

司马错说道：“这个好处便是：秦国夺取了一个国家，而天下却并不认为这是残暴；秦国虽然尽得了蜀国的财富，而诸侯却并不认为这是贪婪。这样做，秦国是仅凭一次行动而名利两收，而且还能赢得制止暴乱的美名。”

说到这里，司马错又把矛头指向张仪：“假使现在去攻打韩国，挟持天子，不但不一定能从中得到利益，反倒落了个不义的名声。而且去攻打天下人都不愿意进攻的地方，是很危险的。我请求向您陈明其中的缘故：周王室，现在还是天下的宗室；韩国，是周王室的友邦。周王室要是知道自己将要失去九鼎，韩国要是知道自己将要失去三川，那么周、韩两国必然戮力同心，共同谋划，借助齐、赵的力量，向楚、魏寻求解决办法，他们要是把九鼎送给楚国，把土地送给魏国，您也没办法阻止他们。这就是我所说的危险。这样的话，还真不如攻打蜀国那样万无一失。”

秦惠王听了司马错的一番见解，表示非常赞同，便说道：“说得不错，我听您的。”于是决定发兵攻打蜀国。

同年秋，秦惠王下令司马错与张仪、都尉墨等率军从石牛道伐蜀，与蜀国的军队大战于葭萌（今四川广元昭化区），蜀侯败逃至武阴（今山东）。这年冬天，秦国灭掉蜀国。继而又灭掉巴国、苴国。

巴、蜀平定之后，秦国的国土更加广阔了，国力也更加强大。经过多年筹备，秦昭王十六年（前 291），秦昭王任命司马错担任客卿，命其攻打魏国，取得轵地（今河南济原南）；继而攻韩，取得邓地（今孟县西）。两年以后，司马错与白起等又攻取魏国六十一座城邑。秦昭王二十七年（前 280），秦国率领陇西兵及巴蜀兵十万人，从蜀地沿江而下，攻占楚国的黔中（今湖南西部及贵州东北部），楚国被迫向秦国割让汉北及上庸地（今湖北西北部）。

秦国夺得蜀地，而后积蓄力量，慢慢吞食六国土地，这正体现了“天下难事必作于易”的道理。终于，在公元前 221 年，秦王嬴政灭掉最后一个敌人齐国，统一了天下。

第六十四章　慎终如始

【原文】

其安易持①，其未兆易谋②。其脆易泮③，其微易散。为之于未有，治之于未乱。合抱之木，生于毫末；九层之台，起于累土；千里之行，始于足下。为者败之，执者失之。是以圣人无为故无败，无执故无失。民之从事，常于几成而败之。慎终如始，则无败事。是以圣人欲不欲，不贵难得之货；学不学，复众人之所过，以辅万物之自然而敢为。

【注释】

①持：保持。②兆：苗头，征兆。③泮：分散，破碎。

【译文】

当局面安定时容易把持，当事情还未露先兆时容易谋划。当事物脆弱时容易分开，当事物细微时容易消散。做事情要在它尚未发生之前就处理妥当，处理事情要在祸乱没有产生以前就早作准备。合抱的大树，生长于细小的根芽；九层的高台，筑起于每一堆泥土；千里的远行，是从脚下举步开始走出来的。主观妄为的将会招致失败，强行把持的一定会失去。因此有道的人无所作为所以也不会招致失败，无所执着所以也不会遭受损失。人们做事情，总是在快要成功时遭受失败，所以当事情快要完成的时候，也要像开始时那样慎重，就没有办不成的事。因此，有道的人追求别人所不追求的，不稀罕难以得到的财货，学习别人所不学习的，补救众人经常犯的过错。以辅助万物按其自身规律自然发展而不会妄加干预。

学不学，复众人之所过，以辅万物之自然而敢为。

【解析】

本章重点提出了物理与人理相结合的理论，这一理论不但蕴含着丰富的哲理，还包含着富有实际意义的行动技巧和生活智慧，这些后来都成为中国人修身行事的标准。

“其安易持，其未兆易谋。其脆易泮，其微易散。”在本章中，老子先是阐发了透过事物现象抓住事物本质的道理。这个道理在今天看来，并没有什么特别高深之处，但是在两千五百年前，它却是振聋发聩之语。

接着，老子运用三个排比句：“合抱之木，生于毫末；九层之台，起于累土；千里之行，始于足下。”由此我们联想到了荀子《劝学篇》中的这几句话：“积土成山，风雨兴焉；积水成渊，蛟龙生焉；不积跬步，无以致千里；不积小流，无以成江海。”可见，老子和荀子在思想观点上有某些相通之处，或者说，荀子承继了老子的某些观点。不过，荀子接下来说：“锲而不舍，金石可镂。”他提出了积极进取的主张；而老子则主张无为、无执，这实际上是让人们依照自然规律办事，树立必胜的信心和凭借坚强的毅力，耐心地一点一滴去完成，稍有松懈，就会造成前功尽弃、功亏一篑的结局。

事实上，宇宙间所有看上去属于偶然的和突发性的事变，都必然经过了一个复杂、隐晦、潜移默化的演化阶段，只不过人们往往注意不到罢了。人类注意不到事物的潜移默化，而许多动物却比人类具有更加敏锐的洞察力，暴风雨来临之前的晴天白日下，老鼠、蚂蚁、青蛙、飞鸟们都会预感到暴风雨的即将到来而纷纷未雨绸缪。按照生物界的常理，人类自然也应该具有未雨绸缪的能力，但事实上，在近代科学工具产生之前，人类确实已经丧失了这种能力。至于为什么会丧失，或许是人类脱离大自然的时间过久、隔离过大，或许是人类过于注重了对人类世界的关爱而故意疏远了大自然，或许是人类有意地回避了那些无可逃避的灾难。

老子的提示对于人类具有深刻的启发意义，他告诉人们：所有强大的、不可战胜的事物都有它的萌发时期，萌发时期的事物正处于柔弱阶段，如果人们善于把握事物的这种规律，就能够防患于未然。他指出：“为之于未有，治之于未乱。”正是对能瞻前而不能顾后的人的提醒。

老子洞察了万物对生命的坚守，从来都不是通过变换表面形式来故弄玄虚，而是真诚地顺从自然，感到人类的许多行为确实是脱离自然界太远了。

而且，人类这样犹如急行军一般的前进，对生命质量的提高会有真实帮助吗？老子不认为人生应该如此度过。老子在此强调了一切灾难和祸患都因有所作为和心理偏执而起，他说：“是以圣人无为故无败，无执故无失。民之从事，常于几成而败之。慎终如始，则无败事。”

不试图有所作为，自然很少有失败；个人行为不偏执，自然很少有失误。老子认为，一般老百姓做事情，因为不懂无为的道理，亦不能把一件事情从始至终以一种极其慎重的态度来进行，他们虽然永远在忙碌着，却总在事情眼看着即将成功的时候失败了。

从政之道

◎慎终如始——张咏治理益州◎

这一章里，老子提出了未雨绸缪、防微杜渐、防患未然的思想，其对后人的为人处世有着重要的意义。北宋张咏治蜀的事迹，就是一个典型的例子。

张咏是北宋时期的名臣。字复之，自号乖崖，濮州鄄城（今属山东）人。太平兴国间进士。累擢枢密直学士，真宗时官至礼部尚书，诗文俱佳。

张咏雷厉风行治蜀。

张咏性格刚强，治才强干，为官期间做出了很多政绩，他曾两度出知益州。巴蜀自古就难以治理，张咏在益州任上，治理从严，对宋初蜀中的归化、稳定起了重要作用。

宋太宗淳化年间（990—994），四川地方官吏残酷剥削百姓，贫民纷纷起来反抗，终于发生了一场大规模的农民暴动。发起这次暴动的首领名叫王小波，他率领贫民诛杀了彭山县知县齐元振。齐元振担任彭山知县的时候，大肆搜刮民财，激起了当地民众的强烈不满。因此，齐元振被杀之后，百姓将他肚子剖了开来，然后把铜钱塞进肚子里，以此来讽刺他嗜财如命。后来，王小波为官兵所杀，众人共推李顺为首领，攻掠州县，声势大盛。宋太宗连忙派太监王继恩统率大军，击破李顺，攻克成都。

王小波、李顺虽然被平，但太监王继恩统军无方，扰乱民间，四川局势一直未能稳定下来。于是，宋太宗决定派张咏出任益州知州，去治理巴蜀。

张咏来到益州后，王继恩把俘虏来的乱党交给张咏处置，然而张咏却把这些乱党尽数释放了。王继恩非常生气，责问张咏为什么这么做。张咏回答说：“前些时候，李顺胁迫百姓，聚众造反，今日张咏和大人您把造反的贼寇变为安顺良民，又有什么不可以呢？”

王继恩的部下士卒不遵纪守法，掠夺民财，百姓怨声载道。张咏知道后，就派人把扰乱治安的官兵捉了起来，也不向王继恩打个招呼，就直接把这些士兵绑了起来，然后投入井中淹死。

王小波起义。

王继恩看到张咏雷厉风行，也不敢向他责问了，而是装作不知。蜀地的官兵知道张咏手段厉害，就不敢造次了，也比以前规矩多了。

太宗深知这次四川百姓造反，都是因为地方官吏逼迫所致，于是下“罪已诏”布告天下，公开承认自己的过失。诏书中说道：“朕委任不当，致使四川地方的官吏为非作歹，残害百姓，这才引起了祸乱。这实在是我‘失德’啊，从今往后，我要引以为戒！”

张咏明白官逼民反的道理，治蜀的时候处处为百姓着想，所以四川很快就太平无事了。

张咏凡事都要经过仔细调查，然后作出决策。

张咏在益州做了几年官，后来又做了杭州知州，恰好正逢饥荒，百姓有很多人靠贩卖私盐度日，官兵捕拿了数百人，张咏随便教训了几句，便都释放了。部属们不理解张咏的做法，便对张咏说道：“私盐贩子不加重罚，恐怕难以禁止。”张咏道：“钱塘十万家，饥者十之八九，若不贩盐求生，一旦作乱为盗，就成大患了。待秋收之后，百姓有了粮食，再以旧法禁贩私盐。”张咏治理杭州，亦采用治蜀时的经验，不但使当地安定下来，还消除了匪祸的隐患，真正做到了“防患于未然”。

张咏为官期间，并不采取高压政策，而是体恤民情，安抚百姓，这就使当地人民安定下来，积极从事农业生产，无形中消除了“盗患”，这正体现了老子“慎终如知始”的道理。

第六十五章　善为道者

【原文】

古之善为道者，非以明民，将以愚之。民之难治，以其智多。故以智治国，国之贼①；不以智治国，国之福。知此两者亦稽式②。常知稽式，是谓玄德。玄德深矣，远矣，与物反矣，然后乃至大顺。

【注释】

①贼：祸害。②稽式：模式、法则的意思。

【译文】

古代善于遵行“道”的人，不是教导人民知晓智巧伪诈，而是教导人民淳厚朴实。人民之所以难于治理，乃是因为他们使用太多的智巧心机。所以用智巧心机去治理国家，就必然会危害国家，成为国家的灾祸；不用智巧心机治理国家，才是国家的幸福。了解这两种治国方式的差别就是一个法则，经常了解这个法则，就叫作“玄德”。玄德深不可测，远不可及，和万物一起复归到道的真朴，然后才能极大地顺乎自然。

【解析】

本章中，老子提出了以道治国而不以智治国的主张。人的智能就像是一把双刃剑，如果没有道德的基础而用智，那么就会成为天下的大祸患。

古之善为道者，非以明民，将以愚之。

“古之善为道者，非以明民，将以愚之。”在老子看来，民众之所以难治，就是因为统治者治理不善造成的，那么统治者应该怎样安抚民众呢？老子指出，应该“将以愚之”，这里的“愚”是淳朴厚道的意思。一旦民心淳朴了，民众就不会惹是生非，胡作非为了，这样天下也就自然太平了。在一般人看来，能够在自己所生存的自然和社会环境中谋取利益并实现个人价值，那么这个人就是聪明之人。否则，就是愚蠢的人。老子的看法则完全相反。他认为，如果一个人仅仅从自己的利益出发，把人生意义仅仅定位为谋取私人利益和实现个人价值上，那么这就相当于把自己与整个世界对立起来了，势必会引起自己与整个世界的

不以智治国，国之福。

对抗与冲突，这种不自量力的做法是愚不可及的。那么，怎样才算是聪明的人呢？聪明之人能够意识到任何人都是世界所生、世界所长，而世界又是人类生存的源泉，所以他们就会把自己同整个人类和整个世界融为一体，积极投身到人类社会和自然世界的各项事业中去，服从整个人类社会和自然世界的意志。在老子看来，整个世界就是道德的产物，所以只有胸怀世界的人，才是合乎世界本质和道的本质的人。也只有这样的人才是真正充实、富有、自由和幸福的人。

“民之难治，以其智多”，这里的“治”，意为和谐、统一。老子认为，民众之间是很难实现和谐统一的，他们相互对立、相互冲突。“智”指的是以追逐个人利益为出发点的“智慧”。这种智慧与一般意义上的“智慧”不同，它导致人们相互冲突，相互斗争，人们运用这种智慧获得的实际利益与团结协作所获得的实际利益相比，实在是微不足道的。

“故以智治国，国之贼；不以智治国，国之福。”这里的“贼”指的是致使天下大乱的祸患或灾难，这种祸患和灾难不是别的，就是人们把人类社会变成了一个猎场，而人们对于社会的态度和行径也就跟强盗的态度和行径无异了。

“知此两者亦稽式。常知稽式，是谓玄德。玄德深矣，远矣，与物反矣，然后乃至大顺。”“玄德”是什么呢？不就是前文“含德之厚，比于赤子”之“德”吗？不就是“修之于身，其德乃真”之“德”吗？不就是“道生之，德畜之”之“德”吗？这个“德”是深且远的“道”之“德”，因为道是世界的根本，而整个世界的存在，实际上就是道德的存在。“玄德深矣，远矣”中的“深”意为不断深入，“远”意为不断扩展。“与物反矣”中的“反”就是回归到存在的本源之中，这个本源即世界或宇宙。这句话可以理解为：玄德与具象的物不同，德是无形无象的，需要透过物的运动才能显现出来，必须透过物象去审视品味。一旦落于具象，就不再是德了。

通过对老子这一章的解读，我们可以透悟人生的一个规律：做事情的时候，只有遵循大道，做到敦厚朴实，才能实现自己的人生价值。老子在本章中说，如果拥有了心智，人心就会变得伪诈起来，而国家也就难以治理了。我们可以把这个道理推延到个人：如果我们心智过多，不但会感到劳累、困顿，还会导致自己和周围人的关系逐渐恶化。试想一下：如果每个人都狡诈、善变和满怀心机，都想着如何满足自己的欲望，那么整个社会就会变得虚伪、狡诈和面目可憎，这样的话，我们生活在这个社会里，还有什么乐趣呢？

任何人都不愿意生活在一个伪诈的环境里，也没有人愿意和虚伪的人打交道。如果我们想摆脱虚伪的环境，避免与虚伪之人交往，那就必须从自身做起，无论环境变得怎么样，我们都要保持心灵的自然纯真状态，在待人接物的时候都要秉承自然淳朴的特性。只有这样，我们才能真正地返璞归真，悠然自得，享受人生的欢乐。

处世之道

◎智多背道——武则天用酷吏治国◎

善于治国的君主，施行仁政，教导人民淳厚朴实，而不是使人民智巧伪诈。用智巧治国必将危害国家。唐朝武则天在位时，大兴诬告之风，任用地痞、流氓、无赖为刑官，朝廷中出现了一批残忍严酷的官吏。

索元礼是唐朝有名的酷吏，他因治狱严苛而屡屡升官，一直做到了推事的职位。索元礼制作了一种叫“换笼头”的刑具，在审讯犯人时使用。犯人如果不招供，就给他套上换笼头。换笼头这种刑具能夹得人头骨开裂，让人见了毛骨悚然。此外，索元礼还设计了其它刑具，如“凤晒翅”“猕猴钻火”等。凤晒翅是用椽子锁住犯人的手足，然后扭转椽子，直到骨头破碎。猕猴钻火就是把一根椽木绑在囚犯的手脚上，然后推着椽木转圈，直到把囚犯的骨头磨碎。由此可见索元礼的手段是相当凶残的。

瀛州刺史独孤庄手段也十分残酷暴虐。一天，他抓到一个窃贼，窃贼已经招供。独孤庄又喊道：“把我制造的刑具拿出来。”这个刑具是一个铁钩，有一丈多长，十分尖利，用绳索挂在树上。独孤庄对窃贼说道：“你没有听说过‘好汉钩下死’吧。”下令手下用铁钩把盗贼的面颊钩上，再派一个壮丁拉拽钩上的绳索，把盗贼的面颊从钩子上钩了下来。

在武则天朝的众多酷吏之中，尤以周兴和来俊臣最为有名。周兴十分凶狠，几乎无所不为，时人称他为“牛头阿婆”。百姓对他十分怨恨，百官对他也是敢怒不敢言。有人曾在他家门前题了这样一首诗：“被造之人，问皆称枉。斩决之后，咸悉无言。”以此揭露其手段的凶残和严酷。

那么周兴到底严酷到什么程度呢？周兴任刑部侍郎时，为了逼供，他发明了“定百脉”“喘不得”等骇人听闻的酷刑，使囚犯一看到这些刑具就吓得直冒冷汗，还没有用刑就认罪。他常常任意给别人编织一个罪名，以酷刑逼供，或直接在狱中将犯人摧残致死。许多正直大臣每次入朝前，总要叮嘱家人一句：“不知还能不能再相见。”足见周兴诬狱之猖獗。

左史江融为官有才干，周兴十分嫉妒，于是诬陷江融与徐敬业勾结，将其抓了起来，并把他折磨致死。广州都督冯元常屡立战功，但武则天很厌恶他，周兴猜透武则天的心意，便乘机诬陷，冯元常被下狱处死。垂拱四年（688），太子通事舍人郝象乾遭到家奴诬告，被朝廷抓了起来，周兴是主审人，将他判罪，下令诛灭其九族。周兴与宰相魏玄同有私怨，想要陷害他，苦于一直找不到机会，后来终于想到一条妙计。永昌元年（689）闰九月，周兴在武则天面前诬蔑魏玄同，说他曾经说过“太后老了，需要立太子”的话。武则天听了十分生气，当即赐死魏玄同。同年十月，周兴等又诬告右武卫大将军黑齿常之（百济人）与右鹰扬将军赵怀节等人谋反，黑齿常之与赵怀节等人下狱后，忍受不了酷刑，被迫自杀。

周兴滥杀无辜，据统计，他直接迫害死的人达到了几千人之多。周兴的残酷行径引起了天下人的愤恨。天授年间，有人告发周兴谋反，这封密告信是直接交给武则天的，周兴并不知情。由于周兴害人太多，武则天也渐渐对他产生不满，于是她下令来俊臣逮捕和审讯周兴。来俊臣知道周兴不易对付，于是想了一个计策。他邀请周兴喝酒，两人对坐闲谈，来俊臣说：“现在监狱里许多囚犯都不肯招供，怎么办？”周兴轻松一笑，说道：“这还不简单，你准备一个大酒瓮，将犯人装入瓮中，然后四周用木炭烘烤，你看他招不招！”来俊臣听了，拍手叫绝，于是叫人抬来一个大酒瓮，四周架上木炭。慢条斯理地对周兴说：“有人告你谋反，圣上要我来审讯你，请进去尝尝滋味吧！”周兴一时惊吓得目瞪口呆，等回过神来，只好乖乖地按照来俊臣的意思招供了，这就是成语“请君入瓮”的由来。

酷吏周兴多少还读过几本书，懂得一点法律，而来俊臣完全就是一个法盲、地痞。他早年因犯下了盗窃罪而被关在和州的监狱里，为了减刑，他在狱中上书揭发琅琊王李冲谋反，却被和州刺使东平王李续以诬告罪处以鞭刑一百。没想到，后来东平王李续也被武则

武则天任用酷吏。

酷吏断狱，犯人多是屈打成招。

请君入瓮。

天杀了，来俊臣便乘机上书，说自己曾在狱中揭发琅琊王谋反的事，却遭到李续的压制。特别关注谋反案的武则天对来俊臣很是欣赏，觉得他对自己很有用处，于是提拔来俊臣做官，后来让他做侍御使，专门负责刑狱之事。

来俊臣善于揣摩武则天的心思，他知道武则天对李唐皇族和朝中诤臣很是忌惮，于是专门设计诬陷这些人谋反。为此他发明了罗织罪名的方法，还与其爪牙朱南山、万国俊、共同编写了一本《罗织经》。所谓"罗织"就是捏造罪名、陷害无辜之人的意思。来俊臣在全国各地都安插了自己的爪牙，这些人从不同的地方同时告发某大臣谋反，武则天便将遭到诬告的大臣抓起来，关进大牢，交由来俊臣审讯。来俊臣的手段极其残忍，他不论案情轻重，在审讯时先往犯人的鼻子里灌醋。不给囚犯东西吃，囚犯饥饿难耐，不得不撕嚼身上的破旧棉絮充饥。来俊臣又制造了各种残忍的刑具，每次审讯前，先将这些可怕的刑具一一向犯人展示，囚犯们吓得纷纷认罪。

来俊臣身为武则天的刑官、法官，却一天都没有停止过干违法乱政的事情。有一次，来俊臣抢了别人的老婆，在府中大摆宴席庆贺。他的党羽卫遂忠特来道贺，却被门卫挡在门外，卫遂忠破口大骂，来俊臣命人将卫遂忠绑在大院内，折腾了许久才把他放走。卫遂忠因此怀恨在心。后来，来俊臣打算诬告皇嗣李旦和庐陵王李显与南北禁军谋反，卫遂忠得知了他的阴谋，便向武则天揭发了这件事。武则天知道后，十分生气，遂下诏将来俊臣斩首。来俊臣被杀后，天下人无不拍手称快。

◎第六十六章　不争之争◎

【原文】

江海之所以能为百谷王者，以其善下之，故能为百谷王。是以圣人欲上民①，必以言下之；欲先民②，必以身后之。是以圣人处上而民不重③，处前而民不害④。是以天下乐推而不厌⑤。以其不争，故天下莫能与之争。

【注释】

① 上民：把自己摆在百姓之上，也就是统治人民的意思。② 先民：把自己摆在人民的前面，也就是统治人民的意思。③ 重：不堪重负的意思。④ 害：妨害。⑤ 厌：不喜欢。

【译文】

江海所以能够成为百川河流所汇往的地方，是因为它居于百川之下，所以才能成为千百河谷的统帅。因此“圣人”要领导人民，必须心口一致地对人民表示谦下；要成为人民的表率，必须把自己的利益放在他们的后面。所以，有道的人虽然地位居于人民之上，而人民并不感到负担沉重；居于人民之前，而人民并不感到受害。天下的人民都乐意推戴而不厌弃。因为他不与人相争，所以天下就没有人能和他相争。

【解析】

这一章讲“善下”和“不争”的好处。圣人之所以“善下”和“不争”，并不是为了得到它的好处，而是顺着道的法则自然无为。如果刻意为之，就会沦落为虚伪和权谋。

“江海之所以能为百谷王者，以其善下之，故能为百谷王。”在中国的哲学里，“王”是一个概念，它指的是天、地、人的统一及相互贯通和彼此契合，也指人与人、人与世界所达到的最和谐的状态。此外，王还反映了古人对治国者的最高要求，所以作为最高统治者的王，也就是能够以整个天、地、人为出发点并能使之达到和谐统一的人。这样的人也被称为拥有天德、地德和人德的人。就本章而言，这里的王只是比喻性的，它可以解释

圣人欲上民，必以言下之；欲先民，必以身后之。

江海之所以能为百谷王者，以其善下之，故能为百谷王。

为“集大成者”。这句话是本章的开篇，在这里，老子以“江海成为百川之王”的物理现象来引出“善下”的观点。江海之所以能纳百川，是因为江海位于百川之下，所以百川自然而然的就归属于它了，从而成就了江海的浩瀚，成了百川之王。

“是以圣人欲上民，必以言下之；欲先民，必以身后之。”“言”指的是愿望或意志的表达。“身”指的是行为，它所代表的是目的的实现和利益的获取。在这里，老子以统治者与江海进行类比，说圣贤之所以能够安抚万民，主要是因为圣贤没有私欲，从不计较个人的得失，对待民众的时候，就像江海对待百川一样谦和卑下，所以他才得到民众的尊敬和拥护。联系老子所处的时代背景：春秋晚期，国家制度已经日趋完善，统治者的地位亦已完全巩固。而人民无法享有政治权利，甚至连最基本的人身安全都得不到保障。统治者与人民之间地位相差悬殊，不要说身为最高领导者的王了，即便是普通官员也不会以卑下的言辞和谦虚的姿态对待人民。老子关注民众的苦难，也经常针对社会现状提出一些设想。他希望远古时代的帝王们能够重新出现，或者是当世的统治者能够主动效法古代的圣贤。

“是以圣人处上而民不重，处前而民不害。是以天下乐推而不厌。以其不争，故天下莫能与之争。”这里的“推”意为推举、选举。推和举在中国古代的典籍中经常出现，它体现了后人对于三皇五帝治世的向往，而老子在这里提出“天下乐推之”，比之尧、舜、禹时代的禅让制，更能突出人民的价值。在这里，老子为我们设计了一幅蓝图：统治者虽然高高在上，但百姓却感觉不到压迫；统治者虽然领导民众，但民众却并不感到伤害。老子提倡统治者应保持谦卑，他的这一态度是真诚的。他认为，如果统治者让人民没有感到压迫的感觉，那么他不但可以赢得国民的拥戴，还会获得天下人的推举。能够实现这些，天下就没有什么力量可以与他抗衡了。

经商之道

◎不争而胜——商战的秘诀◎

我们知道，在商业领域，竞争是谁也躲不开的事，商业的成功，实际上就是竞争的胜利。不过，真正高明的竞争，并非是死盯着对手，而恰恰是埋头做自己的事情，似乎压根没有竞争对手存在着。这正是老子所言的“以其不争，故天下莫能与之争”的境界。这里，我们来看两个利用这种理念取得胜利的商业案例。

一个案例是著名的日用消费品企业宝洁公司。宝洁公司始创于1837年，总部位于美国俄亥俄州辛辛那堤，目前是世界上最大的日用消费品公司之一。宝洁公司全球雇员近十万，在全球八十多个国家设有工厂及分公司，所经营的三百多个品牌的产品畅销一百六十多个国家和地区，其每年在全球的销售额高达几百亿美元。在《财富》杂志最新评选出的全球500家最大工业和服务业企业中，排名第86位。毋庸置疑，这是一个十分优秀的企业。我们也知道，在日用消费品这种技术门槛不高的领域，竞争是相当激烈的。而宝洁能够获得目前的市场地位，显然不可能绕过这种激烈的竞争。不过，与众不同的是，宝洁所进行的竞争，乃是通过一种“不争”的方式来实现的。

我们知道，在现代商业竞争中，许多企业为了能够更好地把握市场，赢得先机，往往会将目光紧盯着竞争对手，不遗余力地调查对方的战略动态，细微的价格变动，营销策略等等，以做到知己知彼，百战不殆。但是，保洁公司却采用了完全不一样的策略，即他们所自称的“当对手关注我们的时候，我们在关注消费者”。正是这种不盯住竞争对手的言行而专注于用户的需求的企业理念，使得宝洁做到了“不争而善胜”。

宝洁公司里有这样一个信念，就是世界上每一个买宝洁产品的女性都是他们的老板。而了解他们的老板的需求和消费体验，被作为是宝洁公司的重中之重。宝洁的研发中心为更加深入地了解消费者的需求，在开发产品的同时，他们对顾客也进行了广泛的接触。他们全面地观察顾客的态度与行为，生理和精神上的需求——头发的种类、渴望的方式、顾客们的生活方式。这些深度研究为他们细分市场提供了依据，从而有针对性的生产一系列产品——如潘婷、飘柔等，这些产品都有特定的市场定位。

在2000年，宝洁公司曾花费将近两千万美元，对七十万个女性顾客进行了长期的跟踪调查。按照不同的年龄、种族和生活方式的不同，他们把这些消费者进行归类。其目的是想知道她们如何交流彼此的美容经验，并了解她们在美容产业里得到了些什么——还有更重要的是——还缺什么。以此作为产品开发的参照，一句话，宝洁公司专注于女性真正需求。

此外，保洁公司还对消费者购物时的购物环境和购物体验感兴趣。比如他们通过调查发现，面对令人眼花缭乱的日用品，有64%的消费者在柜台前没有耐心挑选对她合适的护肤品。由此，宝洁公司判断，需要使购买的过程更简单、清楚及打动人心。宝洁公司与零售商进行了沟通协调，想出种种办法使消费者的挑选过程更有针对性，能更快地找到自己想要的产品。于是，在一些商店里，宝洁提供了互联网服务，顾客能够直接与专家交流，从而选择合适的美容产品。他们还通过为零售商设置先进的头发、皮肤及颜色设计分析仪器，为他们的顾客进行特别需求的研究。

除了了解消费者的需求和消费体验，宝洁公司将精力用在产品研发和品牌维护上。我们知道，所谓品牌，本质上便是一个承诺，它的基础在于联系。当品牌强大，顾客会与它建立感觉和经验的联系。当顾客正在购买、使用、感受宝洁产品时，宝洁的品牌总能在顾客所能看到、听到、触摸到或闻到的地方出现。品牌推广活动在顾客身边打转，消费者便能充分地感受到特定产品给她的效用，并且相信它是可靠的、愉快的。当宝洁做到这一切时，消费者就会把它作为自己的品牌，给予信任、购买，成为她生活中的一部分。正是通过这种对于产品的研发和服务方面的孜孜不倦的努力，宝洁的品牌赢得了女性消费者的信任。宝洁以其“不争”，赢得了竞争的全面胜利。

另外还有一个例子是海尔集团。我们知道，一种商品一旦走到普及化的阶段，个别短视的生产商为了获得市场占有率，往往会降价销售。其他生产商即使不愿意，为了不被挤出市场，也不得不调整自己的产品价格，甚至将价格调得更低。如此一来，恶性循环，往往会出现价格战。中国的洗衣机市场便出现过这种情况，当时，各厂家彼此紧盯着对手们的价格，一旦有风吹草动，便立刻也作出相应的调整。但是，就在价格战杀得血流成河的时候，海尔却不为所动，没有凑这个热闹。在原有产品价格不变的同时，海尔组织研发部门潜心开发了“小小神童”洗衣机、“双动力”高端洗衣机等一系列产品。这些产品以更加便捷的功能赢得了消费者的青睐，虽然价格比其他的洗衣机要贵一些，但消费者依旧愿意多掏这份钱。这些产品迅速获得了很高的市场占有率，“小小神童”洗衣机市场占有率在某些地区甚至高达98%以上，海尔双动力高端洗衣机，在一些地区的市场占有率则达到60%。“小小神童”洗衣机不仅稳稳地占有市场，并且也没有被其他企业仿造。因为海尔公司用26项专利将生产这款产品的技术方案完整地保护了起来。并且，海尔还将仿生学运用到了“双动力”上，使双动力高端洗衣机的市场销量呈直线上升的趋势。应该说，“小小神童”洗衣机和海尔双动力高端洗衣机在市场上的成功是海尔长期埋头于创新和保护知识产权工作的必然结果。

后来，海尔的这种不与人争一时的短长，只埋头做自己事情的策略也用在了其他产品上，比较典型的便是海尔彩电。我们知道，在2000年及接下来的几年，彩电经历了一场场血腥的价格大战，中国几乎所有的知名彩电企业或出于主动或出于被动都参加了价格战。但是，海尔集团没有因此而乱了方寸，它认为伴随着国内中低端彩电产品的技术趋同和价格竞争的愈演愈烈，家电微利时代的来临，竞争逐步向中高端市场转移。基于此，高品位彩电将成为升级换代的主流产品。因此，海尔始终将开发高端产品，树立良好品牌形象作为自己的着力点，同时，主打出口牌。就在国内的价格战打得如火如荼的时候，海尔彩电出口产品型号多达六十多种，遍布世界各地。在欧洲，海尔彩电已经获得了相当高的声誉；在美洲，海尔彩电取得了质量免检的资格；在中东，海尔彩电推出了个性化的设计；在亚太地区，海尔彩电实现了当地化设计、当地化生产、当地化销售。2001年，海尔在中东地区推出了“护眼神”海尔宝德龙彩电、高清晰网络E体化海尔美高美彩电，以及海尔彩电拉幕式系列、全景系列、高清晰度系列等数十个规格品种的新产品，引起国外各大家电经销商和消费者的瞩目。如此，海尔彩电凭借出口市场获得了生机。

在埋头产品创新的同时，海尔集团在产品的售后服务上也做到了独步海内。关于海尔人真诚地为客户服务的故事很多，下面这个故事便是其中一例。据新闻报道，一位女士想把家中用了五年的海尔热水器清洗一下，就拨通了海尔服务电话。仅仅五分钟后，海尔服务中心就派人来到该女士家。很快热水器修好了，服务人员又细心检查连接电路，发现电路有问题，于是马上又修好了电路。其实，在服务条款上，电路并不在服务范围之内，但海尔服务人员说：“今天既然我们海尔来了，在能力范围内，就一定让您用上安全的热水器。”可以看出，海尔集团的那句“海尔，真诚到永远”的承诺并非仅仅是句广告词。

正是因为埋头于产品的研发和对服务承诺的兑现，海尔集团成长为世界白色家电第一品牌，品牌价值达到了812亿元，并在2010年获美国《商业周刊》评出的“全球最具创新力企业50强”。海尔的成功秘诀在于，不和人争一时之短长，只埋头做好自己该做的事情。

宝洁和海尔的成功所给出的商业启示便是，在激烈的市场竞争中，要想取得胜利，需要做的并非是紧盯着对手的一举一动，而是埋下头来做好自己的事情。这是老子的“以其不争，故天下莫能与之争”的智慧在商业领域的应用。

◎第六十七章　持保三宝◎

【原文】

天下皆谓我：道大，似不肖[①]。夫唯大，故似不肖。若肖，久矣其细也夫！我有三宝，持而保之：一曰慈，二曰俭，三曰不敢为天下先。慈故能勇；俭故能广；不敢为天下先，故能成器长。今舍慈且勇，舍俭且广，舍后且先，死矣！夫慈，以战则胜，以守则固，天将救之，以慈卫之。

【注释】

① 肖：相似的意思。

【译文】

天下人都对我说，“道”太广大了，大到不像任何具体的东西。也正因为它的大，所以才不像任何具体的东西。如果它像一种具体的事物的话，那么它就趋于细小而不是道了。我有三种宝贝，是应当永远持有珍重的：第一是慈爱，第二是俭啬，第三就是不敢居于天下人的前面。有了慈爱，所以能勇武；有了俭啬，所以能宽广；不敢居于天下人之先，所以能成为万物的首长。现在丢弃了慈爱而追求勇武；丢弃了俭啬而追求宽广；舍弃退让而追求争先，结果是走向死亡。慈爱，用来征战就能够胜利，用来守卫就会坚固。天将救助谁，就会用慈爱来保护它。

【解析】

这一章包含两层内容：第一层讲道的伟大；第二层讲道的原则的妙用。后者是本章阐述的重点，它指的便是“三宝”——“慈”“俭”“不敢为天下先”。这三个原则是从大道中推衍出来的，顺之则昌，逆之则亡。

我有三宝，持而保之：一曰慈，二曰俭，三曰不敢为天下先。

“天下皆谓我：道大，似不肖。夫唯大，故似不肖；若肖，久矣其细也夫！”这里的“大”意为崇高、伟大、普遍、绝对。这句话是老子就大道的伟大而作出的描述。大道是无形的，这正是大道的伟大之处。但是它有原则，那么道的原则

慈故能勇；俭故能广；不敢为天下先，故能成器长。

是什么呢？下面一句给了详细的答案。

“我有三宝，持而保之：一曰慈，二曰俭，三曰不敢为天下先。”这句中有个“先”字，“先”一般只作序列概念，但这里作价值概念，它与“上”“重”“多”“大”一样，具有把某个对象的价值和重要性看得高于一切的意思。“不敢为天下先”可以理解为绝不把个人的价值置于整个人类的价值之上。换句话说，也就是绝不把自己的利益看得高于一切。这句话讲的就是道的三大原则，即老子所说的三宝：一是仁慈，也就是仁爱之心和同情之心；二是俭朴，也就是节俭、不奢侈；三是不敢为天下先，也就是不露锋芒、谦和卑下。“三宝”与老子无为的思想是一脉相承的，它是无为思想的具体表现。

“慈故能勇；俭故能广；不敢为天下先，故能成器长。”本句中的“勇”指的是明智而又刚强果断。善良仁慈之人能够感受到自己与人类社会和自然世界是融为一体的，这时他们的心中会激荡起一种神圣的使命感，而心中的一切烦恼、忧愁、焦虑、畏惧都会随之烟消云散，只留有一种神圣而又明彻一切的感觉，在这种感觉影响之下，人们无所畏惧，而且感觉到道德就在自己的心灵之中，而自己就是永恒的道德的主体，这就是老子所说的“勇”。相反，如果一个人不善良、不仁慈，就会感觉到有很多人在监视、识破和谴责他们——其实，最先开始监视、识破并谴责他们的不是别人，正是他们自己。在这种状态的支配之下，他们不得不在善与恶、高尚与卑贱之间摇摆不定，并表现出畏畏缩缩的样子。当他们在这样的境况中寻求安然脱身的途径时，他们就会孤注一掷，从而走向邪恶，无法自拔。可见，一个人只有保持仁慈之心和善良之心，他才会有无所畏惧的勇气，这就是通常所说的“仁者无敌”。“俭”指节俭，节俭也有个限度，那就是要满足个人的生理需要。高于这个限度，或是低于这个限度，都属于不健康、不自然和不道德的生活方式。人们通常所说的“无私”“无欲”也要合乎这个限度。“长”与“间”是相对的，如“间苗长苗”指的就是把不好的、不必要的和多余的幼苗拔除，而把好的、有用的幼苗留下。本章中的“长”字指为人们所接纳和喜欢。这句话该怎么理解呢？老子认为，正是因为仁慈，所以才能做到英勇无畏；正是因为节俭，所以国家才能长治久安，人民才能安宁、富足；正是因为谦和退让，所以人类才能成为万物之长。我们可以从老子的思想推理得出一个结论：如果人类舍本逐末，就会走上绝路，这也就是下句话所要阐述的问题。

“今舍慈且勇，舍俭且广，舍后且先，死矣！”本句中的“慈”是作为勇敢无畏的根本和基础的仁慈。“俭”是作为心胸博大的根本和基础的节俭。“后”指的是把自己的利益置于他人的利益之后。

最后，老子得出“夫慈，以战则胜，以守则固，天将救之，以慈卫之”的结论。这里我们不免要疑惑了：对敌作战的时候，怀有仁慈之心怎么能够取胜呢？如果我们从老子的无为思想出发，就不难理解此句中所包含的真意了。其实，老子所说的“慈”也可以理解为无为，无为而无不为，用在战争中自然能取胜。“守”和“卫”都指的是自立的意思。由此可知，只有做到“慈”，我们才能于社会中安身立命。

为人之道

◎俭而能广——崇尚节俭的晏婴◎

节俭是中华民族的传统美德，也是老子思想的精髓。老子把节俭作为“三宝”之一，并要人们永久保持。老子所说的三宝，即节俭、慈爱和谦虚，三者并不是割裂的。一个真正慈爱的人，也必定是一个节俭和谦逊的人。老子的三宝，对后世有着重要的意义。翻开中国历史，我们可以找出很多俭朴谦逊的人物，晏婴可以说是其中最有代表性的人物之一。

晏婴，字平仲，春秋时齐国人，后人尊称他为晏子。晏婴是齐国贵族，长期居于要职，在国内外享有很高的声望。他在个人生活方面，一向以清廉俭朴著称，受到后人的高度赞扬。孔子曾称赞说：“晏平仲真善于同别人交往呀！人们同他相处越久，他就对别人越加尊敬。”司马迁在《史记》中更是充满感情地说道：“如果晏子活到今天，我就算为他执鞭驾车，也会感到很高兴的！”

周灵王十六年（前556），晏婴的父亲、齐国大夫晏弱去世。按照齐国当时的礼法规定，卿大夫死了之后，要举行隆重的丧礼。这丧礼到底如何隆重呢？且不说小殓（为死者穿衣）、大殓（再次为死者穿衣并以尸入棺）、代哭（死者家属轮流哭丧守灵）、迁柩朝祖（将棺柩迁入祖庙停殡）这套繁文缛节，单就送葬规模来看，就已经让人瞠目结舌了：送葬的时候，需要安排成百上千的人在前面和左右两侧牵引柩车。为了使送葬队伍顺利完成任务，出殡前常常需要重

晏婴的父亲去世，晏子简化丧仪以行节俭。

晏婴劝齐景公体恤百姓。

晏婴为相期间，齐国的政治、外交都得到很大的改善。

新拓宽道路，甚至不惜拆除路旁的一些重要建筑。为了矫正这一繁缛仪式，警醒世人，年轻的晏婴不顾贵族官员的反对，勇敢地对丧仪进行了一番改革。按照丧礼的规定，为晏弱送葬时应当派遣装载随葬牲体的送葬车五辆，而晏婴只安排了一辆；灵柩下葬后，主持丧礼的人还要请参加丧礼的宾客们聚会吃饭，并举行烦琐的拜宾、送宾等仪式，晏婴却在葬礼结束后即刻返回家中，让送葬的宾客自行回家。对于晏婴这种违背礼法的行为，不但时人感到不解，就连后来的一些学者也觉得疑惑。有一次，孔子的弟子曾参和有若坐在一起谈论晏婴的为人，曾参称赞晏子知礼，有若却说："晏子为父亲办理丧事的时候，仪法草率，慢待宾客，这怎么能算知礼呢？"曾参反驳说："你哪里知道晏子的良苦用心啊！当国家混乱无道的时候，一个君子是耻于礼仪完备的。国家奢侈成风，君子就应当大力提倡节俭，简化丧仪正是晏子的高明之处啊。"现在来看，曾参的这一见解是非常正确的。

晏婴所处的时代，正好是齐国政局最为混乱的一段时期。此时，齐国王室势力渐趋衰弱，而卿大夫的势力逐渐增强。在当时的齐国卿大夫之中，势力最强的，除了原有的大族国氏、高氏外，又兴起了一些新的卿族，如崔氏、庆氏、陈氏。这些新老势力相互争斗，一些卿大夫一夜之间掌握了齐国大权，但是还没有站稳脚跟，就为其他的卿大夫所取代。贵族们不修德政而导致灭亡的事实，也让晏婴清醒地认识到了聚敛无度的害处。所以，他在继承大夫的位子之后，始终保持着俭朴廉洁的品质。

晏婴执政时期，挫败了崔、庆二族的叛乱。为了表彰晏婴的功绩，齐景公打算把邶殿（今山东昌邑西北）附近的六十座小邑赏赐给晏婴。晏婴却没有接受这一赏赐。王室贵族子尾对此非常不解，就向晏婴问道："天下之人，没有不追求富贵的，你为什么不接受赐邑

晏婴的节俭生活令齐景公惊叹。

呢？”晏婴回答说：“人们追求财富，必须掌握个限度，不可追求欲望的满足。庆氏的封邑满足了他的欲望，但是他很快就灭亡了。我现在的俸禄不够多，如果加上邶殿六十邑，也许会非常富足，但是，真要这样的话，我就要大难临头了，只怕连现在拥有的小邑也保不住了。我不接受邶殿之邑，并不是天生讨厌富贵，而是为了巩固现有的家业。况且按照礼制的规定，每个人占有的财富必须符合制度，就像布幅要有一定的宽度一样。为富不仁，见利忘义，贪婪纵欲，只会把自己引向绝路。我怎么能做这样危害国家和自己的事情呢？”子尾听后，不禁连连称赞。

周景王元年（前544），吴国公子季札访问齐国，与晏婴一见如故，两人也都相互倾慕。季札在齐国期间，预感到齐国将会发生大的动荡，因此建议晏婴交出自己的封邑，以免引火上身。晏婴听到这个建议后，觉得很有道理，就立即向齐景公提出了“纳邑与政”的请求，把自己所辖的封邑以及管理封邑的职权全部交了出来。自此以后，晏婴的生活更加简朴了。在晏氏的府中，“食不重肉，妾不衣帛”。朝见齐王时，晏婴总是穿着一身洗旧的朝服。在贵族极力追逐利禄的时候，晏婴却一直过着清贫淡泊的生活。

齐景公对晏婴的清贫生活心有不忍，就想找机会为他改善生活条件。有一次，齐景公对晏婴说道：“你现在居住在闹市附近，周围吵嚷嘈杂，尘土飞扬，而且地势低洼，潮湿狭窄，这怎么能够居住呢？我为你换座宽敞明亮的房子吧！”

晏婴辞谢说：“我们晏家在这所房屋里已经住了好几代了，我的功业没有祖先那么大，却能承受祖先的恩惠，住上这样的房屋，这已经非常奢侈了。况且这里邻近闹市，买东西时非常方便，怎么敢劳烦大王为我更换房屋呢？”

没过多久，晏婴前往晋国，与晋君商讨两国通婚的事情。这时，齐景公趁着晏婴不在，就强令晏家周围的居民迁居到别的地方，并把周围的住宅都拆毁了，另外为晏婴建造了一座豪华的新居。晏婴回到齐国后，看到在自家的位置上出现了一座豪宅，心里非常痛心。他立即进了王宫，见到齐景公，向他拜谢一番，然后毫不犹豫地派人拆毁新居，修复周围的住宅，又请那些流散各地的邻居们返回故里，他向众人解释说："大家在这里居住多年，彼此关系和谐，这是神明安排我们有这段缘分呀，神明的意旨怎么能够违背呢？君子不做违背礼义的事情，百姓不做不祥的事情，这是古代的遗制，我怎敢违背古训呢？"

晏婴一生经历过齐灵公、齐庄公、齐景公三世，从崔、庆家族垮台后，晏婴的政治地位越来越高，成为齐景公最得力的辅臣。到齐景公后期，晏婴已是年迈的老臣，但嘉言懿行愈发传播四方，在列国间享有崇高的威望，但他从不以德高望重而自傲。

晏婴不但自己保持节俭，还时常劝谏统治者勤俭节约，体恤百姓。公元前522年，齐景公患了疟疾，一年之内未能痊愈。景公认为是主管祭祀、祷告的祝史用心不诚所致，遂决定增加祭品。晏婴听说后，就对景公说道："一个贤明的君主，应当处理好国事和家事，然后祝史言辞诚信，不愧对神灵，这样国家才会有福祉。而昏庸的君主，则会沉迷声色，放纵私欲，摧残民力，聚敛不止，这样，如果祝史如实把一切告知鬼神，国君就会遭到惩罚；如果隐恶称善，那就是欺骗神灵，鬼神迟早会知道，这样国家就永无宁日了。现在官府垄断山林湖泽之利，还在境内设下重重关卡，关吏肆意盘剥行人；而贵族们大兴土木，强占百姓财产；国家政令无常，横征暴敛；宫中妻妾，恃宠跋扈，在市上巧取豪夺。百姓痛苦不堪，无不说国君的坏话。因此，不管祝史怎么向神明祈祷，那都是无济于事的。因此，您还是赶紧积善修德吧！"齐景公听后，心里有所醒悟，便下旨取消山泽之禁和关税，减轻百姓的负担。

晏婴痛斥奢侈浪费，不但本人厉行节俭，还不遗余力地倡导和推行节俭，这些对后世都有着深远的影响。

第六十八章　不争之德

【原文】

善为士者①，不武；善战者，不怒；善胜敌者，不与②；善用人者，为之下。是谓不争之德，是谓用人之力，是谓配天古之极③。

【注释】

① 士：武士，古代的武士也叫“士”。这里指将帅。② 不与：不与之争。③ 极：标准、道理。

【译文】

善于带兵打仗的将帅，不崇尚勇武；善于打仗作战的人，不会轻易被激怒；善于胜敌的人，不与敌人正面冲突；善于用人的人，对人总是表示谦下。这叫作不与人争的“德”，这叫作运用别人的能力，这叫作符合自然的道理，是古代德的准则。

【解析】

这一章讲“不争之德”和“用人之力”。遵循道的法则，是最有效益，也是最完美的行事方式，所以称之为“善”。

“善为士者，不武；善战者，不怒；善胜敌者，不与；善用人者，为之下。”这里的“不武”即不奉行黩武的政策，但是为了协调“不武”正反两个方面的涵义，我们可以这样理解：对于永久的世界和平，不抱有幻想，甚至连别国针对自己国家的战争阴谋也不作任何准备。“武”这个字所涉及的主题是国际关系。“不怒”指不像一个刚刚被人征服且沦为奴隶的人所表现的那样束手无策，以至于暴跳如雷，怒气冲天。这句话可以这样理解：善于做士的人是不轻易诉诸武力的，善于打仗的人是不轻易被激怒的，善于克敌制胜的人是不会争一时之高低的，善于用人的人一定是谦和的。在这里，老子并不是不允许国家动武，而是反对人们在外敌面前只知道暴跳如雷、怒气冲天。我们知道，老子反对心智、谋略，但他更加反对武力、暴力以及一切强大有力的表现，这在很多

善为士者不武，善战者不怒。

善用人者为之下。

地方都有体现（例如，他曾说“不以兵强于天下”，“夫佳兵者，不祥之器”等）。但老子的柔弱并不是软弱，老子的不争并不是屈从，他本人充满了智慧和谋略，在军事学方面有着独到的见解和高深的韬略。在他看来，当世进行的兼并战争，根本不讲什么策略，只经过极为短暂的相互冲撞，便已经分出胜负了。

“是谓不争之德，是谓用人之力，是谓配天古之极。”“不争之德”指的是捍卫和平、反对战争的道德和勇气；“用人之力”指的是把人民团结起来的力量。老子认为，在战争之中，只有保持头脑清醒、态度冷静，才能制订出周密合理的计划；有了周密合理的计划，才能避免不必要的损失，最终才能取得好结果。善于打仗的人，并不需要寸土必争，也不会争一时一地之得失，而是要争取最后的胜利。所以，只有在指挥战事的时候持着不争的态度，才能够掌控全局、操纵战机、进退自如，并能赢得战争的胜利。善于用人的人应该持有谦和卑下的态度，这样才能延揽人才。善于用人的人，一般都拥有较高的地位，掌握着较大的权力，既然他们拥有用人的权力，为什么还要表现得谦和卑下呢？在老子看来，谦下是取得人民支持的最佳方式。如果一名领导者不能独立完成所有工作，他们就得依靠众人的力量，如何把众人的力量凝聚在一起呢？这就需要选择一种适当的方式。如果他们采取极端严厉的态度来确立自己的威信和权威，那样不仅不能凝聚人心，反而会危害自身。如果采取谦下的态度，那样才会令众人信服。

处世之道

◎不武不怒——田单大破燕军◎

“善战者，不怒；善胜敌者，不与；善用人者，为之下。”在这一章里，老子说善于打仗的人不轻易被激怒，善于克敌制胜的人不争一时之高低，这就是战场上的“不争”。老子的不争，其实是一种高深的谋略，这一谋略不逞一时之强，但是能赢得最后的胜利。中国历史上有很多战例，都能说明这一道理。田单复国的故事，就是一个典型的例子。

战国后期，燕国派大将乐毅率领诸侯联军讨伐齐国，一举攻下齐国七十多座城池，只剩下莒城和即墨两座城池还在抵抗，齐国濒临灭亡。就在这危急存亡的时刻，齐国出现了

田单奉命接管齐军以抵抗燕军。

一名智勇双全的将领，他救齐国于危难之间，不仅挫败了燕国，还使齐国再次成为七雄之一，这位将军就是田单。

田单是齐国田氏血缘关系较远的宗族。齐湣王的时候，田单担任临淄管理市政的小吏，但是不受重用。后来，燕国派乐毅讨伐齐国，齐湣王逃走，不久退守到莒城。燕国军队长驱直入攻伐齐国，城池被攻破，齐国百姓互相争路逃亡，因为车子的车轴撞坏了，所以被燕军俘虏。只有田单的同族因为用铁箍包住了车轴，所以能够逃脱，向东退守到即墨。这个时候，燕国已经攻占了齐国所有的城池，只有莒城和即墨还没有被攻下。燕军听说齐湣王身在莒城，就调集军队攻打。大臣淖齿便在莒城杀死了齐湣王，依托城池坚守，抵御燕军，燕军攻打了几年也没能攻下。燕国调集军队围攻即墨。即墨大夫出城与燕军交战，战败而死。即墨城中的军民争相推举田单，说："安平之战，田单一族依靠铁箍包住车轴才得以脱险，足见他善于用兵。"因此大家都拥立田单为将军，希望他在即墨抵御燕国军队。

尽管被委以重任，但是田单深知要击败乐毅绝不是一件容易的事情，因为燕军除了自己的国土之外，还包括齐国的七十多座城池，而齐国现在就只剩下莒城和即墨这两个地方了，双方的实力对比过于悬殊，如果贸然硬拼，齐军不但不能打败燕国，反而会使仅剩的两座城池落入燕国之手。因此，在时机尚未成熟的情况下，田单决定按兵不动，静观其变。

不久，机会终于来临了，向来宠信乐毅的燕昭王去世了，而新立的燕惠王与乐毅素有间隙。这对齐国来说，实在是一个天大的好消息。田单认为这是除掉乐毅的大好机会，便派人潜入燕国，到处散播谣言说："齐王已经死了，仅仅有两座城池没有攻克。乐毅害怕被诛杀而不敢回来，乐毅以伐齐为名，实际是想联合南面的齐国，在齐国称王。齐人还没有归顺，所以暂且延缓攻打即墨，等待时机成熟就称王。齐国所害怕的，唯恐其他将领来率领燕军，那么即墨城就必定被攻破了。"燕惠王早就对乐毅有所怀疑，这时又听了谣言，更是信以为真，于是派骑劫接替乐毅。乐毅此时正在齐国，他知道如果自己回到燕国，一定没有什么好下场，所以逃亡到赵国。

乐毅去了赵国，燕军的士卒向来拥戴乐毅，因此均感到愤懑不已。这时，燕惠王派去

天上的飞鸟望见城里供奉着食物，都飞过来争着吃。

的将军骑劫来到军中，准备整饬军队，进攻即墨城里的齐军。

田单见燕军准备攻城，于是下令城中军民供出食物，以祭祀祖先。天上的飞鸟望见城里供奉着食物，都飞过来争着吃。燕军看到了，觉得非常奇怪，不知道齐军为什么这么做。

没过多久，田单又在城里扬言说："齐军的弟兄们，天上的神仙下来帮助我们对付敌军啦！再过一会儿，一定有神人降到咱们城中了，到时我便拜他为师！"有个兵卒听着好奇，便随口说道："我可以做您的老师吗？"说完就返回阵列当中。田单连忙起身，把那名士卒从阵列里请出，让他面向东而坐，还拜那名士卒为师。那个士卒非常惊愕，慌张地说道："我不过是随口说说，我其实什么都不会做呀。"田单微微一笑，偷偷地对他说道："你不要多说话，我自有安排。"说完就跪下拜他为师了。

燕国派大将乐毅率领诸侯联军讨伐齐国。

其实，田单这样做，主要是为了提高齐军的士气，他故意假托神仙之名，以树立自己的威信，并使齐军将士心中充满必胜的信念。因此，田单每次指挥军队，发号施令的时候，都说是神仙的主意。

田单在即墨城里装神弄鬼，搞得燕军的将士都摸不到头脑，一时竟不敢轻举妄动，暂缓攻城的行动。田单见自己的计谋有了效果，又接着派间谍去城外散播谣言说："即墨城里的齐军，最害怕的就是燕军把俘虏来的齐国士卒割去鼻子，置到军队的前列，到时燕军攻打即墨，就一定会攻克了。"这些话传到燕将骑劫的耳中，他下令燕军将士照此施行，把俘虏来的齐军士兵的鼻子割掉了，并把它们扔在阵列的前方。城内的齐国军民见到齐国的降兵被割掉了鼻子，都很愤怒，因此更加坚定了守城的信念，都担心被燕军抓去。

田单接下来再施反间计，故意透露给燕军说："齐国人最担心的就是燕国人把城外的祖坟挖了，侮辱齐国的先人。"燕军听说之后，把齐人的坟墓全部挖掘了，还把尸体焚烧掉。即墨城里的军民从城上把这一切看得清清楚楚，人人悲愤不已，都请求出城与燕军决一死战。

田单看到齐军士气高涨，觉得时机快要成熟了，于是亲自拿着夹板铲锹与兵士们一起修缮防御工事，把自己的妻妾都编在行伍之中，并将库存的酒食全部拿出来犒劳军士。同时，田单还命装备精良的兵士埋伏起来，让老弱妇孺都到城上去防御。

田单假装派使者与燕军谈判，燕军将士以为齐军胆怯了，都高呼万岁。田单又集中民间的黄金，一共筹得千镒，让即墨城里的富豪把黄金献给燕军，然后向燕军请求说："即墨就要投降燕国了，但愿你们入城之后，不要抢掠我们的妻妾，能让我们平平安安地生活。"燕国的将士非常得意，满口答应，从此放松了警惕。

田单表面上打算投降燕军，暗中却想好办法，准备与燕军一战。他把城中一千多头牛集中起来，给它们披上大红色丝帛制成的被服，在上面画上五彩缤纷的蛟龙图样，在犄角之上绑着锋利的刀子，把渍满油脂的芦苇捆绑到牛尾上，然后点燃它的末端。又在城墙上

齐军火牛阵大破燕军。

凿开几个洞，在夜里把牛赶出来，又派壮士五千人在后面跟随。牛的尾巴被点燃了，愤怒地冲向燕军的军营。燕军在夜里惊慌失措，还没来得及反应，就因为碰到牛身上的刀刃而死伤无数。这时，跟在火牛后面的五千壮士悄悄地杀来，即墨城中的军民擂鼓助阵，老幼妇孺敲打铜器，声响震动天地。燕军听到鼓声，以为齐军人数众多，吓得抱头鼠窜。齐军趁乱杀死了燕军主将骑劫。燕军主将一死，军心大乱，士卒四处溃逃，齐军追击溃败的燕军，所到的城邑都背叛燕军而归顺齐国。田单的军队一路追击，一直追到黄河岸边，原先的齐国七十多座城池都收复回来了。

田单以“火牛阵”大破燕军后，亲自到莒城迎接齐襄王，护送襄王回到临淄。齐襄王对田单大加赏赐，封他为安平君。

田单在复国的过程中，先是实施反间计，离间燕国君臣的关系。继而坚守城池，不为燕军的挑衅行为所激怒，不与敌人交锋厮杀。最后找准时机，一举大败燕军，这正体现了老子所说的“不争之德”。

◎第六十九章　哀者胜矣◎

【原文】

用兵有言："吾不敢为主①，而为客②；不敢进寸，而退尺。"是谓行无行③，攘无臂④；执无兵；扔无敌⑤。祸莫大于轻敌，轻敌几丧吾宝⑥。故抗兵相若，哀者胜矣。

【注释】

①主：打仗时的主动攻势。②客：打仗时的被动防守。③行无行：前一个"行"，读 xíng，行动；后一个"行"读 háng，行列。④攘（rǎng）：捋起。⑤扔：对抗的意思。⑥宝：命脉之意。

【译文】

用兵的人曾经这样说："我不敢主动进犯，而采取守势；不敢前进一步，而宁可后退一尺。"这就是说，虽然有阵势，却像没有阵势可摆一样；虽然要奋臂，却像没有臂膀可举一样；虽然有兵器，却像没有兵器可持握一样；虽然面临敌人，却像没有敌人可打一样。祸患再没有比轻敌更大的了，轻敌几乎丧失了我的"三宝"。所以，当两军实力相当的时候，怀有慈悲怜悯之心的一方能获得胜利。

【解析】

这一章紧接上文对用兵之道作了深入细致的剖析，讲用柔、用弱的原则在军事上的运用。"反者道之动"，用柔用弱不是真柔真弱，而是处在柔、弱的位置，顺着道的自然趋势以柔克刚，以弱胜强。

"用兵有言：'吾不敢为主，而为客；不敢进寸，而退尺。'"这里的"不敢"意为不至于怀有鲁莽或罪恶的图谋。一般意义上的"不敢"，多指没有胆量，没有勇气，其中略含贬义。这里需要注意一点，本章由"不敢"所构成的是一种虚拟语气，它所表达的是一种鲁莽或罪恶的图谋，而这种虚拟语气在本章中是贯彻始终的。"寸"是极

抗兵相若，哀者胜矣。

短的长度单位，“尺”比寸稍长，老子用尺和寸来说明不要轻易挑起战争的道理。老子是反对战争的，他主张在战争中，不要轻举冒进，而应该以退为进。这是老子的无为思想在军事中的具体运用。

老子认为，主动出击去侵略别人，其本身在道德上就输给了别人。这是因为主动进攻对方，对方就会为正义而战。这时，对方的民众就会因为敌方的侵略行径而感到愤慨，其保家卫国的积极性就会提高，这对进攻一方是极为不利的。相反，如果守而不攻，留给对方主动出击的机会，己方的民众就会愤然还击，并能一鼓作气战胜敌人。主动进犯别人微不足道的一寸土地，就会有遭到对方还击的可能，这是因为人们都以遭受侵犯为耻辱，所以我们应该避免侵犯别人的行为；主动后退一尺，就会表现出谦和与宽容的美德，纵然仅有微不足道的一尺土地遭到了侵犯，也能凭此感化对方，使对方主动退避。我们一再强调，老子是反对战争的，老子知道，战争会给民众带来无穷无尽的灾难和痛苦，但是仅仅凭借自己一个人的力量是难以避免战争的。既然不能改变当时的形势，他就阐发自己的战争观，即“以退为进”，以此来争取正义战争的胜利。

“是谓行无行，攘无臂；执无兵；扔无敌 。”“行”指的是采取行动，“行无行”指的是虽然行动了却好像没有采取行动一样。“攘无臂”指的是虽然举起手臂却好像没有举起手臂一样。“执无兵”意为虽然手里拿着兵器却好像没有兵器一样。“扔无敌”意为虽然面对敌人却好像没有敌人存在一样。怎样才能做到“扔无敌”呢？就是要诱使敌人不知不觉地走入我们为之设计好的圈套之中。说到这里，或许我们会产生这样的疑惑：明明有的东西怎么说好像没有呢？其实，这也正体现了老子无为思想所能达到的最高境界——一切有却似无，看似无为却有为。

“祸莫大于轻敌，轻敌几丧吾宝。”这里的“轻敌”意为目中无人，小看敌人的能力。“宝”意为各种克敌制胜的重要条件。老子认为，无为不是不作为，不是骄傲轻敌而不作应战的准备。如果骄傲轻敌，一定会遭致失败，这是千古不变的真理。任何骄傲自大和轻视他人的行为，都是不合乎道德标准的，必然会受到惩罚。

“故抗兵相若，哀者胜矣。”这里的“哀”不是悲哀，而是心怀仁慈的意思。“哀者”即对各种不幸和悲哀的后果都作过周密思考，并为此作好充分准备的军队。这个“各种不幸和悲哀的后果”，即“行无行，攘无臂；执无兵；扔无敌。”老子最后以“哀者胜矣”作结，点明了自己的主旨，即以柔克刚、以弱胜强。老子曾经说过，仁慈是道的三宝之首，仁慈也就是无为，如果在战争中运用无为的思想，那么进攻的时候就会取得胜利，防守的时候也可以稳固城池。这一观点与“哀者胜矣”一致。在老子看来，人们在进行战争的时候，一定要怀着一颗仁慈之心，只有这样才能在战争中不滥杀无辜，这种态度既是对生命的尊重，也是对自己的尊重。

从政之道

◎哀者必胜——孙膑大破魏国◎

作战时，不要一味逞强，必要时要以退为进，变被动为主动。要实现消灭敌人的目的，关键在于给敌人制造假象，起到蒙蔽敌人的效果。战国时期的齐魏马陵之战，就是对这一思想的集中体现。

孙膑，本名孙伯灵，战国时期齐国鄄地人。孙膑是孙武的后代，自小喜欢兵法。孙膑曾与庞涓一道学习兵法，后来庞涓在魏国做了将军，他知道自己才能比不上孙膑，就暗地里派人施用酷刑砍断孙膑的两只脚，还在他脸上刺字，然后把他囚禁起来。

不久，齐国的使者出使魏国，孙膑疏通狱卒，让狱卒请齐国使者来到狱中。见到齐国使者后，孙膑向其说明遭遇，请求齐国使者救他出去。齐国使者可怜他，就偷偷地把他载在车上，然后回到齐国。

来到齐国后，孙膑结识了齐国的将军田忌，田忌对他十分赏识，用上宾的礼节对待他。

后来，田忌与齐国的王族赛马，孙膑向田忌建议说："以您的下等马对他们的上等马，以您的上等马对他们的中等马，以您的中等马对他们的下等马。"结果田忌三局胜了两局。田忌很佩服孙膑，就将其推荐给齐威王。齐威王向孙膑询问兵法，并尊其为军师。

后来，魏国攻打赵国，赵国形势危急，向齐国求救。齐威王采纳孙膑的建议，不直接去援救赵国，而是去攻击大梁。魏军得到消息后，急忙回师，撤到桂陵的时候，遇到齐国

齐国采用孙膑建议围魏救赵。

的伏兵，魏军被打得大败，这就是“围魏救赵”的故事。

尽管魏国在桂陵之战中遭到失败，但是并没有因此而一蹶不振，魏国仍旧是战国中期的一流强国。十三年后（即公元前341年），魏国任命庞涓为主将，发兵进攻韩国。韩国势弱，急忙遣使奉书向齐国求救。齐威王得到消息后，立即召集大臣商议援救韩国的事情。大臣邹忌认为魏国势力强大，上次能战胜它纯属侥幸，因此极力反对出兵。而大将田忌则主张发兵救韩。齐宣王左右为难，只好去征求孙膑的意见，孙膑分析了一下当前的形势，然后对齐威王说道：“大王要想成就大业，使诸侯臣服于齐国，就不能不救助韩国。但是魏国势力强大，齐国不可直接对抗它，应当找准时机，一举打败魏国，并使它以后不能振作。”齐威王听了孙膑的建议，定下计谋：先是向韩国表示必定出兵相救，促使韩国竭力抗魏。不过，齐国并不急着出兵，而是等到韩国处于危亡之际，面临亡国危险的时候，齐国再发兵救援，从而使“尊名”“重利”皆可实现。

孙膑、庞涓师从鬼谷子。

韩国得到齐国答应救援的允诺，人心振奋，竭尽全力抵抗魏军的进攻。但是，由于与魏国实力悬殊太大，结果仍然是五战皆败，只好再次向齐国告急。齐威王抓住魏、韩皆疲的时机，任命田忌为主将，田婴为副将，孙膑为军师，率领齐军直趋大梁。

魏国见齐国援救韩国，自然非常恼怒。于是，魏国决定放过韩国，而是把主要兵力指向齐军。魏惠王等攻韩的魏军撤回后，即任命太子申为上将军，庞涓为副将军，率领十万大军，气势汹汹地扑向齐军，企图同齐军一决雌雄。

这时，齐军已经进入到魏国境内，魏军尾随而来，这场大战已是不可避免了。这场仗该怎么打，孙膑早就胸有成竹了。他针对魏兵强悍善战，素来蔑视齐军的实际情况，正确判断魏军一定会骄傲轻敌，急于求战，轻兵冒进。根据这一分析，孙膑认为应当巧妙利用魏军的轻敌心理，用假象误导敌人，诱其深入，然后再出其不意地攻击魏军。于是，他向田忌建议道：“那魏国的士兵向来强悍勇猛，瞧不起齐国人，齐国士兵被认作是胆小怕事。善于用兵的人就要利用这样的形势，使它朝自己有利的方向发展。兵书上说：用急行军追赶一百里去争利的，前锋主将就有遭受挫折的危险；用急行军追赶五十里去争利的，部队只有一半能够赶到。”

孙膑的想法，得到了主将田忌的完全赞同。于是，田忌在认真研究战场地形条件之后，定下了减灶诱敌，设伏聚歼的作战方针。

计划制定完毕后，田忌命令齐军进入魏境后筑十万人煮饭用的灶，第二天筑五万人煮饭用的灶，第三天筑三万人煮饭用的灶，制造了在魏军追击下，齐军士卒大批逃亡的假象。

马陵之战前孙膑派人在道旁树上写下："庞涓死此树下。"

庞涓行军三天，看到齐军的锅灶逐渐减少，心里非常高兴，他对属下将士说道："我本来知道齐国军队胆小，进入我国才只三天，逃跑的士兵已经超过半数了。"于是丢下他的步兵，只和他的轻装精锐部队，把两天的路程并作一天走，拼命追赶齐军。

孙膑估计庞涓的行程，知道魏军晚上当到达马陵。马陵道路狭窄，两旁多是险要地带，可以在那里埋伏军队，就削去一棵大树的外皮，使它露出白木，在上面写着："庞涓死在这棵树下！"又派齐军中的射箭能手一万人，埋伏在山路两旁，约定说："夜里看见火光亮起，就一齐放箭。"

庞涓果然夜里来到马陵，他看到那棵削了皮的大树下面写着字，就叫人取火来照这树上的字。还没读完白木上所写的字，齐国伏兵就万箭齐发。魏军大乱，彼此失去联系。庞涓知道自己一点办法也没有了，失败已成定局，就割颈自杀。齐军因此乘胜进军，彻底打垮魏军，俘虏魏国太子申回国。孙膑因为这次胜利，名扬天下。

马陵之战是中国历史上一场典型的示假隐真、诱敌深入、设伏聚歼的成功战例。齐军之所以取得战役的胜利，除了把握救韩时机得当，将帅之间密切合作，正确预测战场和作战时间以外，善于"示形"、巧设埋伏乃是关键性的因素。孙膑通过"减灶"，给魏军兵制造假象，使他们以为齐军不堪一击，产生轻敌和骄傲心理。老子说："祸莫大于轻敌，轻敌几丧吾宝。"魏军之所以战败，就是犯下了"轻敌"的错误。

第七十章　被褐怀玉

【原文】

吾言甚易知，甚易行。天下莫能知，莫能行。言有宗，事有君。夫惟无知，是以不我知①。知我者希②，则我者贵③。是以圣人被褐而怀玉④。

【注释】

①不我知：宾语前置，就是“不知我”。②希：同“稀”，少。③则：法则，此处活用为动词，效法。④被褐而怀玉：穿着粗衣而内怀美玉。褐，粗布衣服；被，通“披”。

【译文】

我的话很容易懂，很容易实行。可是天下却没有人懂得我的话，没有人照着去实行。说话是有宗旨的，做事是有根据的。可正是由于人们不理解这个道理，所以不了解我。懂得我的人很少，能取法于我的人就更难得了。所以有道的人总是外表披着粗布衣服，而怀里却揣着美玉。

【解析】

在这一章中，老子对世人的“颠倒”发出了一番感慨。大道本来是容易理解和遵行的，但是世人却偏偏不去理解，不去遵行，为此老子抒发了自己的抑郁和苦闷。老子于此处阐述的道理和提出的方法，都是“正言若反”，这与世俗的认识和做法是截然相反的。

“吾言甚易知，甚易行。天下莫能知，莫能行。”在老子所处的时代，他的道或许是“甚易知”和“甚易行”的，但是由于人们利益熏心，被欲望遮住了眼睛，所以世人除了努力满足自己的欲望之外，别无他求。而老子的无为思想，强调的是排斥欲望和妄为，这和当时的世风格格不入。在人们看来，老子的无为没有实在意义，其架构于虚无缥缈之上，过于抽象和玄远，根本无法理解；而在老子看来，自己的思想是易于理解的。自己的思想不被理解，老子的内心自然是苦闷的。

吾言甚易知，甚易行。天下莫能知，莫能行。

“言有宗，事有君。夫唯无知，是以不我知。”“君”意为根本、本质。“夫唯无知”一句是针对“言有宗，事有君”而言的。“不我知”就是否定吾知，不把我的理论当作知识。“不我知”不等于“不知我”，它的意思是说：如果一个人只关注具体事物，而不去探寻、发现这些事物之所以这样存在的原因，那么他也就不会把“我”在这个方面所作的研究当作知识了。

“知我者希，则我贵者。是以圣人被褐而怀玉。”这句是本章的结尾，老子在这里谈到了圣人（得道者）的真实情态，他用了极其简洁的语言来概括圣人的外貌，也就是“被褐而怀玉”。圣人有什么样的外部特征呢？他们穿着粗布衣服，与常人无异，但是在平凡的外表之下，却掩盖了圣人的一颗冰清玉洁之心，老子称之为“怀玉”。玉是珍贵的器物，也常常用来喻指美好的品质，而这里就是用玉来比喻圣人的纯洁的内心和不与世俗合污的高洁品质。

从老子的思想中可以得到启示：真正的美丽是心灵的美丽，而绝非仅指外表的华美。我们所处的时代和老子所处的时代相去甚远，但人们满足自己的欲望的要求是相同的，老子主张克服自身的欲望，以达到内心的完美，这一思想在我们身处的时代同样适用，而且有着十分重要的意义。

处世之道

◎安贫乐道——颜回践行大道◎

颜回（前521—前481），春秋末鲁国（今山东曲阜）人，字子渊，一作颜渊，孔门“七十二贤”之一。颜回十三岁拜师学艺，用了五六年的时间就基本完成了全部学业。二十岁娶宋戴氏为妻，生下一个儿子，取名为颜歆。其后，颜回跟随孔子周游列国十四年。回归鲁国以后，颜回专致于讲学，同时还作为孔子的助手，整理古代典籍，为中国文化的传承作出了很大的贡献。

颜回的理想是用礼乐教化人民，让人民安定生活。

作为孔子最得意的弟子之一，颜回在弘扬儒家学说的过程中，一直是殚精竭虑，倾注了全部心血，再加上他一直过着清贫的生活，导致了他的身体状况越来越差。公元前481年，颜回在鲁国去世。孔子在听到颜回去世的消息之后，伤心地说道：“噫！天丧予！天丧予！”颜回家境贫寒，他的父亲颜路为了埋葬儿子，不得不四处筹钱，并在颜回弟子及同门师兄弟的帮助下，才顺利完成了葬礼。

颜回一生生活凄苦，然而能坚持不懈地跟随孔子追求“大道”。孔子曾说：“颜回的身上体现了君子所应具备的四种德行：实行德义时坚定，接受劝谏时柔顺，得到官禄时戒惧，修养自

颜回随孔子在陈、蔡断粮七天。

身时谨慎。”孔子还说“回之信，贤于某”，称颜回在诚信上已经超过自己了。

颜回也有远大的政治抱负及理想信念。有一次，孔子与弟子们在农山谈论各自的志向。在谈论中，子路表示希望能施展自己的勇武，而子贡则希望能够驰骋自己的辩才。当孔子问到颜回的时候，颜回回答说：“我希望能够遇到圣明的君主，辅佐他，施行五教，用礼乐教化人民，让人民安定，不用加固城墙，不用越过护城河，把剑、戟等兵器铸成农具来使用，在平原和湖泽上放养成群的牛马，家家没有离别相思之苦，千年没有战争的忧患。这样一来，子路就没有地方施展他的勇气，子贡也就没有地方施展他的辩才了。”从这段话可以看出，颜回的政治理想是实现德教风行、君臣同心、上下协调、家给人足。难怪孔子听后会连连称赞颜回有“多么美好的德行啊”。

鲁定公十三年（前497），孔子“堕三都”的计划失败，他认识到在鲁国推行自己的政治主张已不可能了，便带领弟子离开鲁国，开始周游列国。孔子一行先来到卫国，不久又从卫国进入陈国。这时，颜回已到了而立之年，按照周礼的规定，如果一个人到了而立之年，就可以独立讲学或从事其他社会工作了。然而，颜回并没有这样做，他放弃了出仕做官的机会，坚定地跟随孔子一起宣传政治主张。在周游列国途中，孔子一行遇到了很多危险，如陈蔡绝粮、匡地遭困等，而颜回遇难不移其志，对孔子理想的真实理解使孔子宽慰不已。

颜回随孔子在陈、蔡断粮七天，子贡见大伙都饿得坐不起来了，于是突破重围，用自己身上的财物，到外面换了少许的米回来。子贡回来以后，颜回和子路找了一口大锅，在一间破屋子里，开始为大家煮稀粥。这时，正好有灰尘掉进饭锅之中，颜回便取出来自己吃了。恰在此时，子贡从井边经过，一扭头，正好看到颜回拿了一小勺的粥往嘴里送。子贡认为颜回在“偷”吃东西，他十分生气，但没有上前质问颜回，而是走到了孔子的房间。子贡见到夫子，向他行过礼，接着问道：“仁人廉士也改变自己的节操吗？孔子说：“如果在穷困的时候，就改变了气节，那怎么还能算是仁人廉士呢？”子贡接着说道：“像颜回这样的人，应该不会改变气节吧？”孔子坚定地回答道：“当然不会。”子贡便把看到颜回偷吃粥的事情告诉了孔子。孔子听后，并没有很惊讶，说道：“我相信颜回是仁人已经不止一天了，你虽然这样说，但我还是不能因为这件事就怀疑他，这里边必定有缘故。你等等，我去问问他有没有这回事。”于是，孔子把颜回召来，对他说：“我前几天梦到了自己的祖先，想必是要护佑我们吧？你把做好的饭拿进来，我准备先祭祀祖先。”颜回一听，连忙对孔子说：“这粥已经不可以用来祭祀先祖了。”孔子问：“为什么呢？”颜回解释道：“刚才在煮粥的时候，从屋顶上掉下来一块灰尘，不小心落到了粥里。留在锅里不干净，丢掉又太可惜，所以我就用勺子舀起来吃了。吃过的粥再来祭祀先祖，是对先祖不恭敬啊。”孔子说：“原来如此，如果换成是我，我也一样会吃了它的。”颜回退出了之后，孔子回头对着几位在场的弟子们说：“我相信颜回不是从今天才开始的。”从今往后，大家更加信赖颜回了。

颜回生活清贫，面对困境而不移志节，追求大道而不慕富贵，的确是老子所推崇的“被褐怀玉”之士。

第七十一章　知不知矣

【原文】

知不知①，尚矣；不知知②，病也。圣人不病，以其病病，夫惟病病③，是以不病。

【注释】

①知不知：有两种解释：一是知道却不自以为知道，一是知道自己还有所不知道。②不知知：不知而自以为知。③病病：把这种毛病当作毛病。

【译文】

知道自己还有所不知道，这是最好的。不知道却自以为知道，这就是很糟糕的。有道的人没有缺点，因为他把缺点当作缺点。正因为他把缺点当作缺点对待，所以他就没有缺点了。

【解析】

老子在这一章谈到了人性的弱点之一——不懂装懂，认为这是一种病态。其表现是刚愎自用。在前边的章节里，老子曾提出过“自知者明”的观点，这一观点告诉我们，能够认识自己才算高明。所以，我们只有真正做到自知了，才不会固执己见、自以为是。

老子说：“知不知，尚矣；不知知，病也。”这句话中，“知不知”意为知道自己不知道，知道自己无知。“不知知”意为自己不知道却以为自己知道，把无知当有知。这句话意思是说：知道自己的无知是高明的，而本来不知却以为是知就是弊病了。老子在这里表达的思想，很容易让我们想起希腊哲学家苏格拉底的一句话：最聪明、最有知识的人是承认自己无知的人。而孔子也曾说过：“知之为知之，不知为不知，是知也。”这句话是说知道自己有某方面的知识和知道自己没有某方面的知识，两者都是知识。不论是苏格拉底，还是孔子，他们都强调人要有自知之明。

知不知，尚矣；不知知，病也。

老子在对“不自知”的人作了一番剖析之后，又将圣人

圣人不病，以其病病，夫惟病病，是以不病。

的“不病”摆在了世人的面前，并以此进行对照，结果不说自明了。圣人怎样呢？下面一句话给了我们答案。

“圣人不病，以其病病。夫唯病病，是以不病。”前一个“病”字为动词，是痛恨、疾恨的意思；后一个“病”字为名词，本指疾病，这里指的是那种自己无知还自以为有知的愚不可及、无可救药之人。老子为什么说圣人没有毛病呢？在老子看来，圣人本身不是没有缺点和不足，而是圣人能承认自己的缺点和不足，并努力加以改正，时间久了，他也就没有什么毛病了。这也就是老子所说的“不病”了。这里的不病应该理解为心理上、思想上不为外物所蒙蔽。换句话说，也就是能够洞察一切。所以，圣人贵在有自知之名，能及时纠正自己的缺点，而不是自以为是、刚愎自用，所以圣人的品德日臻完善，逐渐成为众人学习的楷模。

世界上任何人都不可能孤立生存，都一定会与他人、社会及自然界发生联系。我们每个人都是整个世界中的一份子。作为整体中的个体，我们怎样才能与他人和睦相处呢？我们首先要做的，就是必须克服自以为是的弱点。

如果一个人不把自己定位好，制定出不适合自己的目标，而他仍要为实现这个目标而努力奋斗，并且自以为自己意志坚定，那么这样导致的后果恐怕比没有目标更加可怕。刚愎自用、没有自知之明带给人的不是成功的幸福，而是失败的痛苦，这种盲目心理能让人付出惨重的代价。例如，我们为了追求事业或者爱情的成功，常常无所顾忌地奋勇向前，这本来是好事，但是一旦走错了路，又听不进别人的良言，那么带来的后果将是可怕的。

刚愎之人常常是狂妄之徒，狂妄的人常常在无意中伤害他人的自尊心，而自己也常常因为这种无意而受伤。有一些人，并不一定没有才华，他不能施展才华的原因就是太狂妄。没有多少人乐意信赖一个言过其实的人，更没有多少人乐意帮助一个出言不逊的人。

刚愎之人，多是无礼之人；无礼之人，多是孤立之人；孤立之人，多是最终失败之人。大凡具有大将风度之人，多具有谦逊的品德；而刚愎之人，骨子里总是透着一股小家子气。最糟糕的当算是既刚愎又无能的人，刚愎使他什么都敢干，无能使他把所有的事情都搞得一团糟。有时刚愎者尽管心中已感觉到自己错了，但仍坚持自己的看法和做法，而这一点最让周围的人受不了。固执是刚愎者的一个手段，用来获得想要的东西，别人越反对，他就越是非要不可。这种固执让别人讨厌。长此以往，他就会发现别人都躲着自己。

一个骄傲自满的人必定是一个刚愎自用的人。面对一个狂妄而骄横的人，我们无须与之理论，时间自会证明他的实际价值，事实自会惩罚他的无知可笑。

无论做人还是做事，我们都要坚持“虚心使人进步，骄傲使人落后”的原则。

要明白世上万事万物都处在不断地发展变化之中，只有根据事物的发展变化，及时调整自己的计划策略，才能处处掌握主动权，使自己立于不败之地。

而刚愎者则恰恰相反，他们最大的缺点就是自以为是，认为自己的判断是完美无缺的，因而常常表现得骄横跋扈、一意孤行。他们往往高估自己而低估对手，这样就容易被表面的假象所蒙蔽，导致判断失误，遭遇失败。

为人之道

◎盲目自信——纸上谈兵的赵括◎

圣人有自知之明，不会不懂装懂。而盲目自信或自以为是的人，常常把不知道当作知道。战国时的赵括，自小熟读兵书，对兵法倒背如流。时间久了，他自以为攻无不克，但是他并没有实战经验。后来，赵括请愿去攻打秦国，终于落得个兵败身亡的下场。

赵括纸上谈兵。

赵括，战国时期赵国人，大将军赵奢之子，赵奢英勇善战，曾为赵国立下很多战功。赵括从小就喜欢研读兵法，立志长大之后成为像父亲一样的将军。赵括熟读兵书，每次探讨行军打仗问题的时候，他总是口若悬河，以为没有人能比得上他。赵括有时还与父亲赵奢探讨战略战术的问题，赵奢想出些难题为难一下他，好使他虚下心来，但是这也难不倒赵括，赵括就更加骄傲了，认为打仗是很简单的事情。很多人听说赵括精通兵法，就纷纷前来找他讨教。

正所谓知子莫若父。在赵奢眼里，赵括只能谈谈兵法，并不能真正领兵打仗，他对赵括的骄傲自满感到生气。赵奢的妻子非常困惑，不知道赵奢为何不欣赏儿子，就向赵奢问道：“赵括熟读兵书，又有很多人亲自上门向他讨教，但是即便这样也没有人能说得过他。他才能如此出众，但是你总是不满意，这是为什么呢？”

赵奢回答说：“行军打仗，那是事关生死的大事情，但是赵括却把它不当回事儿。要是赵王不任用他做将军还好，一旦让他做了将军，那么他在战场上一定会吃大亏，甚至丢掉性命。”妻子听罢，觉得赵奢说得有道理，就回答说：“如果以后赵王让他做大将军，

长平之战中赵括最终被秦军射杀。

我一定恳请赵王不要这么做。”

赵括成年之后，名气更大了。这时，赵奢已经去世了，赵王想任命赵括为大将军，但是由于赵括没有实战经验，而且大将军廉颇威望甚高，所以赵王就把这件事暂时搁置下来。

公元前260年，秦国派左庶长王龁攻打赵国。赵国派廉颇率军迎击秦军。廉颇固守营垒等待秦军，秦军多次挑战，廉颇都坚守不出。赵王多次指责廉颇。秦国丞相范睢又派人携带千金到赵国实施反间计，大肆宣扬说：“秦国所忧虑的，只是畏惧马服君赵奢的儿子赵括担任将领而已，廉颇容易对付，他马上就要投降秦军了。”赵王早就对廉颇有所不满了，军队战败多次，而廉颇却坚守营垒不敢出战，再加上赵王听到谗言，就决定派赵括代替廉颇迎击秦军。

赵括的母亲听到这个消息，马上进宫求见赵王，并恳请赵王说：“您一定不要拜赵括为大将军啊。”赵王感到很疑惑，就问她道：“这是为什么呢？赵括是大将军赵奢的儿子，正所谓‘虎父无犬子’，他的父亲尚且那么能打仗，他一定也不会差劲儿的。而且，赵括年少的时候就显露出过人的军事才华，又跟随他父亲征战多年，怎么不能胜任将军呢？”

赵括的母亲回答说：“早年我跟随赵奢的时候，赵奢身为大将军，身边靠他奉养的人有几十个，和他要好的人也有几百人，大王您赏赐给他的东西他都分给手下的军官和士兵。每当不打仗的时候，他便邀请朋友在家谈天、讨论政事。而他一旦接受了军职，就没有工夫处理家里的事情，（家里的事情）都是由我一人承担。现在，赵括刚刚被您任命为大将军，他便摆出一副狂傲的架势，神态倨傲地坐在帅位之上接见自己的属下，他的兵将没有一个敢抬头望他的。而大王赏赐给他的金银珠宝，他都藏在家里，不分给将士们。不但如此，他一旦看上好的田宅，就会毫不犹豫地买下来。他对待自己的属下也非常严苛，如果属下犯了小错，赵括就要用军法来惩罚他们。大王您看，他哪里像他的父亲啊？您还是别让他当大将军了。”

赵王听了赵母的话，有点不以为然，便对他说道：“您就不必操心了，我自有主张。”赵括的母亲知道无法劝服赵王，只好无奈地说道：“既然如此，那么将来如果赵括因战败而获罪，我是否可以避免被诛杀的命运呢？”赵王回答说：“当然可以了。”于是任命赵括为大将军，让他率兵攻打秦军。

秦国得知赵奢的儿子担任将领，就暗地里让武安君白起任上将军，让王龁担任尉官副将。赵括一到，就发兵进攻秦军。秦军假装战败而逃，同时安排两支军队攻击赵军。赵军乘胜追击，一直追到秦军营垒。秦军营垒防守坚固，不能攻入，而秦军的一支突袭部队已经切断了赵军的后路，另一支军队切入赵军的营垒之间，把赵军的营垒一分为二，就连运粮通道也被堵住了。这时，秦军派出轻装精兵攻击赵括，赵括吃了败仗，便下令构筑壁垒坚守，等待援军的到来。秦王听说赵国运粮通道已绝断，就亲自到达河内，赐给百姓爵位一级，征调年纪在十五岁以上的青壮年赶赴长平战场，拦截赵国的救兵。

这时，赵国士兵已经断粮四十六天了，军内士兵暗中相互残杀，以人肉充饥。赵括下令属下攻击秦军营垒，打算突围而逃。他把赵军分编成四队，轮番进攻了四、五次，依旧不能冲出去。无奈之下，赵括亲自上阵，与秦军厮杀起来。秦军看到赵国主将，纷纷向赵括射箭，结果赵括被射杀了。赵军见主将被杀，斗志全无，于是全部向白起投降。白起佯装答应，等赵军的四十万兵卒放下了武器，便下令将他们集体坑杀。

赵括自以为是，不但自己身首异处，还连累赵军四十万将士被坑杀。赵括的事迹，充分体现出了“不知”所带来的危害。

第七十二章 自知自爱

【原文】

民不畏威，则大威至。无狎其所居①，无厌其所生②。夫唯不厌③，是以不厌④。是以圣人自知不自见⑤，自爱不自贵。故去彼取此。

【注释】

①狎（xiá）：同“狭”。②厌（yà）：“压”的意思。③厌：同上。④厌（yàn）：作“厌恶”解。⑤见（xiàn）：同“现”，表现。

【译文】

当人民不畏惧统治者的威压时，那么可怕的祸乱就要到来了。不要逼迫人民使人民不得安居，不要压榨人民使人民无以生计。只有不压迫人民，人民才不厌恶统治者。因此，有道的人不但有自知之明，而且也不自我表现；有自爱之心也不自显高贵。所以要舍弃后者而保持前者。

【解析】

这一章的要点是“自知不自见，自爱不自贵”两句。人要了解、珍视自己的生命，但不要夸耀自己或自以为自己高贵。

民不畏威，则大威至。

老子说“民不畏威，则大威至。”第一个“威”意为统治者的权威、高压政策；第二个“威”指的是统治者面临的威胁。老子认为，如果民众不再畏惧统治者的权威，那么统治者也就大难临头了。为什么这么说呢？这是因为统治者是民众的榜样，倘若统治者骄奢淫逸，行为不检点，一定会诱使民众滋生各种欲望，而民众也必然会用尽各种手段去追逐私利，以满足自己的欲望。这样一来，民众不惧怕统治者的权威也就成了很自然的事了，其结果必然会导致统治者的地位受到威胁，这是统治者最不愿看到的事情。

“无狎其所居，无厌其所生。”“狎”意为任意地、肆无忌惮地侵犯、扰乱以至于使人感到不安、窘迫和恐惧。“生”指的是生长的国度。在这句中，针对统治者地位受到威胁的情况，老子向统治者提出了最严厉的警告，警告统治者要好自为之，不可再作威作福。老子认为，民以“生”为本，如果他们连最起码的生计都难以维持，那么还惧怕什么苛政和威严呢？所以，一旦人民饥不择食、居无定所，他们就会惹是生非，发生逆乱，这样一来，社会动荡也就成为必然了。

“夫唯不厌，是以不厌。”这两句话与前面的两句话相联系，显然省略了一个过渡性的逻辑环节，它的完整形式应该是：“故厌其所生，以其被厌；夫唯不厌，是以不厌。”

“是以圣人自知不自见，自爱不自贵。故去彼取此。”“自知”与自欺的意义相对立，它是一种绝对的知的状态。一个人如果作了恶，他可以欺骗别人，但是无法蒙骗自己。所以，这里的“知”，含有“良知”的意蕴。当人们想方设法为自己的恶行寻找合理依据的时候，这实际上就是企图使自己的良知认同所做的恶行，然而这是绝对办不到的，因为人们所能办到的只不过是泯灭自己的良知罢了。所以，自知就是对自己良心和良知的认同。“自见”指的是只以个人的利益为出发点的见解和观念，这事实上就是心中只有自己而没有他人、没有世界。“自爱”是自知的结果，是对自己天生的良心、良知的认同和热爱。如果一个人只爱自己而不爱他人，那么他就不是真正的自爱者。只有做到爱己及人，这才是真正的自爱。“自贵”说的是只认为自己有价值，而否定他人和世界的价值。在老子看来，圣人都有自知之明，他们不仅爱自己，也爱百姓。如果统治者因位居高位而炫耀自己，抬高自己，那么他就会骄奢淫逸、恣意妄为，堕落成为压迫民众的暴君。

从政之道

◎不以自贵——仁、宣二帝的太平治世◎

圣人一定不会逼迫百姓，也一定不会阻塞百姓的谋生之路，这样，他便是自爱的人，也不会因为高贵的尊位来炫耀自己。明朝时的两位皇帝，仁宗和宣宗，他们不以尊贵的地位凌驾于臣民之上，对下采取谦和、怜悯的态度，在中国历史上留下了美名。

明代仁宗、宣宗二帝在位期间，吏治清明、社会稳定，后世称为“仁宣之治”。

明朝建立之后，历经洪武、建文、永乐三朝，社会经济得到恢复和发展。明成祖朱棣死后，其子朱高炽即位，即明仁宗。仁宗在位期间，实行宽松治国和息兵养民的政策，他一面平反洪武、永乐两朝的冤案，一面大修基础设施，与民同利。仁宗之后，继任者宣宗又实行重农政策，赈荒惩贪，多有建树。仁宗、宣宗二帝在位期间，成为明朝历史上少有的吏治清明、经济繁荣、社会稳定的时期，后世把这段时期称为“仁宣之治”。

明仁宗朱高炽是成祖朱棣的长子，洪武二十八年（1395）就被册立为燕世子，成为朱棣的合法继承人。明太祖在位时，对朱高炽就十分欣赏。有一次，朱元璋让朱高炽与秦王、晋王、周王的三位世子分别检阅卫士，朱高炽最后一个向朱元璋复命。朱元璋问他为什么回来得这么晚。朱高炽回答道："早晨天气寒冷，我让军士们吃完早饭，身子暖和过来再检阅，所以回来晚了。"朱元璋听后，十分欣赏这位皇孙的仁爱之心。朱元璋又问他道："尧的时候发生过大水灾，汤的时候发生过大旱灾，老百姓依靠什么存活下来呢？"朱高炽回答道："老百姓所依靠的是贤明的君主，因此做君主的要施行恤民的政策。"经过几次考察，朱元璋对这个孙子越来越喜欢了，认为他有平治天下的才能。

朱高炽即位后，曾经对臣下说："以前一些做皇帝的都妄自尊大，不喜欢听忠直的话，而下面那些做臣子的，投其所好，阿谀奉承，结果把国家治理坏了，自己也丢掉了江山。朕和你们都应当谨慎行事啊！"朱高炽一直没有忘记自己所说的这番话。有一次，大理寺少卿弋谦上奏言事的时候，语辞激烈，甚至还批评皇帝的政策。这时，一些阿谀奉承的官员纷纷指责弋谦，只有华盖殿大学士杨士奇向朱高炽进言："有圣明的皇上，才有正直的大臣。希望皇上能够宽容地对待像弋谦这样的人。"朱高炽听了后，虽然没有责罚弋谦，脸色却不大好看，说话的语气也很严厉。杨士奇进一步向他指出："弋谦触怒了皇上，朝中的大臣看到皇上对他的态度，心里都会认为您不喜欢讲直话的人。"朱高炽猛然醒悟过来，说道："这确实是我的过错啊，那些奉承我的人，迎合我的心意，实际上是让我错上加错啊！"这件事过后，朱高炽一个多月都没听到朝臣的直言，于是他对杨士奇说道："麻烦你去对大臣们说一下，替我转达一下纳谏求言的心情。"杨士奇回答道："如果仅凭我的一句话，还不足以取信于诸臣，还是请皇上亲自降一道诏书说明这个意思吧！"于是，朱高炽下了一道诏书，进行自我批评，从此，朝廷中逐渐形成了直言不讳的好风气。

明仁宗朱高炽做了一年皇帝就去世了。其后，他的儿子朱瞻基继承了皇位，即明宣宗。宣宗即位之初，首先平定了叔父朱高煦的叛乱，使自己的统治稳定下来。

天下安定之后，明宣宗重用贤臣，施行与民休息的政策。有一次，明宣宗外出返京，沿途看到几个农民正在耕田，于是他亲自来到田间与农民交谈，然后接过他们手中的犁把，只推了三下，浑身便大汗淋漓了。他感慨地对随从大臣说道："朕只推了三下犁，就觉得很累。老百姓一年下来都不停地劳作，他们的辛苦可想而知了！"回朝之后，宣宗便下诏宣布减免百姓赋税，减轻农民的负担。

宣宗继位之后，就开始着手修建明仁宗的陵墓献陵，宣宗谨遵仁宗朱高炽的遗嘱，力主俭朴，注意节约，只花了三个月的工夫就完成了陵墓的工程。朱瞻基带了这个头，以后几代明朝皇帝的陵墓都修建得较为俭朴，直到明朝第十一任皇帝朱厚熜的时候，才坏了这个规矩，为自己修建了奢华的陵墓。

明宣宗朱瞻基曾说过几句名言。一句是"省事不如省官"。有一次，浙江巡抚上书宣宗，请求他在杭嘉湖地区增设一名专管粮政的布政使司官员。朱瞻基觉得地方官吏已经冗员，没有必要再增设官员；况且，增设官员势必会增加赋税，加重老百姓的负担，所以驳回了这名巡抚的请求。

还有一句是"安民为福"，这句话是在批评一名工部尚书时说的。有一次，工部尚书为了讨好皇帝，就上书建议修建山西圆果寺的佛塔，好为国家求福。朱瞻基当面批评了他，对他说道："老百姓安定就是国家的福祉，何必借修佛塔来'求福'呢？"

明宣宗不但体恤民情，还奖励那些勤政爱民的地方官吏。河南有一名知县，正好赶上当地发生灾荒，百姓食不果腹。这名知县为了救济百姓，在未经请示的情况下，就将驿站里的上千石公粮发放给灾民，百姓对他感恩戴德。有些官员知道后，就上书弹劾这名知县，但是明宣宗却对他大肆表扬，说道："倘若拘守手续，层层申报，那么老百姓早就饿死了。"

明宣宗还继承了仁宗乐于接受朝臣直言的作风。他要求大学士杨溥尽力辅佐自己，并让他时常指出自己的过错。杨溥非常感激，不住地叩首说道："臣决不敢忘记报答皇上的恩情。"宣宗回答说："杨公能直接指出我的过错，让我及时改正，这就是对我最好的报答呀！"

明仁宗和明宣宗虽然是最高统治者，但是他们不仅自爱，还懂得体恤下臣和百姓，正是由于他们的开明作风，才有了被史家称赞的"仁宣之治"。

第七十三章 天网恢恢

【原文】

勇于敢则杀，勇于不敢则活。此两者，或利或害[①]。天之所恶[②]，孰知其故？是以圣人犹难之。天之道，不争而善胜，不言而善应，不召而自来，绰然而善谋[③]。天网恢恢[④]，疏而不失。

【注释】

①或：这句中的两个“或”都是“有的”的意思。②恶：不喜欢。③绰（chǎn）：缓慢的意思。④恢恢：广大的样子。

【译文】

勇于坚强就会遭到杀害，勇于柔弱就能保全性命。这两种行为一个得利，一个受害。天道所厌恶的，谁知道是什么缘故呢？有道的人也难以解说明白。自然的规律是，不斗争而善于取胜，不说话而善于应承，不召唤而自动到来，宽缓从容而善于安排筹划。自然的范围宽广无边，虽然稀疏但并不会有一点漏失。

【解析】

本章中，老子以一个“勇”字开篇，前半部分讲天道的生杀、利害、好恶十分微妙，甚至连圣人都不能完全理解其奥妙。后半部分讲道发生作用时完全是自然的，不用人为的造作，自然能够得到完美的结果。

“勇于敢则杀，勇于不敢则活。”在这里，“敢”的意义可以延伸为自身招致灾祸的鲁莽不智的行为。鲁莽是一种性格缺陷，这种行为往往会侵害他人，并从而导致他人对自己的报复，极有可能会被杀甚至株连九族，其后果是不堪设想的。所以老子所说的“勇于敢则杀”并非夸张之辞。整句话的大意是勇敢到什么都敢做的时候，就会招致杀身之祸；勇敢到有所顾忌的时候，就能保全自己的性命。怎么理解这句话所蕴含的道理呢？在老子看来，真正的勇敢应当是敢为而又有所不敢为，而不是恣意妄为，什么事情都敢做。

勇于敢则杀。

老子又说：“此两者，或利或害。天之所恶，孰知其故？”“勇于敢”和“勇于不敢”这两种行为同样是勇，但是因为它们的程度不同，所以导致的结果也就有很大差异了。老子一向主张自然无为，这是他思想体系的核心，前面的章节中老子一再为我们阐释了无为的内涵，这一章老子再一次提起，并提升到了生死存亡的高度。同时，老子也反对恃强凌弱和肆意妄为。我们知道，自然之道是不可违逆的，如果违背了自然规律，就一定会受到惩罚。“勇于敢”是恣意妄为，它违逆了自然之道，所以做出这种行为的人会遭受惩罚。与此相反，“勇于不敢”是顺应自然之道的行为，所以做出这种行为的人可以保全性命。老子把生死和勇放到同一高度来论述，可见把握好“勇”的度对人们来说是十分重要的。

“天之道，不争而善胜，不言而善应，不召而自来，绰然而善谋。”自然的法则，是不交战而善于胜利，不发言而善于回应，不召唤而自动到来，宽缓从容却善于谋划。也就是说，自然无欲无求却赢得了万物的归顺和爱戴。我们人类之所以要“争”，是因为有私欲，一旦有了私欲，人们就会为满足自己的私欲而与他人、与自然争夺。人在满足欲望的过程中，显示出了自己所谓的“勇敢”。这种勇敢其实是违逆天道的，其结果必然是失败的。这段话的言外之意是说，由于善有善报、恶有恶报是人类生活的不变定律，这样就可以促使我们弃恶从善，人们就会自然而然地回归到大道中去，大道的德行就是这样实现的。

最后老子以“天网恢恢，疏而不失”作结，不但警示人们不可“勇于敢”，还省略了一个不言自明的结论：顺道者昌，逆道者亡。

经商之道

◎水滴石穿——俞敏洪与“新东方”◎

本章中，老子指出，有道的人宽缓从容且善于安排筹划。一个人要想成功，就得从一点一滴做起，并能为自己的人生历程做好规划。

2006年9月7日，新东方教育科技（集团）公司在美国纽约证券交易所成功上市，根据新东方首日收盘价与成交量来计算，持有公司31.18%股权的俞敏洪所拥有的资产将高达2.30亿美元，这意味着俞敏洪成为了中国最富有的教师，同时，他也跻身于中国百名富豪之列，是当代中国最为成功的企业家之一，而他所开创的新东方学校，则为中国的民办教育打开了一片新的天地。那么，在如此巨大之成功的背后，俞敏洪到底有着哪些足以令人称举之处呢？

1962年10月，俞敏洪出生于江苏省江阴市夏港镇葫桥村，1980年，在经过三次高考之后，他终于如愿以偿，成功地考入北京大学西语系学习英语。在读期间，俞敏洪因病休学一年，因此读完大学用了五年的时间。1985年，俞敏洪留校任教。1991年，俞敏洪从北大辞职，进入了民办教育领域。经过一段时间的摸索之后，1993年11月，俞敏洪创办了自己产业，那就是北京市新东方学校。

新东方最初开办之时，只有几十个学生，然而在十几年后的今天，它已经发展成为一家以外语培训和基础教育为核心，拥有短期语言培训系统、基础教育系统、职业教育系统、教育研发系统、出国咨询系统、文化产业系统、科技产业系统等多个发展平台，集教育培训、教育研发、图书杂志音像出版、出国留学服务、职业教育、在线教育、教育软件研发等多领域于一体的大型综合性教育科技集团。截至 2008 年底，新东方已在全国 39 个城市设立了 41 所学校、400 多个学习中心和 6 家子公司，累计培训学员近 700 万人次。据说，当今在美国、加拿大的任何一所著名高校里，来自中国的留学生，70% 都是从新东方走出来的。

谈及成功的秘诀，俞敏洪讲述了这样一件事：小时候，作为木工的父亲每次帮别人建完房子后，都会把别人废弃不要的碎砖乱瓦捡回来，有时候在路上走，看见路边有砖头或石块，他也会捡起来放在篮子里带回家。久而久之，院子里多出了一个乱七八糟的砖头碎瓦堆。俞敏洪当时搞不清这一堆东西的用处，直到有一天，他见到父亲用那堆乱砖碎瓦左拼右凑，一间四四方方的小房子居然拔地而起，干净漂亮地和院子形成了一个和谐的整体。父亲把本来养在露天、到处乱跑的猪和羊赶进小房子，再把院子打扫干净，自己的家里就有了让全村人都感到羡慕的院子和猪舍。

俞敏洪说："等到长大以后，才逐渐发现父亲做的这件事给我带来的深刻影响。从一块砖头到一堆砖头，最后变成一间小房子，我父亲向我阐释了做成一件事情的全部奥秘。一块砖没有什么用，一堆砖也没有什么用，如果你心中没有一个造房子的梦想，拥有天下所有的砖头也是一堆废物；但如果只有造房子的梦想，而没有砖头，梦想也没法实现。当时我家穷得几乎连吃饭都成问题，自然没有钱去买砖，但我父亲没有放弃，日复一日捡砖头碎瓦，终于有一天有了足够的砖头来造心中的房子。"

由此，这件事情凝集成一种强大的精神一直都在鼓舞着俞敏洪，使得他每当要去做一件重要事情的时候都会问自己这样两个问题：第一个问题是做这件事情的目标是什么，因为盲目地做事情就像捡了一堆砖头而不知道干什么一样，会浪费自己的生命；第二个问题是需要多少努力才能够把这件事情做成，也就是需要捡多少砖头才能把房子造好，之后，就是要有足够的耐心去坚韧地执行，因为砖头不是一天就能捡够的。

俞敏洪在回忆自己的成功经历时娓娓而谈，说至少有三件事证明了这个秘诀的好处："第一件是我的高考，目标明确：要上大学，第一、第二年我都没考上，我的砖头没有捡够，第三年我继续拼命捡砖头，终于进了北大；第二件是我背单词，目标明确：成为中国最好的英语词汇老师之一，于是我开始一个一个单词背，在背过的单词不断遗忘的痛苦中，我父亲捡砖头的形象总能浮现在我眼前，最后我终于背下了两三万个单词，成了一名不错的词汇老师；第三件事是我做新东方，目标明确：要做成中国最好的英语培训机构之一，然后我就开始给学生上课，平均每天给学生上 6 到 10 个小时的课，很多老师倒下了或放弃了，我没有放弃，十几年如一日。每上一次课我就感觉多捡了一块砖头，梦想着把新东方这栋房子建起来。到今天为止我还在努力着，并已经看到了新东方这座房子能够建好的希望。"

这就是俞敏洪成功的秘诀，当然，要想做好一份事业，仅仅有这样的秘诀是远远不够的，但是，它至少向我们说明了这样一个问题，那就是成功不是什么神秘的事情，而是有规律可循的，在成事的诸多规律当中，树立明确的目标和付出持之以恒的努力，是其中最为根本的两条。有一则大家非常熟悉的成语叫作"水滴石穿"，水的力量那么微弱，而石头又那么坚硬，可是柔弱无比的水却最终会将异常坚硬的石头穿透，水凭借的是什么？就是两点：目标明确和坚持不懈。而用俞敏洪的话来说也就是：第一，心中要有一栋房子，第二，去捡足够的砖头。

俞敏洪还曾以蜗牛和雄鹰作为比喻来讲述自己成功的经验。据说，能够到达金字塔顶端的只有两种动物，一种是雄鹰，它可以一飞冲天，靠自己的天赋和翅膀飞到塔顶。而另外一种也能到达金字塔的顶端的动物是什么呢？——蜗牛。蜗牛也能抵达金字塔的顶端？这乍听起来实在是一件匪夷所思的事情，然而，在金字塔顶端，人们确实找到了蜗牛的痕迹。当蜗牛爬到金字塔顶端的时候，它眼中所看到的世界，它收获的成就，跟雄鹰是一模一样的。俞敏洪这样说道：“蜗牛肯定能爬上去，这可能要一个月、两个月，甚至一年、两年，而且蜗牛绝对不会一帆风顺地爬上去，一定会掉下来、再爬，掉下来、再爬。”他指出：“雄鹰和蜗牛的区别，也就是天才和奋斗者的区别，蜗牛的成功虽然迟来，但是，蜗牛比雄鹰更为富有，因为它的坎坷经历就是一大笔财富。”俞敏洪还非常诙谐地说道：“蜗牛可以写回忆录，鼓励一代又一代的蜗牛。”也许，在俞敏洪的心里，自己就是这样一只历尽坎坷而最终成功地抵达了金字塔顶端的渺小的蜗牛。这样来比喻，并不是因为俞敏洪平凡无奇，而是世间的成功者，原本就是属于雄鹰者稀少，而属于蜗牛者众多，雄鹰的成功，只代表着极少数天才的不可效仿的成功；而蜗牛的成功，才昭示着普天下芸芸众生的切实希望。

俞敏洪还曾经对人生的成长进行过这样一种精彩的阐释，他说：“人的生活方式有两种，第一种方式是像草一样活着，你尽管活着，每年还在成长，但是你毕竟是一棵草，你吸收雨露阳光，但是长不大。人们可以踩过你，但是人们不会因为你的痛苦，而产生痛苦；人们不会因为你被踩了，而来怜悯你，因为人们本身就没有看到你。所以我们每一个人，都应该像树一样地成长，即使我们现在什么都不是，但是只要你有树的种子，即使你被踩到泥土中间，你依然能够吸收泥土的养分，自己成长起来。

类似的，关于如何来成就自己的人生，俞敏洪说了这样一番话：“每一条河流都有自己不同的生命曲线，但是每一条河流都有自己的梦想——那就是奔向大海。我们的生命，有的时候会是泥沙。你可能慢慢地就会像泥沙一样，沉淀下去了。一旦你沉淀下去了，也许你不用再为了前进而努力了，但是你却永远见不到阳光了。所以我建议大家，不管你现在的生命是怎么样的，一定要有水的精神——像水一样不断地积蓄自己的力量，不断地冲破障碍。当你发现时机不到的时候，把自己的厚度给积累起来，当有一天时机来临的时候，你就能够奔腾入海，成就自己的生命。”

俞敏洪在创业的过程中，首先明确自己的目标，然后再以“捡砖头”的道理，给自己作出规划，这正体现了“绰然而善谋”的观点。

第七十四章　民不畏死

【原文】

民不畏死，奈何以死惧之？若使民常畏死，而为奇者[①]，吾得执而杀之，孰敢？常有司杀者杀[②]。夫代司杀者杀，是谓代大匠斫[③]。夫代大匠斫者，希有不伤其手矣。

【注释】

① 为奇：是指做出邪恶的行为。② 司杀者：指天道而言。③ 斫（zhuó）：用斧子砍木头。

【译文】

人民不怕死，为什么还要用死去恐吓他们呢？倘若人民真的惧怕死亡，对于那些为非作歹的人，我们就可以把他捉来杀掉，那么还有谁敢为非作歹呢？经常有专管杀人的人去执行杀人的任务，代替行戮者去杀人，就如同代替高明的木匠去砍木头，那代替高明的木匠砍木头的人，很少有不砍伤自己手指头的。

【解析】

老子反对用重刑，尤其反对以滥杀的方式来维持统治。生杀的大权是属于天地的，只有能够体察天地之道的“大匠”才可以使用，一般人滥用“杀”的大权，就会使自己受到惩罚。

“民不畏死，奈何以死惧之？”人民惧于反抗而听任不义与暴政的存在，这种状态是非自然的，这是因为人生来就具有反抗暴政的道德勇气。不管统治者采取怎样的手段来镇压人民，他们的道德勇气总会自然而然地表现出来，而且是斩不尽、杀不绝的。所以，一旦人民不再畏惧死亡，那么国家的严刑峻法也就无法发挥作用了，或者说它不再有威慑力了。如此一来，那些作奸犯科之徒就更加肆无忌惮了，而国家势必更加混乱，统治者也将面临被颠覆的危险。

夫代司杀者杀，是谓代大匠斫。

对于我们每个人来说，生命都是有意义的，但是在老子所处的那个年代，社会动荡不安，统治者昏庸无道，他们不但对人民施行苛政，而且视人民的生命如草芥，为了满足自己的欲望，不惜伤害人民的性命。人民处在水深火热之中，生命朝不保夕。在人民看来，生是痛苦的，死倒是一种最好的解脱，所以他们也就不惧怕死亡了。对于不惧怕死的人来说，以死相威胁还有什么意义呢？所以，老子才提出了“民不畏死，奈何以死惧之”的质问。“以死惧之”的目的在于使人民惧于反抗。老子在这里说民众不畏惧死亡，实际是在告诫统治者不要用死亡来威吓人民，这其中夹杂了老子的愤懑情绪，这也充分体现了他对人民的仁爱和怜悯。

“若使民常畏死，而为奇者，吾得执而杀之，孰敢？”其中，“民”与“奇”相联系，指的是安分守己的人。“为奇者”指不畏死的邪恶之徒。在本句中，老子紧接上文的“民不畏死”，提出了相反的假设：如果人民畏惧死亡，那么统治者就可以依法惩处作奸犯科之人，以后谁还敢肆意妄为呢？老子一向提倡仁慈，反对战争，更不提倡杀人，但是他在这里主张杀一儆百，这看起来有些自相矛盾，实际上老子主张要杀的是胡作非为、作奸犯科的不法之徒，而不是普通的民众。只有惩罚邪恶之徒，才能使国家安定，人民生活幸福。

因此，统治者只有以人民的利益为重，使人民丰衣足食、居有定所，那样人民也就自然会珍惜自己的生命，不会再去冒险和为非作歹了。人民安分守己，天下就会太平，统治者的地位也会稳固下来。圣贤懂得去珍惜生命，从不滥施刑罚，向人民宣传道德法律制度的教化，使其在畏惧死亡的同时明白法律的威严，只有这样才能使天下大治。

“常有司杀者杀。夫代司杀者杀，是谓代大匠斫。夫代大匠斫者，希有不伤其手矣。”就整句话而言，这是老子针对国家秩序混乱的情况而向统治者提出的忠告。在老子看来，为官者应各司其职，不要做任何越俎代庖的行为，否则就会危害国家，还会伤及自己。

从政之道

杀一儆百——张敞治理盗患

在这一章里，老子批判统治者施行苛政，滥用酷刑，杀戮百姓的政策。不过，老子也提出，如果人民畏惧死亡，那么统治者就可以杀一儆百，依法惩处作奸犯科之徒，以后他们就不敢肆意妄为了。只有惩罚邪恶之徒，才能使国家安定，人民生活幸福。

张敞不畏权贵治理豪强盗贼。

古时，盗窃犯案者屡禁不止，猖獗成风。魏国的大

汉宣帝把张敞征调入朝，拜为胶东相。

臣李悝认为，王者之政最大的敌人就是盗贼，因此，治理盗贼在各个朝代都显得尤其重要。而治理盗贼的公共事务，也经常成为地方官吏一份非常棘手的工作。西汉时的张敞，就因为治盗有方，成为后世官吏学习的典范。

一提到张敞，人们总想到“张敞画眉”的典故。但是，很多人并不知道，张敞之所以扬名后世，主要与他为官的政绩有关。

张敞，字子高，西汉河东平阳（今山西临汾西南）人。祖父张孺为上谷太守，徙居茂陵（今陕西省兴平县一带）。父亲张福事汉武帝，官至光禄大夫。张敞事宣帝时，徙居杜陵（今陕西省西安市东南）。

最初的时候，张敞仅仅担任乡有秩（乡官）一类的小官，后来补为太守卒史。由于他为官清廉，又先后补为甘泉仓长、太仆丞，颇为当时的太仆杜延年所器重。昌邑王刘贺在位时，大行无道，作奸犯科。张敞听说后，大胆上书汉宣帝，陈述刘贺犯下的罪行。谏后十多天，刘贺即遭废黜。张敞因此而得到宣帝的赏识，被擢为豫州刺史。后来他多次上书言事，宣帝知道他忠心耿耿，就擢升他为太中大夫。

张敞为官守正不阿，得罪了当时秉政的大将军霍光，因而受到排斥，迁为山阳太守。做山阳太守期间，张敞勤政爱民，山阳郡太平安定，百姓生活富足。然而，与山阳郡临近的胶东国、渤海国，此时却盗贼四起，百姓苦不堪言。张敞了解到这一情况后，就向皇帝上书，要求把他调到渤海郡或者胶东国。

张敞在奏章中说：“臣听说胶东、渤海等郡好几年都粮食歉收，盗贼趁机四起，围攻官府，释放囚徒，劫掠列侯，抢占民财。当地官吏虽然尽心治理，但这一情况仍旧没能改变。臣张敞愿意到胶东、渤海等地，大力治理盗贼，抚恤老幼病残。希望皇上能够成全。”

汉宣帝读到这篇奏章，非常感动，就把张敞征调入朝，拜为胶东相，并且赏赐给张敞黄金三十斤，以表彰他的忠君爱民之德。

不久，张敞被征调入朝，汉宣帝向他询问治理胶东、渤海等郡的良策。张敞向宣帝建议，治理盗贼横行的地区，必须要赏罚严明，对于捕盗有功的官吏，应该破格提拔，和京城附近的三辅地区享受同样的待遇。汉宣帝认为他说得很有道理，就答应了他的请求。

张敞到了胶东后，开始大肆抓捕盗贼。其实，张敞捕盗的方法也非常简单，他明确标出赏格，悬赏有名的强盗头目。而且，他还设计使强盗自相残杀，只要能斩杀强盗头目，拿着头目的首级来官府自首，不仅可以免去自己的罪，还会受到官府的奖励。官吏们捕盗

汉宣帝赦免了张敞，拜他为冀州刺史，让他治理盗贼。

有功，张敞一律把他们的功劳上报给朝廷，破格提拔他们为县令，先后提拔了几十人。

这样，没过多长时间，胶东国一带的贼患就基本上消除了，百姓们又过上了安宁的生活。但是，好日子没过多久，胶东国的贵族又开始骄奢起来，特别是胶东王太后，尽管她是一介女流，却非常喜欢打猎，经常带着人马四处活动，使附近百姓不能安心务农。张敞听说以后，就上书劝谏太后。张敞很有学问，在奏章中引经据典，侃侃而谈，教导太后应当以身作则。太后知道张敞的厉害，见到奏章后，就再也不敢出来打猎了。

张敞在胶东治理盗贼的事迹很快被传开了，这使他名声大震。这时，汉朝都城长安的秩序很乱，偷盗事件时有发生，负责管理长安地区的京兆尹一职几度换人，都不称职。宣帝想到张敞在胶东的政绩，就把他征调进京，向他询问治禁之策，张敞向宣帝提出了一些建议。宣帝听了后，就下旨任命张敞为京兆尹。

汉朝时的京兆尹相当难做。京兆是京畿地区，人员最为复杂，既有大量的皇室宗亲，又有很多豪强富户以及地痞流氓。要想做好这个官，既要办案得力，还必须学会保护自己。在张敞之前，西汉最著名的京兆尹是赵广汉，他在任时深得百姓爱戴，最后竟也得罪了皇帝，被判腰斩。赵广汉之后，又换了几任京兆尹，但是没有做得很长久的。就连当时最著名的颍川太守黄霸，在京兆尹的位子上也只待了几个月，就因“不称职”的罪名遭到罢免了。

张敞到任后，先召见长安城中的父老，调查强盗头目的踪迹。父老们对张敞说，长安城里的强盗头目，实际上都是一些外表忠厚的富家长者，他们就居住在城内，进进出出，都有童仆在身旁侍奉，与普通的富户无异。

张敞得到了强盗头目的名单，然后把这些人召到府衙之中，责备他们为非作歹的行径。然后，张敞饶恕了他们的罪行，要求他们戴罪立功，协助自己抓捕普通的强盗小偷。这些强盗头目，一旦过上了富足的生活，就对富贵恋恋不舍，现在落到了官府的手中，本来还以为会被关押起来。这时，一听张敞不打算追究他们过去的罪行，个个喜出望外，也就不管什么义气了，都争先恐后地供出了手下的弟兄。他们还主动给张敞出主意说：“如果提供名单，公开抓捕，小偷们就会逃跑了。不如让我们自己想办法吧。”张敞同意了，还任命这几个强盗头目担任小吏。

强盗头目回到了自己家里，摆设酒宴，然后请手下的小头目们前来庆贺。那些小头目们一看“大哥”做了捕贼的小吏，还以为有了保护伞，个个欣喜若狂，大肆痛饮一番。喝醉了之后，大头目悄悄地在小头目的衣服上画下红色的记号，好等张敞的官差前来捉拿。

张敞的属下早就把守在巷道的出入口。强盗们散席之后，都纷纷离开。官差们看到衣服上记有红色记号的，就把他们抓起来。这样，张敞一天就抓捕了几百名强盗。张敞把这些强盗都关进监狱，对他们严格审问，得知有些强盗居然犯案一百次以上，张敞都依律判刑。很快，长安一带的偷盗案件就慢慢减少了。

张敞在京兆尹的官位上做了九年，后来因擅自刑杀属下一名犯罪的官吏而被免官。

过了一段时间，京兆一带的盗贼又开始横行，冀州一带也有大盗，汉宣帝这时想起了赋闲在家的张敞，就派使者去征召张敞还京。使者到时，全家惊惶失措，还以为皇帝要杀掉张敞，张敞心里却很坦然，笑着说道：“陛下如果想治我的罪，派个郡吏来就可以了。现在派使者来，这是要重用我呢！”

随后，张敞随使者进京，向皇帝上书认罪，宣帝赦免了他的罪，拜他为冀州刺史，让他治理盗贼。张敞到达冀州后，境内的广川王宫接连发生盗窃案，但是当地官吏却怎么也捉不到盗贼。为了侦破此案，张敞偷偷地派密探侦察盗贼的居住之所，并杀掉了贼首。张敞又根据侦察所得的情况，了解到广川王的内弟及同族宗室刘调等人都与盗贼有联系，王宫实际上成了盗贼的庇护所。于是，他亲自带领州衙的官吏，出动数百辆车，包围了广川王宫，并直接指挥差役，将刘调等人从宫中搜了出来，当即斩首示众，将首级悬挂于王宫门外。张敞在冀州一年多，冀州的贼患基本消除了。

张敞为官数十年，尽管他执法严厉，但是知道适可而止，刚柔兼济。他与河南太守、酷吏严延年素有旧交，他对严延年滥用刑法，动辄杀人的做法很不赞同，还写信劝告他慎用刑罚，不可滥杀无辜。

张敞治盗的事迹在《汉书》中有着详细的记载，而张敞也成为古代地方官治盗的典范。后来仿效张敞的人也很多，而且屡有创新。

第七十五章　民之轻死

【原文】

民之饥，以其上食税之多①，是以饥。民之难治，以其上之有为，是以难治。民之轻死，以其上求生之厚②，是以轻死。夫唯无以生为者，是贤于贵生。

【注释】

① 上：指统治者。② 求生：这里指生活享受。

【译文】

人民之所以会遭受饥饿，是因为统治者榨取吞食赋税过多，因此才遭受饥饿。人民之所以难以统治，是因为统治者政令繁苛、强作妄为，所以人民才难于统治。人民之所以会轻生冒死去触犯法律，是因为统治者为了奉养自己，把民脂民膏都搜刮净了，所以人民才轻生冒死。只有那些不去追求生活享受的人，才比奉养奢厚的人更胜一筹。

【解析】

这一章老子用具体的例子说明"无为而治"的好处和重要性。"无为"是一个大原则、大方法，具体运用上，则包括了不搞苛捐杂税、不搞繁琐的法令、收敛自己的欲望等一系列内容。我们知道，统治者和民众是一对矛盾体。如果统治者以人民的利益为重，那么人民就会生活富足，国家就会太平安定，统治者的地位也就会稳固。与此相反，如果统治者不以人民利益为重，只追求自身的安逸，不顾人民的死活，那么人民就会不惜一切地反抗统治者的压迫。统治者为了稳固自己的统治，便会采用武力手段镇压人民，国家就会慢慢走向衰亡了。

无以生为者，是贤于贵生。

"民之饥，以其上食税之多，是以饥。"在这句话中，老子直截了当地揭示了人民忍饥挨饿的原因：统治者征收赋税过多，人民被压榨得透不过气来，故而出现饥荒。人民忍饥挨饿，日子过得苦不堪言，因此他们起来反抗也就成了很自然的事了。

民之饥，以其上食税之多。

“民之难治，以其上之有为，是以难治。”其中，这里的“治”是一个政治概念，它指的是人人各得其所、各遂其愿、相互合作、和睦相处、没有矛盾的和谐状态。如何理解“难治”呢？对于统治者而言，它指的是社会难于和谐、有序；对于人民而言，它指的是生活难以维持。人民的生活难以维持，就会流离失所，铤而走险，走上反抗的道路。面对人民的反抗，统治者会想尽各种方法来应对，这也就是老子所说的“以其上之有为”，这里的“有为”指的就是统治者肆意妄为，社会就很难达到和谐的状态了。人民生活不安定，这主要是因为统治者的妄为和蛮横所致。一旦人民难以治理，国家就会秩序混乱，统治者的地位也就受到威胁了。老子在这里以简明易懂的语言对“民之难治”的情况作了细致入微的剖析，并为统治者敲响了警钟。

民之难治，以其上之有为。

“民之轻死，以其上求生之厚，是以轻死。”“轻死”指的是不畏死亡，也就是根本不把死亡当回事。从消极的意义上说，轻视生死就是一种铤而走险的行为，这种行为对于整个社会和整个世界，都是悲剧性的，破坏性的。从积极的意义上说，轻视死亡就是一种与邪恶势力斗争的行为。“求生”指的是维持生命的活动。“求生之厚”有两层意思：一是把满足生活的需要或维持自己生命的存在这件事看得很重；一是为满足个人生活的需要或维持自己生命的存在付出了太多的财力。生命对于每个人而言，都是极其宝贵的。如果一个人对死亡不再重视了，那么他就不再惧怕死亡了，这个道理在上一章节已经论述过了。在这里，老子对“民之轻死”的原因作了进一步的分析，他说统治者过于注重自身的安逸和享受，必然会占有和利用大量的物质财富，那样人民就会缺衣少食，连基本的温饱都无法满足了。面对这种不公正的现象，人民实在不堪忍受，所以才不惜冒着生命危险去铤而走险。

“夫唯无以生为者，是贤于贵生。”其中，“无以生为”是对“求生之厚”和“有为”的否定，老子正是通过这种否定来说明一个贤明的统治者所应具备的品质和应有的作为。这句是本章的结尾句，老子在这里点出了统治者应坚持的人生态度：只有不厚养自己的生命而又有所作为的人，才比珍惜自己生命的人更胜一筹。

处世之道

◎有为难治——李自成推翻明朝◎

生逢乱世，统治者逼得百姓无路可走，百姓不畏惧死亡，便起来进行反抗，明末农民起义，就是在这样的情况下发生的。

明朝末年，政治腐败，统治者不断加重对人民的剥削，加上连年的灾荒，人民处在水深火热之中。为了支持对后金的战争，崇祯帝又大幅增加赋税，取名为“三饷”，即辽饷、剿饷和练饷。三饷的征收，使百姓的境遇更加悲惨，一时间“黄埃赤地，乡乡几断人烟，白骨青燐，夜夜常闻鬼哭”。在这种形势下，陕北饥民王二率先举事，他率领数百饥民杀死知县张斗耀，由此揭开了明末农民战争的序幕。

明末农民起义为何率先在陕西发生呢？这主要与自然灾害有关。明朝末年，陕西连年发生了严重的旱灾和蝗灾。当地老百姓为了填饱肚子，先是争着采食山中的蓬草，蓬草吃光了，就剥树皮吃，树皮吃光了，就挖掘山中的石块来填肚子，石块不能消化，最后也就腹胀而死了。当时，只要有人单独出城，便会离奇失踪。过上片刻，有人看到城外的饥民用人的骨头当木柴烧，烹煮人肉，这才知道失踪的人都被饥民杀死吃掉了。在这种人吃人的环境里，很多人为了不致饿死或是被吃掉，纷纷集结起来做了强盗，后来人数越来越多，他们杀官吏，分粮食，渐渐形成了有组织的反抗朝廷的武装。

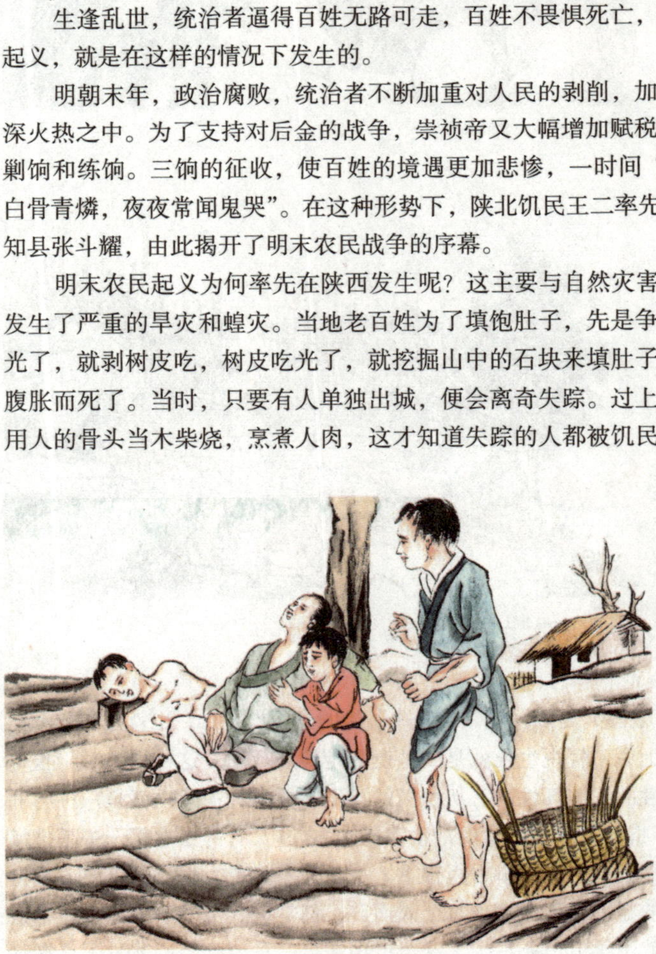

明崇祯朝饥民遍野。

崇祯三年（1630）以后，农民起义的声势壮大起来，渐成燎原之势，也形成了几支势力强大的义军，其中以李自成率领的义军最为出名。

李自成，原名鸿基，

李自成提出“均田免赋”的口号后逐渐得到民众的拥护。

世居陕西米脂，童年时给地主牧羊，曾为银川驿卒。崇祯二年（1629）参加起义，后成为闯王高迎祥部下的闯将，勇猛有识略。高迎祥死后，李自成继任为首领，称“闯王”。在之后十多年的时间里，李自成转战南北，一路势如破竹。最初，李自成攻城掠地，每遇顽抗，都要大肆屠戮，对方坚守一两天，城破以后就要杀掉城中三成以上的百姓；对方坚守五六天，城破以后就要毁平城墙，甚至还屠杀城里的所有百姓。此外，李自成在攻破一座城池后，往往弃之不顾，然后继续向前进攻。在围攻开封城的时候，李自成曾三次攻城而不能破，最后他挖开黄河大堤，淹死军民数十万人。后来，李自成的队伍进入河南杞县，举人李岩、牛金星，算命先生宋献策等人做了他的谋士，他们都建议义军不要滥杀无辜，李自成接纳了他们的意见，这才逐渐得到民众的拥护。同时，李岩还提出了“均田免赋”的口号，并散布“迎闯王，不纳粮”的歌谣，使李自成的势力迅速壮大，军队发展到百万之众，成为义军中的主力军。

面对势如破竹的义军，崇祯帝用了两种传统的方法来应对：一是讨伐，一是招降。然而，朝廷派到前线讨伐义军的官兵，多数不愿白白送死，便在沿途大肆奸淫烧杀。例如，山西总兵张应昌平叛时所杀的，一半以上是逃难的乡民，他用这些乡民的人头冒功领赏。民间有一首歌谣：“盗贼（饥民）好像梳子，军官好橡蓖子，士兵好像剃刀。”

面对起义军的攻势，崇祯束手无策。崇祯十六年（1643），李自成在襄阳称新顺王。同年，在河南汝州（今临汝）大败陕西总督孙传庭，接着乘胜攻占西安。次年正月，建立大顺政权，年号永昌。不久攻入北京，明朝灭亡。

刚刚攻入北京时，李自成的大顺军尚能严守纪律，店铺营业如常。但是几天之后，大顺军开始拷掠明官，四处抄家，城中人心惶惶。李自成的部将刘宗敏甚至还掳走了明朝降将吴三桂的侍妾陈圆圆，这直接导致了吴三桂的反叛。后来，满清入关，联合吴三桂在山海关夹击大顺军，李自成仓惶退出北京，率军退守河南、陕西。最终，李自成在湖北省通城县九宫山战死。

李自成死后，他的部下继续转战南北，十多年后才被清廷彻底消灭。尽管明末农民起义以失败告终，但是它给新统治者以强烈震撼。清朝统一全国后，开始实行休养生息的政策，百姓的生活逐渐安定下来。

第七十六章　柔弱处上

【原文】

人之生也柔弱，其死也坚强。草木之生也柔脆，其死也枯槁。故坚强者死之徒[1]，柔弱者生之徒。是以兵强则灭，木强则折。强大处下[2]，柔弱处上[3]。

【注释】

① 徒：一类的人。② 下：劣势。③ 上：优势。

【译文】

当人活着的时候，他的身体十分柔软灵活，可是他死后的身体就会变得枯槁僵硬。万物草木生长的时候形质是柔软脆弱的，死了之后就变得干枯残败了。所以坚强的东西属于死亡的一类，柔弱的东西属于生长的一类。因此用兵逞强就会招致失败，树木强大就会遭致砍伐摧折。因此凡是坚强的往往处于劣势，相反，柔弱的往往能处于优势。

【解析】

这一章老子以人和植物的生死状态来说明柔弱胜刚强的道理。任何事物强大了都会走向灭亡，这是自然法则。所以有道处柔弱而无道处刚强。

人之生也柔弱，其死也坚强。

“人之生也柔弱，其死也坚强。草木之生也柔脆，其死也枯槁。”人活着的时候，面色红润，身体柔弱灵活，行动自如。人死了以后，身体就变得坚固僵硬了。死亡是任何人也无法摆脱的命运，有生就有死，这是自然规律，谁也不能免于死亡。接下来，老子从人的生死又谈到了植物的生死状态，万物草木有生命的时候形质是柔软脆弱的，死了就变得干枯残败了。不管是人还是花草树木，活着的时候是柔弱的，而死后就变得僵硬起来。

“故坚强者死之徒，柔弱者生之徒。”这句话所要表达的意思是：坚强的东西属于死亡的一类，柔弱的东西属于有生命的一类。

“是以兵强则灭，木强则折。强大处下，柔弱处上。”一支强暴不义的军队必然灭亡，一棵僵硬枯槁的树木必被折断，因此，强大位于下位，柔弱居于上位。

这一章老子以人和植物的生死状态来说明“柔弱胜刚强”的道理。任何事物强大了都会走向灭亡，这是自然法则。所以有道处柔弱而无道处刚强。

从政之道

◎兵强不胜——苏代劝秦王善待魏国◎

这一章里，老子通过人生时弱、死时硬，树木生时柔、死时枯的譬喻，说明柔弱具有强大的力量，想要强大就一定要保持柔下的道理。“兵强则不胜，木强则折”，人生之计，当强则强，当柔则柔，刚柔并济才是至理。

战国时期，秦国想凭着自己的强大力量使魏国屈服，甚至还想派人去魏国担任相国。于是，秦国想召见魏相信安君，向他说明派人到魏国的事情。信安君知道秦国不怀好意，因此不想去秦国，但是又不能直接拒绝秦国，所以让苏秦的族弟苏代去游说秦王。

苏代见到秦王，说道：“我听说，忠诚的人不一定都是智者，而智者也不一定都是忠诚的人。现在，我希望在大王面前陈述自己的愚见，我担心大王觉得我所说的话不够忠诚，以致我犯下死罪，希望大王慎重考虑。

“现在，大王想派人去魏国出任相国，以取代信安君来增进秦、魏的外交关系，我担心这样做反而会令魏国对秦、魏两国的关系更加疑惑，您这样做本来是想堵住魏、赵两国的交往，结果反而会增强两国的力量。魏王非常信任亲近信安君，把他当作智能之士，特意加以重用，魏王畏惧尊敬秦国也是十分明显的。如果大王派人到魏国去而得不到魏王的重用，那么大王派人去魏国就没有什么意义了；如果魏王任用了大王所派去的人，那么魏王必须舍弃自己信任的人，而任用自己所畏惧和讨厌的人，这就会使魏王心中极为不快。让一国之君处于不安的心态，强迫万乘大国的相国做他不愿做的事情，用这种办法来搞好两个国家之间关系，这肯定是难以长久的。所以，我担心魏国对秦、魏两国的关系会更加疑惑。况且一旦信安君放弃万乘大国的相国不做，那么赵国的谋臣一定会说：‘既然魏国的信安君被迫放弃了相位，那么秦国必然要让他所宠信的人在赵国掌权的。这样一来，赵国虽然还是赵国，而我们这些大臣却不会受到重用了。尽管赵国没有灭亡，但是我们这些人却很危险了。赵国全国上下必然下决心与秦国拼死作战，必然会坚决御敌。所以，我担心这样做反而会使赵国更加强大啊。

“大王如果打算增进秦、魏两国之间的关系，还想让赵国小心谨慎地尊奉秦国，那就不如让魏国继续重用信安君，让他长期享有相国的尊名。如果魏国信安君尊奉大王，就可以使魏国长期安定，还能使自己名声显赫；如果信安君不尊奉大王，魏国就危险，信安君权力就削弱了。既然如此，信安君对上为其主尽忠，对下也可以为自己好好打算，所以他一定会尽心尽力地侍奉大王。赵国的大臣们也一定会说：‘魏国的名分和地位不比我高，土地的物产也不比我多。但是由于信安君侍奉秦国，秦国对他十分友好，所以魏国就能够太平无事，信安君自己也能够长期保有尊位。如果我国与秦国对抗，赵国的军队就会成为众矢之的，赵国也会处于削弱危险的境地，这不是安全的计策。对外结怨于秦，对内又滋生祸患，使自己身处死亡之地，这不是万全之策。’这样的话，他们就会对以前所做的事情感到伤心，就会因不能与秦国联合而感到忧虑，后悔自己犯下的错误行为。为了得到国家的安宁和个人的好处，各诸侯国一定会割让更多的土地，诚心诚意地侍奉大王。这样，大王不用举手之劳，便可以取得赵国割地这样的好处，这是连尧、舜想要得而得不到的大利啊！对废黜信安君与任用信安君，其利害得失，我希望大王好好考虑一下。”

秦王听了苏代的话，放弃了派人到魏国出任相国的想法。

刚柔之道，在于适时、适事、适人，倘若不考虑实际情况，一味用强，往往会事倍功半。苏代在劝说秦王的时候，认为如果以强硬的方法去对付魏国，只会让魏国感受到屈辱，反而会使魏国对抗秦国，甚至会引起连锁反应，使其他的诸侯国也一致对抗秦国。所以，苏代提倡秦王实行怀柔政策，让魏国心甘情愿地侍奉秦国。

第七十七章　功成不处

【原文】

天之道，其犹张弓与？高者抑之，下者举之；有余者损之，不足者补之。天之道，损有余而补不足。人之道，则不然，损不足以奉有余。孰能有余以奉天下？唯有道者。是以圣人为而不恃，功成而不处①，其不欲见贤②。

【注释】

①处：有“占有”的意思。②见（xiàn）：通“现”，表现。

【译文】

自然的规律，不是很像张弓射箭吗？弦位高了就把它压低一些，低了就把它举高一些，弓弦拉得过满了就把它放松一些，拉得不足了就把它拉满一些。所以自然的规律是减少有余的补给不足的。可是社会的法则却不是这样，要剥夺不足的用来奉养有余的人。那么，谁能够把有余的拿来补给天下的不足呢？只有有道的人才可以做到。因此，有道的人有所作为而不自恃功高，有所成就而不居功自傲，他不愿表现出自己的贤能。

【解析】

这一章讲天道的法则是损有余而补不足，这和人类社会的情形恰好相反。圣人成功后不居其功，正是效法天道的法则，用自己的有余补天下的不足。

“天之道，其犹张弓与？高者抑之，下者举之；有余者损之，不足者补之。”在这句中，“损”与“抑”指的是节制的意思。“不足”与“下”可以理解为“因弱小而一无所有”。事实上，这里的抑、举、损、补，它们作为动词，都指的是为整体的和谐而做的一种协调工作。另外，这里的高、下、有余、不足都是一种不和谐的状态。在这几句中，老子以天之道与人之道作比较，突出天之道的博大和人之道的渺小，从而得出人之道要效仿天之道的结论。在阐述天之道的时候，老子把天之道比喻成张开的弓箭，人们张开弓箭目的是为了射捕猎物，所以箭头的方向要随着猎

天之道，其犹张弓与？高者抑之，下者举之。

物位置的移动而改变，高了压低它，低了抬高它；有余的就减少，不足的加以补足。因此，天之道就是减少有余而补充不足的。

“天之道，损有余而补不足。人之道，则不然，损不足以奉有余。”阐述完天之道以后，老子又很自然地引出了人之道。什么是人之道呢？就是人类统治者所奉行的社会法则。人之道与天之道截然相反，人之道是“损不足以奉有余”。在老子看来，人之道是造成天下贫富不均和权利不平等的根源。而天之道则是为了追求平等，所以它能长久，能够使人心安宁，防止动乱的发生。

“孰能有余以奉天下？唯有道者。”“有道者”即得道者，指的是认识世界道德本质，自觉充当道德主体并能遵循道德行事的人。在这一句中，老子自问自答，进一步说明了有道之人的行为特征：有道之人会把自己多余的衣物、粮食和财物拿出来奉献给贫穷的人，以达到社会均等的目标，从而实现社会的安定。

“是以圣人为而不恃，功成而不处，其不欲见贤。”“为”指的是圣人统治人类社会的活动，这种活动与道统治世界的活动相一致，目的也是为了协调人与人的活动并使之保持和谐统一，所以它是超越个人意志的活动。“不欲见贤”意为不追求、不贪图他人更为优越的生活条件或生活待遇。换句话说，也就是与人民同甘共苦。在本章的末尾，老子以圣人的所作所为得出了一个结论：圣人有所作为而不自恃功高，会把自己多余的部分分给不足的人，绝不炫耀，绝不居功自傲，而是始终保持谦和、恭敬、卑下的德行。

为人之道

◎余补不足——不居功自傲的丙吉◎

“是以圣人为而不恃，功成而不处，其不欲见贤。”这是本章中老子提出的有道之人应具有的品格，也就是不自恃有功，不显示自己的贤德，只有这样，圣人才能做到减少有余的，来补给天下的不足。西汉时的丙吉，就是一个尽职尽责，不求回报，不言功劳的有道之人。

丙吉为官很讲分寸，将大事小事处理得恰到好处。

丙吉，字少卿，鲁国（今山东）人。他自幼学习律令，曾任鲁国狱吏，因有功绩，被提拔到朝中任廷尉右监，后来调到长安任狱吏。汉宣帝年间，又任命他为御史大夫、丞相等职。丙吉做丞相很讲分寸，将大事小事处理得恰到好处。

汉武帝末年，朝中发生了“巫蛊之祸”，祸及卫皇后及太子刘据。汉武帝在盛怒之下，命令官吏深究太子刘据全家及其党羽。后来，太子被杀，全家也被抄斩，长安城中有几万人受到株连。因为这个案子十分复杂，涉及的人很多，且都身份显赫，而丙吉原先就担任过廷尉右监，所以就被调到长安来审理此案。

当时，皇曾孙刘病已刚刚出生几个月，他也因太子刘据的案子，受牵连而被关押到狱中。丙吉奉旨治巫蛊狱，他心里明白，太子是冤枉的，因此怜悯刘病已无辜系狱，还特意选出谨慎忠厚的女子，帮忙保护养育皇曾孙，而丙吉每日也来到狱中探望几次。倘若没有丙吉的关怀爱护，刘病已或许在很小的时候就死在狱中了。

公元前 87 年，汉武帝生了一场大病，有一个会看天象的人上奏武帝说："我看到长安监狱的上空有天子贵人之气。"武帝听到之后，立即下令将监狱里的囚犯统统杀掉，并派郭穰连夜到监狱宣布命令。丙吉得知后，立即下令关闭监狱门，不准郭穰进去搜查，还对郭穰说："监狱里面确实有一个无辜而又可怜的皇曾孙，平白无故地杀死普通的人都不可以，何况这个孩子是皇帝的亲曾孙呢！"说完，丙吉就坐在监狱门口，一直守到天亮，没有让郭穰进去。郭穰进不了监狱，便回去向汉武帝报告此事，并弹劾丙吉妨碍公务。汉武帝听了禀报，知道皇曾孙还活着，不忍心杀他，于是对郭穰说道："这大概就是天命吧！"随即下令赦免监狱里的所有死囚。这些死囚被赦免后，对丙吉感恩戴德。丙吉不畏惧皇帝的威严，甘冒风险，赢得了众人的称赞。

丙吉知道不能把刘病已长期留在长安狱中，就想让官府收养这个孩子。他请京兆尹（长安的最高长官）出面来办此事。但是，京兆尹担心武帝怪罪下来，所以不敢收养刘病已。丙吉左右为难，不知道该如何把这个孩子送出去。无奈之下，丙吉只好亲自来照顾刘病已。后来，丙吉听说刘病已的外婆家还有人，就驾车将其送到外婆家，请他们代为抚养。

不久，汉武帝去世，刘弗即位，他就是汉昭帝。汉昭帝即位后，大将军霍光辅政。丙吉任大将军长史（高级佐官），他因治政有方而受到霍光的器重，被提拔为光禄大夫给事中（皇帝身边的大臣）。汉昭帝二十一岁时就去世了，由于昭帝没有儿子，所以帝位没有了继承人。丙吉从朝廷大局出发，向霍光推荐立皇曾孙刘病已为太子，以继承皇帝的位子。他对霍光说："皇曾孙刘病已寄养在民间多年，现在已经十八九岁了。他通晓经学儒术及治国之道，平日做事谨慎，举止谦和，是继承皇位的绝佳人选。"霍光接受了他的建议，于是上书皇太后，请求立刘病已为皇帝。皇太后答应了。霍光又派丙吉亲自去接回刘病已，让他继承帝位，即汉宣帝。汉宣帝即位后，封丙吉为关内侯。

丙吉不但对宣帝有救命之恩，而且有养育之德。现在宣帝做了皇帝，若是一般人，肯定会日夜不停地在皇帝面前夸耀自己的功德，并向皇帝伸手要官要权，甚至胡作非为了。但是丙吉向来忠厚，从不在外人面前夸耀自己对皇帝的恩德。

而汉宣帝根本就不知道，丙吉对自己曾有过如此大的恩德，朝中的官员自然也不知晓，丙吉仍旧对过去的事只字不提，毫无怨言地处理国事。

地节三年（前 67），汉宣帝册立皇太子，任命丙吉为太子太傅（太子的老师）。丙吉尽职尽责地教导太子，受到宣帝的赏识。不久提升他为御史大夫。后来，霍光去世，霍氏家族趁机阴谋夺权，汉宣帝很快铲除了霍氏势力，开始亲掌朝政，并任命丙吉为尚书（掌管皇帝的文书奏章），直接辅佐自己处理朝政。

就在这时，一个名叫则的婢女说她曾经照顾过宣帝，并向宣帝透露了丙吉保护养育他的事情。汉宣帝诏令官员调查这件事，丙吉无奈，只好向宣帝说出了实情。汉宣帝看到丙吉的奏表，这才知道丙吉是自己的恩人。于是，汉宣帝立即召见丙吉，向他跪倒磕头，感谢他的养育之恩，并下令封他为博阳侯，升任丞相之职。

临到受封的时候，丙吉正好病重，不能起床。汉宣帝就让人把封印佩戴在丙吉身上。宣帝之所以这么做，主要是担心丙吉病死，一定要在他生前对其加封，以示对他的尊宠。但是，丙吉仍旧像以前那样谦恭礼让，一再辞谢。等他病好以后，又正式上书辞谢宣帝对他的赏赐，他谦虚地说："我不能无功受禄。"汉宣帝十分感动，说道："我对你进行封赏，是因为你对朝廷确实立下了很大的功劳，而不是为了虚名。但是，你现在上书辞谢我给你的赏赐，如果我答应了，那么我就是一个知恩不报的人。现在天下无事，需要打理的事情不是很多，你尽管安心养病便可以了，无须过多操劳。"就这样，丙吉才不得不接受了皇帝的赏赐，从此，更加为朝廷尽忠尽职了。

丙吉对皇帝有活命之恩，养育之德，但是他却尽职尽责，不求回报，确实值得后人学习。

第七十八章　柔之胜刚

【原文】

天下莫柔弱于水，而攻坚强者莫之能胜，以其无以易之。弱之胜强，柔之胜刚，天下莫不知，莫能行。是以圣人云：受国之垢[①]，是谓社稷主；受国不祥[②]，是为天下王。正言若反。

【注释】

①垢（gòu）：屈辱。②祥：吉利的。

【译文】

天下最柔软的莫过于水了，但攻坚克强却没有什么东西能胜过水的，因而水是没有事物可以代替得了的。弱小的能战胜强大的，柔软的可以战胜刚强的，天下没有人不知道这个道理，但就是没有人能这样做。所以有道的人说：能够承担国家的屈辱，才称得上是国家的君主；能为国家承受祸患的人，才配做天下的君王。正面的话好像是在反说一样。

【解析】

这一章的内容分为两部分：前半部分讲柔弱胜刚强的道理。后半部分说如果一个人能够承担国家的污垢和不祥，那么他就会成为国家的主宰。

“天下莫柔弱于水，而攻坚强者莫之能胜，以其无以易之。”在前面的章节里，老子曾经介绍过水的特性，如柔弱、顺畅、坚韧，还有顺势而为、甘居下位等。在老子看来，天下的事物没有比水更柔弱的了，然而它却是最坚强的，所以没有事物可以代替它。为什么说“莫之能胜”呢？这是因为老子所处的时代，有很多自然现象，人们都无法对其作出科学的解释，所以常常用神化的力量进行曲解。例如，当洪水气势汹汹地袭扰人类的时候，我们就称洪水为“猛兽”，并认为这是上天在惩罚我们。

弱之胜强，柔之胜刚，天下莫不知，莫能行。

“弱之胜强，柔之胜刚，天下莫不知，莫能行。”在这里，老子说天下人都懂得了柔能胜刚的道理，却很难像水那样以弱胜强。究其原因，主要是因为人们从小就被灌输一种争先、争强的思想。在这种思想的支配下，人们变得争强好胜起来。然而，真正的强者是不争的，如果一味地争强好胜，就不会像水那样甘居下位、温顺坚韧，那么也就不算是真正的强者了。

“是以圣人云：‘受国之垢，是谓社稷主；受国不祥，是为天下王。’”“受”意为主动接受，自觉承担。“垢”这里指的是外国的侵略。在这里，老子引用圣人的话来说明君主应具备的品德，即能够承受国家的耻辱和灾难。所以，只有做到不以自己的荣辱为荣辱，为了国家不惜忍辱负重，这样才配称为一国之君。例如，春秋末年勾践灭吴的故事，就很好地说明了这一点。

在本章的末尾，老子以“正言若反”作结，这句话如何理解呢？老子在此说“正言若反”，与原文并不是割裂的，而是承接了上文所说的水的柔弱和刚强。在老子看来，人们所说的、所认定的东西，其结果恰好与事实相反，人们不能认识大智大慧，把大智大慧视作愚蠢，结果自己处在愚昧之中还自认聪明，以至于聪明反被聪明误。所以，这句话是老子对整部《道德经》中那些相反相成的言论的高度概括。

从政之道

◎弱能胜强——刘秀以柔道得天下◎

水是柔弱的，但是它能攻克坚硬无比的石块，也能侵蚀强硬之物。同时，水又是卑下的，因此，在这一章里，老子希望统治者能像水一样，甘愿处于卑下柔弱的位置，对国家和百姓实行柔道，也就是无为而治。

在中国历史上，有许多以柔道处世，以柔道治国的成功事例，这些事例早就证明了柔道比刚道更富有优势。东汉光武帝刘秀，从始至终贯彻柔道的原则，他不仅在为人处世上以柔为主，在政治、军事诸方面也都体现出这种精神，他把老子的柔道发挥到了一个很高的境界。

刘秀避敌主力，率部袭击昆阳，最终取得昆阳大捷。

刘秀二十八岁时，与兄长一起聚众起义，反抗王莽的统治，并加入到绿林军当中。王莽得知后，特命大司空王邑、大司徒王寻前去围剿。面对强大的敌人，刘秀决定避敌主力，放弃阳关，率领部属退到了昆阳，取得昆阳大捷。

昆阳之战后，刘秀、刘縯兄弟的威名日盛，这就引起了绿林军中一群义军将领的嫉妒，他们向汉朝宗室、更始帝刘玄进谗言，说倘若刘縯不除，终究会成为大患。刘玄听后，果

刘秀待人处事以宽厚为怀，注重延揽人才，很快壮大了自己的力量。

然杀死了刘縯。

当时，刘秀正在父城，他听到兄长被杀的消息，十分伤心，痛哭了一场，然后立即动身前往宛城。他见了刘玄，没有责问刘玄，只讲自己犯下的“过失”。刘玄想试探刘秀是否出于真心，于是谈起了昆阳之战的胜利，并说刘秀立下了大功。刘秀心里明白刘玄的意图，一点也不自夸自傲，而是把功劳归于诸将，刘玄心里非常满意。回到住处，刘秀逢人便主动示好，绝口不提哥哥被杀之事。他不穿孝服，如往常一样吃饭，与平时并无两样，毫无异常。刘玄见到这种情况，反觉得自己有些对不住刘秀，从此更加信任他，并任命他为破虏大将军，还封他为武信侯。其实，刘秀一直忍着兄长被杀之痛，数年以后，他想起这件事，还经常流泪叹息。但是，他心里很明白，自己当时还没有能力与平林、新市两股起义军抗衡，所以只好隐忍不发。这样，刘秀既保全了自己，使自己免受灾祸，同时又在起义军中赢得了同情和信赖，为他日后创建大业创造了一定条件。

刘玄进入洛阳之后，打算派遣一位亲近且有能力的僚属去安抚河北一带，刘秀知道这是一个发展自己势力的机会，就托人在刘玄面前推荐自己。刘玄同意了刘秀的请求，便任命他为大司马，并命他立即动身前往河北。刘秀来到河北后，每到一个地方，一定要接见当地官吏，废除王莽时期的苛政，恢复汉朝的制度，并释放狱中在押的囚犯，慰问饥民。刘秀的所作所为，均顺应了民心，所以官民都很喜悦。

刘秀刚到河北的时候，兵少将寡，地方上的官吏很轻视他，没有人听从他的命令。但刘秀能够广募人才，收揽了如邓禹、冯异、寇恂、姚期、耿纯等一批贤能之士，他利用这些贤能之士招兵买马，很快壮大了自己的力量。刘秀又联合信都、上谷、渔阳等地的官僚集团，取得他们的支持，这样在河北站稳了脚跟。刘秀在经营河北期间，以德服人，民心都归向了他，统治也较为稳定。

刘秀之所以施行“怀柔”政策，是因为他懂得“柔能制刚，弱能制强”的道理。即使在治军的时候，他也以宽柔的“德政”去收揽军心，很少像其他人那样，以刑杀立威。这一点在收编铜马义军时表现得最为突出。当时，刘秀招降了铜马义军，并封这支义军的主帅为列侯，但是刘秀的部将担心义军不听指挥，认为他们不是真心实意地归顺刘秀。而铜马义军的将士心里也十分不安，他们害怕得不到汉军的信任而被杀害。在这种情况下，刘秀为安抚军心，就下令汉军各自归营，自己一个人骑马来到铜马军营，帮助他们一起操练军队。铜马义军的将士看到这种情况，纷纷议论说：“肖王（刘秀）如此推心置腹地相信我们，我们怎能不为他效命呢？”待到操练完毕，刘秀才把义军的将士分配到各军营之中。铜马义军对刘秀的做法十分感激，都亲切地称他为“铜马帝”。

公元 25 年，刘秀势力已经十分强大，又有同窗好友自关中捧赤伏符前来求见，建议刘秀称帝，以兴复汉室，并说刘秀称帝是“上天之命”。刘秀先是推辞一番，汉军诸将认为这是众望所归，所以一再请求刘秀称帝。终于，刘秀答应了众人的请求，正式称帝，定年号为建武。称帝之后，刘秀开始进行统一全国的战争，而他的主要敌人是推翻新莽的义军。此时，刘秀仍旧贯彻以柔道平天下的思想，这对他迅速消灭敌对势力，最终一统天下起到了非常关键的作用。

第七十九章　报怨以德

【原文】

和大怨，必有余怨，安可以为善？是以圣人执左契①，而不责于人。有德司契②，无德司彻③。天道无亲，常与善人④。

【注释】

① 左契：债权人所持的契约。古代以竹木简为契约，分左右两片，债权人执左片，故称左契。② 司契：古代贵族所用的管账人。③ 彻：是周代田税法，指十一税。④ 与：给，赠。

【译文】

很大的仇怨虽经调解，总还是留有余怨，怎么说得上是最好的解决办法呢？因此，有道的人保存借据的存根，但并不以此强迫别人偿还债务。有德的人就像持有借据的人那样宽容不索取，没有德的人就像掌管税收的人那样苛刻刁诈。自然规律对任何人都没有偏爱，不分亲疏，而常常伴随有德行的善人。

【解析】

这一章老子依然就统治者与百姓之间的矛盾而展开论述。老子说道德是万事万物的根本，人们能够做到重道敬德，事情自然就会做好。如果人们不重道敬德，那么即使费尽心力，也不能把事情做完美。天道无所偏爱，但却自然归向有道的人。

“和大怨，必有余怨，安可以为善？”“大怨”意为深刻重大的冤仇，即人与人之间结下的深仇大恨。“余怨”指的是难以消除的以至于长年累月沉积于心底的怨恨。“大怨”是如何出现的呢？在前面章节中，我们已经分析过老子所处的那个时代的特征，当时，统治者好大喜功，他们为了满足私欲，不惜穷兵黩武，发动大规模的兼并战争，致使人民流离失所。他们甚至还向人民收取大量的赋税，使人民深受其苦，不堪重负。这样，统治者与人民之间的矛盾不断激化，人民怨声四起。为了稳定民心，统治者就想通过和解的方式消

和大怨，必有余怨。

除“大怨”，这就是所说的“和大怨”。“和大怨”的结果会怎样呢？老子认为，“和大怨必有余怨”，为什么会“有余怨”呢？这是因为统治者与人民之间的矛盾已经到了不可调和的地步，要想使“余怨”彻底消除，统治者就得摒除自己的私念，克制自己的欲望，从对个人利益的追求中解脱出来。如果统治者继续为了满足自己的欲望而损害人民的利益，那么不管他们怎样努力，都不可能消除人民心中的“余怨”。

“是以圣人执左契，而不责于人。有德司契，无德司彻。”“左契”指的是债券的左半部分，为债权人所有，它是债权人向债务人索债的凭证。“有德”即有德的人，他们是道德的主体，是自觉遵循道德并能从善如流的人。“彻”指的是古代的一种租税，在这里引申为连本带利一次性地清偿债务。如果债务人无力清偿债务，那么就剥夺其人身自由，并没收其所有财产。在这句话中，老子再次以圣人的行为作为参照，指出了“有德”和“无德”的区别，老子说“有德”的统治者按照契约的合同收取租税，而“无德”的统治者则根据田亩的数量任意地收取地租。

“天道无亲，常与善人。”其中，“善人”指的是道德的主体，他与道同在，与道创造的整个世界同在，所以整个世界都是他的支撑和依靠，只有这种人才是真正强大的人。在这句话中，老子指出，天道对于任何事物来说，都是无亲无疏的，但是它喜欢和善良的人站在一起。换句话说，天道鄙视无德的人，而那些苛刻的统治者必然会受到天道的责罚，这就为无德的统治者敲响了警钟。

为人之道

◎善有善报——贵族与农民的故事◎

在20世纪的苏格兰北部，住着一户贫穷的农民。一天，这家男主人外出时，看到一个小男孩不慎掉入沼泽之中。虽然十分危险，但这个善良的农民还是奋不顾身地将这个小孩救了出来。

几天之后，一辆高档马车停在了农民家门口，车里走下来一位衣着华丽、气度不凡的贵族，前来拜访这位农民。原来他是那个被救的小男孩的父亲。他带来了许多值钱的礼物，并对这位农民表示感激之情。但这位农民表示不能接受礼物，因为他觉得救人是他应该做的，不值得报答。这时，那位贵族看到农民有一个和自己孩子差不多大小的儿子，便说道：“既然这样，我有个建议，你救了我儿子的命，我也要为你儿子做一件事，我要让他接受英国最好的教育。”农民答应了。于是，农民的儿子跟随贵族去了伦敦。

贵族果然将农民的儿子送到英国最好的学校读书，从小学到中学，再到大学，最后，这个农家子弟在英国最好的医学院圣玛丽医学院毕业。由于学习十分努力，他在读大学期间便拿到了几乎所有的奖学金，毕业后成了一名成功的医生。

后来发生的是一件偶然事件，使医生取得了巨大的声誉。

一次，医生在自己的实验室里发现了一个没有清洗干净的葡萄球菌培养皿里有些脏东西，细心的他叫住了打算去清洗干净的助手。经过研究发现，这种青色霉菌对葡萄状球菌、白喉菌、肺炎菌、链状球菌、炭疽菌等有一种强大的杀灭作用。1929年6月，他撰写论文对这个发现进行了论述，称那种杀菌物质为青霉素。这是当时人类所发现的最强有力的杀菌物质，后来被制成药品。这种药品在日后救治了无数人的性命。而这个农民的儿子就是青霉素的发现者亚历山大·弗莱明，他凭借自己的发现在全世界 得了 25 个名誉学位、15 个城市的荣誉市民称号以及其他 140 项荣誉，并且，在 1945 年，他和澳洲病理学家弗洛里、德国化学家钱恩分享了诺贝尔生理学及医学奖。

另外，更令人惊叹的是，在许多年之后，贵族的儿子得了肺炎，一病不起，眼看就有性命之虞。这时，亚历山大·弗莱明所发明的青霉素则救了他的性命。接下来“二战”爆发，这个贵族的儿子投入到抵抗法西斯的正义战争中去，领导英国人民获得了最后的胜利。不仅如此，他还在 1953 年通过写“二战”的回忆录而获得了诺贝尔文学奖。这个贵族的儿子，就是大名鼎鼎的英国首相温斯顿·丘吉尔。

第八十章　小国寡民

【原文】

小国寡民。使有什伯之器而不用①；使民重死而不远徙②。虽有舟舆③，无所乘之；虽有甲兵，无所陈之。使民复结绳而用之④。甘其食，美其服，安其居，乐其俗。邻国相望，鸡犬之声相闻，民至老死，不相往来。

【注释】

①什：十。伯：百。②徙（xǐ）：迁移。③舆（yú）：车子。④结绳：远古时原始人没有文字，在绳上打结来帮助记忆。

【译文】

使国家变小，使人民稀少。即使有各种各样的器具也并不使用，使人民重视死亡而不向远方迁徙。虽然有船只车辆，却没有必要去乘坐；虽然有武器装备，却没有机会去布阵打仗；使人民再回复到远古结绳记事的自然状态中去。使人民有香甜美味的饮食，漂亮华丽的衣服，安适稳定的住所，欢乐的风俗。国与国之间互相望得见，鸡犬的叫声都可以听得见，但人民从生到死，彼此也不互相往来。

【解析】

这一章老子提出了自己的"理想国"模式——小国寡民。在老子的"理想国"中，没有战争，人民安居乐业，不用智能，自得其乐。老子认为，理想的国家不宜过大，人口也不宜过多。

"小国寡民。使有什伯之器而不用；使民重死而不远徙。虽有舟舆，无所乘之；虽有甲兵，无所陈之。使民复结绳而用之。"其中，"小国寡民"指的是满足于地域有限和人口不多的现状，而不试图通过武力来建立一个地域广大、人口众多的国家。"什佰"为古代士卒部曲的名称。什，十人，是由十个人组成的军事单位，相当于现代军队编制中的"班"；佰，百人，是由一百个人组成的军事单位，相当于现代军队编制里两个"排"的规模。"重死"即不轻死，也就是不拿着生命作赌注去冒险。人们只有做到珍惜自己的生命，才不会任意伤害他人的性命。

邻国相望，鸡犬之声相闻，民至老死不相往来。

从前面的诸多章节中，我们可以了

解到老子所处的那个时代的特征：战乱、压迫、贫瘠、饥饿、荒淫、贪婪……面对这样一个时代，老子为我们设计出了一个“理想国”的模式：国家规模很小，就像一个安静的村落；国中的百姓很少，但是人人富足，生活安定，各种器具应有尽有，但是人们都不去使用这些器具；统治者清心寡欲，从不把自己的意志强加到人民的身上，也不干涉人民的生活，使人民重视自己的生命。此外，国中的人不向远方迁徙，他们虽然有船和车等交通工具，但是从不乘坐，而是徒步行走在路上；天下相安无事，即使拥有实力雄厚的甲兵，也没有用武之地；使人民回复到使用结绳记事的远古的自然状态中去。结绳记事的时代是什么样的呢？那个时代没有战争，人们自由自在，和睦相处，都过着自然、纯朴的生活。这种单纯质朴的社会让每个人都心驰神往。即便在两千多年后的今天，我们依然能感觉到老子的“小国寡民”的美好。那么，小国寡民能不能实现呢？其实，这种社会曾在人类历史上存在过相当长的一段时期，只不过那时的社会发展水平还比较低，远远没有老子所说的那么富足罢了。

“甘其食，美其服，安其居，乐其俗。”“俗”指的是全部现实的生活方式，它是人们的社会政治、道德、法律、经济、社会、文化、生活的总和。在这里，老子以一连串的排比来描绘他心目中理想社会的场景：在这个社会里，有甘甜美味的食物可供食用，有华美舒适的衣服可供穿戴，有安适的住所可供居住，有令人愉悦的风俗可供享受。在一般人看来，这些都是些极其简单的生活需要，而老子曾说过，真正的富足就是知道满足，所以这种简单生活需求可以使人类生命的价值得以提高和升华。

“邻国相望，鸡犬之声相闻，民至老死，不相往来。”这是本章的末尾，在这里，老子通过描绘“小国”里的人们的生活和交际情况，道出了老子的处世观和生活态度。老子认为，相邻国家的百姓之间要“老死不相往来”。不过，这种态度也不是没有目的的，我们都知道，老子向来反对“多智”，他认为人民心智伎巧过多就会导致祸乱，所以他不主张人们往来。

处世之道

◎甘食美服——陶渊明笔下的“桃花源”◎

“小国寡民”是老子的政治理想，它要求上到统治者，下到黎民百姓，都要做到清静无为，这实在是难以实现的。不过，在历代文人的笔下，倒出现过一些小国寡民式的理想场景。东晋诗人陶渊明，就通过一篇《桃花源记》，描绘了一幅美丽和谐的生活图景。

《桃花源记》的故事，讲了东晋太元年间，武陵郡有个以打渔为生的人。有一天，他沿着溪水划船，忘记了路的远近。走到一片陌生的水域，忽然遇到一片桃花林，生长在溪流的两岸。桃林有数百步宽，其中没有其他树，花朵鲜艳，青草美丽，坠落的花瓣繁错交杂。渔人感到很惊奇，继续往前走，想看林子尽头是什么。结果他发现林子尽头是溪流的源头，源头旁边是一座小山，山上有一个小洞，隐约能够从洞中看到一些光亮。渔人于是离开船，从洞口进去。洞内开始比较狭窄，一个人只能勉强通过，而越往前走则越开阔。走着走着，突然前面一片光亮，呈现出了一大片开阔地，这里土地平坦宽阔，房屋整整齐齐，有肥沃的田地、幽美的池塘、茂密的桑竹。田间小路也交错相通，村落间可以互相听到鸡鸣狗叫之声。接着，他也看到了一些人，这些人来来往往地在田间耕种劳作，男女的穿着打扮，和桃花源外的世人差不多，而老人和小孩，都逍遥快乐。

桃花源里的人见到渔人，就大吃一惊，问渔人从哪里来。渔人回答了他的问题后，便有人邀请渔人到自己家里去，摆酒杀鸡做饭来款待他。村中的人听说有这样一个人，全都来凑热闹，并和渔人交谈。渐渐地，渔人便了解了这里的情况。原来这些人的祖先在秦朝时，为了躲避战乱，带领着自己的妻子儿女及乡邻们来到这与世隔绝的地方，再也没有出去，就此和外面的人断绝了来往。桃花源里的人还好奇地问渔人现在外面是什么朝代，他们竟然不知道汉朝的存在，更不必说魏和晋了。渔人把自己所知道的事一一详细地告诉了他们，村中的人都很惊叹惋惜。其余的人又各自把渔人请到自己的家中，都拿出酒食来款待他。渔人待了几天以后，告辞离去了。渔人离开时，一路上作了标记，但回头试图根据路标重新找到桃花源时，却再也找不到了。

第八十一章　为而不争

【原文】

信言不美，美言不信。善者不辩①，辩者不善。知者不博，博者不知。圣人不积②，既以为人己愈有，既以与人己愈多。天之道，利而不害；人之道，为而不争。

【注释】

①辩：有口才，会申辩。②积：积蓄，储存着。

【译文】

真实的话不漂亮，漂亮的话不真实。行为善良的人不善于用言语自辩，爱用言语自辩的人不一定善良。有真知灼见的人知识不一定广博，知识广博的人没有真知灼见。有道的人什么也不保留，他愈帮助别人，自己反而更加富有；他越是把自己的一切给予他人，自己就越加丰富。自然的规律是让万事万物都得到好处而不伤害它们，有道的人的法则是施惠于众人而不与人争夺。

【解析】

这一章的内容可以分为两部分：前半部分讲"言"和"知"。老子认为，真诚的言论听起来并不美，也不够雄辩。真正有智慧的人不一定知识广博，但是他们一定能抓住大道的根本。后半部分讲天的法则是"利而不害"。圣人效法天道，只做对他人有利的事情，而不做与人争利的事情。

"信言不美，美言不信。善者不辩，辩者不善。"这里的"美"并不是一般意义上的好和善，而是指华而不实。所以，"美言"指的就是花哨漂亮、夸大其辞、以取悦于人并骗取他人的信任为目的的言语。真正善良的人，绝不会与人争论是非，他们虽然在行为上表现得木讷，但是脑子却十分清醒。他们看起来十分愚钝，既不善于评论别人，也不善于为自己争辩，但是他们的心灵却清澈如水。老子认为，不善于用花言巧语来争辩的人才是完美的，其本质也是善良的。尽管我们常说"言多必失"，但是言语有着不可替代的作用，这一点谁也不能否认。然而，在老子看来，言语的负面作用比正面作用要大得多。老子之所以这样说，绝不是要我们不说话，

信言不美，美言不信。善者不辩，辩者不善。

而只是想突出“善辩”的弊端。

对于获得知识的博与专，老子有他自己的见解，他说“知者不博，博者不知”。老子在这里强调的是对道的把握（真知）和多闻（广博）的辩证关系，他认为，多闻并不能真正地明白道，而明白道的人也不一定依靠博闻来获得真知灼见。

“圣人不积，既以为人己愈有，既以与人己愈多。”“无积”指的是没有必要为自己打算。“为人”与“为己”相对，以他人为目的，为了整个人类的普遍幸福与自由，而这正是道德的至高境界。“与人”和“与己”相对，指的是参与整个人类社会的活动，从事以实现整个人类的利益为目的的活动。这句话意思是说，尽量帮助别人，自己反而更富有；他尽量给予别人，自己反而更丰富。给予了别人却换来了自己内心的充实，自己难道不是变得更富有和充足了吗？

“天之道，利而不害；人之道，为而不争。”这是全章的总结，也是整部《道德经》的总结。在老子看来，人类就像是浩瀚大海里的游鱼一样，成群结队，但是每一个个体又有差异。在这个浩瀚的世界里，我们每个人都要成长、衰老和消亡，也都无一例外地喜欢生而厌恶死，这是因为生是幸福的，人生在世，既可以抬头观望天上的星星，又可以低头俯看草叶上的露珠。世界上的美丽事物是天地赠予我们的礼物，这些事物可以让我们尽情地享受着它们的美好而不要求回报，更不用说去伤害我们了。圣人也是如此，他们只默默地奉献而不要求我们的回报，没有欲望，也不妄为。圣人表面上看起来与常人无异，其实他们的境界是高深而幽远的，常人又怎么能与他们相比呢？

从政之道

◎美言不信——“口蜜腹剑”的李林甫◎

这一章里老子指出：诚信之言不华美，华美之言不诚信；善良之人不巧辩，而巧辩之人亦不善良。因此，老子希望人们回归到没有伪诈、智巧与争斗的状态中去。唐朝时的奸相李林甫，是一个善言、善辩的人，唐玄宗正是重用了此人，才使得朝政日益腐败，盛极一时的唐朝亦开始走下坡路了。

唐玄宗朝初期能任用贤相，开创了“开元盛世”。

唐玄宗李隆基是一位有作为的君主。他即位之后，重用贤臣，勤政爱民，开创了令后世钦羡的“开元盛世”。然而，唐玄宗做了二十多年的太平天子，身上那股积极进取的精神渐渐消失。在他看来，现在天下已经安定了，朝臣们尽心尽力地处理政事，自己何必劳神苦思为国事操心呢？于是，他开始过上安逸享乐的生活。

对于这一变化，宰相张九龄看在眼里，急在心里，他时常劝谏玄宗，希望其不要怠于政事。唐玄宗最初还听几句劝告，但是到了后来，他对张九龄的话也听不进去了。

这时，朝廷中出了一个大奸臣，名叫李林甫。李林甫是唐朝宗室，小字哥奴。善音律，会机变，能钻营。这个人不学无术，但是很会阿谀奉承。为了了解宫中情况，李林甫经常和宫内的宦官、妃子勾结，向他们打探消息。唐玄宗在宫里说些什么，他都能打探得一清二楚。李林甫根据打探来的信息，仔细揣摩玄宗的心思。等到唐玄宗找他商量事情的时候，他总能对答如流，并顺着玄宗的意思说出来。唐玄宗见李林甫机灵聪明，觉得他是个干才，于是开始重用他。

唐玄宗想提拔李林甫为宰相，便找来张九龄一起商量。张九龄坚决反对，他直截了当地说道："宰相的地位，关系到国家的安危。如果皇上任命林甫为相，只怕国家就要遭殃了。"这话传到李林甫耳中，李林甫对张九龄恨之入骨，便想找个机会除掉他。

朔方（治所在今宁夏灵武）将领牛仙客目不识丁，但是在理财方面很有天赋。唐玄宗想提拔牛仙客，张九龄没有答应，玄宗非常生气。李林甫听说后，就向玄宗进谗言说："像牛仙客这样的人，才适合做宰相；张九龄就是一个书呆子，不识大体。"

事后，玄宗又找来张九龄，希望他能改变初衷。张九龄坚持己见，态度坚决，玄宗更加生气了，并厉声说道："难道什么事情都要让你来决定么！"

唐玄宗越来越觉得张九龄"不识大体"，再加上李林甫在旁煽风点火，终于罢了张九龄的相位，并提拔李林甫当了宰相。

自从李林甫当上宰相，玄宗就深居于宫帷之中，贪恋声色，恣意享乐。朝中的大臣，很少有机会见到玄宗，更谈不上与玄宗商议国家大事了。不论大事、小事，玄宗都一律交给李林甫去办理。李林甫虽然不通晓词赋文章，但是处事精明干练，每次都能令玄宗觉得满意。

李林甫为人阴险狡诈，当上宰相后，便想方设法使玄宗与百官隔绝，不许众臣在皇帝面前提建议。有一次，李林甫召集起谏官，对他们说道："当今皇上圣明，做臣子的只要顺着皇上的心意办事就行了，大家没必要向皇上提意见。诸位难道没看到立仗马（一种在皇宫前作仪仗用的马）吗？它们吃的饲料相当于三品官的待遇，但是哪一匹马要是随便叫了一声，就会立刻被拉出去，以后不再有用了，到时它后悔也来不及了。"

有一个谏官不听李林甫的话，仍旧写了一份奏折上呈给玄宗。第二天，这名谏官就被降职到地方做了县令。众人得知后，心想这一定是李林甫在背后捣鬼，因此谁也不敢说话了。

李林甫知道自己在朝中的名声不好，朝臣对他也多有不满，于是他极力排斥大臣中能力比他强的。他要排挤一个人，表面上不动声色，常常以笑脸相迎，却在背地里暗箭伤人。

有一次，唐玄宗在勤政楼上眺望，这时，兵部侍郎卢绚正好骑马从楼下经过。唐玄宗看到卢绚很有风度，就随口称赞他几句。第二天，李林甫就把卢绚降职为华州刺史。卢绚到任不久，李林甫又在玄宗面前诬说卢绚身体不好，不能胜任这一职务，又一次降了他的职。

有一个官员名叫严挺之，被李林甫排挤在外地当刺史。后来，唐玄宗想起他，就向李林甫询问道："严挺之还在吗？这个人很有才能，还可以重用呢。"

李林甫回答说："陛下既然想重用他，我就去打听一下。"

退了朝，李林甫连忙把严挺之的弟弟找来，对他说道："你哥哥不是很想回京城见皇上吗？我倒有一个办法：只要叫你哥哥上一道奏章，就说他患了重病，请求回京城来看病，到时我可以在皇上面前求情。"严挺之的弟弟就照李林甫的话做了。严挺之接到弟弟的来信，果然上了一道奏章，请求回京城看病。李林甫便把奏章呈递给玄宗，说道："真是太可惜了，严挺之现在得了重病，不能处理朝廷大事了。"玄宗惋惜地叹了口气，这件事只好作罢了。

李适之刚被任命为宰相的时候，行事疏乎而不慎密，李林甫为了独揽大权，就借机设下圈套陷害他。一次，李林甫对李适之说："华山下面有金矿，把它开采出来，可以给国家增加财富。但是皇上并不知道这件事。"李适之听后，立即向玄宗奏禀此事。玄宗听后，向李林甫征询意见。李林甫说道："我很久以前就知道华山底下有金矿。但是华山是皇上的龙脉所在，不可以开采，所以我才不敢向您提起。"玄宗从此对李适之十分轻视，并对他说道："从今以后，凡是向我奏请的事情，必须事先与宰相商议一下，不要太轻佻随便了。"从此，李适之的手脚被束缚住了，再也不能单独向玄宗奏事了。

像严挺之、李适之这样上当受骗的还真不少。尽管李林甫装扮得这么巧妙，但是他的阴谋诡计还是被人们识破了。人们说李林甫这个人是"嘴上像蜜甜，肚里藏着剑"（成语"口蜜腹剑"就是这样来的）。

李林甫一生结下了许多冤仇。到他晚年的时候，李林甫担心有仇人向他报复。因此，每次出行都广置车舆仆夫，派许多宫中卫士将百步之内的人群驱散开，并在两旁警戒。他的府第用砖砌屋，用木板做围墙，派出许多家将仆夫日夜警卫，就像将要有大敌来临一样。以前的时候，宰相出行过街，身旁不过有三五个侍从随行而已。士人百姓也无需在道两旁躲避。而设置骑从上百人在左右护卫，让公卿以下的人都得躲藏退避，这是从李林甫开始的。

李林甫当了十九年宰相，朝中的正直大臣大都遭到贬斥，一批批钻营拍马的小人都获得了重用。就在这个时期，唐朝逐渐由盛转衰，"开元之治"的繁荣景象不见了。公元755年，终于爆发了"安史之乱"，唐朝由此陷入了纷乱、割据的局面之中，一直延续到灭亡。